オタク的想像力のリミット

〈歴史・空間・交流〉から問う

宮台真司〔監修〕
辻泉／岡部大介／伊藤瑞子〔編〕

筑摩書房

オタク的想像力のリミット——〈歴史・空間・交流〉から問う　目次

第二部　空間

第三部 交流

序　今こそ、オタクを語るべき時である

辻　泉＋岡部大介

Ⅰ　オタクの広がり／オタク論の不足

今こそ、オタクを深く語るべき時である

本書は、オタク論集である。様々なオタク文化の陳列や集積ではなく、オタク文化についての議論を編んだものであり、日米の両社会におけるその実態や歴史について掘り下げた論文からなる。

オタクとは何か、いまさら定義するまでもないかもしれないが、さしあたり共通理解とされているの

は、対人関係が苦手な一方で、むしろアニメやゲームに代表されるような、虚構や想像上の世界と親和性が高く、そうした活動においては、驚くほど高い能力を発揮することもあるような人々、といったところだろう。男性に偏ったものと長らく思われてきたが、近年では女性のオタクが目立つようになるとともに、オタク文化が広まることで、それを媒介にした対人関係を築くケースが出てくるなど、その定義は徐々に変化しつつある。

本書では、オタクとは、いつどこから始まったのか、どこで何をしている人々なのか、これからどうなっていくのか、といった点を論じていく。ただそれを珍奇な現象として表層的に捉えるのではなく、むしろ現代社会における、一つの了解可能な文化のありようとして位置付けつつ、最後にはその可能性を積極的に論じていけたらと考えている。

だが、オタクになじみのない一般的な読者からすれば、そこに掘り下げるほどの深みなど果たしてあるのかと訝しく思われるかもしれない。現象としての広がりについては疑うまでもないだろうが、オタクという言葉の登場時期に鑑みると、そこには、せいぜい二、三〇年程度の歴史しかないのではないかと。

だがこのこと自体が、一つの大きな問題点を示唆していよう。すなわちオタク文化は、その現象としての広がり具合に比べ、未だ議論の深みを欠くと言わざるを得ないのではないかという問題点である。

もちろん、本章の各論文において言及されるように、いくつかの優れた先行研究が存在していたことは言うまでもない。それらの一部は本書にも収録されている。だがこうした例外を除くと、オタク文化に関する議論は、その新奇さや物珍しさばかりに注目が集まり、どちらかといえば表層的な理解にとどまっていたと言わざるを得ないだろう。

「クールジャパン」の掛け声のもとに進められようとしている諸政策についても、今のところ表層的なものにとどまって、あまり効果的でないものに見えてしまうのは、こうした深みのある議論の蓄積のなさが背景にあるのではないだろうか。

こうした状況を打破すべく、自らもオタクであると同時に、オタク論の第一線の研究者であるメンバーたちによる論文集として企画されたのが本書である。

現象の広がりと、それと対照的に不足するオタク論という現状からするならば、今こそが、オタクについて語るべき、ベストなタイミングであり、本書はまさに待望の一冊といってよいだろう。

本書の特徴

本書にはいくつも特徴があるが、まずは二つの点を指摘しておきたい。

一つには、執筆メンバーの多くが社会学者であり、それと同時に領域横断的な論者が多く参加しているということである。それゆえ、本書のアプローチはおおむね社会学的だと言ってよい。それは、アニメやゲームなどのコンテンツを作品論的に分析したり、それを好むオタクたちの特異な心理状況といった一面的な特徴ばかりを挙げ連ねるのではなく、かといってそれが潜在的に大きなマーケットとなっているといった経済的な効果を称揚するのでもなく、むしろ現代社会における一つの理解可能なコミュニケーションのありよう（文化）として位置付けていこうとする点に表れている。すなわち、元々の社会学がそうであったように、特定の専門領域に閉じこもった議論をするよりも、さまざまな隣接領域の観点を取り入れながら、オタク文化を総合的に論じていることが本書の特徴なのである。

もう一つの特徴として、日本社会だけでなく、アメリカ社会におけるオタク文化の歴史や実態についても分析を深めている点が挙げられる。そこからは、この現象のかつてない広がりが示されるだけでなく、他の社会における事例を通して、オタク文化への理解がさらに深まることが期待できよう。

後に第5章などで詳述されるが、アメリカ社会においては、一九九〇年代のサイバーパンクやギーク（オタクに対する呼称の一つ）の思想と並ぶ形で、オタクというタームが用いられるようになってきた。主としてアニメの熱狂的なファンを指す言葉として広がってきたという点においては日本と類似の背景を持つが、他方でオタクは、ネットワーク化された社会性や文化との親和性が高いとアメリカでは見なされており、その意味ではむしろ、ポジティブな評価も受けてきた。

オタク文化が、アメリカだけでなくヨーロッパやアジアなど世界各地で注目されているのは周知の通りだが、その中でも本書がアメリカに注目した主たる理由は何か。

一つには、今日の日本社会やその歴史的背景を理解しようとした場合に、およそ日米関係を抜きにしては語れないという点がある。敗戦の記憶や、戦後の華やかな消費文化の模倣対象としてのアメリカといった点は、本書のいくつかの章でも触れられることとなろう。

あるいは、『菊と刀』（Benedict 1946＝2005）の例を挙げるまでもなく、アメリカにおいて展開される日本研究（日本学）が、アメリカという国家や英語という言語のヘゲモニックな位置付けもあって、日本に対する海外の理解の仕方を大きく規定してきただけでなく、「日本人論」のような形で、「日本人たち」の自己理解をも規定してきたという点を忘れてはならないだろう（青木 1990）。

そしてもう一つには、オタク文化がグローバルに評価されるコンテンツ文化となっていく際に、拮抗する相手として、どうしてもハリウッドやディズニーに代表されるアメリカのコンテンツ文化を位置付けざるを得なくなるという点も重要であろう。

そうした背景もあり、今日のアメリカにおける日本研究（日本学）では、アニメやゲームを中心とするオタク文化が、特に重点的な研究テーマとなっている。日本語で翻訳された主要な著作を挙げるだけでも、『現代日本のアニメ』のスーザン・ネイピア（2001＝2002）[*1]、『アニメ・マシーン』のトーマス・ラマール（2009＝2013）、『菊とポケモン』のアン・アリスン（2006＝2010）など枚挙に暇がない[*2]。また二〇〇六年には、日本のオタク文化を研究対象とした学術雑誌 *Mechademia* がミネソタ大学出版局から創刊されており、さらに二〇〇九年には、本書の執筆者の中から東浩紀と宮台真司が、アメリカ国内で講演旅行を行い、大きな反響を呼んだ（この点の詳細については、河野 2009を参照）。

実は本書に先行して、アメリカを中心とする英語圏の読者を対象に、日米のオタク文化を取り上げた論文集 *Fandom unbound : Otaku Culture in a Connected World* が二〇一二年に Yale University Press から刊行されており、本書はそれとかなり重複した構成となっている。

だが一方で、日本の読者を想定して、新たなアレンジが加わった点も多い。具体的には、この序文が新たに書き下ろされたほか、宮台真司による第1章と最終章が加わることで、さらに内容的な厚みが増すこととなった。

さて、各章の内容を心待ちにしている読者に対しては、屋上屋を架すものでしかない序文など、早々に切り上げるべきかもしれない。だが、本書の位置づけと特徴をご理解いただくためにも、今しばらくお付き合いいただきたい。

次節以降では、本書をいま出すことの意義を、「ノーマライゼーション」と「オリエンタリズム」という、二つのキーワードを基に述べておきたい。前者はオタク文化の現象としての広がりを、後者は

「深みのある理解の不足」を表すキーワードである。これらを基に、その現象としての広がり具合に比べ、未だに議論の深みを欠くというその問題点を明確にしておきたい。その上で、本書がそれを乗り越えるために、どのような構成と内容からなるのか、その概略について述べていくこととする。

2 「オタク・ノーマライゼーション」という現状

多数派となったオタク

オタクという存在が一部の少数派ではなく、もはや多数派とも言えるほどの存在へと移り変わってきたということを、ここでは「ノーマライゼーション」というキーワードを基に確認していきたい。さらには、それが日本だけでなくグローバルにも広まりつつあるという事実も、いくつかの調査結果や事例に基づいて紹介していこう。

例えば二〇〇五年に野村総合研究所が出した『オタク市場の研究』と題する著作の中では、「オタク市場」はすでに看過し得ないほど大きなマーケットとなったことが指摘され、試算によると当時においてすでに、同市場の人口は一七二万人で、市場規模は四一一〇億円に達していたという（野村総合研究所オタク市場予測チーム 2005:52）。

アメリカ・南カリフォルニアのアニメエキスポに代表される各種アニメコンベンションや、フランス・パリにおけるジャパンエキスポの開催といった事例にとどまらず、グローバルな規模で評価されている日本のコンテンツ産業をさらに売り込んでいくために、「クールジャパン」という掛け声のもとに諸政策が進められていることもすでに周知のとおりであろう。

たしかに、アメリカやヨーロッパ、あるいはアジアの各地を旅していても、書店や駅の売店などで、現地の言葉に翻訳された日本のマンガが売られているのを頻繁に見かけるようになったし、あるいは、日本の大学で現代の文化について論じていると、世界各地から多数の留学生が訪れてくるようになった。

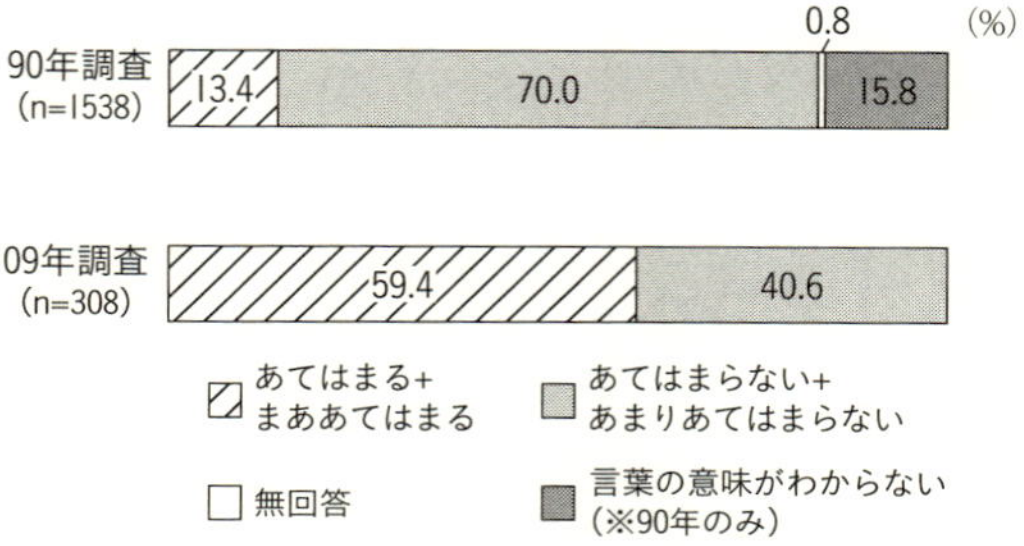

図1　「自分には「オタク」っぽいところがあると思う」の経年変化

さて、こうしたオタク文化の広がりを理解するため、ここでは特に、ある質問紙調査の結果を振り返っておきたい。その一つは、本書の監修者でもある宮台真司を中心とするグループが、一九九〇年に大都市圏の大学生を対象に行った調査である（以下、九〇年調査と記す。詳細は、宮台ほか 1992などを参照）。そしてもう一つは、九〇年調査の質問項目を踏襲しながら、二〇〇九年に東京都杉並区在住の二〇歳の若者を対象に行った調査である[*3]（以下、〇九年調査。詳細は、松山大学社会調査室 2010、辻泉 2010を参照）。

特に前者は、オタクという存在の割合を質問紙調査を基にして捉えた、もっとも初期の業績に当たる貴重な研究である。この点について図1を見ると、「自分には「オタク」っぽいところがあると思う」という質問に対して、肯定的な回答をした者の割合は、九〇年調査では一三・四％しかおらず、そもそも「（オタクという）言葉の意味がわからない」というものも一五・八％いたということがわかる。

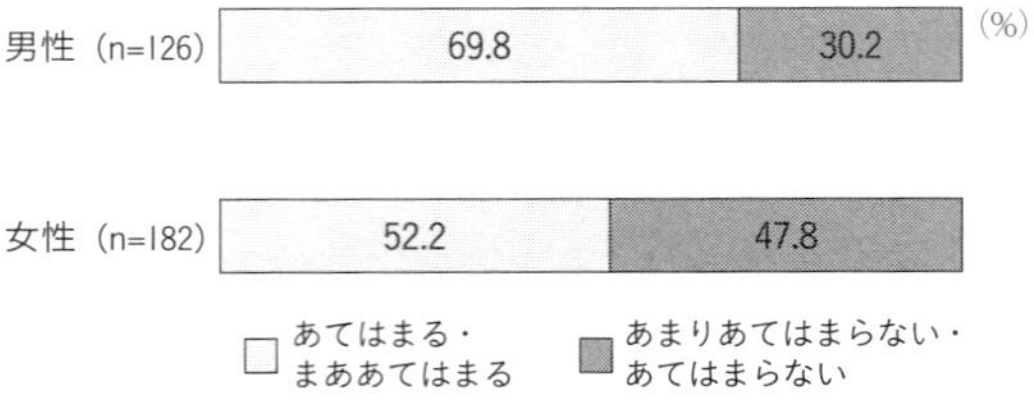

図2　「自分には「オタク」っぽいところがあると思う」の性別のクロス表（09年調査、1%水準の有意性）

それと比べると〇九年調査においては、同様に肯定的な回答をした者の割合は五九・四%と実に過半数を超えてほぼ六割に達しており、この間におけるオタクたちの驚くべき増加が改めて確認されよう。

同じ質問について、〇九年調査の結果を基に、男女別の割合を見てみると、図2にあるように、肯定的な回答の割合は男性が六九・八%に対して女性が五二・二%と、一般的なイメージ通りに、オタクの割合は男性の方に多いことがわかる。だが、女性においても過半数が肯定的な回答をしていることは、以前と比べれば驚くべき結果といってよいだろう。

たしかに、近年における「コミケ」の開催形態を見ても、男性向けよりも女性向けの作品を販売する期間のほうが長く設定されていたりするなど、もはやオタク文化は男性だけではなく、女性たちにも広く享受されつつあるといえよう。

「オタク・ノーマライゼーション」

日本社会において、オタクのイメージが好転した大きな転機の一つとして、二〇〇五年における『電車男』のブームを挙げることができるだろう。その作品内容についてはいまさら紹介するまでもないだろうが、それ以降、オタクに関するイメージは、対人関係全般が苦手で虚構の世界に閉じこもった男性というネガティブなものから、ポジティブなものへと徐々に変化してきた。

この点について図3をみると、オタクに対して、今やネガティブというよりも、ポジティブなイメージのほうが多くを占めていることが確認される。例えば、オタクが嫌いと答えたものは二四・七%と三割にも満たないのに対し、オタクは楽しそうだと答えたものは七七・六%と八割弱にも達している。それに関連して、今後オタクは増えていくと思うと答えたものは七六・三%おり、もはやそれが日本を代表する文化であると答えたものも六七・八%に達していた。

このようにオタク文化は、一部の特異な男性だけでなく、広く女性にも享受されるようになり、そのイメージもネガティブなものから、かなりポジティブなものへと移り変わってきた。こうした変化は、まさにオタクがきわめてノーマルな存在として捉えられるようになってきたということを示している。まさしくそれは、オタクの「ノーマライゼーション」と呼ぶにふさわしいだろう。だがこうした変化とは裏腹に、我々は本当に、オタク文化を深く理解することができているのだろうか。次節ではこの問題を取り上げてみたい。

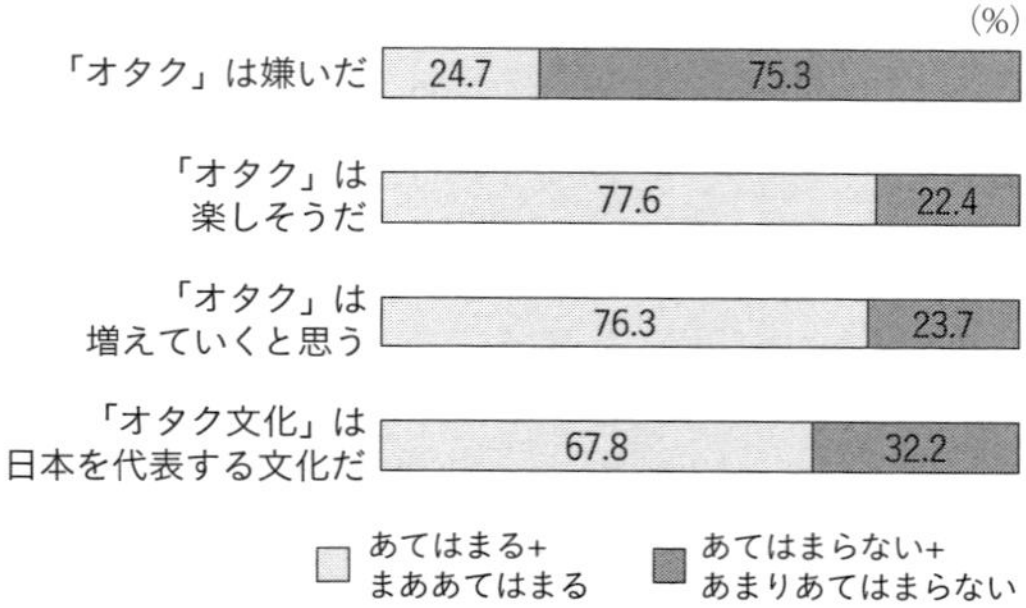

図3　オタクに対する若者たちのイメージ（09年調査、n=308）

3　「オタク・オリエンタリズム」という課題

「オタク・オリエンタリズム」とは何か

前節でみたようなポジティブなイメージの高まりは、オタク文化が、これからの社会を生きていく上での重要なヒントとなることへの可能性を感じさせるものと言えよう。高度成長期のような、右肩上がりの経済成長はもはや望めないこれからの成熟社会においては、文化の享受を中心とするライフスタイルを構想していくために、オタクにはむしろ大いに学ぶべきところがあるはずである。

具体的に言えば、オタクに特徴的にみられるP2P（仲間同士）の文化による新しい価値や交換形態の創出や、「パーソナルファブリケーション」（個人的なものづくり）をベースにした共同体への参加、あるいは抽象的には、虚構と現実を越境していくような新しいリアリティ感覚や、時代に適応しようとするライフスタイルなどがそれに相当しよう。

だが、現象として広まっていることと、それに対する理解が深まっていくことの間には、実は大きな隔たりがある。急速な変化を経験してきた日本社会において、そうした事例はいくつも挙げることができる。例えば新しいメディアの普及はその典型だろう。今日、ケータイやスマホ、インターネットなどは、この社会の隅々にまで遍く行き渡っている。だが、果たして我々はそれを深く理解しているのかと問われれば、むしろインフラとしての急速な普及とは裏腹に、十二分に使いこなしているものはごくわずかなのが実状だろう。

それと同じことが、オタク文化についてもあてはまるのではないだろうか。オタクへの肯定的なイメージは多くの人が持ち合わせているし、実際の現象としても大きな広がりを見せてはいるものの、果たしてその深層、すなわち先に例示したような、オタクから引き出しうるインプリケーションを十二分に学べてはいないのではないだろうか。過去の数多のブームと同じように、表面的には持ち上げておきながらも、どこか一方では、自分とは無関係な他人事とみなしたままのところがあるのではないだろうか。

このように他者化するまなざしによってオタク理解を拒絶してしまうことを、ここではエドワード・サイードの概念「オリエンタリズム」を用いて論じてみたい（Said 1979＝1993）。「オリエンタリズム」とは、西洋の先進社会が、東方（＝オリエント）の社会を論ずる際に内包させてきたまなざしを批判的にとらえ返した概念である。これになぞらえるならば、我々はオタクに対する「オリエンタリズム」的なまなざし、「オタク・オリエンタリズム」を乗り越えたとはまだまだ言い難いように思われる。

この点を、日本社会における内なる「オタク・オリエンタリズム」と、他の社会からの「オタク・オリエンタリズム」という二つの水準で指摘しておきたい。

内なる「オタク・オリエンタリズム」

内なる「オタク・オリエンタリズム」という問題を論ずるために、再び〇九年調査の結果を取り上げよう。図4は、虚構と現実の混同について、若者たちの意識や経験を尋ねたものである。

メイド喫茶やコスプレイヤーといった事例を取り上げるまでもなく、ごく日常の場面においても、アニメのような声で話すことで自らのキャラを確立しようとする若い女性や、ゲームのステージをクリアするかのように日々の課題をこなしたり（例えば「期末試験がラスボスである」といったように）するものは珍しくない。マンガに自らの人生のヒントを得る若者も、いたるところにあふれている。

つまり、現実逃避のための虚構世界というよりも、現実を異なる視点から見ることを通してより豊かに過ごすためにこそ、「虚構世界のリアリティ」をそこに投影するようなふるまいが、非常にポピュラーになってきているのである。

図4においても、現実と虚構を混同した若者がいると思うかという質問に対して、五六・八％が肯定

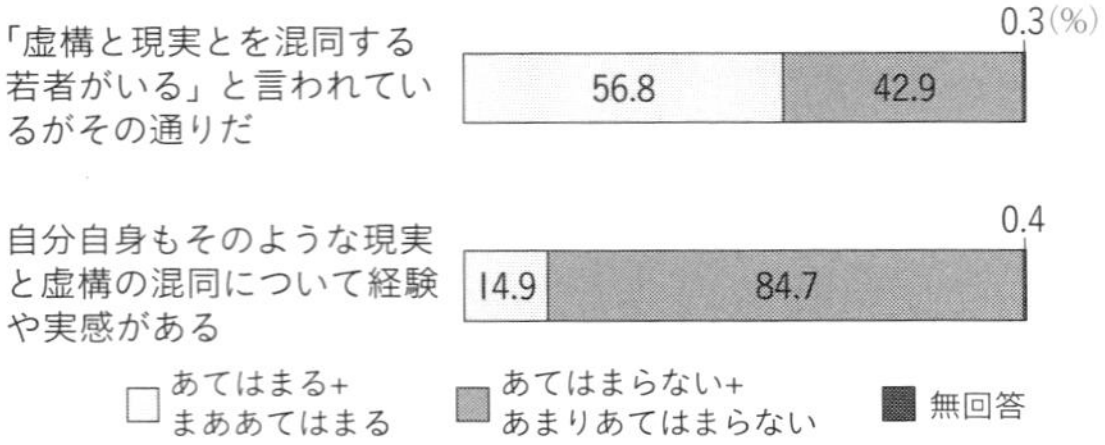

図４　虚構と現実の混同に関する若者たちの意識（09年調査、n=308）

的な回答を寄せている。その一方で興味深いのは、自分自身にそのような経験や実感があるかと尋ねると、肯定的な回答はわずか一四・九％にとどまっていることである。

この二つの質問に対する回答の落差は興味深い（混同という言葉が、ややネガティブな強いイメージを帯びている可能性を除いても、である）。つまり、他の多くの若者たちはそうしたオタク的なことをしていると思うが、自分自身については違うと答えているものが多数存在するのである。

このことが象徴的に示しているのは、実は日本社会においても、オタク文化の深層にまでは理解が及んでいないということであり、これこそが、内なる「オタク・オリエンタリズム」の実態なのである。

このデータがさらに興味深いのは、前節で紹介したように、若者たちの過半数が自分にはオタク的なところがあると認める一方で、同じ若者の多くが内なる「オタク・オリエンタリズム」を秘めているとするならば、それは自分で自分のことが理解できていないと無意識のうちに吐露していることになるという点である。

これを乗り越えていくためにも、今こそオタクを深く論じていかなくてはならないだろう。

外からの「オタク・オリエンタリズム」

外からの「オタク・オリエンタリズム」についても指摘をしておきたい。元来「オリエンタリズム」

は、西洋が東洋を他者化するそのまなざしを告発する概念であったが、グローバルに評価されるようになったオタク文化にも、「オリエンタリズム」的なまなざしが向けられているということを、改めて指摘しないわけにはいかないだろう。

極端な言い方をすれば、オタクに対する（とりわけアメリカを中心とする西洋社会からの）まなざしは、いわゆる「ゲイシャ、フジヤマ、シンカンセン」といったステレオタイプと並列されたものに過ぎないのではないか、ということである。それは典型的には、今や巨大な観光地と化した秋葉原の店頭に、（日本社会にいるものならば、誰も買いたいとは思わないほどに）極めてステレオタイプ化された土産物が陳列されていることからも想起されよう。

さらに言うなら、オタク文化がグローバルな規模で注目を集めるようになったと言っても、実は評価されているのは、もっぱらアニメやマンガといったコンテンツであり、オタクそのものではない。

このことは、特にアメリカにおける日本研究（日本学）においてオタク文化が論じられる際に、そのアプローチの仕方がもっぱら作品論となっていること、それもアニメやマンガを対象とする作品論が中心となっていることを想起するとよいだろう。代表的な論者であるスーザン・ネイピアのいくつかの著作（Napier 2005, 2007など）や、*Mechademia* 誌に掲載された論考などにはそうした傾向が窺える。『菊と刀』を記したルース・ベネディクトが、訪日が叶わない状況下で、映画や小説などのコンテンツを分析する中で重要な知見を得たことはよく知られるエピソードだが、そうした特殊な時代状況がもはや存在しない現在において、作品論的な研究が中心となっていることには違和感を覚えずにいられない。

しかも、この手の研究においては、オタクたちのコミュニケーションのありようはもとより、時代状況や社会背景についての議論が、往々にして軽視されがちである。その一方で、オタクたちのありように関しては、きわめてステレオタイプ化された議論がなされていると言わざるを得ないのである。

例えば、各国のオタクの状況を伝えるべくまとめられ、英語圏でも発売された『OTACOOL worldwide otaku rooms』（二〇〇九年）という、英語と日本語で併記された著作を見ると、そこでもっぱら取り上げられているのは、オタクたちが、フィギュアやキャラクターグッズなど、自らのコレクションを居室いっぱいに広げている様子である。そうした写真の数々は、ある世代以上のものに、「あの写真」を想起させずにはおかないだろう。すなわち、オタクに対するネガティブなイメージを決定づけた、一九八九年における連続幼女殺害事件の犯人の居室写真である。しかも、こうした著作においては、オタクたちのコミュニケーションの実態やその来歴、社会的な背景にまで議論が及ぶことはなく、その居室やオタクたちの佇まいの特異さばかりが写真で強調されるのである。(*4)

このように、外からの「オタク・オリエンタリズム」においては、一方ではコンテンツばかりを称揚し、他方ではオタクを珍奇な存在とみなし続けているのであり、しかも、双方の議論が交差することは少ないのである。こうして、内からと外からの二重の「オリエンタリズム」的なまなざしが、オタクに対する理解を幾重にも妨げつつある。(*5)

4 本書の構成と概要

改めて、今こそオタクを深く語るべき時である

このように、「オタク・オリエンタリズム」が幾重にもその理解を妨げているとはいえ、表面的にではあれ「オタク・ノーマライゼーション」が進んだ今こそ、オタクを深く理解するためのまたとない好機であるといえるだろう。たとえ、「オタク・オリエンタリズム」的なまなざしが含まれているにせよ、オタク文化が世界中から注目を集めていること、日本社会においても大きな広がりをもっていること自体は間違いない。

たやすいことではないかもしれないが、二重の「オタク・オリエンタリズム」を乗り越えることができれば、オタク文化を、ひいては、自らの文化と社会とを、我々が深く理解するための絶好の機会が訪れているとも言えよう。

あるいは、こうした機会は最初で最後のものかもしれない。オタク文化の、その境界を越えた広がりの到達点においても、あるいは、その原点を知るものとともに、過去を振り返りつつ、同時に未来をも見通すことができる、貴重な限られた時間の存在という点においても、今はまさに、本書のタイトル通りに「オタク的想像力のリミット」が訪れているのだと言えよう。

まずは、オタク文化の歴史から

本書には、イントロダクションと終章を除くと一三の章が収められているが、その内容によって、「第一部　歴史」「第二部　空間」「第三部　交流」のいずれかに配置している。

「第一部　歴史」では、それが今日における特異な現象でないことを裏付けるために、オタク文化の歴史的な背景を掘り下げた章を収めた。オタクの歴史を理解するにしても、「オタク」という呼称が誕生してから二、三十年を追うだけでは不十分であり、戦前へと、はるかにさかのぼる必要がある。そうしたアプローチを通して、ようやくオタクのよって来る所以が、この社会の時代状況とも大きく関連していることが理解されるであろう。

第1章「オタク文化史論――「〈秩序〉の時代」から「〈自己〉の時代」まで」（宮台真司）においては、宮台らが『サブカルチャー神話解体』などの著作において展開した、オタク文化と新人類文化（＝消費社会に適応的な文化）の対立構図が成立するまでの過程を振り返りつつ、その後の変遷を分析したものである。本章を通して、幅広い視野からオタク文化の歴史的背景を理解することができよう。

第2章「なぜ鉄道オタクなのか――「想像力」の社会史」（辻泉）では、オタクの中でも「鉄道オタク」という事例に特化して掘り下げていくことで、明治期以降の近代化から敗戦を経て今日に至るまでの長期的なオタク文化の変遷が明らかにされる。日本社会におけるオタクの起源の一つを解き明かした章と位置付けることができるだろう。

つづく第3章と第4章は、今日におけるオタクがいかなる背景をもって登場し、その特徴は何であるかを見事に分析しており、第1章、第2章で示された歴史的な視座と接合しうる内容を持っているため、第一部に収めることにした。

第3章「動物化するポストモダン――オタクから見た日本社会」（東浩紀）は、今日のオタクにおける「萌え」というふるまいが「データベース消費」であることを明らかにした、同名の記念碑的な著作の一部を採録したものである。今日ではもはや共通理解となったこの消費行動も、他の章における議論を踏まえながら、それ以前の「物語消費」や「大きな物語」が存在していた時代のふるまいと対比しながら読み直すと、改めて理解が深まることだろう。

第4章「嗤う日本の「ナショナリズム」」（北田暁大）も、これまたよく名の知られた同名の著作からの一部採録であるが、一部のオタクたちの「拠点」である匿名掲示板2ちゃんねるに見られるコミュニケーションに照準して、それが「はしご外し」を楽しむようなシニカルなものであったのが、後に素朴な「ナショナリスティック」なものへと転じていく様子が鮮やかに描き出されている。今日、「ネトウヨ」などと呼ばれる人々のふるまいを理解するうえでも示唆に富む章といえるだろう。

第5章「参加型文化としてのアメリカオタク史」（ローレンス・エング）は、アメリカ社会におけるオタク文化の形成と発展の経緯が、大学生を中心とするアニメオタクたちのふるまいを軸として記述されている。彼らが「オタク倫理（otaku ethic）」と呼ぶ規範に基づくふるまいを徐々に形成してきたプロセスは、日本ではあまり紹介されておらず、資料的にも貴重な価値をもつ内容と言えるだろう。

オタク文化はどのような空間から発達してきたか

「第二部　空間」では、オタク文化の発達において特に重要な意味を持ってきたと思われる、いくつかの「空間」に注目した論考を取り上げた。先取りして述べるならば、日本においては「聖地」と呼ぶべき場所がいくつか存在するのに対し、アメリカにおいてはそれが存在せず、かなり早い段階からインターネットが中心を占めてきたことが、このパートでは明らかになるだろう。

第6章「趣都の誕生　萌える都市アキハバラ」（森川嘉一郎）では、「アキバ」として知られるオタクの聖地、秋葉原の起源やその変遷を取り上げている。これもすでに名の知られている同名の著作からの一部採録だが、末尾に東池袋の乙女ロードに関する論述を加えた。これによって、ジェンダーディバイドされたオタク文化とともに都市空間が変わっていく様子が理解されよう。

第7章「コミックマーケット――オタク文化の表現空間」（玉川博章）では、今日におけるオタクたちの最大のイベントである「コミケ」の起源や変遷に焦点をあてた。そこでは、「コミックマーケット」という正式名称の通りに、オルタナティブな流通経路としてその空間が形作られてきた歴史的な経緯が明らかにされている。

第8章と第9章では、アメリカのオタク文化がこうした実空間よりもむしろ、インターネットを中心にして早くから発達してきた経緯が記されている。

第8章「ネットワーク文化としてのファンダム・イン・アメリカ」(ローレンス・エング)では、第5章に引き続き、アメリカにおけるオタクの歴史が、大学のアニメクラブやアニメコンベンションなどから始まっていることを明らかにしつつ、それらが早い段階からインターネット上へと移行することで、ピア・トゥー・ピアでつながるとともに、互酬性の高いネットワーク文化を形成してきたことを指摘している。

第9章「制作者vs消費者のあくなきせめぎ合い――ファンサブ文化にみる「ハイブリッドモデル」」(伊藤瑞子)においても、インターネットを媒介とした、ネットワーク文化の特徴をもつ米国のオタクたちのふるまいに着目し、その典型としての「ファン・サブタイトル(日本のアニメに英語字幕をつけるオタクたちのボランタリーな集い)」が紹介されている。

オタク・コミュニケーションの現在

こうした歴史的・社会的な背景を踏まえたうえで、「第三部　交流」では、今日におけるオタクたちのコミュニケーションの実相を表した、いくつかの特徴的な事例を扱った論考が取り上げられている。

このパートでも日米双方の事例が取り上げられているが、第10章では、近年増加の著しい日本社会の女性オタクにおける腐女子について、続く第11章ではコスプレイヤーについてそれぞれ論じている。一方、第12章では、日本社会の男性オタクを代表するものとして格闘ゲーマーの事例を取り上げている。こうした構成にしたのは、日本におけるオタク文化が、「少女文化」や「少年文化」といったジェンダーによる差異を今なお根強く反映していると考えられるからである。アメリカにおけるオタク文化については、先述したネットワーク文化の特徴を強く反映させた事例を取り上げることとした。

第10章「「少女文化」の中の腐女子」（石田喜美／岡部大介）では、近年注目を集めている女性オタクの中でも「腐女子」と呼ばれる人々に着目し、その歴史的な背景にも触れたうえで、その詳細な実態をエスノグラフィックな手法で描き出している。

第11章「コスプレイヤーの学び――文化的実践としてのコスプレはいかに達成されるか」（岡部大介）では、今度はアニメやゲームのキャラクターのコスプレを楽しむ女性オタクたち（コスプレイヤー）の文化について、第10章と同様に、歴史的な背景に触れつつ、エスノグラフィックな手法でその実態を詳細に記述している。

一方、第12章「格闘ゲームのオタク・コミュニティ――彼らは何を「競って」いるのか」（木島由晶）では、ゲームセンターにおける「格闘技ゲーム」の遊び手である男性ゲーマーたちのコミュニティの実態を明らかにしている。ゲームといういわば虚構の世界におけるつながりを基にしたコミュニティにおいて、「男らしさ」というジェンダーが再生されていく様子をまざまざと浮かび上がらせている。

第13章「アニメミュージックビデオを創作するピア・コミュニティ」（伊藤瑞子）においては、興味関心を共有することでピア・トゥー・ピアでつながり、互酬性の高いネットワーク文化を形成しているアメリカのオタクたちに典型的なコミュニケーションのありようとして、インターネット上で投稿が交わされるＡＭＶ（アニメミュージックビデオ）の実態が取り上げられている。

これからオタクはどうなっていくのか

三部構成からなるこうした一三の章を読み進めていくことで、読者は、オタク文化を表層的にではなく、より深く理解することが可能となるだろう。

その上で、最終章「オタクの「出現」から三〇年で理解は進んだか?」（宮台真司）においては、この序における問いに応える形で、「オタク・オリエンタリズム」をいかにして乗り越えるべきなのか、そして、オタク文化にはこの先、どのような未来が待ち構えているのかといった点について議論がなされている。

もはや最終章の内容については、ネタバレを防ぐためにもこれ以上ここで紹介するべきではないだろう。だが、本書に収められた数々の議論を締めくくりつつ、その先を展望するものであるがゆえに、ぜひ最終章については、各章に目を通したうえで、最後に読みすすまれることを強くお勧めしておきたい。

なお最終章については、あらかじめ以下の二点をお断りしておきたい。一つには、そうした位置付けを持つがために、若干、それ以前の章の内容との重複が見られる個所もあるということである（特に、宮台氏による第1章など）。加えて、編者の辻、岡部が聞き取りを行った内容を基に、監修者の宮台が書き下ろしたものであるため、他の章と違って、インタビュー形式のままとなっている。だが、その際の臨場感と読みやすさとを考慮して、あえてそのままの形で掲載することにした。

本書を手に取ってくださった方々は、オタクについて何らかの関心がある方、もしくは先に紹介した調査の項目になぞらえるならば、「自分には「オタク」っぽいところがあると思う」方であることと思う。これからのオタクのありようは、まさに本書の読者である、一人一人のオタクたちの手に委ねられているといってもよいだろう。

そして、今日のオタク文化が多様なジャンルに分かれているように、バラエティあふれる本書の内容についても、興味の向く章から、好きなように読み進めていただいてももちろん構わない。だが、できることなら読者には、三部構成にした意図や、最後に最終章を配置したその狙いについて汲み取っていただけるとありがたい。そして本書を基にして、オタク文化に関する理解を、今まで以上に深いものとしていただけるならば、編者として、これに勝る幸せはない。[*6]

【注】

＊1　同書には、その後、以下のような改訂版も出されている。Napier, Susan J. 2005, *Anime from Akira to Howl's Moving Castle, Updated Edition : Experiencing Contemporary Japanese Animation*, Palgrave.

＊2　この他に、日本語で翻訳されてはいないが、比較的社会背景にも着目したものとして、Condry（2013）は注目に値しよう。

＊3　厳密にいえば、この二つの調査結果を経年比較する上では、調査手法や対象者の属性が異なることに注意を払わなくてはならないだろう。しかしながら、いずれの調査においても、調査対象者の年齢層や学年を限定させて、他の要因による結果のばらつきを少なくしようとしていることや（さらにいずれの調査も、ほぼ大学二〜三年生にあたる年齢層を対象としているという点で共通しているということ）、同じ質問項目を用いることで、貴重かつ注目に値すべき結果が得られていることなどから、ここでは経年比較を行っている。

＊4　『OTACOOL』については、英語も併記されて英語圏でも発売されているが、元々は日本において出版されているので、内なる「オリエンタリズム」と外からの「オリエンタリズム」が重なりなった著作だと言ったほうが的確かもし

れない。

＊5　日本社会における作品論的な研究や議論においても、非生産的な対立構図が見られると言わざるを得ない。具体的に言うなら、マンガやアニメ、ゲームなどは未だに「純文学」ではないものとして、いわゆる「文壇」の議論の対象にすらならず、同人誌を中心とするような「オタク文化批評」の対象として、棲み分けられている。だが、社会学的な視点からすれば、「純文学」であろうが、マンガやアニメ、ゲームであろうが、コミュニケーションのきっかけとなる限りにおいては、いかなるコンテンツも機能的には等価なものとして、みなしうる。

＊6　この場を借りて、編集を担当してくださった、筑摩書房の石島裕之さんにも、お礼を申しあげておきたい。ここで述べてきたように、かなり欲張った意図を持つがゆえに、複雑な編集過程を避けて通れなかった本書が、途中で断念することなく、刊行にまでこぎつけることができたのは、ひとえに、粘り強く励ましつつ、辛抱強く待ち続けて下さった石島さんのおかげである。本書の著者を代表して、改めてお礼申し上げたい。どうもありがとうございました。

なお英文の和訳については、編者の岡部、辻、伊藤を中心とした複数からなるチームで作業を行った。ただし、最終的なチェックは編者が行ったため、万が一ミスや誤訳などがあれば、すべて編者の責任であるが、翻訳作業に当たってご助力いただいた須田富士子さん、その他の作業も含めて手伝ってくれた、東京都市大学大学院環境情報学研究科のステファニー・コーツさん、松浦李恵さん、中央大学文学部の道脇文子さん、首都大学東京大学院人文科学研究科の野村勇人さんにもお礼申し上げたい。ありがとうございました。そして、監修者の宮台真司さんをはじめとする共著者の皆さんにも改めてお礼申し上げたい。論文集は多くの方のご協力を頂かずにはなしえない著作であり、無謀な企画にご賛同いただき、喜んで参加して下さったことに深い感謝をささげたい。最後に何よりも、本書の各章の調査対象者であり研究対象である、日本とアメリカ、そして世界中のオタクたちにもお礼申し上げたい。オタク文化を通して、現代社会を理解するという目的に照らせば、本書は「オタクによる、みんなのための、オタクの論文集」ということができるだろう。

【参考文献】

Allison, Anne〔2006〕(〔＝2010〕実川元子訳『菊とポケモン――グローバル化する日本の文化力』新潮社)。

青木保〔1990〕『「日本文化論」の変容――戦後日本の文化とアイデンティティー』中央公論社。

東浩紀〔2001〕『動物化するポストモダン――オタクから見た日本社会』講談社。

Benedict, Ruth〔1946〕(〔＝2005〕長谷川松治訳『菊と刀――日本文化の型』講談社)。

秋菊姫〔2013〕「日本学とアニメ研究――再帰性の原点」表象文化論学会ニューズレター『REPRE vol.18（小特集・アニメーションの生態学）』(http://repre.org/repre/vol18/special/note3.php)。

Condry, Ian, 2013, *The Soul of Anime : Collaborative Creativity and Japan's Media Success Story*, Duke University Press.

一橋大学イノベーション研究センター編〔2010〕『一橋ビジネスレビュー　検証 COOL JAPAN　北米における日本のポップカルチャー』58-3、東洋経済新報社。

北田暁大〔2005〕『嗤う日本の「ナショナリズム」』日本放送出版協会。

河野至恩〔2009〕「緊急報告 東・宮台、北米講演旅行レポート――旅する理論」東浩紀・北田暁大編『思想地図 vol.3（特集・アーキテクチャ）』日本放送出版協会：258-86。

Lamarre, Thomas〔2009〕(〔＝2013〕藤木秀朗・大﨑晴美訳『アニメ・マシーン――グローバル・メディアとしての日本アニメーション』名古屋大学出版会)。

Mizuko, Ito, Daisuke, Okabe and Izumi, Tsuji, 2012, *Fandom Unbound : Otaku Culture in a Connected World*, Yale University Press.

松山大学社会調査室〔2010〕『若者の生活と文化――愛媛県松山市、東京都杉並区二地点比較調査』。

宮台真司ほか〔1992〕『高度技術社会における若者の対人関係の変容』(平成三年度科学研究費補助金：重点領域研究「高度技術社会のパースペクティブ」研究成果報告書)。

宮台真司〔1994〕『制服少女たちの選択』講談社。

宮台真司・石原英樹・大塚明子〔1992・1993＝2007〕『増補サブカルチャー神話解体――少女・音楽・マンガ・性の変容と現在』筑摩書房。

森川嘉一郎〔2003〕『趣都の誕生　萌える都市アキハバラ』幻冬舎。

Napier, Susan J.〔2001〕(〔＝2002〕神山京子訳『現代日本のアニメ――『AKIRA』から『千と千尋の神隠し』まで』中央公論新社)。

――〔2005〕*Anime from Akira to Howl's Moving Castle, Updated Edition : Experiencing Contemporary Japanese Animation*, Palgrave.

――〔2007〕*From Impressionism to Anime : Japan as Fantasy and Fan Cult in the Mind of the West*, Palgrave.

野村総合研究所オタク市場予測チーム〔2005〕『オタク市場の研究』東洋経済新報社。

岡田斗司夫〔2008〕『オタクはすでに死んでいる』新潮社。

大和田徹郎・田中秀幸・古賀華恵編〔2009〕『OTACOOL worldwide otaku rooms 世界のオタク部屋』新紀元社。

Said, Edward W.〔1979〕(〔＝1993〕板垣雄三・杉田英明監修、今沢紀子訳『オリエンタリズム（上・下）』平凡社)。

杉浦由美子〔2006〕『オタク女子研究――腐女子思想大系』原書房。

辻泉〔2010〕「地方の若者・都市の若者――愛媛県松山市・東京都杉並区2地点比較調査の結果から」『松山大学論集第二二巻第一号』松山大学総合研究所：443-65。

――〔2012〕「オタク達の快楽」小谷敏・芳賀学・浅野智彦・土井隆義編『若者の現在　文化』日本図書センター：305-26。

第一部

歴史

第Ⅰ章　オタク文化史論

「〈秩序〉の時代」から「〈自己〉の時代」まで

宮台真司

『サブカルチャー神話解体』以降

私は『サブカルチャー神話解体』（宮台・石原・大塚 1993）などの著作を通して、戦後日本におけるサブカルチャー史の変遷を、社会システム理論の立場から記述してきた。社会システム理論の立場とは、従来の上部構造・下部構造という二元論を否定し、コミュニケーション一元論、すなわちコミュニケーションの接続から成り立つシステムのダイナミズムを記述するものだ。

従って、今日から振り返るとこの著作の意義は、下部構造決定論ないし経済決定論で説明がつきやすかった一九七〇年代前半までと違って、ポストモダン化ないし高度消費社会化が進む一九七〇年代半ば以降の、細分化が進んで外部から見通し難くなった日本のサブカルチャーのダイナミズムを、一貫した枠組で記述し、説明したところにあると言えるだろう。

この著作では、日本の戦後サブカルチャーの画期を、一九五五年、一九六四年、一九七三年、一九七七年、一九八三年、一九八八年、一九九二年に設定している。そして著作を上梓した一九九三年から既に一五年以上経つ。一九九二年以降も日本のサブカルチャーには幾つか大きな変化があった。特に一九九六年ならびに二〇〇一年頃の変化は見逃せない。本章ではそれらを論じたい。

修正版見田宗介図式とは何か

九〇年代以降の日本のサブカルチャーを記述するには、『サブカルチャー神話解体』でも用いた「修正版見田宗介図式」を使う必要がある。見田によれば、「理想の時代」(敗戦から一九六〇年)から「夢の時代」(六〇年から七五年)を経て、「虚構の時代」(七五年以降)になる。

『サブカルチャー神話解体』ではこの図式を精密化し、「理想の時代」を「〈秩序〉の時代」、「夢の時代」を「〈未来〉の時代」、「虚構の時代」を「〈自己〉の時代」として規定し直したが、今回私は、「〈自己〉の時代」を、九五年の「オウム事件」の騒動が沈静化した九六年を境に、前期と後期に分割する。「〈自己〉の時代・前期」は、「〈ハルマゲドン〉の時代」または「鶴見済《わたる》の時代」、「〈自己〉の時代・後期」は「〈ポスト・ハルマゲドン〉の時代」または「ポスト鶴見済の時代」と呼べる。以下、できるだけコンパクトに説明する。

「理想の時代＝〈秩序〉の時代」には、人々は「理想の秩序」を参照して現実を評価した。男子は大東亜共栄圏という国家大の「理想の秩序」を、女子は良妻賢母家庭という家族大の〈秩序〉を参照した、という違いがあるが、国家と家族の秩序は相互補完的だった。

六〇年代になると、現実を評価する際の参照枠組が、〈秩序〉から〈未来〉へと変わる。私の枠組を利用した辻泉によると、この「〈未来〉の時代」には、鉄道マニアたちの最重要アイテムが、南満州鉄道「超特急あじあ号」から国鉄「夢の超特急ひかり号」へと変わる（第2章参照）。「超特急あじあ号（汽車）」は帝国支配の崇高な理想を体現し、「夢の超特急ひかり号（電車）」はエアカーが飛び交う未来への進歩を体現した。少なくとも鉄道ファンはそう体験した。前者においては空間的参照が、後者においては時間的参照が、意味論にダイナミズムを与えた（辻 2008）。

「〈秩序〉の時代」には、家―世間―国家と滑らかに繋がる「今ここ」が肯定されたが、「〈未来〉の時代」には、未来から見た不合理として「今ここ」が否定的に裁断された。実際、明るい未来を夢見た六〇年代には、公害や薬害や過疎や家族蒸発など否定的ニュースが溢れていた。

それと並行して、少年向けの読み物も、「〈秩序〉の時代」には、社会を脅かす秩序の敵と戦うというパターンが主流であったのが、「〈未来〉の時代」には、未来や宇宙から来た我々を越えた存在が不合理な社会を救うというパターンへとシフトした。

「〈秩序〉から〈未来〉へ」のシフトは「帝国から科学へ」のシフトと重なっていた。〈秩序〉をもたらすのは帝国で、〈未来〉をもたらすのは科学だった。だが科学を旗印とした大阪万博（スローガン「人類の進歩と調和」）を過ぎると、〈未来〉が風化してくる。

森川嘉一郎が記すように、銀色のロケットが斜めに打ち上げられたり、コンピュータのデータテープがぐるぐる回転したり……といった定型に象《かたど》られた未来が、急速に色褪せた（森川 2003）。貧しかった社会が豊かになり、耐久消費財が全てに行き渡ったことが、最大の背景だろう。

現実評価の物差しは〈秩序〉から〈未来〉を経て、何になったか。見田によれば「現実」に「理想」

が対立する時代から、「夢」が対立する時代を経て、「虚構」が対立する時代に変わった。私の図式では現実評価の物差しが〈秩序〉から〈未来〉を経て、〈自己〉になったのである。

即ち、「虚構の時代」とは「〈自己〉の時代」のことである。正確にいえば、〈自己のホメオスタシス〉の可能性と不可能性が現実評価の物差しになる時代ということだ。〈自己のホメオスタシス〉つまり恒常性維持に役立つならば、虚構でも何でも利用する。だからこそ「虚構の時代」なのだ。

「〈自己〉の時代・前期／後期」

『サブカルチャー神話解体』が記述を終える一九九二年以降の最大のエポックは、一九九六年頃から進む「オタク差別の消滅」であり、「オタクの救済」であり、〈うんちく競争からコミュニケーションの戯れへのシフト〉であった。まず、概略だけ紹介しよう。

当初は〈自己のホメオスタシス〉のために虚構を利用する者は、「オタク」と呼ばれて差別された。オタクの多くはそんな現実を憎み、九〇年代前半には「ハルマゲドン」をも待望した。だがそうした者たちの一部がオウム事件を起して以降、ハルマゲドン待望は、オタクにとっても馬鹿げた営みとなった。

その他、幾つかの要素が重なったことで、九〇年代末までには、〈自己のホメオスタシス〉に利用可能な素材として現実であれ虚構であれ等価に捉える視線が浮上して——東浩紀の「データベース的消費」がこれに相当している（東 2001）——、現実より虚構を下に見る視線がみるみる退潮した。

だから、私は「虚構の時代＝〈自己〉の時代」を二つに分ける。前半が、虚構が現実に劣るという観念が維持された「〈自己〉の時代・前期」で、後半が、虚構が現実と完全に〈自己のホメオスタシス〉にとって等価なものとして享受される「〈自己〉の時代・後期」である。

前期にはオタク差別があったが、後期にはオタク差別が消えた。たとえば、前期にはナンパ系とオタク系が対比され、オタク系はナンパ系に劣るとされたが（オタク差別）、後期にはナンパもあまたあるオタク的趣味の一つだとするフラットな価値観が拡がった（総オタク化）。

ナンパ系はシブヤ系、オタク系はアキバ系とも呼ばれた。森川嘉一郎は、シブヤの街を大きな窓を持つ建物（内側にオシャレに着飾った若者がいる）によって、アキバ（秋葉原）の街を窓がない建物（内側にはキャラ満載の異世界が展開する）によって特徴づけた（森川 2003）。

この森川の区別は、ナンパ系を〈現実の虚構化〉ないし〈演出化〉によって特徴づけ、オタク系を〈虚構の現実化〉ないし〈異世界化〉によって特徴づけた『サブカルチャー神話解体』を、応用したものだ。ナンパ系とオタク系の違いは、現実を付加価値化するか、虚構を付加価値化するか、という違いだと言えよう。

図1-1の第三象限（〈新人類〉的なもの）は、〈現実の虚構化〉ないし〈演出化〉によって特徴づけられる意味論であり、これとは対照的に、第四象限（〈オタク〉的なもの）は〈虚構の現実化〉ないし〈異世界化〉（現実逃避）〉によって特徴づけられる意味論である。

そして現実と虚構の差異のフラット化のせいで──正確にいえば現実の至高性が失われたことで──〈現実の虚構化〉と〈虚構の現実化〉の区別がかつての内実を失い、オタク差別が終焉するとともに、誰もが多かれ少なかれオタクだとする〈総オタク化〉の観念が拡がった。

但し、今述べたように、オタク系（アキバ系）がナンパ系（シブヤ系）に近づいたのではなく、ナンパ系（シブヤ系）が「輝きを失って」オタク系（アキバ系）に近づいたのだ。その意味で、最終的には、図1-1の第四象限が増殖を続けて、今日に至ったのであった。

「〈自己〉の時代・後期」は一九九六年頃から始まる。一九九六年を境に援助交際ブームが下火になる。並行してナンパ系がカッコイイという観念が風化、ナンパ系はイタイという感覚さえも拡がる。それを象徴したのが、性的眼差しを拒絶する女子高生のガングロブームだった。

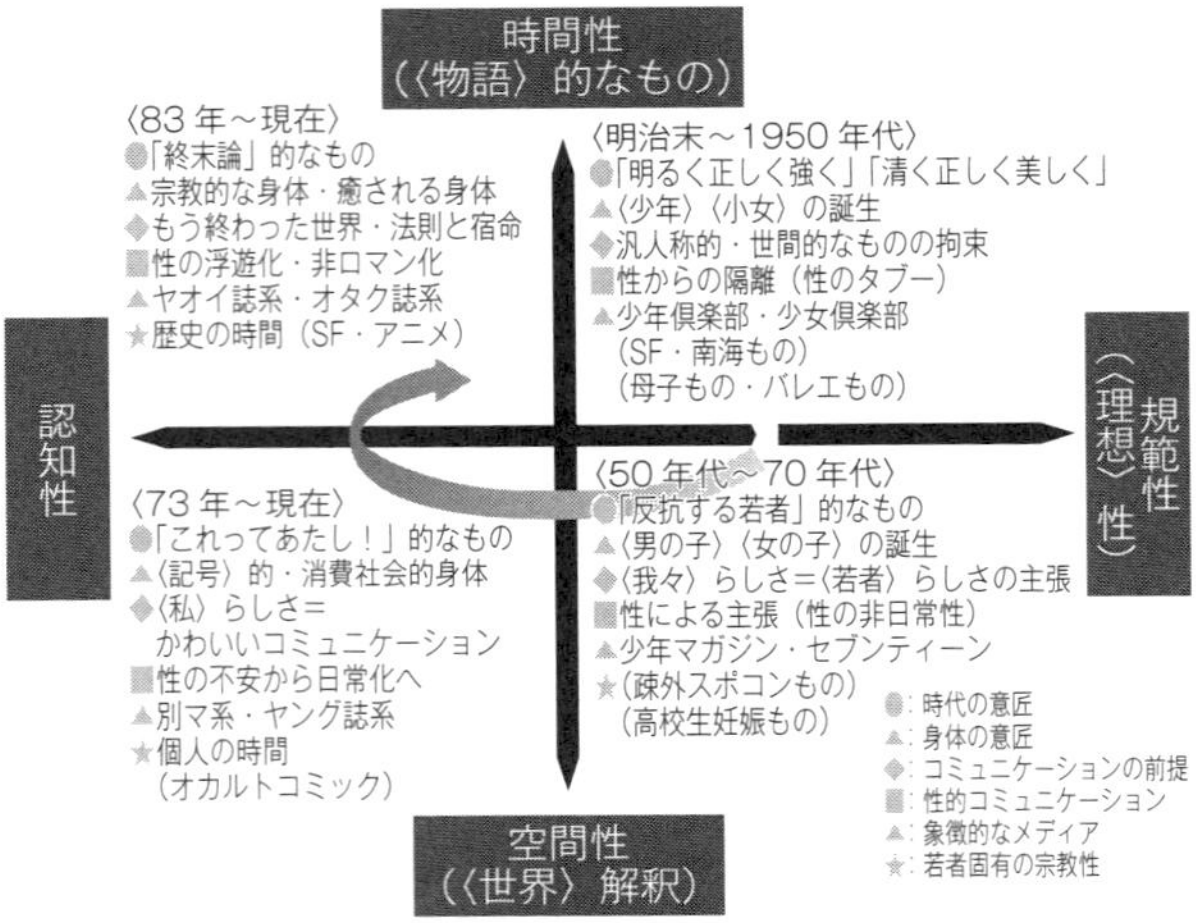

図1-1　「若者メディアを包括する歴史的四象限図式」（宮台・石原・大塚1992・1993=2007：26）

こうした動きに加えて、パソコン通信やインターネットにコミュニケーション・チャンスを見出したオタクが、「排除」ならぬ「包摂」によって剝奪感を軽減された。その結果、オタクのコミュニケーションは〈うんちく競争からコミュニケーションの戯れへのシフト〉を迎えるのだ。

岡田斗司夫によれば、オタクが救済されて被差別感覚を失った結果、抑鬱的感覚を源泉とするクリエイティビティが低下し、それが大きな理由となって二〇〇〇年冬、ワンダーフェスティバルが休止された（岡田2008）。こうしたオタクの救済を象徴するのが、「セカイ系」ブームだった。

まとめよう。『サブカルチャー神話解体』が記述を終える一九九二年以降の最も大きなエポックが九六年頃を境にした「オタクの救済」であり、〈うんちく競争からコミュニケーションの戯れへのシフト〉だった。それを象徴するのが後で詳述する「セカイ系ブーム」である。

ナンパ系とオタク系はどのように分岐したか

このエポックの意味を深く理解するには、一九七五年以降の「〈自己〉の時代」を詳細に見る必要がある。宮台の分析によれば一九七七年から〈性と舞台装置の上昇〉が始まった。「ナンパ・コンパ・紹介」の時代の始まりだ。ディスコブーム、湘南ブーム、テニスブーム……などが時代を象徴した。同じ一九七七年に劇場版『宇宙戦艦ヤマト』ブームが起こり、それを契機に幾つかのアニメ雑誌が創刊された。一見すると、これらは「ナンパ・コンパ・紹介の時代」からのシェルターで、オタクの時代が始まったように見える。だが実際にはもう少し複雑な過程を辿った。

実は、〈性と舞台装置の上昇〉の時代を先導した者たちは、アニメや漫画で「うんちく競争」を始めた者たちと、大きく重なっていた。そのことは一九七六年から続々創刊される歌謡曲マニア雑誌の創刊者や当初の読者が、直前までプログレッシブ・ロックマニアであったことに象徴される。だからこの重なりを私は〈原新人類＝原オタク〉と呼ぶ。「新人類」とは先に述べた「ナンパ系」に当たる。ところが後続世代になると新人類（ナンパ系）とオタクが分離し、八三年までにオタク系文化がナンパ系文化に馴染めない者の避難所であることが、一部の人々にとって明瞭になった。

これを象徴するのが、八三年に中森明夫によってオタクという言葉が発明された事実である。ちなみに中森は「おたく」と表記した（中森 1983=2000）。この言葉がポピュラーになるのは九〇年の連続幼女殺害事件の容疑者逮捕以降だが、マーケッターや雑誌編集者は既に全員この言葉を知っていた。

八〇年代から九〇年代半ばにかけては、ナンパ系（新人類）が一級市民、オタク系が二級市民の扱いだった。とりわけ先の事件が起きた九〇年から援交ピークの九六年までがオタク差別が激烈だった時期である。ちなみに九五年にはオウム真理教事件が日本の世の中を騒がせた。

この順序は偶然ではない。八〇年前後からオウム事件の九五年まで新興宗教（新新宗教）のブームだった。同じく八〇年、新宿歌舞伎町などから、専門学校や大学の女子学生が働くニュー風俗ブームが始まった。八〇年から九五年までは「性愛の時代」であると同時に「宗教の時代」だったのである。

このあたりは『サブカルチャー神話解体』に詳述したが、性愛と宗教は〈包括的承認〉のツールとして機能的に等価である。性愛ブームが性愛への期待外れを量産し、それが宗教への吸引をもたらしたのだと推測できる。これは、ナンパ系文化からの避難所がオタク系文化だったのと似ている。

性愛ブームと宗教ブームが〈包括的承認〉要求に応えるという等価性を持つと述べたが、そのことがまさに「〈自己〉の時代」――〈自己のホメオスタシス〉が最重要課題になる時代――を象徴している。ちなみに、だからこそ私の八〇年代論のキーワードが「自己防衛」なのである。

こうした動きが、IT化やデータベース化に先立って生じていたことが、重要である。先取りして言えば、IT化やデータベース化は、第一に、自己防衛の手段を格段に豊かにし、第二に、仮想現実より生身のコミュニケーションに実りがあるとの感覚の希薄化をもたらした。

その結果、現実と虚構の優先順位が、〈自己のホメオスタシス〉の観点から見たコストパフォーマンスで決まるようになった。〈自己のホメオスタシス〉に向けてナマの（生身の）現実をアレンジするのが大変だとする理解が拡がるのに並行して、現実と虚構を区別しない方が効率が良いと見なされたのである。

この動きは、人が尊厳（自己価値）を維持するためにわざわざ社会の中を生きる――生身のコミュニケーションを通じて承認を獲得する——必要が免除される方向への変化を意味している。憎しみがないのに平気で人を殺す脱社会的な犯罪が九七年以降増大したが、おそらく偶然でなかろう。

「〈自己〉の時代・前期」から「〈自己〉の時代・後期」へ

こうして、九六年頃を境に「現実は虚構よりも重い」という感覚が急減し、オタクが救済された。これは、オタク系コンテンツに即していえば、「ハルマゲドンの消滅」と「セカイ系の上昇」によって象徴される。ハルマゲドンとは、ヨハネ黙示録が記す世界最終戦争である。

ハルマゲドンは、『完全自殺マニュアル』で鶴見済が言うようにリセット概念に関係する（鶴見 1993）。P・バーガーの多元的現実論によれば、コミュニケーションは多様なリアリティ領域に分岐するが、中でも我々が「現実」と呼ぶものはリセット不可能という特徴がある（Berger and Luckmann 1966=1977）。

このリセット不可能性が現実を「至高の現実」に仕立て上げる。鶴見はそれを逆手にとって「現実は本当にリセット不可能か」と問うた。彼は、私の〈終わりなき日常〉（宮台 1995）を「ハルマゲドンなき世界」と言い換えた上、ハルマゲドンがなくてもクスリがあればＯＫ！と喝破した。

彼によれば、昔は戦争や災害による現実のリセットを夢想できた。それができなくなったから、宗教的なハルマゲドン幻想が立ち上がった。オウム事件の顚末が示した〈終わりなき日常〉でハルマゲドン幻想がミジメになると、ハルマゲドンと等価なリセットツールとして、自殺とクスリが浮上したのだ。

彼自身の著作は、最初はハルマゲドンを、次に自殺を、その後クスリを、最後にダンス（レイヴ）を、リセットツールとして称揚した。鶴見の活躍は八〇年代末から九〇年代半ばまでだが、九〇年代後半以降のセカイ系浮上を思えば、鶴見は「〈自己〉の時代・前期」を象徴していた。

「〈自己〉の時代・後期」になると、ハルマゲドンや自殺やクスリが、データベース的消費によって無用化した。セカイ系や萌え系を生むデータベース的消費が、九〇年代半ばまでのハルマゲドンや自殺やクスリと、〈自己のホメオスタシス〉機能において等価だったからである。

ここでポイントになるのが再帰性である。かつてはプライオリティの差異があったはずの現実と虚構を、等価に並べる作法は、アイロニーすなわち「全体を部分に対応させて梯子を外す営み」を一般化させる。現実も所詮「現実だと思うもの」に過ぎないという具合に。

アイロニーの営みは、ネット上での「オマエモナー」的コミュニケーションに象徴される(北田2005)。そこでは「自明に見える前提(全体)もまた選択されたものに過ぎない(部分)」という具合に、全てが相対化される。選択前提もまた選択されたものに過ぎないという再帰性への言及である。

この再帰性への言及ないしアイロニーは、アイロニーという語感とは裏腹に、2ちゃんねるなどのコミュニケーションを見れば瞭然だが、強迫的なものである。〈自己のホメオスタシス〉のためにアイロニカルなコミュニケーションに淫することを強いられているからだ。

大澤真幸は「虚構の時代」の特徴として「アイロニカルな没入」をあげる(大澤1996)。オウム真理教信者の営みに見られる「敢えて(ワザと)やっていると言いつつそこに追い込まれた状況」を指す。大澤の指摘は、社会学的には以下のようなことを意味する。

全体を部分に対応づけて相対化するアイロニーの有無と、特定モードのコミュニケーションに淫する自己の参入離脱の自由は、別の問題である。具体的には、「〈自己〉の時代」において、アイロニーは虚構と現実の横並び化から生じ、強迫(没入)は自己維持の要請から生じている。

脆弱な自己を維持するホメオスタシス上の要求から、再帰性への自己言及がなされること——。抽象度を上げていえばこれが「アイロニカルな没入」である。「所詮は戯れだ」「分かって戯れている」といいつつ、〈自己のホメオスタシス〉のための精一杯の奮闘ぶりがあからさまなのである。

ポストモダンの再帰性が与えた前提

虚構と現実の横並び化は、先に述べた通り、〈自己のホメオスタシス〉を低コストで調達するのに好都合である。だが〈自己のホメオスタシス〉への要求から虚構と現実の横並び化が生じたのでは、ない。この横並び化は、ポストモダンないし再帰的近代（ギデンズ）に由来している（Giddens 1990=1993）。

ポストモダン（後期近代）とは、「〈生活世界〉を生きる我々が、便宜のために〈システム〉を利用している」という自己理解が、汎〈システム〉化によって無効になる事態を指す。そこでは〈生活世界〉も「我々」も〈システム〉の生成物だと意識されるのである。

M・ウェーバーは、計算可能性を与える手続きの一般化を以《もつ》て近代化を定義したが、かかる定義をベースにJ・ハーバーマスが、計算可能性を与える手続きが支配する領域を〈システム〉、そうでない領域を〈生活世界〉と定義した（Habermas 1981=1985, 1981=1986, 1981=1987）。

だが「手付かずの自然」が手を付けないという不作為（という作為）であるのと同じく、元々〈生活世界〉は手付かずの土着ではあり得ない（だから山型括弧を付す）。だが当初はそのことは意識されず、〈生活世界〉を生きる「我々」が主体的に〈システム〉を利用するのだと観念され得た。

ところが六〇年代半ばになると、M・フーコーによる「サルトル批判」に見られるように、まずは哲学や思想の領域で、自由や主体性が構造による生成物だとする理解が拡がるが（Foucault 1966=1974, 1969=1995など）、七〇年代に入ると多かれ少なかれこうした認識が大衆レベルに拡がった。

例えば〈システム〉による成員への自己記述の提供――これが「真の私」だ云々――が成員自身に意識されるようになった。「真の私」を回復するべく〈システム〉を利用するにせよ、「真の私」がどこまでも〈システム〉が与えるイメージなら、マッチポンプに過ぎない云々。

こうした認識は、経済学者J・ガルブレイスや社会学者J・ボードリヤールを通じて人口に膾炙していった（Baudrillard 1970=1995, Galbraith 1958=1960）。重要なのは、〈システム〉が提供する自己記述が真実か否かではない。〈自己のホメオスタシス〉に役立つ自己記述が産業的に供給されるという事実だ。

こうして、「選択の前提もまた選択されたものに過ぎない」という再帰性が意識されるようになった。これがポストモダンである。分かりやすくいえば、近代社会は元々「底が抜けて」いるのであるが、そのことに人々が明確に気付きはじめた段階が、ポストモダンに相当している。

単に気付きの有無に過ぎないとする論者は、ポストモダンを「後期近代」と訳し、気付きの有無が意味論をドラスティックに変えるとする論者は、ポストモダンを「近代終焉後」と訳す。一般に、社会学者の多くが前者の立場に立ち、芸術家など表現者は後者の立場に立つことが知られている。

いずれにせよ「〈自己〉の時代」は、「虚構の時代」であると同時に「再帰性の時代」だ。SFでは五〇年代のR・ブラッドベリや六〇年代のJ・G・バラードが、未来が自己記述の産業的生産の時代になるだろうと予言した。そして彼らの予想通りの社会が実現した。ポストモダンとは実はそれだけのことだ。

「元祖セカイ系」としてのオウム真理教

「〈自己〉の時代・後期」を象徴するのが「セカイ系」である。「セカイ系」の意義を深く理解するには、

「〈自己〉の時代・前期」を象徴するオウム真理教を参照するのが良い。冒頭でオウム信者がハルマゲドン幻想にコミットしたことを述べたが、詳しく踏み込もう。

私が話を聞いた上祐史浩が述べる通り、オウム信者にとってハルマゲドンは、予言であると同時に、目標だった。予言を自分たちが実現させる。コスモクリーナーで浄化すべき毒は自分でばら撒く。ハルマゲドンも自分で起こす。富士山の噴火だって引き起こしたい……。

先に、〈自己のホメオスタシス〉のためにリソースを動員する際、「現実」をいじるより「虚構」をいじる方が安上がりなので、「虚構が現実よりも劣る」との観念が強くないのであれば、「リソースとして「虚構」が「現実」と並ぶ価値を持つ」と見るのが合理的だ、と述べた。

オウム真理教の凄さは、コスト的に見合わないはずなのに、〈自己のホメオスタシス〉の観点から、「虚構」でなく「現実」を――二次的現実でなく一次的現実を――全面的にリセットしようとした点にある。この馬鹿げた跳躍が可能になった理由は、どこにあるのか。

理由はまさに、社会正義や理想秩序の実現それ自体ではなく、〈自己のホメオスタシス〉自体が、目標とされていたからである。社会や世界の全体が、〈自己のホメオスタシス〉という観点からだけ思考されたのである。その意味で、オウムこそはまさしく「元祖セカイ系」だったと言える。

だが、この「元祖セカイ系」は一次的現実をいじろうとして派手に失敗し、以降「セカイ系」は一次的現実をいじる営みから退却した。その事実に照らせば、オウムの失敗と入れ替わりに、九五年秋の『新世紀エヴァンゲリオン』によって開始された「セカイ系」の意味が明らかになる。

九六年に連載した朝日新聞の論壇時評「ウオッチ論潮」で私は、この作品が、〈世界の謎〉と〈自分の謎〉の両方を提起しつつ、〈自分の謎〉の解決こそが〈世界の謎〉の解決だと短絡する奇妙な意味論を有することを指摘した。やがてこうした形式が「セカイ系」と呼ばれ始めるのである。

私の分析では、〈自己のホメオスタシス〉の観点から一次的現実をいじるのがクレイジーになったので、一次的現実の代替物として出てきたのが、二次的現実の中の「学校」である。むろん学校自体は一次的現実としてあり、誰にでも学校の想い出がある。実はそこがポイントだ。

オウムは、ハルマゲドン幻想をベースに「現実」に働きかけたので、「現実」にコミットしたように見える。だが幻想の側に視点を移すと、オウムのハルマゲドンは「未来の現実」を舞台にした妄想であり、セカイ系の学校は「過去の現実」を舞台にした妄想である。

両方に共通するのは単なる「妄想としての妄想」でないことだ。即ち、ハルマゲドンは「未来に確かに起こる」ことを支えとした妄想で、学校は「過去に確かに起こった」ことを支えとした妄想であることだ。妄想が現実を支えにするのは、妄想の強度と間主観性を担保するためだ。

ちなみに、元マーケッターとしての立場から言えば、間主観性（共同主観性）を欠いた個人的な妄想は、ゲームのような形では商品化できない。間主観性があってこその強度（濃密さ）というものがあり得るからだ。つまり、人には「皆の欲望を欲望する」という面があるということだ。

学校の夢想にハルマゲドンはもはや必要ない

「セカイ系」第一弾としての『エヴァ』をよく見ると、「元祖セカイ系」としてのオウム真理教と、新世紀になって続々拡がる「セカイ系」作品群とを、橋渡しする側面があることが分かる。それを理解する絶好の手掛かりが、『エヴァ』の庵野秀明監督の発言だろう。

庵野監督と一緒に夕食を食べた際、「元々ハルマゲドン（第三次世界大戦）後の学園ものを撮ろうと思っていたのだ」と彼が述べた。『エヴァ』TVシリーズ終盤に「学園もの」の夢オチが出てくる。「あれが本体になるはずだったのだ」と庵野監督が述べたのである。

それが、制作直前まで鬱状態だったのもあって、ハルマゲドン妄想が野放図に肥大し、「ハルマゲドンを背景にしたオイディプス劇」になったらしい。当初の構想では、「ときメモ」的な舞台設定のためにだけ、ハルマゲドン（第三次大戦）が要求されたと言うのだ。

これは興味深い話だ。学園ものがハルマゲドン後を要求する。なぜなのか。誰にも学校経験がある。良い経験も悪い経験もある。楽しい思い出を持つ者も苦しい思い出を持つ者もいる。いろいろあっても、しかし、誰もが「あり得たかもしれない学校」の夢想経験を持つ。

それが、「セカイ系」の漫画やゲームや小説の大半が「あの学校」を舞台にする理由だろう。ところで、人々が「あの学校」を生きられなくなるのはなぜか。大人になって「社会の重力」がのしかかるからである。誰もが生徒で横並びなどという事態は、大人の社会ではあり得ないのだ。

その意味で、重い「この現実」をハルマゲドンでクリアランスしないと「あの学校」を生きられないという感覚は、自然なものだ。正確にいえば、それが自然だという感覚が『エヴァ』の時代（九〇年代半ば）を象徴していた。そう。まだ「社会の重力」が強かったのである。

ところが世紀が変わると、「あの学校」を生きるために「この現実」をチャラにするという設定が、要らなくなる。「ときメモ」的な舞台設定のために第三次大戦などのハルマゲドンが要求されることが、なくなったのだ。「社会の重力」が弱まり、「この現実」が軽くなったのである。

理由は何か。過渡的な理由として、オウム事件が新しい自己記述を与えたことがあろう。現実にまともに乗り出さないことについて、今まで言い訳が必要だったのが、オウム事件のおかげで言い訳がいらなくなった。むしろ逆に「キチガイが現実に乗り出すのは危険だ」ということにさえなった。

決定的な理由としては、東浩紀のいうデータベース的消費（東 2001）の一般化のおかげで、「この現実」のフレームが一挙に拡大したこと、或いは、「この現実」が（素材が現実であれ虚構であれ）データベースを意味するものとなり、虚構も含み込んだ「軽い現実」になったことがあるだろう。

そこでは、〈自己のホメオスタシス〉にとって利用可能なものが全て「この現実」として登録される。現実も虚構も、大衆文化も高級文化も、学問もサブカルチャーも、全てが〈自己のホメオスタシス〉にとっての素材になった。そして、この意味での「軽い現実」がセカイと呼ばれたのである。

「〈自己〉の時代・後期」を象徴するのが「セカイ系」だというのは、そうした意味である。横並びになった素材の中から、コストとリスクが低いものが、自己維持の素材としてご都合主義的に選ばれる。そうした軽さゆえに、強迫的・没入的な匂いが緩和されることにも注目したい。

そうした動きと、先に述べたオタクの公認化（総オタク化）の動きが、並行することになった。かくして、オタクは多くがコミュニカティブな軽い存在（＝半オタク）となった。〇三年頃からのメイド喫茶ブーム、〇五年の電車男ブームを経て、秋葉原はもはやかつての異様さを失い、観光地化した。

セカイ系を前提としたバトルロワイヤル系の隆盛

評論家宇野常寛は「セカイ系」の最盛期は『エヴァ』オンエア開始の九六年から『最終兵器彼女』連載開始の〇〇年までであり、新世紀からは『デスノート』『女王の教室』『ドラゴン桜』などネオコン的世界観で弱肉強食を描く「バトルロワイヤル系」に変わるとする（宇野 2008）。

この見解は実作品群を見る限り誰もが合意するしかない。むろん私も全面的に同意する。九六年の私の言葉を用いて再確認すると、「セカイ系」は〈自分の謎〉の解決が〈セカイの謎〉の解決に直結する意味論の形式を持つような、『エヴァ』を濫觴《らんしょう》とする作品群である。

問題は、「セカイ系」が短期間に「バトルロワイヤル系」に交替した理由である。交替の際、「セカイ系」における〈自己のホメオスタシス〉の機能がどうなったのかも問われざるを得ない。実は、この疑問は比較的容易に回答できる。ヒントはやはり、オウム真理教が抱えた問題にある。

宇野常寛が言う「ネオコン的世界観をベースにした弱肉強食」を切り口にしよう。ネオコンとは、六〇年代のユダヤ系トロツキストの末裔で、弱者や少数者の自由を守る近代社会を護持し、あるいは拡める「世界革命」の正義のために、手段を選ばない者たちのことだ。

私が随所で述べてきた通り、ネオコンはオウムと酷似する。「世界革命」の正義のために手段を選ばない者たちの短絡的で滑稽な振る舞いという点においてである。それが短絡的で滑稽なのは、社会の秩序よりも自己の秩序（ホメオスタシス）が優越する印象のせいだろう。

オウムの失敗以降、〈自己のホメオスタシス〉に「現実」のリセットが利用されることはなくなった。現実一掃の「ハルマゲドン」がなくても、「学校」の夢想に――「あり得たかもしれない学校」に――浸れるようになった。しかし、だからこそ「ネオコン的夢想」が増殖しはじめたのだ。

「バトルロワイヤル系」の「ネオコン的夢想」は、一見「オウム的夢想」への逆戻りに見える。だが実際には違う。キーワードは「正義」である。「オウム的夢想」にハルマゲドンはあっても、正義は乏しい。そう、「正義」を用いた〈自己のホメオスタシス〉こそが、「バトルロワイヤル系」なのである。

抽象度を上げていえば、「正義／不正義」の二項図式は、「現実」であれ「虚構」であれ全てのゲームにレリヴァンスを有する。「不正義」は、〈感情のフック〉として強力であり、かつ多くの人間に感情の共通前提を提供する。だから、文脈自由な動機づけツールとして有効なのだ。「バトルロワイヤル系」における「正義」を用いた〈自己のホメオスタシス〉ゆえに、「正義」の追求が社会的に見えても、多くの場合その実態はゲーム感覚とでもいうべき自己満足化の営みになる。そうしたバトルロワイヤルが典型的に見出されるのが、いわゆる「電凸」の領域だろう。

ネット上で動員された者たちが、企業や政治家や表現者に電話でクレイムをつけ、意向を糾した上でリアクションをネット上に晒し上げる営みが、「電凸」である。(ちなみに宮台ゼミには知る人ぞ知る「カリスマ凸」がいて、彼から情報を収集できた。)九九年の東芝クレーマー事件、二〇〇八年の毎日新聞WaiWai問題などが有名だ。

電凸現象の興味深い点は、オウムのような［革命する側／される側］の非対称性がなく、教室でのイジメに似て、攻撃する側がいつ攻撃される側に回らないとも限らないことである。こうした状況がネット化を背景とした必然であることを描いた映画が、『レベル13』である。

このタイ映画は、一次的現実におけるサバイバルゲームを、ネット上のリアリティショーとして楽しむギャラリーやゲームデザイナー自身もまた、別のリアリティショーを通じて、別のギャラリーやゲームデザイナーの観察対象となる、というリゾーム状の構造を、克明に描き出す。

そこに提示された認識が重大である。こうしたリゾーム状のバトルロワイヤルが、何が「現実」で何が「虚構」かという区別を無化すると同時に、そもそもそうした区別が分からなくなった状況を前提として生み出されたものだ、という認識である。

バトルロワイヤル化は「現実」の弱体化と表裏一体

〈自己のホメオスタシス〉に利用できるものなら「現実」も「虚構」も何でも利用するという点で、「セカイ系」と「バトルロワイヤル系」とはさして対立しない。強いていえば前者が「虚構」を「現実」と等価に扱い、後者が「現実」を「虚構」と等価に扱うという印象がある。

既に述べた通り、オタク系とナンパ系（新人類系）の差異は、オタク系が〈虚構の現実化＝異世界化〉をめざし、ナンパ系が〈現実の虚構化＝演出化〉をめざす点に求められた。それで言えば「セカイ系」は前者、「バトルロワイヤル系」は後者と、構造的に類似する。

その意味で、九〇年代後半の「セカイ系」から、新世紀からの「バトルロワイヤル系」へ、という時間的展開の見かけとは別に、現時点でもネットユーザーに「セカイ系」的嗜好を示す者と「バトルロワイヤル系」的嗜好を示す者とが共在すると見做すことが適当である。

別の言い方をすれば、プラットフォームのレイヤーに違いがあるものの、かつてのオタク系とナンパ系との現実構成戦略の違いが、オタク系内部における「セカイ系」と「バトルロワイヤル系」との現実構成戦略の違いへとコピーされたものだ、と見做すことができる。

しかし、今「オタク系内部における」と述べたが、幾度も述べてきた通り、かかるコピーは、「元祖セカイ系」（ハルマゲドン！）から「セカイ系」（学校！）へのシフトを可能にした九六年頃の〈総オタク化〉（オタク系とナンパ系の等価化）が可能にしたものである。

その意味で、「セカイ系」の登場を画する九六年の切断面に比して、「バトルロワイヤル系」の登場を画する切断面は大きくない。むしろ「セカイ系」と「バトルロワイヤル系」を合して、〈自己のホメオスタシス〉における「現実」と「虚構」の等価化のバリエイションだと押さえた方が良い。

加えて私が注意を促したいのは、かかる「現実」と「虚構」の等価化が、「現実」の側における位階秩序の崩壊と連動する可能性である。例を挙げよう。村山治朝日新聞編集委員の『特捜検察vs.金融権力』という著作がある。検察庁と金融庁の暗闘を描いたものだ（村山2007）。

我々には海面上の氷山しか見えないが、水面下でどんなに凄いプレイヤーがどんなに凄いバトルを繰り広げていたか。それを克明に記す。ところが、そのプレイヤーたちが、定年退職後、テレビコメンテーターとして出演している。その佇まいが如何にもショボイのだ。

この落差をどう理解したら良いのか。これは、「現実」の重さなるものをどう理解すべきかを問いかける例題である。あるゲームの中では凄いプレイヤーでも、別のゲームではチンケなプレイヤーに過ぎなくなること。吉原の女郎たちに一物（イチモツ）の小ささを馬鹿にされる老中みたいなものだ。

その意味では昔からあることだろうが、かつては一次的ゲーム・二次的ゲーム・三次的ゲームの位階秩序が明瞭だったとすれば、現在ではゲームが錯綜した上どのゲームが特権的かについて先験的なことが言えなくなったことが、先の落差をいっそう印象的なものにする（映画『レベル13』！）。

似たエピソードには事欠かない。例えばマイケル・ムーア監督『華氏911』に、ネオコンのユダヤ系権力者だったポール・ウォルフォウィッツが登場する。テレビカメラの前でスタンバイしながら櫛で髪を整える貧相な小男が、それだ。多くの観客がこの場面で爆笑した。

「セカイ系」に続く「バトルロワイヤル系」の時代には、「現実」と「虚構」の等価化（を前提とした〈現実の虚構化〉）に併せて、「現実」自体における凄さとショボさの表裏一体性が強く意識される（がゆえにますます〈現実の虚構化〉が容易化する）のである。

そのことは、電凸の晒し上げで、企業のクレイム対応のお粗末ぶりに加え、晒し上げられた「権威」のミジメな右往左往ぶり（毎日新聞がWaiWai騒動で示した愚昧さなど）が満天下に晒される事態に象徴されよう。「バトルロワイヤル化」は「現実」の弱体化と表裏一体だと言えるのである。

最後に──永続するだろうバトルロワイヤル過程

「現実」の位階秩序が崩れ、並行して「現実」と「虚構」との間の序列が崩れ、結果として、こうした崩れを前提として、〈虚構の現実化〉に勤しむ「セカイ系」と、〈現実の虚構化〉に勤しむ「バトルロワイヤル系」とが、明瞭な境界線を欠いたまま拡がる……。これが目下の事態であろう。

社会学の思考伝統は、「前提を遡ること」「文脈を参照すること」で自明性を突き崩すところにある。前提のそのまた前提のそのまた前提……。文脈のそのまた文脈のそのまた文脈……。遡及するほど不動の枠組がヘナヘナになり、不動の正義も不動の権威も消えてしまう──。

ありとあらゆるものが恣意的であることを指摘し、それを指摘する自らもまた恣意的であることに自己言及する──。それが社会学の思考伝統である。だから社会学はもともと2ちゃんねる的な「オマエモナー」を得意とする。そんなことは織り込み済みなので、社会学者の多くは少しもへこたれない。

だが、社会成員の全員が社会学者ではありえない。「永久の梯子外し」や「泥沼の再帰性」に耐えられる者と耐えられない者がいる。しかし「現実」の位階秩序の崩壊、「現実」と「虚構」の序列の崩壊、それらが帰結する「永久の梯子外し」「泥沼の再帰性」は、今後も永久だ。

であれば、「永久の梯子外し」「泥沼の再帰性」がもたらす「オマエモナー」の嵐と「何でもあり」の怒濤に耐え、バトルロワイヤルを勝ち抜きつつも理想を貫徹する存在が、必要だ。「理想の貫徹」と述べたが、そこには批判だけでなくソーシャルデザインが含まれる。

今後のソーシャルデザインにおいては設計者と設計者の間の「梯子の外し合い」が必須だ。機能を問う視座・の機能を問う視座・の機能を問う視座……のリゾームが不可欠である。さもないと、我々はソーシャルデザインにおいて、社会的全体性に近づくことができないし、正統性も得られない。ソーシャルデザインを遂行するアーキテクトも、今や一次的現実のみならず、二次的現実、三次的現実にも介入せざるを得ない。なぜなら「現実」と「虚構」の境界線の恣意性も、既に意識の対象となっているからだ。従って「バトルロワイヤル系」の感受性が不可欠なのである。

一九九六年の画期、すなわち「現実」と「虚構」の横並び化から、既に一三年が経つ（執筆時点）。私が見るところ、［セカイ系／バトルロワイヤル系］の対立が顕在化してから一〇年近くが経つ。戦後サブカルチャー史を通覧すると、これが全く異例なほどに長期であることが分かる。

私の仮説では、これは安定した動的平衡状態（定常状態）にあることを指し示している。「現実」と「虚構」の横並びも、「現実」内部や「虚構」内部の位階秩序の崩壊も、それらを前提とした［セカイ系（虚構の現実化）／バトルロワイヤル系（現実の虚構化）］戦略の恣意的な分岐も、永続しよう。

社会学の思考も、従来は「現実」と「虚構」の分岐を自明の前提として、「現実」の秩序形式（秩序の機能連関）を分析するだけで許されたが、今後はそんな呑気さは許されなくなろう。アーキテクチャーもストラクチャーも、どんなレイヤーにだって存在するからだ。

付論――一九九六年を準備した一九九二年

以上、一九九六年頃と二〇〇一年頃の画期について述べてきた。この付論では遡って九二年の画期に触れたい。この画期については『サブカルチャー神話解体』（九三年）において「カラオケ化に伴う音楽の享受形式の変化」として一部触れられている。ここではそれを深める。

もしかすると、九二年の変化は、九六年の変化や〇一年の変化よりも大きいかもしれない。後述する通り九二年には、音楽の享受形式にも、アダルトビデオの享受形式にも、エロ雑誌の享受形式にも、性風俗ないし売買春の享受形式にも、ほぼ同時にドラスティックな変化が生じている。

その変化を一口でいえば〈アウラの消失〉となる。アウラとはむろんベンヤミンが、複製技術がもたらす変化として言挙げしたものだ（Benjamin 1936=1995）。元々は神性降臨（advent of divinity）における降臨した神性（divinity）を指す。アウラが喪失するとは、およそ以下のような事態をさしていよう。

ベンヤミンによれば、彫刻は絵画よりアウラがあり、絵画は写真よりもアウラがあり、写真は映画よりアウラがあり、映画はテレビよりアウラがある。つまり表現に降臨する実物性――別言すればソレが何かを substitute する表現だという性質――が生々しく感じられる。

だが、メディアの差異は必然的ではない。ソレが何か実物「についての」表現だという性質は、マスターベーションの場面で本質を現す。実物に興奮した自慰。実物「についての」メディアに興奮した自慰。実物「についての」表現ではないアニメそれ自体に興奮した自慰……。

むろんこの順でアウラが消失するのだが、それより大切なのは、こうしたアウラ度の区別を前提として実物に興奮する男と、アウラ度の区別抜きにフラット化した状態で――アニメと区別せずに――実物に興奮する男との差異だろう。それを踏まえて記述を進めてみたい。

まず音楽の享受形式から論じる。一九九二年にカラオケボックスが大ブームになった。同時に音楽の享受形式が変化した。それまでは、楽曲がそれ「について」表示する「シーン」や「関係性」に浸る没入的享受が一般的だった。それがカラオケブーム以降全く変わった。

カラオケはさして親しくない者同士が盛り上がるための社交ツールとして機能する。唄えば拍手・唄えば拍手の繰り返し。没入的な歌唱は意識的に回避され、誰もが知っている歌が唄われる。供給側もそれに適応した結果、CMとの、映画との、ドラマとのタイアップソングだらけになった。

かくして音楽が何か「についての」表現だという感覚は急速に薄れた。かわりに「皆が知っているか否か」「気持ちいいか否か」だけが評価されるようになる。その意味で、音楽はファッションや化粧品と同種の消費財になった。これがネット配信化にずっと先行したのである。

音楽領域ではこうした〈脱表現化〉に続き、〈脱流行化〉が生じた。ITMS（iTune's Music Store）――後にITS（iTune's Store）――に見られるアーカイブス化&ネット化と、享受者の「島宇宙化」を背景に、CDシングルを購入して新曲にアクセス（して話題に乗り遅れないように）する必要が消えた。

これについても、カラオケボックスブーム以降の〈脱表現化〉によって、表現の授受に必要とされる同時代的文脈への言及が免除されたことが、文脈抜きにアーカイブスを探索する〈脱流行化〉への道筋をつけたのだ、という具合に分析することができるであろう。

次にアダルトビデオの享受形式である。九二年に「単体もの」から「企画もの」へのシフトが生じた。それまでは「ピンをはれる」女優が一本一〇〇万円で出演するのが相場だったが、顔にモザイクのついた素人が一本一〇万〜二〇万円でアルバイト感覚で出演するようになったのだ（二〇〇九年の執筆時）。

内容も、従来の物語性優位のものから、スカトロ系（うんこもの）、フェチ系（制服もの）、特殊状況系（痴漢もの）など、ピンポイントで性的嗜好に訴える――従ってマーケットの小さな――ものへと変化した。この「ピンポイント化」をインターネット化が加速した。

同時にエロアニメ化も進んだ。これらに共通するのは、アダルトヒデオが、人気女優「についての」表現だったり、物語「についての」表現だったりする事態が、終わったということである。女優に興奮するのでも物語に興奮するのでもなく、眼前のイメージに興奮するだけなのだ。

　更に、エロ雑誌の享受形式も同じく変化した。「字モノ」から「絵モノ」へのシフトである。従来エロ雑誌の本体はあくまで文章で、イラストや写真が文章の説明（挿し絵）だった。それが新しいエロ雑誌では逆転して、文章がイラストや写真のキャプションへと降格した。

　活字を媒体として――まさに「媒体」として――文字の向こう側に何かを妄想するのでなく、エロ劇画やエロアニメの視覚的刺激自体に反応するようになった。「字モノ」では文章が依り代に過ぎないから「アウラ」が宿るが、「絵モノ」は直接的な刺激物としてそこにある。

　最後が、性売買における「ブルセラ化」だ。女子高生がショップに下着や制服を卸し、ショップが男性客に販売する「ブルセラショップ」だが、本物の素人女子高生が下着や制服を売る現象は一九九二年から始まった（それまでは実際には主婦やＯＬが下着を売っていた）。

　新聞記事やテレビ番組を通じてこれを社会に広めた私は、「ブルセラ社会学者」の称号をもらった。「ブルセラブーム」には直ちに「援助交際ブーム」が後続した。九四年のデートクラブブームの始まりから九六年までが「援交ブーム」で、これを取材して社会に広く紹介したのも私だった。

　この二つのブームにおいても〈アウラの消失〉が見られた。先に述べたように、アニメや漫画のキャラに興奮するのと同じように、実物の女子高生に興奮する。そうした事態を、『制服少女たちの選択』（九四年）で私は、「記号的な興奮」という言葉を使って表現した。

　その本で詳述したが、逆に女子高生の側も「ヘンなおじさん」「カワイイおじさん」といった記号を用いて、凹凸がある「現実」をフラット化していた。かくして男性客の側にも女子高生の側にも、「現実」を記号として捉えるフラット化（虚構化）が進んだのである。

そこでは、記号が「現実」を代表するのでも、記号が「現実」のかわりをするのでもない。「現実」自体が記号として消費された。逆にいえば記号自体が「現実」として消費された。記号の向こうに「現実」があるという「現実」の神性 divinity 即ちアウラが消失した。

こうして、九二年に「現実」から一挙に重みが消えはじめる。そのことが九六年頃からの「セカイ系」――「現実」と「虚構」とを自己のホメオスタシスの観点から等価に見做す作法――の浮上を準備したと私は見る。その意味では、オウム事件は、一つの契機に過ぎなかったということである。

【参考文献】

東浩紀〔2001〕『動物化するポストモダン――オタクから見た日本社会』講談社。

Baudrillard, Jean〔1970〕(〔=1995〕今村仁司・塚原史訳『消費社会の神話と構造』紀伊国屋書店)。

Benjamin, Walter〔1936〕(〔=1995〕久保哲司訳「複製技術時代の芸術作品〔第二稿〕」浅井健二郎編訳『ベンヤミン・コレクション1――近代の意味』筑摩書房 :583-640)。

Berger, Peter L., and Luckmann, Thomas〔1966〕(〔=1977〕山口節郎訳『日常世界の構成――アイデンティティと社会の弁証法』新曜社)。

Foucault, Michel〔1966〕(〔=1974〕渡辺一民・佐々木明訳『言葉と物――人文科学の考古学』新潮社)。

Foucault, Michel〔1969〕(〔=1995〕中村雄二郎訳『知の考古学』河出書房新社)。

Galbraith, Kenneth, John〔1958〕(〔=1960〕鈴木哲太郎訳『ゆたかな社会』岩波書店)。

Giddens, Anthony〔1990〕(〔=1993〕松尾精文・小幡正敏訳『近代とはいかなる時代か?――モダニティの帰結』而立書房)。

Habermas, Jürgen〔1981〕(〔=1985〕河上倫逸ほか訳『コミュニケイション的行為の理論(上)』未来社)。

――〔1981〕(〔=1986〕藤沢賢一郎ほか訳『コミュニケイション的行為の理論(中)』未来社)。

――〔1981〕(〔=1987〕丸山高司ほか訳『コミュニケイション的行為の理論（下）』未来社)。

北田暁大〔2005〕『嗤う日本の「ナショナリズム」』日本放送出版協会。

Luhmann, Niklas〔1981〕(〔=1985〕佐藤勉訳『社会システム理論の視座―その歴史的背景と現代的展開』木鐸社（部分訳))。

――〔1982〕(〔=2005〕佐藤勉・村中知子訳『情熱としての愛―親密さのコード化』木鐸社)。

宮台真司〔1995〕『終わりなき日常を生きろ!――オウム完全克服マニュアル』筑摩書房。

宮台真司・石原英樹・大塚明子〔1993〕『サブカルチャー神話解体――少女・音楽・マンガ・性の現在』PARCO出版。

――〔1992・1993=2007〕『増補　サブカルチャー神話解体――少女・音楽・マンガ・性の変容と現在』筑摩書房。

森川嘉一郎〔2003〕『趣都の誕生　萌える都市アキハバラ』幻冬舎。

村山治〔2007〕『特捜検察vs.金融権力』朝日新聞社出版局。

中森明夫〔1983=2000〕「『おたく』の研究①――街には「おたく」がいっぱい」別冊宝島編集部編〔2000〕『「おたく」の誕生!!』宝島社（初出は『漫画ブリッコ』一九八三年六月号）:132-4。

岡田斗司夫〔2008〕『オタクはすでに死んでいる』新潮社。

大澤真幸〔1996〕『虚構の時代の果て――オウムと世界最終戦争』筑摩書房。

辻泉〔2008〕「鉄道の意味論と〈少年文化〉の変遷――日本社会の近代化とその過去・現在・未来」東京都立大学大学院社会科学研究科平成一九年度博士学位論文。

鶴見済〔1993〕『完全自殺マニュアル』太田出版。

宇野常寛〔2008〕『ゼロ年代の想像力』早川書房。

本章成立の経緯について

本章の内容は、二〇〇七年八月一〇日に宮台と編者の一人である辻とが行った討議を基に、宮台が書き記したものである。本来ならば本書にそのまま収録されるはずだったが、その後、二〇〇九年に宮台が東浩紀とともに米国講演（シカゴ大、ミシガン大、テキサス大など）に赴くこととなり、現地での要望の高さに応え、本章の内容を英訳したものが資料として配布され、さらにそれを元にして、英文雑誌にも論文が掲載されることとなった（Miyadai, Shinji, 2011, Transformation of Semantics in the History of Japanese Subcultures since 1992, *MECHADEMIA*, University of Minnesota Press, 6: 231-58, Translation by Shion Kono, Introduction by Thomas Lamarre.）。

なお講演の概要は、東浩紀・北田暁大編（2009）『思想地図 vol.3 特集アーキテクチャ』（日本放送出版協会）に掲載され、さらに配布資料の英訳作業用に、平易な文体に書き改められた文章も、宮台の公式サイトである miyadai.com 上に掲載後（http://www.miyadai.com/index.php?itemid=706、http://www.miyadai.com/index.php?itemid=707）、宮台真司〔2014〕『私たちはどこから来て、どこへ行くのか』（幻冬舎）に採録された。

加えて同講演への注目を背景に、二〇一〇年には東工大でシンポジウム『クール・ジャパノロジーの可能性』が開かれ、ここでも、上記英語版の内容をベースとしたプレゼンテーションが行われるとともに、ＮＨＫ出版からの共著に、その口述録が掲載されることとなった（宮台真司〔2010〕「一九九二年以降の日本のサブカルチャー史における意味論の変遷」東浩紀編『日本的想像力の未来――クール・ジャパノロジーの可能性』日本放送出版協会：187-209）。

このように、本章にはすでに類似の文章がいくつか存在しているが、最初に書かれたいわば原典としての資料的価値の高さ、あるいは日本語で、論文調で書かれなおかつ書誌データなども完備した文章が他に存在していないこと等に鑑みて、特に日本語での読者への配慮として、ここに掲載するものである。

第2章　なぜ鉄道オタクなのか
「想像力」の社会史

辻　泉

1　鉄道オタクとは何か

男子校文化の最下層として

数あるオタクの中に、鉄道オタクと呼ばれる人々がいる。(*1)本章の目的は、こうした鉄道オタクの歴史を辿ることで、日本社会におけるオタク文化の歴史的変遷を理解することである。なぜならば、鉄道オタクこそが日本社会におけるオタクの原型の一つであり、その歴史を理解することが、オタク文化の歴史理解のための早道と考えられるからである。あるいは後述するように、さまざまな男性オタク文化の変遷をも、あわせて理解しうるであろう。それほどに鉄道オタクの歴史は古く、後述するように第二次世界大戦以前から、すでにその源流が見出せる。

昨今のオタク文化といえば、アニメやマンガ、ゲームといったように、「虚構」に関心を寄せる人々の方が注目されている。「萌えヲタ」という言葉があるように、美少女キャラクター（キャラ）との関係性、いわば「虚構」のヒトとの関係性に強い妄想を抱く人々が代表的なオタクだと考えられていよう。それと比べると、鉄道オタクはずいぶんと〝硬派〟な存在に感じられるかもしれない。彼らが想いを寄せるのは、「現実」に存在する鉄道というモノだからである。

しかし、だからといって鉄道オタクたちが「現実」の社会に強くコミットしているかというと、そんなことは全くない。彼らの多くは対人関係が苦手だし、「現実」の女性と交際したことのないものが圧倒的である。鉄道オタクはこうした特徴から、男性たちの文化の中では最下層に位置づけられやすい。

筆者自身も子どもの頃からの鉄道オタクだが、中高一貫の男子校時代、常に「スクールカースト」の最下層を歩み続けざるを得なかったことを記憶している。男子校文化で言えば、まず何よりも「現実」の女性にモテるものたちが最上位にくる（その多くは体育会系である）。それからずっと下がって、「虚構」の女性たちと関係を持つものたち、先の萌えヲタたちがくる。そして「現実」にも「虚構」にも強くコミットできない中途半端な存在として、鉄道オタクたちが最下層に位置づけられるのである。[*2]

オタク文化の「原型」として

しかし、だとすると、なぜ今日においても鉄道は根強い人気を保ち続けているのだろうか。その根強さにはいくつかの特徴があるが、一つには歴史的な古さが挙げられよう。旧制中学の流れを汲むような中高一貫の男子進学校や、名門といわれる大学の多くには、ほぼ決まって鉄道研究会というサークルが存在する。(*3) それらは戦後まもなく、少なくとも高度経済成長期までの間に創設されたものが多く、中でも慶應義塾大学鉄道研究会は一九三四（昭和九）年の創設といわれ、戦時中の中断をはさむものの、現存する最古の「鉄研」として知られている。

また多くの男性たちが、幼少期に少なくとも一度は鉄道に想いを寄せたことがあるというのも特徴的である。その全てが鉄道オタクになるわけではないにしても、デパートなどには、鉄道のおもちゃが男の子向けの定番として置かれている。

ここで改めて、日本社会におけるオタク文化の歴史を理解するために、なぜそれなのか、「なぜ鉄道オタクなのか」という疑問に答えておきたい。それは「歴史が長いから」という利点もさることながら、彼らのふるまいに、いまなおオタク文化の「原型」が見出せるからである。

それは、「現実」の世界にいながらにして「現実」にはないものに想いを寄せる、というふるまいであり、間違いなく、ある時代までのオタク文化の特徴であり「原型」ともいうべきもの、あるいはまた、見下される理由でもあった。昨今、急にオタク文化が注目されるようになったのは、こうした「現実」と「虚構」との間の優劣差が、薄れ始めたという背景があるのだろう。

ここで「現実」にはないものに想いを寄せるというふるまいを、「想像力の文化」と呼ぶとしたら、それは全てのオタク文化に一貫して見られる特徴ともいえるだろう。この点について、完全なる「虚構」のキャラに強く想いを寄せる「萌えヲタ」たちは、それが徹底しているようにも見えるし、一方で鉄道オタクたちは、中途半端に見えるのかもしれない。

しかし、「現実」の世界にいながらにして「現実」を超えたものに想いを寄せるというふるまいにはもっと長い歴史がある。それは、長らく若い男性たちに担われてきたものであった。いわば理系的な想像力の豊穣さも、ある時代までは男らしさのシンボルだったのである。[*4] 後述するが、「少年」というカテゴリーそのものが、「現実」を超えようとする想像力を持ち合わせた存在として誕生したといってもよい。そして「現実」と「現実」を超えたものとの間の「架け橋」に、長らく位置づけられてきたのが鉄道だったのである。

その理由として社会学者の見田宗介は、鉄道が「想像力のメディア」であるからだと述べている。すなわち「外にありながら内にあること、内にありながら外にあること」(見田 1984=2001:11)といった指摘にも表れているように、それは「両義性の(強い)メディア」であり、日常に埋め込まれていながら非日常をも感じさせるようなメディアなのである。[*5] 鉄道においては、出発駅は「いま/ここ」という日常生活の中にしっかりと埋め込まれているけれども、それと同時に、自分がまだ行ったことのない「どこか」の駅へ「いつか」行くことにも想いを馳せることになる。[*6]

では、いつから鉄道は「想像力のメディア」となり、少年たちと結びつくようになったのだろうか。そしてその「想像力」はどのように変遷し、いつから少年たちはオタクへと変遷したのだろうか。

2　鉄道少年の「誕生」

後発近代化社会の少年たち

このようにかつての少年たちは、「現実」を超えようとする想像力をなにがしかのモノに託してきた。おそらくそれは、むしろそうせざるを得ない時代状況であったからだろう。

明治時代以降、日本社会は先進欧米社会を追いかけ続けてきた。遅れて近代化を成し遂げてきたのである。そうした中で、「現実」を超えた目標を追いかけ続けることを期待されたのが少年たちだった。その目標とは、時代によって、先進欧米社会であったり未来であったりと変遷してきた。

少年たちは、そうした中で自らのアイデンティティを形成してきた。長らく「想像力のメディア」として位置づけられてきたのが鉄道であったと述べたが、それは必然ではなく、むしろ幾度かの社会の変化の中で、結果的に鉄道がその位置を占めることになったに過ぎないのである。

鉄道少年という存在が目立ち始めるのは、およそ大正末期から昭和初期にかけてである。いわば鉄道少年の本格的な「誕生」はこの時期と考えられるのだが、そこにいたる歴史的な変遷についてまず考えてみたい。

「空想のメディア」としての汽車と科学模型

まず、日本社会における鉄道そのものの「誕生」について振り返ってみよう。一般的には一八七二（明治五）年における新橋—横浜間の開通がその始まりとされている。だがそれ以前の日本社会にも、鉄道はすでに存在していた。一八五三（嘉永六）年に来航したロシアのプチャーチンが、船上で蒸気機関車の模型を運転してみせたと言われているし、翌一八五四（嘉永七）年に来航したアメリカのペリーは蒸気機関車と客車の模型一式を将軍に献上したと言われている。さらにその翌年の一八五五（安政二）年には、プチャーチンの模型に刺激を受け、佐賀藩精錬方の中村奇輔らが日本初の蒸気機関車の模型を製作していた（図2-1）。

これらは「実物」とは異なった、ただの「模型」と感じられるかもしれない。だが、まだ「実物」が存在しない当時の社会において、それを今日と同じような意味で「模型」と呼ぶことができるだろうか。別な言い方をすれば、これらこそが「想像力のメディア」としての鉄道の始まりだったのではないだろうか。つまりこれらの「模型」は、まさしく「現実」を超える想像力が託されたモノだったのではないだろうか。だとすれば、日本社会における鉄道の「誕生」は、新橋—横浜間の開通に先立つこれらの「模型」にこそあったと言ってよいだろう。

だからこそ、今日でも鉄道オタクの間で鉄道模型は大きな位置を占め続けているし、鉄道少年が登場してくるときにも、やはり模型が中心となる。

さらに重要なのは、先述の「模型」が、実は鉄道の研究を主たる目的として作られたものではないということである。この点について歴史学者の原田勝正は、「これらの模型製作の意図には、汽船の建造

図2－1　佐賀藩の中村奇輔らが製作した蒸気機関車の模型（鉄道博物館所蔵のレプリカ：筆者撮影）

の前提という意味が含まれ」ており、「当時の国内情勢から、軍艦建造という軍事目的が中心」で、「彼らの本来の目的は、汽船の方にあった」と指摘している（原田 1986:4）。つまり、主たる目的は蒸気機関のメカニズムの解明にあったのである。

このように明治時代以降の日本社会にあっては、「現実」を超えた目標とは先進欧米社会であり、「想像力のメディア」の花形も、実は鉄道ではなく軍艦であった。それは、帝国の版図拡大と結びついていたことからも分かるように、とりわけ空間的な広がりへの「想像力」と強く結びついた「メディア」であり、いわば「空想のメディア」とでも呼びうる存在であった。

やがて昭和初期にいたると、こうした「空想のメディア」の花形に戦闘機が加わることになる。当時の少年雑誌などを見ても、陸軍と比べて海軍のほうに人気があったのは、こうした軍艦や戦闘機が多く存在していたからであろう（原・関川 2004）。

その頃になると鉄道も、これらと同じ「空想のメディア」として、ようやく少年たちの人気を集めるようになってくる。後に「第一次黄金時代」と呼ばれるようになるのだが、この時期、国内の鉄道網はその姿をほぼ現し、特急列車の運転が始められ、台湾や満州では植民地経営のための鉄道が敷設されたりした。そして「陸《おか》蒸気」という呼び名にも表れているように、明治以来、蒸気船の補助的存在に過ぎなかった鉄道にも、徐々に「汽車」という独立した呼び方が定着していくのである（宇田 2007）。

当時の小学校の教科書を見ても、これらの「空想のメディア」が題材として多く取り扱われていることが分かるが（宇田 2007、鷹野 2006）、さらに象徴的なのは少年向けの科学雑誌であった。代表的なものとして、現在も刊行されている『子供の科学』（一九二四〔大正一三〕年創刊）が知られているが、特に人気を博したのは、こうした乗り物を自作することを説いた製作記事であった。それまでの日本社会には存在しなかったような「空想のメディア」を、自らの力で「想像＝創造」することに少年たちは熱中していたのである。そしてまた未開の土地に、この「空想のメディア」によって赴いた少年たちが大活躍をする「空想科学小説」が人気を博したのもこの頃であった（二上 1978、西 1997、尾崎 1997、佐藤 1959=1993、山中・山本 1985、横田 1986）。

図２－２　『少年倶楽部』の付録の大飛行艇（空飛ぶ軍艦）（尾崎 1997）

『子供の科学』の創刊号には、すでに鉄道に関する記事が載っていたが（子供の科学編集部編 1987）、その後一九二九（昭和四）年には初の専門誌『鉄道』が創刊されている。その創刊者は、『子供の科学』が主催した「第一回模型の国展覧会」に自作の機関車を出品して最優秀賞を獲得した人物であった（青木 2001）。こうして鉄道少年の本格的な誕生は、このころ模型を中心に用意されたといってよいだろう。

こうした歴史からわかることは、「空想（のメディア）の時代」というものは、大日本帝国という後発の近代化社会における、いわば軍国少年の時代であったということである。別な言い方をすれば、今日では鉄道オタクと軍事オタクは袂を分かっているけれども、その原点において実は重なり合っていたということである。

そしてやはり特徴的なのは、今と違って完成品が乏しかったために、この時代に少年たちが想いを寄せていたのが、自作模型（当時は「科学模型」という呼び名が一般的）であったということである。そのころ「モデルエンジニアリング」という言葉があったが、これは今日の模型のあり方と異なり、実物を模倣するのではなく、「むしろ実物に一歩先んじ、実物に教えてやる位の独創性を発揮」することが目的であった(＊7)（山北藤一郎『高級電気機関車の作り方』「第一章模型電気機関車」より）。つまり当時の少年たちは「空想のメディア」を、すなわち軍艦や戦闘機、汽車といった日常的には触れることができなかったモノを、自らの手で「想像＝創造」しなければならなかったのである。

図２－３　蒸気機関車の模型に乗る少年
（1941年ごろ、石坂編2000：表紙）

鉄道に対する関心は、敗戦後にますます高まることになるが、その主役はこうした戦前に生まれた軍国少年たちであった。今なお現役で活躍する彼らの多くは、軍艦や飛行機も鉄道と同じかそれ以上に好きであったと語る。たとえば敗戦後の一九五三〔昭和二八〕年に慶應義塾大学鉄道研究会を復活させた人物（一九三一〔昭和六〕年生まれ）は、自身の著作中で、汽車の魅力について次のように記している。（なお以降も含め本文中では、筆者が二〇〇五〔平成一七〕年三月〜二〇〇七〔平成一九〕年九月にかけて、

一〇～七〇歳代の四九名の鉄道ファンに対して行ったインタビュー調査やそこで得られた資料を適宜引用する)。(*8)

速さ、力強さ、勇ましさ、ブラックボックスのないメカなどに裏づけされた人間の憧れのようなものか。特に経験した人の脳裏からは離れない。重厚長大な戦艦、機敏な動きを見せるプロペラ時代の戦闘機なども重なる、男の魅力なのかもしれない(齊藤 2007:457)。

汽車は単なる輸送手段だけではない。遠い未知の土地への憧れや喜び悲しみの思い出は、あの石炭の匂いやレールジョイントのリズムと溶け合いながら心の奥底にいつまでも深く残る。また鋼鉄の塊であるにもかかわらず、あえぎあえぎ坂道を登る姿や躍動するロッドなどに、なにやら生き物のような感情が行き交うような感じさえする。単なるマシーンを越えた存在だ。(齊藤 1996:「まえがき」より)

どちらにも「憧れ」という言葉が含まれているように、「汽車」とは「単なる輸送手段だけではなく、「遠い未知の土地」への空間の広がりに対する「想像力のメディア」であったことが改めてわかるだろう。(*9) 以上のことから、軍国少年たちの「空想の時代」とは、鉄道についていえば「汽車の時代」であったということができよう。

敗戦という転機

次に、敗戦という転機が、どのような影響をもたらしたのかをみてみよう。一九五五(昭和三〇)年の東京大学鉄道研究会創設時に中心メンバーであった人物（一九三四〔昭和九〕年生まれ）は、著作の中で次のように述べている。

　第二次大戦中のミリタリズム教育で育てられた少年として、軍艦や飛行機も鉄道と同じように好きだった。それが一九四五年の敗戦で日本には陸軍も海軍もなくなり（…）そして残ったのが、鉄道というわけである。（和久田 1993:「はじめに」より）

　こうした証言は、先に記したような科学雑誌の変化を見ると、さらによくわかるだろう。図2－4は、『子供の科学』と同じく人気を博した『科学と模型』の敗戦後の号の目次を示したものだが、軍艦や戦闘機が完全に姿を消し、あたかも鉄道専門雑誌であるかのようになっているのがわかる。

図2－4　戦後の『科学と模型』目次
（1947年2・3月号）

　このように、敗戦に伴って、軍艦や戦闘機は花形ではなくなっていった。そして結果的に残された「想像力のメディア」が鉄道であった。

　しかしここで重要なのは、単に「想像力のメディア」の数が減ったということだけではない。言うなれば、その質的な面においても、変化が生じたのである。それは明治時代以来のスローガンで言えば、「富国強兵」が消え去って「殖産興業」に特化していったのだといってもよい。植民地を喪失し軍隊が解体された当時の日本社会においては、少年たちの「想像力」について言えば、空間的な広がりが失われたことで、未来の社会へという時間的な広がりに特化せざるを得なかったのである。

また、「想像力のメディア」の花形に、結果的に位置づけられた鉄道だが、同時にその中心も「空想のメディア」としての汽車から、「夢想のメディア」としての電車に移り変わっていった。

「夢想のメディア」としての電車とプラモデル

実は電車は、それ以前の明治時代からすでに日本社会に存在していた。しかし、長らく市内交通の手段として位置づけられ、長距離の移動手段は汽車が中心であった。敗戦後、国鉄の電化およびスピードアップが進められたが、すでに全国的な鉄道網はほぼ出来上がっていたので、空間的な広がりが新たに増したというよりも、既存の鉄道網のバージョンアップがなされていったようなものであった。この時期は日本の鉄道の「第二次黄金時代」ともいわれた。

数の上では汽車もまだ多かったが、少年たちの人気を博したのは、やはり電車であった。その最たる象徴は一九六四（昭和三九）年に開業した新幹線であろう。(*10) 当時「夢の超特急」と呼ばれたように、戦後復興の後に奇跡的な高度成長を遂げていった社会の、まさに未来の夢の象徴であった。

新幹線というその呼び名が表していたように、既存の幹線と並行したこの鉄道は、レールの幅が異なっていたために在来線との乗り入れができず、空間的な広がりの限られた中でのスピードアップという、まさしく既存の鉄道をバージョンアップしたかのような存在であった。別の言い方をすれば、未来へという時間的な広がりに特化した「想像力のメディア」であり、こうした新幹線に象徴される電車たちは「夢想のメディア」とでも言い表せるだろう。(*11)

さらに先の時代との対比でいうならば、実物が模型を凌駕していった時代でもあった。雑誌で言うならば、自作模型を中心とした科学雑誌から、実物の写真を中心とした鉄道雑誌が主流になっていった。図2-6にもあるように、鉄道雑誌の中で今日最も発行部数の多い『鉄道ファン』が創刊されたのはこの時代であり、その創刊号の表紙を特急電車のカラー写真が飾っていたのはまさに象徴的である。いわゆる「撮り鉄」と呼ばれる、実物の鉄道の撮影を中心としたジャンルが本格化するのもこの時期からであった。[*12]

図２－５　「新幹線とモノレール」
画：木村定夫
（関田監修2007：62）

図２－６『鉄道ファン』
（1961年創刊）

模型の中でも、デザインから製作にいたるまで全て自前で行う自由型の模型を「想像＝創造」するのではなく、図2-7にあるような、実物を模倣したキットやプラモデルが人気を博すようになる。[*13]鉄道模型のスケールについても、自作の時代にはＯゲージ（およそ1／45スケール）に代表される比較的大きなスケールで、細部にまでこだわって一両の機関車を作り上げるのが中心だったのに対し、この時代にはおよそその半分にあたる、より手ごろなＨＯゲージ（およそ1／87スケール）で、編成を組んだ電車を組み立てるのが中心となっていった。

この時代には早川書房のミステリ・シリーズに代表されるような、未来社会を描いたＳＦ小説が人気を博していたということも重要だろう。つまり「夢想（のメディ

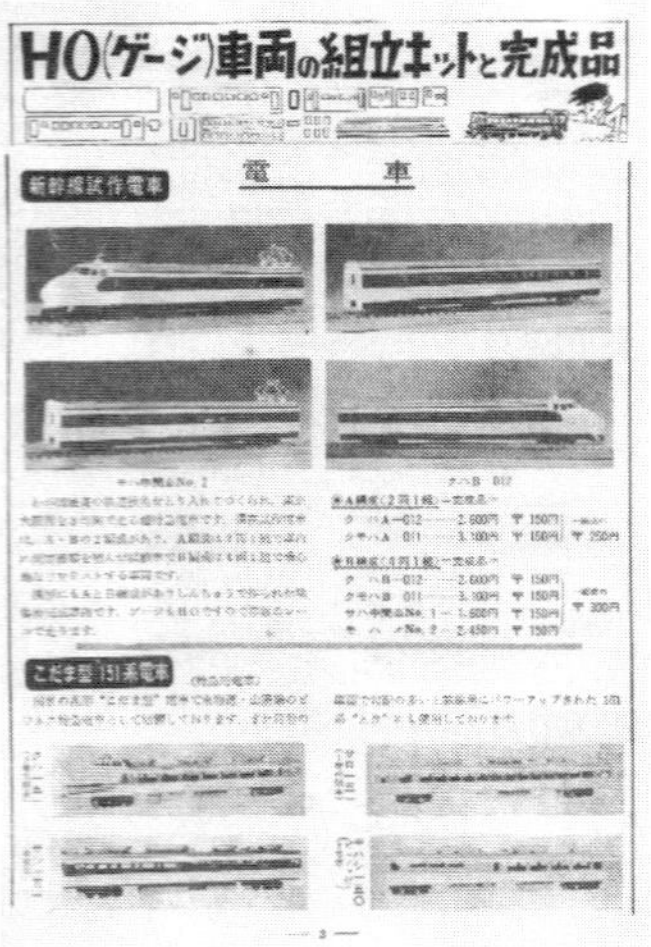

図2-7　「HOゲージ車両の組立キットと完成品」（『模型とラジオ』1964〔昭和39〕年増刊号：3、http://homepage1.nifty.com/en/mora6403p3.htm）

ア）の時代」とは、少年たちがキットを組み立てたり写真を撮ったりしながら、未来の夢への「想像力」を広げていった時代であり、いわば高度経済成長期とSF少年の時代であったと呼ぶことができる。そして鉄道でいうならば、先の時代の少年たちが未知の土地への「憧れ」を汽車に感じていたのに対して、電車に未来の「夢」を感じるようになった「電車の時代」であった。

未来の「夢」という点で言えば、彼らの多くは、この後パソコン通信やインターネットといった、鉄道以外のいわゆる「ニューメディア」にも積極的に関心を示していく。今日、会員数が日本最大を誇る『鉄道フォーラム（http://www.railforum.jp/）』のマネジャーを務める人物も、この時代の典型的な少年の一人である。彼は大学を卒業後、数年の会社勤めを経て退職した後、『鉄道フォーラム』の運営にあたって現在ではマネジャーを務めているが、鉄道を好きになったきっかけは、（先の図2-5にあったような）まさに「第二次黄金時代」の花形の特急電車たちであったという。小学校に入学した一九六四（昭和三九）年は、東京オリンピックの開催とともに東海道新幹線が開業した年であり、当時を思い返して、「ものすごい夢があった時代」であり、「鉄道が最先端の技術だった」時代でもあると述べていた。

この時代の少年たちの多くは、今なお現役で活躍するものが多いが、先の時代の少年たちと違うのは、いわゆる「脱サラ」によって鉄道趣味そのものを仕事するものが目立ち始めたということである。彼ら自身の「将来の夢」もまた未来を志向しており、趣味そのものが職業になるほど熱心な人々であるという意味において、彼らを「原オタク」（宮台 1994）あるいは「第一世代オタク」（東 2001）と呼び表す論者もいるほどである。しかし本格的なオタクの「誕生」、いわゆる今日に通ずるような特徴を持つオタクらしいオタクの登場は、その次の時代まで待たなければならない。

3　鉄道オタクの「誕生」

「脱工業社会」「消費社会」の到来

オタクという言葉が目立って使われるようになるのは一九八〇年代以降のことである。その「名付け親」とも呼ばれる評論家の中森明夫は、『漫画ブリッコ』一九八三年六月号から「「おたく」の研究」という記事を連載し、その存在を世に知らしめていた。記事中で中森は以下のように記していた。

考えてみれば、マンガファンとかコミケに限らずいるよね。アニメ映画の公開前日に並んで待つ奴、ブルートレインを御自慢のカメラに収めようと線路で轢き殺されそうになる奴、本棚にビシーッとSFマガジンのバックナンバーと早川の金背銀背のSFシリーズが並んでる奴とか、マイコンショップでたむろってる牛乳ビン底メガネの理系少年、アイドルタレントのサイン会に朝早くから行って場所を確保してる奴、(後略)。それでこういった人達を、まあ普通、マニアだとか熱狂的ファンだとか、せーぜーネクラ族だとかなんとか呼んでるわけだけど、どうもしっくりこない。なにかこういった人々を、あるいはこういった現象総体を統合する適確な呼び名が未だに確立してないのではないかななんて思うのだけれど、それでまぁチョイわけあって我々は彼らを『おたく』と命名し、以後そう呼び伝えることにしたのだ。(中森 1983=2000:133-134)

まず気づくのは、「ブルートレインを御自慢のカメラに収めようと線路で轢き殺されそうになる奴」とあるように、鉄道オタクがすでに含まれていたということであろう。さらに、「マイコンショップでたむろってる牛乳ビン底メガネの理系少年」「本棚にビシーッとSFマガジンのバックナンバーと早川の金背銀背のSFシリーズが並んでる奴」とあるように、先の「空想の時代」や「夢想の時代」の少年たちのようなふるまいも、もはやオタクとして扱われているのに気づく。

そして「アニメ映画の公開前日に並んで待つ奴」「アイドルタレントのサイン会に朝早くから行って場所を確保してる奴」など、「虚構」の情報に想いを寄せるオタクたちも登場し、「現実」のモノに想いを寄せるオタクたちと同列に扱われているのも特徴的であろう。

では、鉄道に想いを寄せるというふるまいは、なぜオタクとして扱われるようになっていったのだろうか。それは彼らの内面が変化したからというより、むしろ社会の変化によって、「想像力」の行き先が変化せざるをえなかったからではないだろうか。

この点で重要なのは、一九七〇年代以降の日本社会の変化であろう。オタクという存在が目立ち始めるのは一九八〇年代のことだが、その背景をなす変化はすでに始まっていたのである。明治時代以来のスローガンでいえばそれは「富国強兵」が終《つい》えた上に、「殖産興業」も転換点を迎えたということである。一九七三（昭和四八）年の石油ショックは象徴的だが、高度経済成長期が終わりを告げ、低成長期に移り変わりつつあったこの時代には、いわば生産中心の社会から消費中心の社会への移行、すなわち「脱工業社会」（Bell 1973=1975）と「消費社会」（Baudrillard 1970=1995）が到来しつつあったのである。

それは鉄道でいえば、本格的な「斜陽化」の到来、戦後の復興ならびに高度成長の基幹インフラであった時代が過ぎ去っていったことを意味していた。

何よりも少年たちの「想像力」について言えば、その行き先が不明確になり始めたことを意味していた。低成長期という言葉からもわかるように、空間的な広がりはもとより、未来に向けての時間的な広がりすらも失われ始めたのである。この時代におけるオタクの「誕生」とは、いわば「想像力の文化」に関するある種の「方向転換」のことだったともいえるだろう。こうして多くのオタクたちは、その「想像力」の広がりを「虚構」に向けて「方向転換」していったのである。

「幻想のメディア」としてのSL、ブルートレイン、アニメ

こうした「方向転換」は鉄道オタクに顕著であった。彼らもまた、「現実」に存在する鉄道というモノに対して、あたかも「虚構」を見出すかのような接し方をするようになった。そうした「方向転換」は、先の中森の文章に現れていたような「ブルートレインブーム」、あるいはそれに先行する「ＳＬブーム」[*14]といった一九七〇年代の現象に顕著であった。

後者は、一九七〇年代の前半に蒸気機関車が全廃されるのに伴い、それを惜しんで全国的に起こった大規模なブームであった。その際に重要なのは、同じ蒸気機関車ではあっても、それはもはや「空想の

図２－８　『最新ＳＬダイヤ情報』
（現『鉄道ダイヤ情報』）

メディア」としての汽車ではなく、言うなればむしろノスタルジーの対象であったということであった。

この点は、続く一九七〇年代後半の「ブルートレインブーム」にも共通していた。新幹線の延伸に伴い在来線の特急列車が大幅に削減されていった結果、「東京から鹿児島まで」といった長距離を通して走る列車は、夜間に走行する寝台列車（ブルートレイン）だけになってしまったのである。このように、この時代のＳＬやブルートレインとは、言うなれば失われつつあるものの象徴、すなわち「空想」へのノスタルジーであり、過去の幻に関する「想像力のメディア」、「幻想のメディア」とでもいえるだろう。この後アニメ化された『銀河鉄道９９９』がブームを起こすが、これは宇宙空間を描いたアニメという「虚構」の情報にしか、そうした「想像力」が広がりをもちえなかったことを示しているともいえる。

また、この時代のオタクたちには、ほぼ今日に通ずるようなふるまいが散見されるようになる。例えば「ＳＬブーム」においては、その最後の姿をできるだけ多く残しておこうと、大勢のファンが日本各地の地方路線にカメラを持って押し寄せたが、そこからはどれだけ多くの情報や知識を得ることができたかを競い合うような、いわゆるコレクター的なふるまいであったり、いわゆる「乗り鉄」と呼ばれるような、できるだけ多くの鉄道路線を乗り歩こうとするジャンルが本格化してきた。「ブルートレインブーム」が到来すると、こうした傾向はより顕著となり、当時の国鉄が、人気を集めることを見越して絵入りのマークを掲げたことから、東京駅や上野駅といったターミナルには、競い合うようにして写真を撮るものたちが殺到した（図2-10）。

あるいはブルートレインの編成を組んで走らせることのできる、Nゲージと呼ばれる小さなスケールの鉄道模型も人気を博した。1／150というかなり小さなスケールであることから、室内にレールを敷いて走らせることが容易であり、もはや自作したり組み立てたりするのではなく、既製の完成品を買い集めて、あたかも「箱庭」のように走らせて楽しむことに主眼が置かれるようになっていったのである。特にNゲージにおいてはレールと車両と運転用のコントローラーを含んだ、パッケージ化されたセット商品がプレゼント用として人気を集めていった。

図2-9　『銀河鉄道999』
（© 松本零士・東映アニメーション）

このように、一九七〇年代以降の日本社会は、「脱工業社会化」「消費社会化」が進んだ転換期にあたる時代であった。そしてそれは、「想像力」の行き先が不明確になるとともに「方向転換」が生じ、例えば未来とは逆向きの、過去の幻に「想像力」が広がっていくような「幻想（のメディア）の時代」であったのである。鉄道についていうならば、未来の夢へ向かう「電車の時代」とは逆向きの、「ポスト電車の時代」であったといってもよいだろう。社会学者の見田宗介も、この時代のことを「虚構の時代」と呼んでいるが（見田 1995）、このように「想像力」を「方向転換」させた少年たちは、新たにオタクと呼ばれることになったのである。

よく言われるように、こうしたオタクたちに特徴的なのは

図２－10　1978年の東京駅の様子
（撮影：諸河久、『鉄道画報』2007年春号：30-1）

図２－11　1978年生まれの鉄道オタクとＮゲージのコレクション（筆者撮影）

「虚構」への親和性が高く、ネガティブな自己意識を持ちやすいということである。ここである鉄道オタクの例を紹介してみよう。彼は一九七八（昭和五三）年生まれで、大学在学中鉄道研究会に在籍し、卒業後は子どもの頃からの希望通り鉄道会社に就職し、現在では特急列車などの運転士を務めている。自宅の一室はＮゲージのコレクションが占拠して彼専用の「模型工房」と化しており（図２-11）、今でも時々撮影旅行に出かけるほどの熱心さである。しかしそれほど熱心な鉄道オタクであっても、「模型工房」の片隅にはアニメに関するグッズが置かれていたり、次のようなネガティブな内容を語ったりするのである。

「鉄道に未来はありません。もう役目は終わった存在なんですよ。大都市をのぞけば、特に地方なんて、今になくなるんじゃないかなってすら思いますよ。自分が生きている間は、できればそんなところを見たくないですね……」

ここからは、まさに「想像力」の行き先が不明確化し、悲観せざるをえない様子がうかがえよう。とりわけ、先の二つの時代の少年たちが、未だに現役で潑剌としている様子と比べると非常に対照的ですらある。

「高度情報消費社会」の到来

一九九〇年代以降、二一世紀の今日に至るまで「消費社会化」はますます進んでいる。とりわけ一九九〇年代中盤以降のインターネットや携帯電話といったニューメディアの普及に伴い、交わされる情報量は飛躍的に増大した。いわば現代の日本社会は「現実」のモノを生産するよりも、情報を蓄積し伝達することに重きをおいた「高度情報消費社会」であり、先の時代の傾向がより徹底化された時代なのだといえるだろう。

あるいは、それまで目標としてきた豊かな社会に、すでに到達したということなのかもしれない。今さら「現実」を超えた目標に想いを寄せずとも、すでに「いま／ここ」において、必要な情報が全て手に入れられるような社会になりつつある。

それは、長らく若い男性たちとともにあった「想像力の文化」が、一つの「終着駅」にたどり着こうとしているかのようでもある。もはや、「想像力」は「いつか／どこか」へ向かって広がるというよりも、「いま／ここ」の自分の中で広げるしかないような時代、いわば「妄想の時代」を迎えているように思われる。

そして鉄道についても、自家用車や航空機といったライバルの増加の中でますます「斜陽化」が進み、すでに一九八七（昭和六二）年には、日本国有鉄道が解体され、ＪＲ七社への分割民営化がなされた。そして日本最大の鉄道会社となったＪＲ東日本においてすら、かなり早い段階から「総合生活サービス業」あるいは巨大な情報産業への転換を進めてきた。例えば、マイクロソフト社とＯＳの「Windows XP」の共同開発にあたっただけでなく、「Suica」と呼ばれる電子マネーを用いた「ＩＣカード自動出改札システム」の構築を急ピッチで進めてきた。(*15)

こうした変化は、物理的なモノを運ぶ交通機関と情報産業との関係が、本格的に逆転しつつあるのだとも言えよう。(*16) こうした変遷自体は、以前から論じられてきており、それ自体としてはもはや珍しくもないが、ここで興味深いのは、そうした動きを鉄道会社自らが進めようとしているということだろう。今や、ネットワーク化された情報産業にとって、鉄道は補助的な存在へと位置づけられようとしているが、こうした点からするならば、現在は「ポスト鉄道の時代」と呼びうるだろう。

「妄想のメディア」としてのシミュレーション・ゲーム、フィギュア

それと同様に、鉄道オタクのふるまいにおいても、先の時代より徹底した傾向が見られる。先の時代には、鉄道という「現実」のモノに「虚構」を見出すような接し方をしていたのに対し、現在に至るともはや純粋に「虚構」とだけ接するようになる。いわば、「虚構」が「現実」を凌駕するようになったとさえいいうるかもしれない。

その代表格はゲームであろう。知られるとおり、一九九七（平成九）年には『電車でＧＯ！』（タイトー）と呼ばれるアーケード用のゲーム機が登場とともに人気を博し、その後、類似のゲームソフトも

多々登場し、走行する路線やその風景までも、自分でプログラミングして作成することができるようになってきた。

図2‐12は、一九九八（平成一〇）年に登場した『鉄道模型シミュレーター』（アイマジック）と呼ばれるゲームソフトであり、パソコン上の仮想空間に大きな「レイアウト」を作成し車両を走らせることができるというものである。

だがよく考えてみると、この商品名は奇妙である。『鉄道模型シミュレーター』という商品名は、字義通りに受け取れば、「模型のシミュレーター」ないし「模型の模型」ということである。かつての「モデルエンジニアリング」のように、これを元に、「現実」の模型をさらに超え出たような模型を「想像＝創造」することもありえなくはないのだろうが、今のところは、それ自体として「虚構」の中だけで楽しむものとして受け入れられているようである。(*17)

図2‐12『鉄道模型シミュレーター』
（http://www.imagic.co.jp/hobby/products/V3/v3b157/index.htm）

さらに興味深いのは、こうした状況の中で、鉄道模型メーカーすら、鉄道模型ではない製品を発売し始めたということである。図2‐13はその象徴的な例であり、Nゲージの代表的なメーカーであったトミーテックが、二〇〇五（平成一七）年に発売した、『鉄道むすめ』とよばれる美少女フィギュアである。それぞれのフィギュアには、駅や列車を元にした名前が付けられ、鉄道やそれに関連する会社の制服が着せられており、いまや大きな人気を博している。

図２－13　「鉄道むすめ」
（http://tetsudou-musume.net/）
（©2005TOMYTEC/ みぶなつき）

こうした動きが示しているのは、「ポスト鉄道の時代」における鉄道オタクたちが「妄想」を向けているのは、もはや「現実」のモノではなく「虚構」のヒト、いわばキャラとの関係性だということだろう。こうしたキャラに対する「妄想」は、近年よく使われる言葉で言えば、「萌え」に相当しよう。鉄道オタクは現在においては「妄想」を抱く「萌えヲタ」になったのである。[*18]

例えば、幼少期から鉄道に想いを強く寄せていても、思春期になると、いとも簡単に「転向」してコミケに同人誌を求めにいくような「萌えヲタ」も少なくない。私立中高一貫男子進学校の鉄道研究会の会員で、鉄道に強い想いを寄せていたのにもかかわらず、突然「転向」した「萌えヲタ」の一人は、「鉄道が好きでいてもなんだか実りがないんですよ」と言い、中学三年生頃からはコミケに行き同人誌を買い求めるほうが生活の中心になったと語っていた。先の時代のオタクがまだ鉄道に対して捨てきれない想いを残していたのに対し、こうした「萌えヲタ」がたやすく「転向」してしまう様子は、まさしく特徴的だといえよう。

このように現在は、一九七〇年代以降の「方向転換」が徹底化された時代だといえるだろう。それは「高度情報消費社会」であり、「ポスト鉄道の時代」ということでもあった。社会学者の宮台真司は、「虚構の時代」（見田 1995）が徹底されたという点において、一九九〇年代以降を「虚構の時代の後半」とも呼んでいる（宮台・森川 2007）。それはまさにここで述べてきたように、「虚構」の情報に対する

「萌えヲタ」たちの「妄想の時代」ということである。

4　これからの日本社会と鉄道オタク

今日のオタク文化にいたる4段階の変遷

図2－14は本章で述べてきたことを図示したものであり、日本社会におけるオタク文化に関して、一つの通史を表したものである。図の横軸は右に向かって空間の広がりを、そして縦軸は下に向かって時間の広がりを表している。

右上の象限は、明治期の近代化から敗戦後までにあたる、①「空想（のメディア）の時代」であり、それは「大日本帝国」と「軍国少年」の時代であった。この時代の少年たちは、「科学模型」を自作しながら帝国の版図の拡大に想いを馳せていた。また「想像力のメディア」の花形は軍艦や戦闘機で、汽車はそれに次ぐような存在であった。

右下の象限は、高度経済成長期にあたる、②「夢想の時代」であり、「敗戦後の日本」と「SF少年」の時代であった。この時

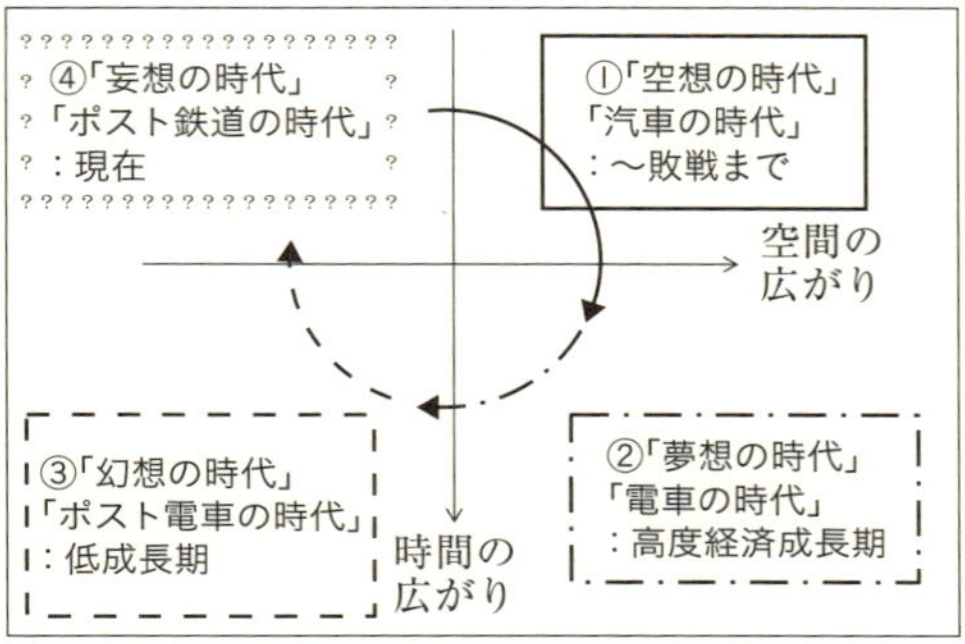

図2－14　本章の結論に関する模式

代の少年たちは、「実物」を模倣したキットやプラモデルなどを組み立てながら、戦後日本の未来の夢に「想像力」を向けていった。そして「想像力のメディア」の花形には、鉄道（特に電車）が結果的に位置づけられることになった。

しかし左下の象限、③「幻想の時代」にいたると、日本社会も「想像力の文化」も大きな「方向転換」を迫られることとなった。「脱工業社会」「消費社会」が到来し鉄道の「斜陽化」が進む中で、「空想」や「夢想」が広がりを持ちにくい時代が到来し、「虚構」の中に「想像力」の宛先を向けていくことになる。これこそがまさに、オタク文化の「誕生」であった。

そして現在は、この4象限を一周してきた、④「妄想の時代」であり、日本社会も「想像力の文化」も、その行き先が混迷している時代にあるといえるだろう。

まとめるならば、「想像力」が止むことはなかったのだともいえる。むしろ社会の変化によって、それが広がりやすかった時代と、行き先が不明確になっていった時代とがあったということである。そして、前者の時代に思う存分「想像力」を広げられた若い男性たちが「少年」と呼ばれ、後者の時代に「想像力」の行き先が不明確になっていったものたちが「オタク」と呼ばれたということである。

今日、オタク文化を理解しようとするとき、ふるまいの特異さばかりに目を取られ、それをつい彼らの内面の特異さ（パーソナリティーやメンタリティー）によるものと考えてしまいやすい。だが、そこには変わらない「想像力」があるだけなのではないだろうか。その点においてオタクは、過去と断絶した全く新しい存在などではなく、むしろ過去から連綿と続く「想像力の文化」の歴史的変遷の中で理解すべき存在といえよう。いわば、変わったのは社会のほうなのではないだろうか。

本章では、このように鉄道オタクの歴史を辿り直すことで、日本社会のオタク文化について、その成立の前提にまでさかのぼって理解をしてきた。オタク文化の歴史を理解する上でも、そこで見出された一つの「原型」を忘れてはならないだろう。

この章のタイトルは「なぜ鉄道オタクなのか」であったが、この問いに対する一つの回答は、冒頭にも記したとおり、それがオタクの歴史をたどる上での最良の選択肢の一つであるということだった。この点は、日本社会において目立つ存在であるのが「なぜ鉄道オタクなのか」という問いに対する回答とも関連する。いわば敗戦による影響が、鉄道を結果的に花形にしていた。

こうしたオタク文化の歴史は、私自身が「なぜ鉄道オタクなのか」という問いへの回答でもある。私自身は、まさに「幻想の時代」に生まれ、ブルートレインを好きになった鉄道オタクである。だがこの章の内容を踏まえ、オタクの歴史をたどることを決して過去への「幻想」だけに終わらせずに、これからの社会構想にもつなげていきたいと考えている。それは何も、鉄道オタクという文化の存続を訴えたいということではない。むしろ新たな社会変動に適応するためにこそ、「想像力の文化」を組み込んだ新たな社会を構想することが必要であり、その一助になればと考えて、あえて論及したのが、「なぜ鉄道オタクなのか」という章のタイトルへのもう一つの回答なのである。

【注】

＊1　鉄道オタクといっても、さらにいくつかのジャンルが存在する。代表的なものとして、鉄道模型、写真撮影、旅行、さらに切符などのコレクターなど。

＊2　こうした中途半端さについて、文化人類学者の鵜飼正樹は、鉄道オタクの世界を「奇妙に転倒した男のパラダイス」と呼んでいる。すなわち、一見彼らは軟弱な優男たちで全く男らしくない存在に感じられる。しかし一方で、想いを

寄せる対象に関する収集欲やその知識の優越志向には人一倍強いものがある。いわば、外見においては全く男らしくないにもかかわらず、その内面においてはきわめて強い男らしさを持ち合わせているという奇妙さが鉄道オタクの特徴だというのである（鵜飼 1999）。

＊3 同様にアメリカ社会においても、名門といわれる大学には鉄道に関するサークルやクラブが存在することが多い。例えば、ハッカー文化の源流をたどったレヴィーの『ハッカーズ』の冒頭においては、一九五〇年代のマサチューセッツ工科大学における鉄道模型クラブの様子が克明に記されている（Levy 1984=1987）。

＊4 この点は、後述するように、日本社会の近代化が後発的であったことと強く関連しよう。いわば、西洋の先進近代社会に「追いつき追いこす」ことを目標とした社会にあっては、科学技術の急速な発展が至上命令であり、そこに「男らしさ」が傾斜配分されたのだとも言えよう。こうした日本社会における近代化の後発性と、鉄道趣味が男性に偏っていることとの関連については、辻（2009）で検討を加えている。また、こうした社会における「男らしさ」の特徴についても、同様に後発的な近代化をとげたドイツの事例を検討した、モッセ（1996＝2005）らの著作が参考になる。

＊5 見田はこうした指摘をするにあたって、民俗学者の柳田國男の著作『明治大正史世相篇』（柳田1963）から以下のような一文を引用している。「是が再び見慣れてしまうと、又どういう気持に変わるかは期し難いが、とにかくこの島国ではところどころの大川を除くの外、こういう見霞むような一線の光を以て、果も無く人の想像を導いて行くものは無かったのである」（柳田 1963:214 傍点は筆者）。文中の「是」こそが鉄道のことであり、それが「人の想像」と強く結びついたメディアであることがここからも窺えよう。

＊6 他にも、さまざまなメディアとしての交通機関がある中で、この点はとりわけ鉄道に目立った特徴であるといえよう。自動車については、とりわけ自家用車の場合に顕著だが、公的に定まった出発地や目的地があるわけではなく、むしろどこまでも日常的な「個室空間」が移動するようなものだと考えられよう。

＊7 その傍証として、この後に『模型鉄道』という名の雑誌が創刊されることを挙げることもできよう。同誌は一九三六（昭和一一）年にカワイモデルストア（のちのカワイモデル）が同社の模型製品の宣伝を兼ねて創刊したものである。現在では「鉄道模型」という言い方が一般的であるのに対し、むしろ「模型」の語を先に並べたこの雑誌名からは、

当時の模型のあり方が窺える。また引用した山北の文書は、その後の復刻版（山北 1930＝2003）には掲載されていないため文中に詳細に書誌情報を記すこととした。

＊8　インタビュー調査の詳細は以下のとおりである。なるべく熱心な対象者を選定できるように、主に鉄道に関する各種の団体（研究会・同好会など）に所属しているもの、あるいは鉄道に関する職業に就いているもの（鉄道会社勤務、鉄道雑誌編集者、鉄道模型店経営、鉄道に関するサイトの管理者など）を対象とし、各団体などに協力を依頼したうえで、スノーボールサンプリングを行った。調査の実施時期は、二〇〇五（平成一七）年三月～二〇〇七（平成一九）年九月である。実際の聞き取りの手順については、主に一回あたり二～三時間（長い場合には五～六時間）、基本的には一人対一人（ただし場合によっては二～三人のグループインタビュー）で行い、全対象者に共通した聞き取り項目を含む、半構造化された聞き取り調査を行った。主な項目としては、本人の属性や鉄道ファンとしてのライフヒストリーなどである。なお今回、協力を依頼した各種団体、および選定された対象者の人数と年齢層は以下の通りである。さらなる詳細については、辻（2008）を参照のこと。

〈協力を依頼した主な団体など〉

①鉄研三田会（慶應義塾大学鉄道研究会OB会）、②宇和島鉄道愛好会（愛媛県内の鉄道同好会）、③低山会（東京都内の鉄道旅行と登山の同好会）、④鉄道フォーラム（日本最大の鉄道関係のサイト）、⑤レールショップ南風（高知県内鉄道模型専門店）⑥JR1社、⑦東京都内の中高一貫私立男子進学校、K中学・高校の鉄道研究会

以降も含め、対象者の要望などによって、団体名・個人名を伏せたり、イニシャルや仮名で表記する場合がある。

〈対象者の年齢層ごとの人数：合計四九名中〉　一〇代以下：二〇名、二〇～三〇代：四名、四〇～五〇代：六名、六〇代以上：一九名。

＊9　この点について社会学者の若林幹夫は、日本の近代小説に鉄道が多く登場していることを指摘しつつ、中でも夏目漱石の『三四郎』を取り上げて、その作品世界が描いていたのが、東京を中心に名古屋、京都を通って九州にまでいたるような「国土空間」と、さらにその向こうに「大陸」があるような「〈帝国〉」の空間の広がりが、当時の日本社会において、鉄道というメディアを介して知覚されていた様子であったと指摘している。つまり、主に空間の知覚と関

連するのが「汽車」であったというわけである（若林 2002）。

＊10 正確には、新幹線の開業時には、すでに第二次黄金時代は過ぎ去り、モータリゼーションの中で斜陽化の影が見え始めていた。その開業年から国鉄は赤字に転落し、それ以降、回復することはなかった。

＊11 図2-5にもあるように、同じ時代に「未来の乗り物」として注目されたモノレールも、既存の鉄道と乗り入れができず、空間的な広がりが限られているという点においては似通った存在だったといえよう。

＊12 もちろんカメラが高性能かつ廉価になったという背景も考えられよう。

＊13 鉄道を中心に扱っていたわけではないが、今日でも有名メーカーとして知られる田宮模型がプラモデルを発売し始めたのもこの時代からである。

＊14 SLとは、蒸気機関車を意味する英語の「Steam Locomotive」からその頭文字を取ったものである。

＊15 鉄道技術総合研究所と東日本鉄道文化財団が共同で編集した『Japanese Railway Technology Today』（Railway Technical Research Institute & East Japan Railway Foundation eds., 2001）には、こうした鉄道に関する技術の現状が紹介されているが、その終章（chapter 15）につけられた「When Train Station Become CyberRail Station」というタイトルは、まさにこれからの鉄道を象徴しているといえるのではないだろうか。そのタイトルが示すとおり、もはや鉄道の駅（Station）は、情報ネットワークの結節点（CyberRail Station）に移り変わろうとしているのである。

＊16 かつて、ドイツの歴史学者ヴォルフガング・シベルブシュが、その著書『鉄道旅行の歴史――19世紀における空間と時間の工業化』で指摘していたように、電信という情報産業は、鉄道の運行のための補助的手段として発達していった。いわば、鉄道が時間通りに運行されるために、必要な情報伝達の手段として鉄道に沿って敷設されていったのである（Schivelbusch 1977＝1982: 45-8）。

＊17 『鉄道模型シミュレーター』（アイマジック）は基本ソフトのほかに、オプションで車両や複雑な部品などを追加することができる。発売元のアイマジック社のホームページには、『鉄道模型シミュレーター』を用いて作成された「レイアウト」のコンテストの結果も掲載されており、このことからも、「虚構」の中だけで楽しむほうが主流となっているということが理解されよう。

＊18　ライトノベル作家の本田透が「萌え」を「脳内恋愛」とも言い表しているように（本田 2005）、こうした「萌えヲタ」たちにとっては、鉄道よりも美少女キャラクターのほうが「妄想」が抱きやすいのだとも考えられよう。

【参考文献】


阿部恒久・大日方純夫・天野正子編〔2006〕『男性史1　男たちの近代』日本経済評論社。

赤木智弘〔2007〕『若者を見殺しにする国――私を戦争に向かわせるものは何か』双風舎。

青木栄一〔2001〕「鉄道趣味のあゆみ――『鉄道ピクトリアル』の半世紀とともに」『鉄道ピクトリアル』鉄道図書刊行会703、51-7:131-55。

東浩紀、〔2001〕『動物化するポストモダン――オタクから見た日本社会』講談社。

Baudrillard, Jean〔1970〕(〔=1995〕今村仁司・塚原史訳『消費社会の神話と構造』紀伊国屋書店)。

Bell, Daniel〔1973〕(〔=1975〕内田忠夫・嘉治元郎・城塚登・馬場修一・村上泰亮・谷嶋喬四郎訳『脱工業社会の到来――社会予測の一つの試み』ダイヤモンド社)。

Connolly, William E.〔1991〕(〔=1998〕杉田敦・齋藤純一・権左武志訳『アイデンティティ／差異――他者性の政治』岩波書店)。

二上洋一〔1978〕『少年小説の系譜』幻影城。

擬人化たん白書製作委員会〔2006〕『擬人化たん白書』アスペクト。

原田勝正〔1986〕「開国と鉄道」野田正穂・原田勝正・青木栄一・老川慶喜編〔1986〕『鉄道史叢書　日本の鉄道――成立と展開』日本経済評論社 :1-14。

原田勝正〔1995〕『汽車から電車へ――社会史的観察』日本経済評論社。

原武史〔2001〕『可視化された帝国――近代日本の行幸啓』みすず書房。

原武史・関川夏央〔2004〕「鉄道はどこへゆくのか」『ユリイカ　特集　鉄道と日本人――線路は続くよ』青土社36-6:97-113。

石坂善久編〔2000〕『犬走志ん』模型鉄道文化所、5。

石坂善久〔2003〕「解説」『復刻版少年技師ハンドブック　電気機関車の作り方』『復刻版少年技師ハンドブック　蒸気機関車の作り方』誠文堂新光社。

伊藤公雄〔2004〕「戦後男の子文化の中の「戦争」」中久郎編『戦後日本の中の「戦争」』世界思想社：152-79。

岩橋郁郎〔1988〕『「少年倶楽部」と読者たち』刀水書房。

科学技術庁編〔1994〕『科学技術白書――若者と科学技術』大蔵省印刷局。

子供の科学編集部編〔1987〕『復刻ダイジェスト版　子供の科学　1924-1943』誠文堂新光社。

今柊二〔2000〕『プラモデル進化論――ゼロ戦からPGガンダムまで』イースト・プレス。

Levy, Steven〔1984〕(〔=1987〕古橋芳恵・松田信子訳『ハッカーズ』工学社)。

毎日新聞科学環境部〔2003=2006〕『理系白書――この国を静かに支える人たち』講談社。

見田宗介〔1984=2001〕『宮沢賢治――存在の祭りの中へ』岩波書店。

見田宗介〔1995〕『現代日本の感覚と思想』講談社。

三戸祐子〔2001〕『定刻発車――日本社会に刷り込まれた鉄道のリズム』交通新聞社。

宮台真司〔1994〕『制服少女たちの選択』講談社。

宮台真司・森川嘉一郎〔2007〕「生き延びるための思想――都市とメディアの現場から」『PLANETS』第二次惑星開発委員会、3。

宮脇俊三〔2001〕『増補版　時刻表昭和史』角川書店。

Mosse, George L.〔1996〕(〔=2005〕細谷実・小玉亮子・海妻径子訳『男のイメージ――男性性の創造と近代社会』作品社)。

中森明夫〔1983=2000〕「「おたく」の研究①――街には「おたく」がいっぱい」『「おたく」の誕生!!』宝島社：133-134（初出は『漫画ブリッコ』一九八三年六月号）。

西英生編〔1997〕『少年小説大系別巻5　少年小説研究』三一書房。

大澤真幸〔2006〕「オタクという謎」『フォーラム現代社会学』関西社会学会、5：25-39。

尾崎秀樹〔1997〕『思い出の少年倶楽部時代――なつかしの名作博覧会』講談社。

齊藤晃〔1996〕『蒸気機関車の興亡』ＮＴＴ出版。

――〔1998〕『蒸気機関車の挑戦』ＮＴＴ出版。

――〔2007〕『蒸気機関車200年史』ＮＴＴ出版。

佐藤忠男〔1959=1993〕「少年の理想主義」『大衆文化の原像』岩波書店：98-144。

関田克孝〔2007〕『のりもの絵本――木村定夫の世界Ⅰ』フレーベル館。

鷹野良宏〔2006〕『唱歌教材で辿る国民教育史――ハナナト世代からサイタサクラ育ちの覚えた歌』日本図書刊行会。

辻泉〔2008〕『鉄道の意味論と〈少年文化〉の変遷――日本社会の近代化とその過去・現在・未来』東京都立大学大学院社会科学研究科、平成一九年度博士学位論文。

――〔2009〕「なぜ鉄道は「男のロマン」になったのか――「少年の理想主義」の行方」宮台真司・辻泉・岡井崇之編『男らしさの快楽――ポピュラー文化からみたその実態』勁草書房：219-46。

内田隆三〔2002〕『国土論』筑摩書房。

宇田正〔2007〕『鉄道日本文化史考』思文閣出版。

鵜飼正樹〔1999〕「鉄道マニアの考現学――「男らしさ」から離脱した男たちの逆説」西川祐子・荻野美穂編『共同研究男性論』人文書院：96-121。

若林幹夫〔2002〕『漱石のリアル――測量としての文学』紀伊国屋書店。

和久田康雄〔1993〕『鉄道を読む』アテネ書房。

山北藤一郎〔1930=2003〕『復刻版　少年技師ハンドブック　電気機関車の作り方』誠文堂新光社。

山中恒・山本明編、〔1985〕『勝ち抜く僕ら小国民―少年軍事愛国小説の世界』世界思想社。

柳田国男〔1963〕『定本柳田国男集　24』筑摩書房。

横田順彌編〔1986〕『少年小説大系第８巻　空想科学小説集』三一書房。

米原謙〔2002〕『近代日本のアイデンティティと政治』ミネルヴァ書房。

第3章　動物化するポストモダン
オタクから見た日本社会

東浩紀

本稿は『動物化するポストモダン』から抜粋したものである。抜粋箇所は文中に明記し、略した箇所は（…）で示した。章・節番号、注番号、図番号が連続していないが、これは本文の一部を抜粋したためである。

第一章　オタクたちの疑似日本

1　オタク系文化とは何か

「オタク系文化」の構造に現れているポストモダンの姿

「オタク」という言葉を知らない人はいないだろう。それはひとことで言えば、コミック、アニメ、ゲーム、パーソナル・コンピュータ、ＳＦ、特撮、フィギュアそのほか、たがいに深く結びついた一群のサブカルチャーに耽溺する人々の総称である。本書では、この一群のサブカルチャーを「オタク系文化」と呼んでいる。

コミックやアニメに代表される「オタク系文化」は、いまだに若者文化としてイメージされることが多い。しかし実際には、その消費者の中心は一九五〇年代後半から六〇年代前半にかけて生まれた世代であり、社会的に責任のある地位についている三〇代、四〇代の大人たちである。彼らはもはやモラトリアムを楽しむ若者ではない。この意味でオタク系文化はいまや日本社会のなかにしっかりと根を下ろしている。

（ここまで、第一章第1節八頁第一行 - 第一〇行）

2　オタクたちの疑似日本

ポストモダンとは何か

オタク系文化の構造には、ポストモダンの本質がきわめてよく現れている、といま筆者は記した。（…）本書では、以下、この「ポストモダン」という言葉が繰り返し使われる。しかし紙幅の都合上、本書ではその概念について詳しい解説を行うことはできない。（…）ここではとりあえず、六〇年代あるいは七〇年代以降、より狭く取れば、日本では七〇年代の大阪万博をメルクマールとしてそれ以降、つまり、「七〇年代以降の文化的世界」のことをポストモダンと呼ぶのだ、と大雑把に理解してもらえればそれでいい。この前提のうえで、筆者は以下、オタク系文化とポストモダンの関係を中心に、さまざまな実例を挙げながら議論を進めていきたい。（…）

（ここまで、第一章第2節一四頁第一四行 - 一六頁第八行）

第二章　データベース的動物

1　オタクとポストモダン

シミュラークルの増殖

オタク系文化の本質とポストモダンの社会構造のあいだに深い関係がある、という筆者の主張は、別にそれだけでは新しいものではない。オタク系文化のポストモダン的な特徴としては、すでにつぎの二点が指摘されている。

ひとつは「二次創作」の存在である。二次創作とは、原作のマンガ、アニメ、ゲームをおもに性的に読み替えて制作され、売買される同人誌や同人ゲーム、同人フィギュアなどの総称である。それらはおもに、年二回東京で開催されるコミケや、全国でより小規模に無数に開催されている即売会、またインターネットなどを介して活発に売買が行われている。アマチュアベースとはいえ、この二〇年間、その市場は量的にも質的にもオタク系文化の中核を占め、大量の部数が動き、数多くのプロの作家がそこから育っている。オタク系文化の動向は、商業ベースで発表される作品や企画だけではなく、それらアマチュアベースの二次創作まで視野に入れないと捉えられない。

この特徴がポストモダン的だと考えられているのは、オタクたちの二次創作への高い評価が、フランスの社会学者、ジャン・ボードリヤールが予見した文化産業の未来にきわめて近いからである。ボードリヤールはポストモダンの社会では、作品や商品のオリジナルとコピーの区別が弱くなり、そのどちらでもない「シミュラークル」という中間形態が支配的になると予測していた。(*17) 原作もパロディもともに等価値で消費するオタクたちの価値判断は、確かに、オリジナルもコピーもない、シミュラークルのレベルで動いているように思われる。

しかもその変化は消費者の側に止まっていない。商業誌で数百万部を売る作家が自ら自作の二次創作を制作し、発売する例はいまや珍しいものではない。たとえば『セーラームーン』の原作がコミケに出品していたことは広く知られている。また、厳密には二次創作ではないが、『エヴァンゲリオン』の制作会社は自ら本編のパロディ的なソフトをいくつも発売している。そこではもはや、生産者にとってさえ、オリジナルとコピーの区別が消えている。以上に加えて、そもそもオタク系のジャンルではリアリズムの意識が希薄であり、原作とされる作品でさえ、先行作品の模倣や引用で世界が作られることが多いということも挙げられる。現実世界を参照することなく、最初から先行作品のシミュラークルとして原作が作られ、さらにそのシミュラークルのシミュラークルが同人活動によって増殖し、次々と消費されていく。オタク系文化の作品は、近代的なひとりの作家によってではなく、そのような無数の模倣や剽窃《ひょうせつ》の連鎖のなかで生み出されているわけだ。

大きな物語の凋落

もうひとつは、オタクたちの行動を特徴づける虚構重視の態度である。その態度は、単に彼らの趣味だけでなく、また人間関係も決定している。オタクたちの人間関係は、親族関係や職場のような社会的現実（と呼ばれるもの）とは関係なく、アニメやゲームの虚構を中核とした別種の原理で決められていることが少なくない。その振る舞いはオタク以前の世代からするとモラトリアムや退行にしか見えないため、ここにときに軋轢が生じることになる。

「オタク」という総称は、一九七〇年代から八〇年代にかけて、オタクたちがたがいに「おたく」と呼び合っていたことから生まれた。批評家の中島梓は、『コミュニケーション不全症候群』で、この呼び名にはオタクの本質がすでにはっきり現れていると論じている。「お宅、という語が示すものは、その関係の個人的ではないこと、家単位の関係、自分のテリトリーをしょってここにいるのであるということの主張である」と彼女は記している。そのようなテリトリーが必要とされるのは、中島によれば、オタクたちが、父親や国家の権威が失墜したのち、それでも帰属すべき集団を探さなければならないからだという。オタクたちが「どでかい紙袋に山のような本や雑誌や同人誌や切抜きをつめこんでヤドカリの移動さながらどこへゆくにも持ち歩く」のは、彼らがつねに、「自我の殻」を、すなわち帰属集団の幻想そのものを持ち歩かなければ精神的に安定しないからだ。(＊18)「おたく」という二人称には、そのような帰属集団の幻想をたがいに承認しあう役割が与えられている。この中島の指摘は重要である。オタクたちは確かに、社会的現実よりも虚構のほうを重視している。ジャーナリズムはしばしば、この観察から安易にオタクたちは現実とゲームの区別もつかないと結論づけている。

しかしそのような結論は賢明ではない。オタクたちがすべて精神病者というわけではない以上、虚構と現実の区別がつかなくなることはありえない。むしろその選択は、中島が説明したように彼らのアイデンティティと関係している。オタクたちが社会的現実よりも虚構を選ぶのは、その両者の区別がつかなくなっているからではなく、社会的現実が与えてくれる価値規範と虚構が与えてくれる価値規範のあいだのどちらが彼らの人間関係にとって有効なのか、たとえば、朝日新聞を読んで選挙に行くことと、アニメ誌を片手に即売会に並ぶことと、そのどちらが友人たちとのコミュニケーションをより円滑に進ませるのか、その有効性が天秤にかけられた結果である。そのかぎりで、社会的現実を選ばない彼らの判断こそが、現在の日本ではむしろ社会的で現実的だとすら言える。オタクたちが趣味の共同体に閉じこもるのは、彼らが社会性を拒否しているからではなく、むしろ、社会的な価値規範がうまく機能せず、別の価値規範を作り上げる必要に迫られているからなのだ。

そしてこの特徴がポストモダン的だと言えるのは、単一の大きな社会的規範が有効性を失い、無数の小さな規範の林立に取って替わられるというその過程が、まさに、フランスの哲学者、ジャン＝フランソワ・リオタールが最初に指摘した「大きな物語の凋落」に対応していると思われるからである。[*19] 一八世紀末より二〇世紀半ばまで、近代国家では、成員をひとつにまとめあげるためのさまざまなシステムが整備され、その働きを前提として社会が運営されてきた。そのシステムはたとえば、思想的には人間や理性の理念として、政治的には国民国家や革命のイデオロギーとして、経済的には生産の優位として現れてきた。「大きな物語」とはそれらシステムの総称である。

近代は大きな物語で支配された時代だった。それに対してポストモダンでは、大きな物語があちこちで機能不全を起こし、社会全体のまとまりが急速に弱体化する。日本ではその弱体化は、高度経済成長と「政治の季節」が終わり、石油ショックと連合赤軍事件を経た七〇年代に加速した。オタクたちが出現したのは、まさにその時期である。そのような観点で見ると、ジャンクなサブカルチャーを材料として神経症的に「自我の殻」を作り上げるオタクたちの振る舞いは、まさに、大きな物語の失墜を背景として、その空白を埋めるために登場した行動様式であることがよく分かる。

（…）

オタク系文化はこのように、シミュラークルの全面化と大きな物語の機能不全という二点において、ポストモダンの社会構造をきれいに反映している。この二点については、先述したもののほかにも随所で論考が積み重ねられており、いまさら付け加えるべきことはあまりない。したがって筆者は本章では、この二点を前提としたうえで、つぎのような二つの疑問を導きの糸として、オタク系文化の、ひいてはそこに凝縮されたポストモダン社会の特徴について考察を進めていこうと思う。

その二つの疑問とは、

（1）　ポストモダンではオリジナルとコピーの区別が消滅し、シミュラークルが増加する。それはよいとして、ではそのシミュラークルはどのように増加するのだろうか？　近代ではオリジナルを生み出すのは「作家」だったが、ポストモダンでシミュラークルを生み出すのは何ものなのか？

（2）　ポストモダンでは大きな物語が失調し、「神」や「社会」もジャンクなサブカルチャーから捏造されるほかなくなる。それはよいとして、ではその世界で人間はどのように生きていくのか？　近代では人間性を神や社会が保証することになっており、具体的にはその実現は宗教や教育機関により担われていたのだが、その両者の優位が失墜したあと、人間の人間性はどうなってしまうのか？　である。

（ここまで、第二章第1節四〇頁第一行 - 四七頁第一行）

2　物語消費

『物語消費論』

第一の問いから出発しよう。ここで筆者が注目したいのは、まず、（…）大塚英志の『物語消費論』である。そこで大塚は、前述のようなシミュラークルの全面化を前提としたうえで、さらに、ではそのシミュラークルがどのような論理に従って生産され消費されているのか、一歩踏み込んだ分析を行っている。後々まで参照するので、詳しく引用しておこう。

コミックにしろ玩具にしろ、それ自体が消費されるのではなく、これらの商品をその部分として持つ〈大きな物語〉あるいは秩序が商品の背後に存在することで、個別の商品は初めて価値を持ち初めて消費されるのである。そしてこのような消費行動を反復することによって自分たちは〈大きな物語〉の全体像に近づけるのだ、と消費者に信じこませることで、同種の無数の商品（「ビックリマン」のシールなら七七二枚）がセールス可能になる。「機動戦士ガンダム」「聖闘士星矢」「シルバニアファミリー」「おニャン子クラブ」といった商品はすべて、このメカニズムに従って、背後に〈大きな物語〉もしくは秩序をあらかじめ仕掛けておき、これを消費者に察知させることで具体的な〈モノ〉を売ることに結びつけている。

［中略］

プログラムそのものへの関心が特定のマニアに限定されているうちはよかったのだが、アニメやコミック、玩具といった限られた分野に関してはこれが明らかに消費者の共通感覚と化しつつあるのが現状だ。ここに今日の消費社会が迎えつつある新たな局面が見てとれる。消費されているのは、一つ一つの〈ドラマ〉や〈モノ〉ではなく、その背後に隠されていたはずのシステムそのものなのである。しかしシステム（＝大きな物語）そのものを売るわけにはいかないので、その一つの断面である一話分のドラマや一つの断片としての〈モノ〉を見せかけに消費してもらう。このような事態をぼくは「物語消費」と名付けたい。

［中略］

しかしこのような〈物語消費〉を前提とする商品は極めて危うい側面を持っている。つまり、消費者が〈小さな物語〉の消費を積み重ねた果てに〈大きな物語〉＝プログラム全体を手に入れてしまえば、彼らは自らの手で〈小さな物語〉を自由に作り出せることになる。例えば以下のようなケースが考えられよう。著作権者であるメーカーに無許可で、誰かが〈スーパーゼウス〉に始まる七七二枚のビックリマンシールのうちの一枚をそっくり複写したシールを作れば、これは犯罪である。こうして作られたシールは〈偽物〉である。これは今までいくらでもあった事件である。ところが同じ人間が、「ビックリマン」の〈世界観〉に従って、これと整合性を持ちしかも七七二枚のシールに描かれていない七七三人目のキャラクターを作り出し、これをシールとして売り出したとしたらどうなるのか。これは七七二枚のオリジナルのいずれを複写したものでもない。したがってその意味では〈偽物〉ではない。しかも、七七三枚目のシールとして七七二枚との整合性を持っているわけであるから、オリジナルの七七二枚とも同等の価値を持っている。〈物語消費〉の位相においては、このように個別の商品の〈本物〉〈偽物〉の区別がつかなくなってしまうケースがでてくるのだ。(*21)

ツリー型世界からデータベース型世界へ

大塚はここで、「小さな物語」という言葉を、特定の作品のなかにある特定の物語を意味するものとして用いている。対して「大きな物語」とは、そのような物語を支えているが、しかし物語の表面には現れない「設定」や「世界観」を意味する。

そして大塚によれば、オタク系文化においては、個々の作品はもはやその「大きな物語」の入口の機能を果たしているにすぎない。消費者が真に評価し、買うのはいまや設定や世界観なのだ。とはいえ実際には、設定や世界観をそのまま作品として売ることは難しい。したがって現実には、実際の商品は「大きな物語」であるにもかかわらず、その断片である「小さな物語」が見せかけの作品として売られる、という二重戦略が有効になる。大塚はこの状況を「物語消費」と名づけた。二次創作というシミュラークルの氾濫は、その当然の結果にすぎない。

この指摘はじつは、サブカルチャーの状況分析にとどまらず、ポストモダンの原理論としても示唆的である。ここで簡単に説明しておくと、ポストモダンの到来の前、大きな物語が機能した近代とは、だいたい図3aのようなツリー・モデル（投射モデル）で世界が捉えられていた時代である。一方には、私たちの意識に映る表層的な世界があり、他方にその表層を規定している深層＝大きな物語がある。したがって近代では、その深層の構造を明らかにすることこそが学問の目的だと考えられてきた。

ところがポストモダンの到来によって、そのツリー型の世界像は崩壊してしまった。ではポストモダンの世界はどのような構造をしているのか。一九八〇年代の日本では、そのひとつの候補として、深層が消滅し、表層の記号だけが多様に結合していく「リゾーム」というモデルが示されることが多かった。(*22) しかし筆者の考えでは、ポストモダンの世界は、むしろ図3bのようなデータベース・モデル（読み込みモデル）で捉えたほうが理解しやすい。

その分かりやすい例がインターネットである。そこには中心がない。つまり、すべてのウェブページを規定するような隠れた大きな物語は存在しない。しかしそれはまた、リゾーム・モデルのように表層的記号の組み合わせだけで成立した世界でもない。インターネットにはむしろ、一方には符号化された情報の集積があり、他方にはユーザーの読み込みに応じて作られた個々のウェブページがある、という別種の二層構造がある。この二層構造が近代のツリー・モデルと大きく異なるのは、そこで、表層に現れた見せかけ（個々のユーザーが目にするページ）を決定する審級が、深層にではなく表層に、つまり、隠れた情報そのものではなく読み込むユーザーの側にあるという点である。近

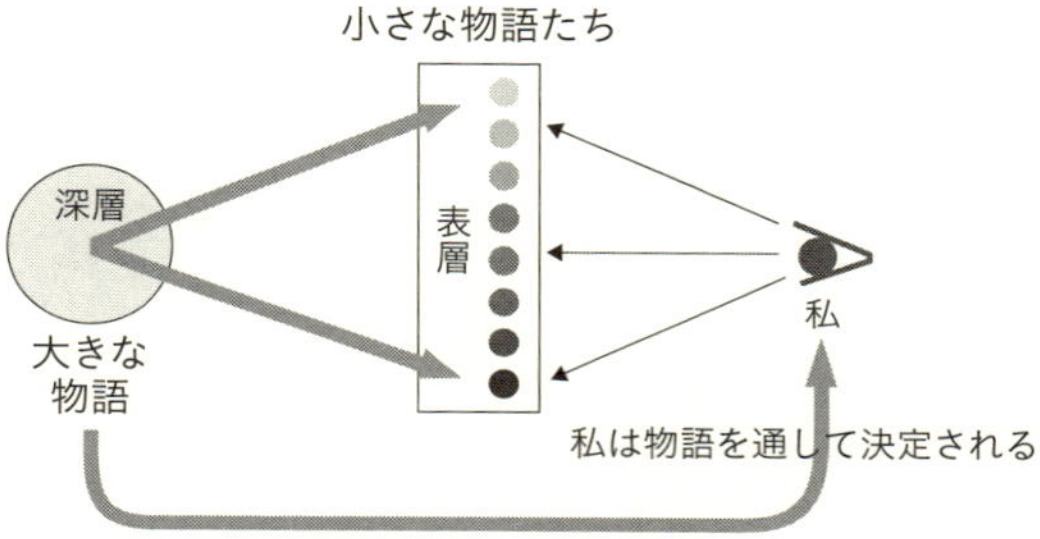

図3-a　近代の世界像（ツリー・モデル）

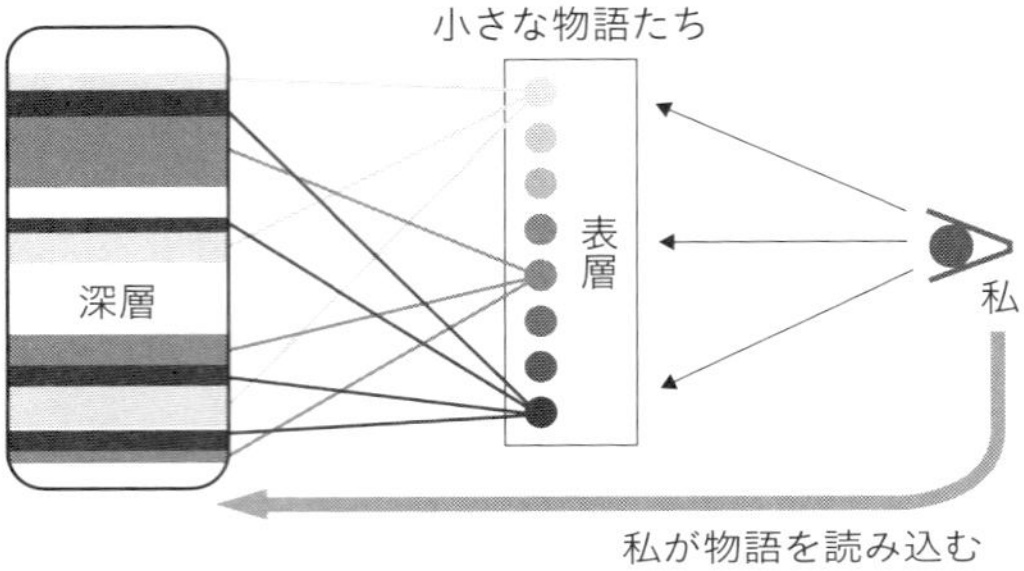

図3-b　ポストモダンの世界像（データベース・モデル）

代のツリー型世界では表層は深層により決定されていたが、ポストモダンのデータベース型世界では、表層は深層だけでは決定されず、その読み込み次第でいくらでも異なった表情を現す。

筆者の考えでは、このモデルの変更は、単に社会的にインターネットの出現だけではなく、学問的にも、自己組織化や人工生命やニューラル・ネットなど、九〇年代に広く注目された複雑系の科学の発想にはっきりと現れている。しかしここではポストモダン論の細部に踏み込むことはやめておこう。以下の議論を追うためには、とりあえず、近代の世界像がツリー型であるのに対してポストモダンの世界像はデータベース型であり、前者の深層には大きな物語があるが後者の深層にはそれはない、という点だけ押さえてくれれば十分だ。

さて、このような前提のうえでさきほどの大塚の文章を読み返すと、そこに記された物語消費の構造が、まさにこのデータベース・モデルの構造を反映していることが理解できるだろう。「小さな物語」と「設定」の二層構造とは、見せかけと情報の二層構造のことである。物語消費に支配されたオタク系文化においては、作品はもはや単独で評価されることがなく、その背後にあるデータベースの優劣で測られる。そしてそのデータベースはユーザーの側の読み込みによっていくらでも異なった表情を現すのだから、ひとたび「設定」を手に入れてしまえば、消費者はそこから原作と異なった二次創作をいくらでも作り出すことができる。この状況を表層でだけ捉えれば、オリジナルの作品＝原作が無秩序にシミュラークルの海に呑み込まれていくように見える。しかし実際には、それは、まずデータベース＝設定があり、その読み込み方によって、原作もできれば二次創作もできるという現象だと捉えたほうがよい。

つまりオタク系の消費者たちは、ポストモダンの二層構造にきわめて敏感であり、作品というシミュラークルが宿る表層と設定というデータベースが宿る深層を明確に区別しているのだ。この二層構造は、以下、本書のなかで幾度も登場するので、ここでしっかりと頭に入れておいてもらいたい。

（ここまで、第二章第2節全文、四七頁第二行－五四頁第七行）

3　大きな非物語

大きな物語の凋落とその補填としての虚構

この大塚の指摘はいまも基本的に有効性を失っていない。しかし筆者はそこにひとつ修正を加えたい。大塚は設定や世界観のことを「大きな物語」と呼んでいた。彼がその言葉を用いたのは、当時流行していたポストモダニズムの影響だけでなく、一九八〇年代末ではまだオタク系作品にひとつの世界観や歴史観を見出すことが一般的だったからである。たとえば『ガンダム』においては、七九年に放映された最初のＴＶシリーズ以降、『機動戦士Ｚガンダム』『逆襲のシャア』『機動戦士ガンダムＺＺ』などと続く作品のほとんどが、同じ架空の歴史に属するものとして構想されている。したがって『ガンダム』のファンたちの欲望は必然的にこの偽史の精査と充実に向かうのであり、事実、『ガンダム』の関連書籍はつねにメカニックのデータや年表に覆われている。そこでは確かに、中島梓が指摘したとおり、現実とは別の物語＝虚構が作られている。

そしてその虚構の物語は、ときに現実の大きな物語（政治的なイデオロギー）の替わりとして大きな役割を果たしている。そのもっとも華々しい例が、サブカルチャーの想像力で教義を固め、最終的にテロにまで行き着いてしまったオウム真理教の存在である。大澤真幸が『虚構の時代の果て』で分析したように、(*23) 七〇年代の連合赤軍と九〇年代のオウム真理教の違いは、ただ、前者が共産主義という社会的に認知された物語を信じたのに対し、後者がオウム真理教という認知されにくい物語を信じていたことにあるにすぎない。

八〇年代の物語消費もまた、同じような社会的条件を背景に登場している。大塚自身が物語消費の台頭の理由として、現代社会における「異界」や「死」の消滅、つまり超越的なものの消滅を指摘している。(*24) したがって、彼がサブカルチャーを支える設定や世界観の集積を「大きな物語」と呼んだのはまったく適切だったとも言える。八〇年代の状況では、それは確かに、大きな物語の凋落を補うために作られたもののように見えたはずだからである。

イデオロギーから虚構へ

大きな物語の凋落とその補塡、というこのメカニズムは、もう少し視野を広げても位置づけることができる。二〇世紀の後半はそもそも、日本だけでなく、世界的に、二つの時代に挟まれた大きな変動期だった。五〇年代までの世界では近代の文化的論理が有力であり、世界はツリー型で捉えられていた。したがってそこでは必然的に、大きな物語がたえず生産され、教育され、また欲望されていた。たとえばそのひとつの現れが学生の左翼主義への傾倒だった。

しかし時代は六〇年代に大きく変わり、七〇年代以降は、逆に急速にポストモダンの文化的論理が力を強める。そこではもはや、大きな物語は生産もされないし、欲望もされない。ところがこのような変動は、ちょうどその時期に成熟した人々に大きな負担を与える。なぜなら彼らは、世界そのものがデータベース的なモデルで動き始めているにもかかわらず、教育機関や著作物を通じて、古いツリー型のモデル（大きな物語への欲望）を植え付けられてしまっているからだ。結果としてこの矛盾は、特定の世代を、失われた大きな物語の捏造に向けて強く駆動することになる。ここでは詳しく述べないが、たとえば、七〇年代のアメリカで高まったニューサイエンスや神秘思想への関心、世界的に生じた学生運動の過激化などはそのひとつの結果だと考えられる。そして日本のオタク系文化の台頭もまた、やはり同じ社会的背景を共有している。当時の第一世代のオタクにとって、コミックやアニメの知識や同人活動は、全共闘世代にとっての思想や左翼運動ときわめて近い役割を果たしていた。

大きな物語を必要としない世代の登場

しかしそのような複雑な心理がいまでもオタク系文化を規定しているかといえば、それはまた別の問題である。むしろ筆者には、逆に、近代からポストモダンへの流れは、進むにつれて、そのような捏造の必要性を薄れさせていくように思われる。というのも、ポストモダンの世界像のなかで育った新たな世代は、はじめから世界をデータベースとしてイメージし、その全体を見渡す世界視線を必要としない、すなわち、サブカルチャーとしてすら捏造する必要がないからだ。もしそうだとすれば、失われた大きな物語の補塡として虚構を必要とした世代と、そのような必要性を感じずに虚構を消費している世代とのあいだに、同じオタク系文化といっても、表現や消費の形態に大きな変化が現れているに違いない。

そして実際にその新しい傾向は、九〇年代の一〇年間でかなりはっきりと目に見えるものになってきた。九〇年代のオタクたちは一般に、八〇年代に比べ、作品世界のデータそのものには固執するものの、それが伝えるメッセージや意味に対してきわめて無関心である。逆に九〇年代には、原作の物語とは無関係に、その断片であるイラストや設定だけが単独で消費され、その断片に向けて消費者が自分で勝手に感情移入を強めていく、という別のタイプの消費行動が台頭してきた。この新たな消費行動は、オタクたち自身によって「キャラ萌え」と呼ばれている。そこではオタクたちは、物語やメッセージなどほとんど関係なしに、作品の背後にある情報だけを淡々と消費している。したがって、この消費行動を分析するうえでは、もはや、それら作品の断片が「失われた大きな物語」を補塡している、という図式はあまり適切でないように思われる。

『エヴァンゲリオン』のファンが求めていたもの

具体例に沿って検討してみよう。筆者はさきほど『機動戦士ガンダム』に触れた。九〇年代には、『新世紀エヴァンゲリオン』が『ガンダム』と頻繁に比較されてきた。というのも、この両者とも、近未来の戦闘に巻き込まれる少年を主人公としたＳＦアニメであり、主人公と近い世代から支持を得て社会的な話題となった作品だからである。しかし実際には、この両者は、物語に対するまったく異なったタイプの態度に支えられ消費された作品だと言うことができる。

前述のように『ガンダム』のファンの多くは、ひとつのガンダム世界を精査し充実させることに欲望を向けている。つまりそこでは、架空の大きな物語への情熱がいまだ維持されている。しかし、九〇年代半ばに現れた『エヴァンゲリオン』のファンたち、とりわけ若い世代（第三世代）は、ブームの絶頂期でさえ、エヴァンゲリオン世界の全体にはあまり関心を向けなかったように思われる。むしろ彼らは最初から、二次創作的な過剰な読み込みやキャラ萌えの対象として、キャラクターのデザインや設定にばかり関心を集中させていた。

つまりそこでは、ガンダム世界のような大きな物語＝虚構は、もはや幻想としても欲望されていなかった。『ガンダム』のファンは「宇宙世紀」の年表の整合性やメカニックのリアリティに異常に固執することで知られている。それに対して、『エヴァンゲリオン』のファンの多くは、主人公の設定に感情移入したり、ヒロインのエロティックなイラストを描いたり、巨大ロボットのフィギュアを作ったりすることだけのために細々とした設定を必要としていたのであり、そのかぎりでパラノイアックな関心は示すが、それ以上に作品世界に没入することは少なかったのである。

そしてこの変化はまた、消費者や二次創作者の側だけではなく、原作者の側にもはっきりと現れている。『ガンダム』は、七九年に放映された最初のTVシリーズ以降、つぎつぎと続編が作られたことでも有名な作品である。そしてそのほとんどは、総監督である富野由悠季の監修のもと、ひとつの架空の歴史に沿って展開されている。対して『エヴァンゲリオン』には続編が作られていないし、また作られる予定もない。かわりに原作者の制作会社ガイナックスが展開しているのは、コミケで売られている二次創作にかぎりなく近い発想の関連企画、たとえば、登場人物を使った麻雀ゲームであり、エロティックな図柄のテレフォンカードであり、さらにはヒロインの綾波レイを対象とした育成シミュレーションゲームである。この両者の原作に対する考え方には、きわめて大きな隔たりがある。

さらに重要なのは、この変化が、原作の再利用や周辺企画だけではなく、また原作の構造そのものにも大きな影響を及ぼしていたことである。『エヴァンゲリオン』の監督を務めた庵野秀明は、富野とは異なり、最初からコミケでの二次創作の出現を予測し、むしろその生産を奨励するかのような仕掛けを原作内に大量に配置している。たとえばＴＶシリーズ最終話では、まったく異なった性格の綾波レイが住む、まったく別の歴史を歩んだエヴァンゲリオン世界が挿入されるのだが、そこで描かれる光景は、じつは放映時にすでに二次創作として大量に流通していたイメージのさらなるパロディである。つまりそこには、オリジナルがシミュラークルをあらかじめシミュレートする、というきわめてねじれた関係が織り込まれていたことになる。

またこの作品には二つの劇場公開版があるが、そのいずれもＴＶシリーズの直接の続きというより、その世界を別のヴァージョンで語り直す構成になっている。その性格はとりわけ、九七年に総集編として作られた『EVANGELION DEATH』で明確であり、そこではＴＶシリーズの映像はすべてリミックスの素材に変えられ、統一した物語なしに断片として提示されている。

これらの特徴はすべて、『エヴァンゲリオン』というアニメが、そもそも特権的なオリジナルとしてではなく、むしろ二次創作と同列のシミュラークルとして差し出されていたことを示している。言い換えれば、この作品でガイナックスが提供していたものは、決してＴＶシリーズを入り口としたひとつの「大きな物語」などではなく、むしろ、視聴者のだれもが勝手に感情移入し、それぞれ都合のよい物語を読み込むことのできる、物語なしの情報の集合体だったわけである。

筆者は以下、小さな物語の背後にありながら、もはや決して物語性をもたないこの領域を、大塚の「大きな物語」と対比させて「大きな非物語」と呼びたいと思う。『エヴァンゲリオン』の消費者の多くは、完成したアニメを作品として鑑賞する（従来型の消費）のでも、『ガンダム』のようにその背後に隠された世界観を消費する（物語消費）のでもなく、最初から情報＝非物語だけを必要としていたのだ。

（ここまで、第二章第3節全文五四頁第八行 - 六二頁第六行）

4 萌え要素

物語とマグカップが同列の商品

それでも『エヴァンゲリオン』においては、原作のTVシリーズは、大きな物語ではないにせよ、いまだデータベースに近づくための入口として機能していたと言えるかもしれない。しかし『エヴァンゲリオン』以降、ここ数年のオタク系文化は、じつはその必要性すら急速に放棄しつつある。

ここで重要なのがメディアミックスの台頭である。現在のオタク系市場においては、コミックの原作がアニメ化され、次いで関連商品や同人誌が出されるといった順序はもはや支配的ではない。たとえば、アニメの企画がいつのまにかゲームに転用され、完成以前にすでにラジオドラマやイベントで支持を集め、その段階で関連商品が流通する、あるいは逆に、ゲームやトレーディング・カード（トレカ）がまず商品として成功し、続いて同人アンソロジー（原作者の許諾のもとで作られる二次創作集）やノベライズが出版され、アニメ化され、コミック化される、このような入り組んだ回路が幾重にも張り巡らされている。そのような状況では、何が原作でだれが原作者であるかはきわめて曖昧になるし、消費者もその存在をほとんど意識することがない。彼らにとって存在するのは、原作（オリジナル）と関連商品

図4　デ・ジ・キャラット
『デ・ジ・キャラット』
制作／ブロッコリー

図5　うさだヒカルとプチ・キャラット

（コピー）の区別ではなく、匿名的に作られた設定（深層にあるデータベース）と、その情報をそれぞれのアーティストが具体化した個々の作品（表層にあるシミュラークル）、その両者の区別のみである。そこではもはや、設定や世界観への入口となるオリジナル＝原作という考え方すら不適切になりつつある。

　この傾向を理解するうえでもっとも重要な例は、一九九八年に誕生した「デ・ジ・キャラット」、通称「でじこ」と呼ばれるキャラクターである（図4）。このキャラクターはもともと、アニメ・ゲーム系関連商品を取り扱う販売業者のイメージ・キャラクターとして作られた。したがってその背景にはいかなる物語も存在しない。それが九八年の後半より徐々に人気を集め、九九年にＴＶＣＭでブレイクし、二〇〇〇年にはアニメ化やノベライズもされ、いまでは確固たる作品世界を備えている。

　この過程で注目すべきは、そこで作品世界を形作る物語や設定が、すべて、でじこのデザインが単独で支持を集めたあと、市場の期待に応えるかたちで集団的かつ匿名的に作られてきたことである。たとえばこの作品には「うさだヒカル」と「プチ・キャラット」（通称「ぷちこ」）と呼ばれるキャラクターが存在する（図5）が、それらは九九年にようやく発売されたものであり、前者は名前すら公募で決定されている。また、いまではでじこには「生意気でうかつ」という性格も加えられているが、この設定も最初から用意されていたものではなく、アニメ化に際して半ば自己パロディ的に付け加えられたものだ。

しかも『エヴァンゲリオン』とは異なり、これらの展開は特定の作家や制作会社が制御しているものではない。というのもこの作品は、基本的には一企業の宣伝企画にすぎないからである。このような状況においては、『デ・ジ・キャラット』のオリジナルがどのような作品で、その作者がだれで、そこにどのようなメッセージが込められているかを問うことは、まったく意味をなさない。この企画は最初から断片の力を基本として動いているのであり、そこでは、従来ならば「作品」として独立して語られるアニメやノベルのような企画も、マグカップやクリアファイルと同じ関連商品のひとつでしかない。物語はここでは、もはや設定やイラスト（非物語）に添え物として寄せられる余剰品にすぎないのだ。

萌え要素の組み合わせ

しかもそれだけではない。『デ・ジ・キャラット』でもうひとつ興味深いのは、前述した物語やメッセージの不在を補うかのように、そこでキャラ萌えを触発する技法が過剰に発達している点である。筆者はさきほど、でじこのデザインがまず単独で支持を集めたと記した。ではそれはとくに個性的で魅力的なものかといえば、そう指摘するのも難しい。実際にはでじこのデザインは、デザイナーの作家性を排するかのように、近年のオタク系文化で有力な要素をサンプリングし、組み合わせることで作られている。その代表的なものを明示すれば、図6のようになるだろう。

ここで各要素の性質について述べる余裕はないが、これらの要素が、それぞれ特定の起源と背景をも

図6　デ・ジ・キャラットを構成する萌え要素

ち、消費者の関心を触発するため独特の発展を遂げたジャンル的な存在であることには注意してほしい。それは単なるフェティッシュと異なり、市場原理のなかで浮上してきた記号である。たとえば「メイド服」は、八〇年代後半のアダルトアニメ『くりぃむレモン・黒猫館』を起源とし、九〇年代に入ってノベルゲームを中心に勢力を広げてきたことが知られている。[*25] また「触角のように刎ねた髪」は、筆者の観察では、九〇年代の半ば、ノベルゲームの『痕《きずあと》』で現れたことから一般化し（図7）、現在では多くのアニメやゲームで見られるデフォルトの要素に成長している。消費者の萌えを効率よく刺激するために発達したこれらの記号を、本書では、以下「萌え要素」と呼ぶことにしよう。萌え要素のほとんどはグラフィカルなものだが、ほかにも、特定の口癖、設定、物語の類型的な展開、あるいはフィギュアの特定の曲線など、ジャンルに応じてさまざまなものが萌え要素になっている。

　秋葉原や新宿の専門店を覗けばすぐに分かるように、萌え要素の群れはオタク系文化を覆い尽くしている。そこで流通している「キャラクター」は、作家の個性が創り出す固有のデザインというより、むしろ、あらかじめ登録された要素が組み合わされ、作品ごとのプログラム（販売戦略）に則って生成される一種の出力結果となっている。そして実際に、その状況はオタクたち自身によっても自覚されている。

　たとえばその自覚を装置として表現したひとつの試みが、九六年に公開が始まったオタク系検索エンジン、「TINAMI」である（図8a）。[*26] 数万件の登録サイトから目的のイラストを効率よく探し出すため、このエンジンのシステムはオタク的図像の特徴を細かく数値化し分類している。たとえばそこでは、萌え要素として「ねこみみ」と「メイド」を指定し、「キャラ含有率」を七五％以上に、「キャラ年齢」を一〇歳から一五歳に、「デフォルメ度」を5に設定して目的のサイトを検索する、というようなパラメータの選択が実装されている。図8bは、「TINAMI」の実際の検索画面だが、図の下半分にずらりと並んだ「カテゴリ」のいくつかは、「ねこみみ」「動物」「天使」「メイド」「めがね」といった萌え要素である。

インターネットが普及し、同人活動の中心がウェブに移った九〇年代後半のオタク系文化において、「TINAMI」のような検索エンジンはきわめて大きな役割を果たしている。そしてこのような環境においては、好むと好まざるとにかかわらず、制作者は、オタク系文化全体のなかでの自分の相対的な位置に自覚的であらざるをえない。いまや新しく生まれたキャラクターは、その誕生の瞬間から、ただちに要素に分解され、カテゴリーに分類され、データベースに登録される。適当な分類がなければ新しい要素やカテゴリーが用意されるだけであり、そのかぎりで、もはや、オリジナル・キャラクターのオリジナリティすらシミュラークルとしてしか存在しないとも言えるだろう。

図7　『痕』に現れた萌え要素としての触角

かつては作品の背後に物語があった。しかしその重要性が低下するとともに、オタク系文化ではキャラクターの重要性が増し、さらに今度はそのキャラクターを生み出す「萌え要素」のデータベースが整備されるようになった。

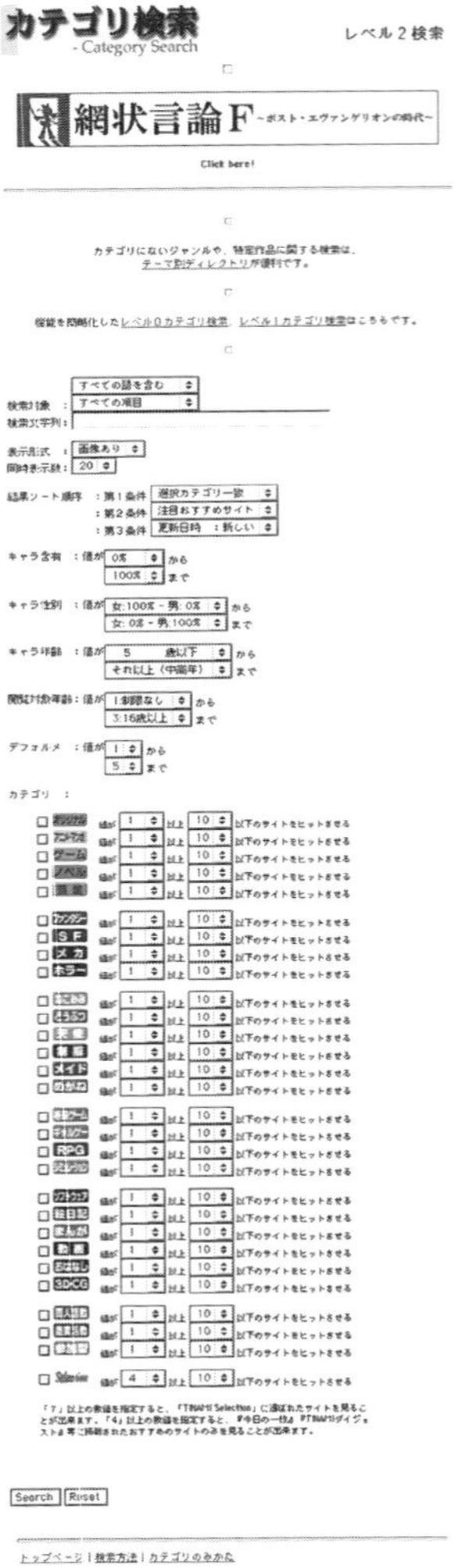

図８－b　TINAMI 検索画面

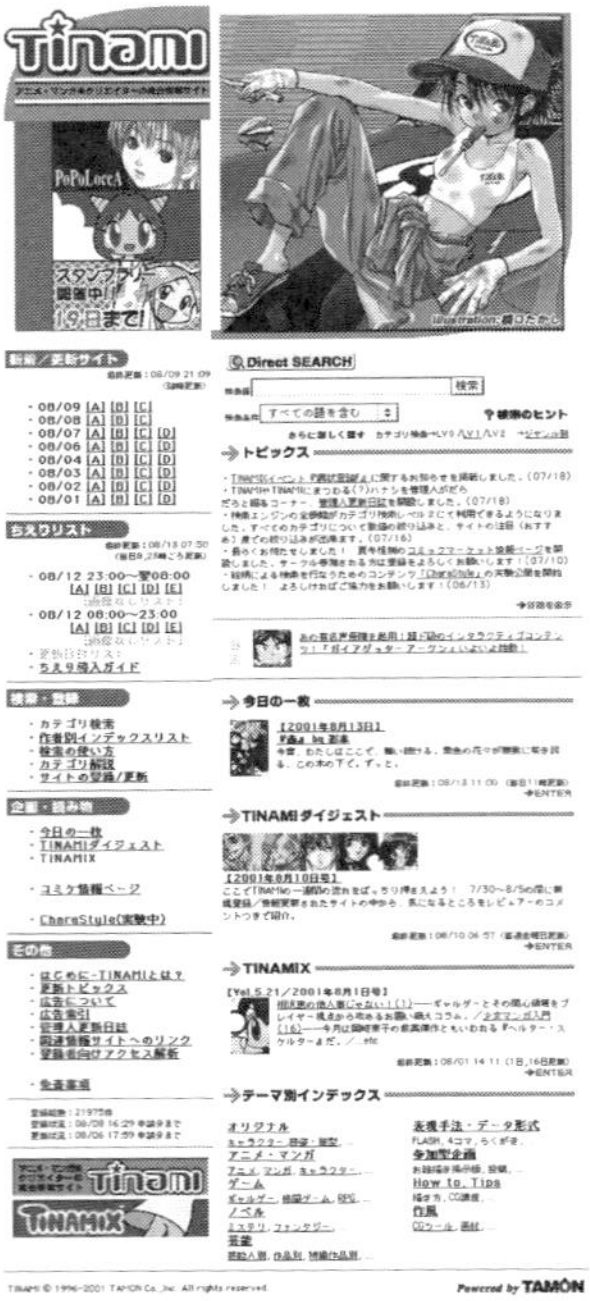

図８－a　TINAMI トップページ

この一〇年間のオタク系文化はそのような大きな流れのなかにあったが、九〇年代末に現れた『デ・ジ・キャラット』は、まさにその流れが行き着くところまで行った地点に現れている。

実際にこの作品のキャラクターは、すべて、意図的に萌え要素を過剰にして作られている。でじこは「フリルをつけまくったメイド服に白い猫耳帽子、猫手袋、猫ブーツ、そして猫しっぽ。完全無欠の萌え萌えオプションフル装備」であり、ぷちこは「トラ縞模様の猫耳帽子をかぶり、セーラー服にちょうちんブルマー。お尻にはトラ猫のしっぽがついているという、ファンにとってはかなり凶悪かつ反則的な萌え萌えコスチューム」だとノベル版は記しているが、(*27) このような自己パロディ的な記述が、この作品の置かれた危うい位置を明確に示している。でじこは猫耳をつけて「そうだにょ」「疲れたにょ」と話すのだが、それは猫耳や「にょ」そのものが直接に魅力的だからなのではなく、猫耳が萌え要素で、特徴ある語尾もまた萌え要素だからであり、さらに正確に言えば、九〇年代のオタクたちがそれを要素だと認定し、そしていまやその構造全体が自覚されてしまっているからなのである。『デ・ジ・キャラット』はこのような点で、素直にキャラ萌えの欲望に依存した企画というより、むしろ、その欲望をぎりぎりまで押し進め、結果として萌え系のデザインに支配された現在の市場への皮肉になってしまった複雑な企画だと捉えたほうがよい。

（ここまで、第二章第4節全文、六二頁第七行－七〇頁第一六行）

5　データベース消費

個々の作品よりもキャラクターの魅力

萌え要素のデータベース化は一九九〇年代に急速に進んだ。「萌え」とはそもそも、八〇年代末に生まれた言葉で、コミック、アニメ、ゲームなどのキャラクター、あるいはアイドルなどに向けられた虚構的な欲望を意味していたと言われる。特定のキャラクターに「萌える」人々は関連商品を集中的に購入するので、制作者からすれば、作品そのものの質よりも、設定やイラストを通して萌えの欲望をいかに喚起するかが、企画の正否を直接に握ることになる。この傾向は古くは七〇年代まで遡るが、しかし、その重要性は九〇年代のメディアミックスの流れのなかで決定的に増すことになった。

さきほども述べたように、メディアミックスにおいては原作の地位が曖昧なままでさまざまなタイプの企画が同時に進行する。したがってそこでは、それら企画群をまとめあげる根拠は、原作者の作家性でもメッセージでもなく、そこに共通して現れる作品世界とキャラクター、極端な場合にはキャラクターだけになってしまう。たとえば、庵野秀明が監督した『エヴァンゲリオン』と、その数年後に発売された育成シミュレーション『綾波育成計画』を同じ「エヴァンゲリオン関連」の作品だと、あるいは、カルト的な人気を誇るLeafのノベルゲーム『雫』や『痕』と、そのパロディ的なトレカゲーム『リーフファイト』を同じ「リーフ関連」の作品だと受け取る根拠は、著作権表示を除けば、そこに共通して同じキャラクターが登場していることにしかない。それらのあいだの内容的な連続性がかぎりなく希薄である以上、『エヴァンゲリオン』や『雫』のファンでも『綾波育成計画』や『リーフファイト』には何の関心も抱かない、という消費行動が支配的であってもよかったし、むしろそのほうがオタク系市場の外では分かりやすかったはずである。

にもかかわらず、九〇年代のオタク系市場は、その両者を連続して捉える消費者を組織的に育て、またそのような「関連商品」の氾濫を前提として規模を拡大してきた。その結果、いまや、個々の物語が登場人物を生み出すのではなく、逆に、登場人物の設定がまず先にあり、そのうえに物語を含めた作品や企画を展開させる戦略が一般化している。そしてこのような状況では、必然的に、個々の作品の完成度よりもキャラクターの魅力のほうが重要になるし、またその魅力を高めるためのノウハウ（萌え要素の技術）も急速に蓄積されることになる。萌え要素のデータベース化は、このような状況のもとで必然となった。

作品を横断するキャラクターの繋がり

その結果近年の多くのオタク系キャラクターは、単独の作家や作品から出てきたというよりも、むしろ作品横断的に多数のキャラクターと繋がっている。たとえば図9に挙げたのは、『ナデシコ』のホシノ・ルリ、『エヴァンゲリオン』の綾波レイ、『雫』の月島瑠璃子、『アキハバラ電脳組』の大鳥居つばめという四つのキャラクターだが、これらは、たがいに設定やデザインの点で多くの共通点をもっている。

オタク系作品に頻繁に見られるこのような繋がりは、従来「引用」や「影響」や「パロディ」といっ

図９－a
ホシノ・ルリ
（デザイン：後藤圭二）
『機動戦艦ナデシコ』
制作／XEBEC

図９－b
綾波レイ
（デザイン：貞本義行）
『新世紀エヴァンゲリオン』
制作／GAINAX

図９－c
月島瑠璃子
（デザイン：水無月徹）
『雫』制作／Leaf

図９－d
大鳥居つばめ
（デザイン：ことぶきつかさ）
『アキハバラ電脳組』
制作／葦プロダクション

た言葉で語られてきた。しかし、「引用」にしろ「影響」にしろ、それらの概念は作家や作品という単位を無意識に前提としている。ある作家が別の作家の作品に影響を受け、それを引用し、ときにパロディにする、そういう発想である。確かに、いまでもそのモデルでオタク系作品の動きを語れないことはない。たとえばこの例であれば、レイの影響のもとで瑠璃子が生まれ、その両者の引用でルリが作られ、さらにそのルリのパロディとしてつばめがデザインされた、と系譜を辿ってみてもそんなに誤りではない。

しかしその有効性もまた限られている。かりにルリがレイや瑠璃子の引用だとして、ではそのとき「引用」を行ったのはだれなのか。監督の庵野秀明やキャラクター・デザインの貞本義行の個性と役割が比較的はっきりしていた『エヴァンゲリオン』に比べ、『ナデシコ』の複雑な構成に佐藤竜雄や麻宮騎亜がどのように関わっていたのかを知るのは難しい。しかも図9の四例は氷山の一角にすぎない。実際には九〇年代後半、綾波レイに酷似したキャラクターは、コミックでもアニメでもノベルでも、商業ベースでも同人ベースでも、大量に生産され消費されてきた。その広がりをすべて『エヴァンゲリオン』の「影響」に帰着させるのは、あまり賢明でないように思われる。

したがって筆者はこの状況を捉えるには、データベースのイメージのほうが適切だと考える。レイの出現は、多くの作家に影響を与えたというより、むしろオタク系文化を支える萌え要素の規則そのものを変えてしまった。その結果、たとえ『エヴァンゲリオン』そのものを意識しない作家たちも、新たに登録された萌え要素（無口、青い髪、白い肌、神秘的能力など）を用い、無意識にレイに酷似したキャラクターを生産するようになってしまった。このように考えたほうが九〇年代後半の現実には近い。レイに限らず、オタク系作品に現れるキャラクターは、もはや作品固有の存在なのではなく、消費者によってただちに萌え要素に分解され、登録され、新たなキャラクターを作るための材料として現れる。したがって、萌え要素のデータベースは有力なキャラクターが現れるたびに変化し、その結果、次の季節にはまた、新たな萌え要素を搭載した新世代のキャラクターたちのあいだで熾烈な競争が繰り広げられるのだ。

「キャラ萌え」に見る消費の二層構造

以上のような特徴から明らかなように、九〇年代のオタク系文化を特徴づける「キャラ萌え」とは、じつはオタクたち自身が信じたがっているような単純な感情移入なのではなく、キャラクター（シミュラークル）と萌え要素（データベース）の二層構造のあいだを往復することで支えられる、すぐれてポストモダン的な消費行動である。特定のキャラクターに「萌える」という消費行動には、盲目的な没入とともに、その対象を萌え要素に分解し、データベースのなかで相対化してしまうような奇妙に冷静な側面が隠されている。（…）

オタクたちの萌えの感覚は、つねにキャラクターの水準と萌え要素の水準のあいだで二重化されており、だからこそ、彼らは萌えの対象をつぎつぎと変えることができる。もし萌え要素の水準がなく、彼らが単にそれぞれの趣味でキャラクターを選んでいるだけならば、特定のキャラクターに特定のファンがつくだけで終わっていただろう。しかしそれでは、九〇年代に華開いたキャラクター・ビジネスはとても成立しなかったはずだ。

「物語消費」から「データベース消費」へ

いままでの議論をまとめておこう。コミック、アニメ、ゲーム、ノベル、イラスト、トレカ、フィギュア、そのほかさまざまな作品や商品の深層にあるものは、いまや決して物語ではない。90年代のメディアミックス環境においては、それら多様な作品や商品をまとめあげるものはキャラクターしかない。そして消費者はその前提のうえで、物語を含む企画（コミックやアニメやノベル）と物語を含まない企画（イラストやフィギュア）のあいだを無造作に往復している。ここでは、個々の企画はシミュラークルであり、その背後に、キャラクターや設定からなるデータベースがある。

ところがさらに別のレベルで見ると、そのキャラクターもまた、萌え要素のデータベースから引き出されたシミュラークルにすぎない。つまりここでは、シミュラークルとデータベースの二層構造がさらに二重化し、複雑なシステムが作り上げられている。オタクたちはまず作品を消費し、ときにそれに感動する。しかしじつはその作品はシミュラークルであり、実体はキャラクターにしかないことも自覚している。つぎに彼らはキャラクターを消費し、ときにそこに「萌える」。しかしじつはそのキャラクターもまたシミュラークルであり、実体が萌え要素の組み合わせでしかないことも自覚している。『デ・ジ・キャラット』は、筆者の観察では、オタクたちのこのような二重化（三重化？）された意識にもっとも自覚的に作られた企画である。

したがって『デ・ジ・キャラット』を消費するとは、単純に作品（小さな物語）を消費することでも、その背後にある世界観（大きな物語）を消費することでも、さらには設定やキャラクター（大きな非物語）を消費することでもなく、そのさらに奥にある、より広大なオタク系文化全体のデータベースを消費することへと繋がっている。筆者は、このような消費行動を、大塚の「物語消費」と対比する意味で「データベース消費」と呼びたいと思う。

近代からポストモダンの流れのなかで、私たちの世界像は、物語的で映画的な世界視線によって支えられるものから、データベース的でインターフェース的な検索エンジンによって読み込まれるものへと大きく変動している。その変動のなかで日本のオタクたちは、七〇年代に大きな物語を失い、八〇年代にその失われた大きな物語を捏造する段階（物語消費）を迎え、続く九〇年代、その捏造の必要性すら放棄し、単純にデータベースを欲望する段階（データベース消費）を迎えた。大塚の評論と筆者の観察から浮かび上がってくるのは、大まかにいえばこのような流れである。物語消費とデータベース消費の構造の違いを図10に示しておこう。図10ａと図10ｂの二つの図は、それぞれ前出の図３ａと図３ｂに対応している。

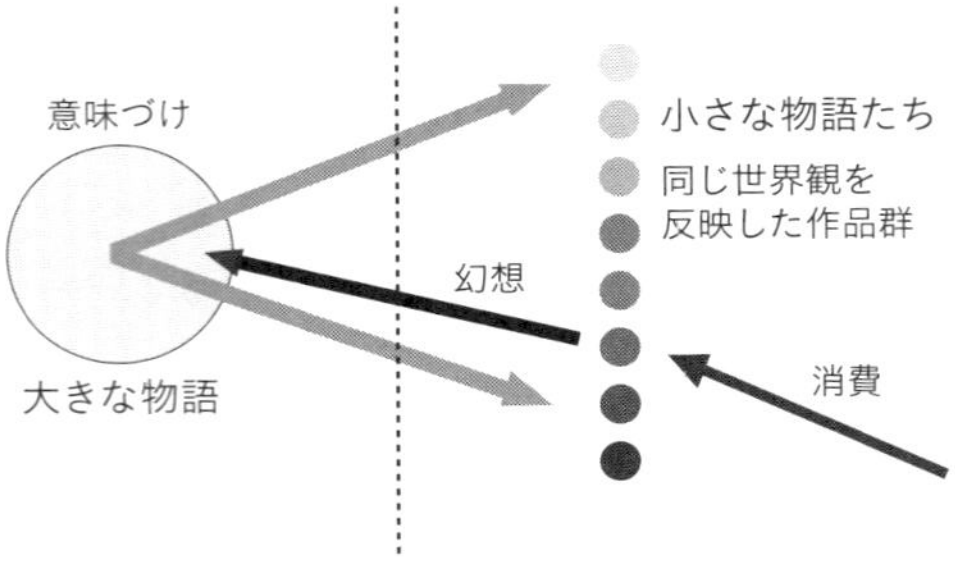

図10-a　物語消費の構造

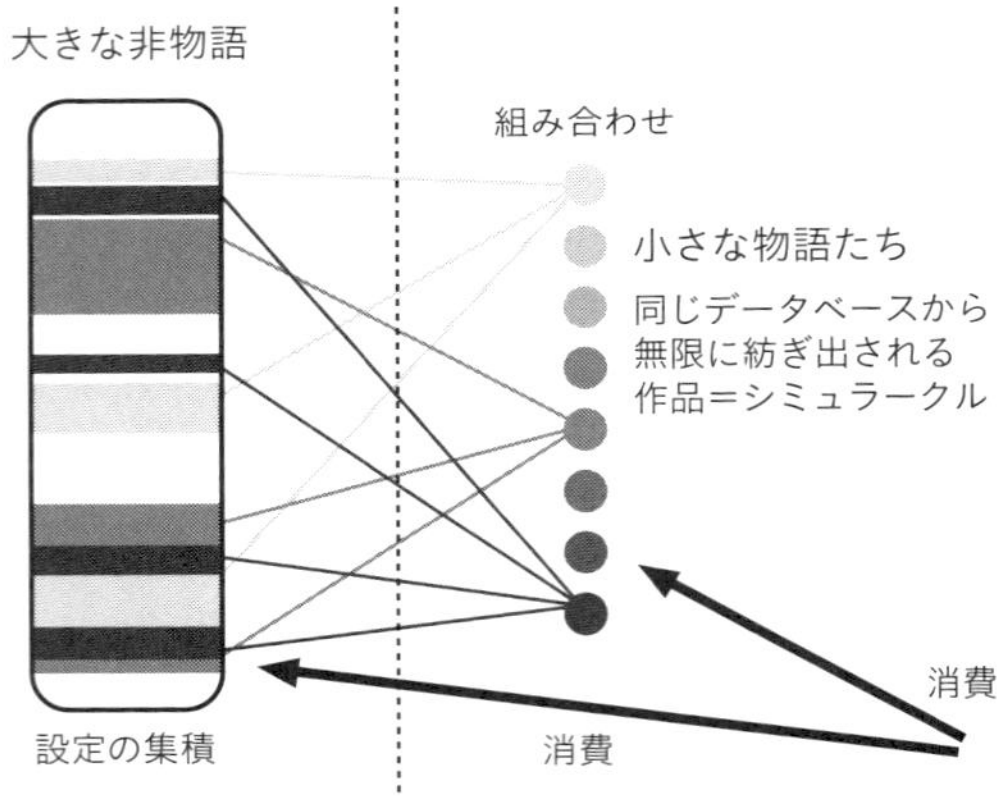

図10-b　データベース消費の構造

（ここまで、第二章第5節七一頁第一行 - 七九頁第一六行）

6　シミュラークルとデータベース

シミュラークル論の欠点

ここまでの議論で、この章の冒頭に挙げた第一の問い、「ポストモダンのシミュラークルはどのように増加するのか」という疑問には、オタク系文化を通じてひとつの答えが出たように思う。オタク系文化の表層は、シミュラークル＝二次創作に覆われている。しかしその深層には設定やキャラクターのデータベースが、さらに遡れば、萌え要素のデータベースが存在する。一見、無秩序なシミュラークルの氾濫に見えるオタクたちの消費行動も、ひとたびこのデータベースの水準に目を向ければ、十分に秩序立ち、理解しやすいものに姿を変えるだろう。

そしてこのような観察からは、サブカルチャーの分析にとどまらず、また、従来のシミュラークルの概念を変更するような知見も得られるように思われる。そもそもいままでのポストモダン論においては、シミュラークルの増加は、オリジナルとコピーの区別が失われたところで生じる無秩序な現象だと捉えられることが多かった。そういうときにまず引用されてきたのは、ドイツの批評家、ヴァルター・ベンヤミンが六〇年以上前に記した「複製技術時代における芸術作品」という短い論文である。そこでベンヤミンは、特定の作品に宿るオリジナリティの感覚（「アウラ」と呼ばれる）とは、その作品の存在を生み出した「儀式」の「一回性」によって根拠づけられるものだが、複製技術はその感覚を無効にしてしまう、と主張して有名となった(*31)。この主張がのちのシミュラークル論の根幹となる。

ベンヤミンのこの「アウラ」の捉え方は、じつは前述のツリー・モデルをきれいに反映している。オリジナルを前にしたとき、鑑賞者はそこに何か作品を超えた「儀式」との繋がりを感じる。コピーにはその繋がりがない。つまり、オリジナルとコピーの区別は、その儀式との繋がりの有無（アウラの有無）によって決定されているというわけで、これはまさに近代的な世界観を反映した美学なのだ。この発想を図3aに重ねて示せば、図11aのようになるだろう。シミュラークルの全面化とは、その繋がりの有無という基準そのものが失われ、オリジナルであろうとコピーであろうと価値が変わらなくなり、すべての記号が根拠をもたず浮遊し始める事態を意味している。

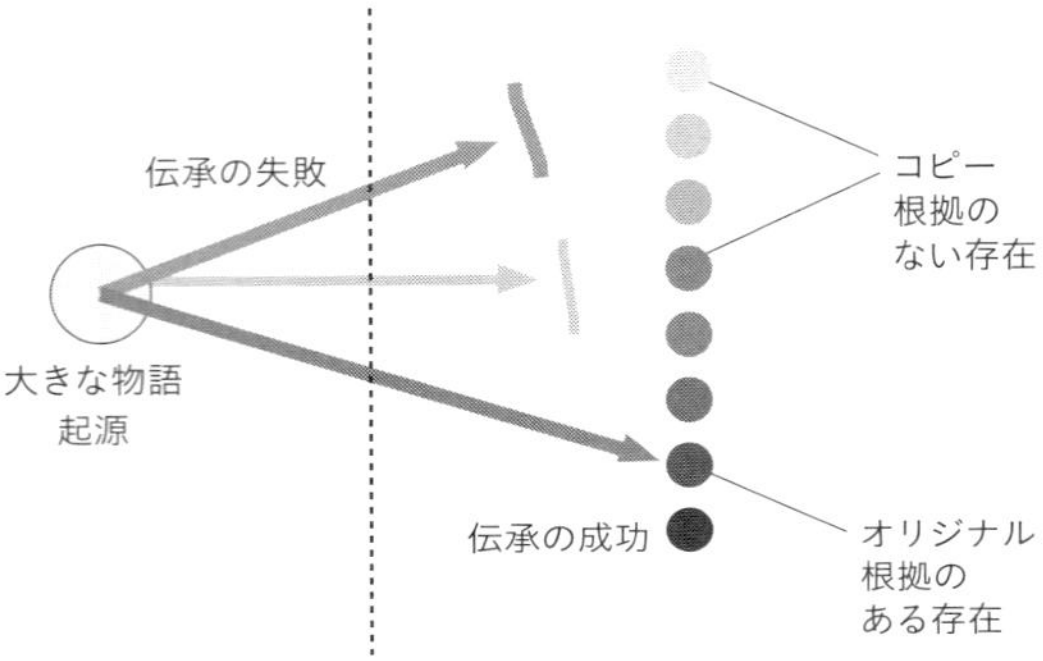

図11-a　オリジナルとコピー

したがって、いままでのポストモダン論の文脈では、筆者がこの章の冒頭で分けた「シミュラークルの全面化」と「大きな物語の凋落」という二つの現象は、じつは、ただひとつの変化（ツリー・モデルの崩壊）の表裏として捉えられてきた。むろん、前者がおもに技術的発達で引き起こされた変化であるのに対し、後者はあくまでも社会的・イデオロギー的な変化であるという本質的な差異はあるのだが、この両者に共通する世界観の変化もまた否定できないのだ。実際、複製技術の時代の到来とイデオロギーの凋落はベンヤミンの論文でも関連付けて論じられているし、また、ボードリヤールも「今やイデオロギーなるものはなく、シミュラークルしかない」と述べ、その両者の流れをはっきりと相関関係で捉えている。(*32)

しかしいままでのポストモダン論の多くは、そのツリー・モデルが単に崩壊したのではなく、データベース・モデルに取って替わられたことにあまり自覚的でなかったように思われる。むろん示唆的な議論は示されている。たとえばボードリヤールは、マーケティングが浸透し、記号的消費が蔓延した現代社会では、「われわれはモノを使うひととしてというよりはむしろ、モノを読みとり、かつ選ぶひととして、つまり読解の細胞として生きている」と述べている。(*33)差異化された商品や記号が大量にストックされ流通し（この総体をボードリヤールは「ハイパーリアリティ」と呼ぶ）、いまや消費者はその組み合わせでしか個性＝オリジナリティを表現できない、というこの指摘は、本章の考えるデータベース・モデルにきわめて近い現実を捉えている。

しかしその議論でも、シミュラークルの水準とデータベースの水準が明確に区分され、二層構造として捉えられたことはなかった。ボードリヤールの「ハイパーリアリティ」は、シミュラークルの世界もデータベースの世界もともに意味する。オタク系文化の例で言えば、二次創作の氾濫も物語消費もキャラ萌えも、またデ・ジ・キャラットのような奇形的なデザインも、すべてハイパーリアリティの一言で片付けられてしまうだろう。

オリジナル対コピーからデータベース対シミュラークルへ

それに対して筆者が本書で示したいのは、この社会を満たしているシミュラークルとは決して無秩序に増殖したものではなく、データベースの水準の裏打ちがあって初めて有効に機能しているのだ、という別の考え方である。

オタク系文化は二次創作に満たされている。そこでは原作も二次創作も、あたかも「同等の価値」をもつかのように生産され、消費されている。しかし、それら二次創作のすべてが同じ価値であるわけではない。それでは市場は育たない。実際にはそれらシミュラークルの下に、良いシミュラークルと悪いシミュラークルを選別する装置＝データベースがあり、つねに二次創作の流れを制御しているのだ。ビックリマン・チョコの七七三枚目のシールは、七七二枚を支えるデータベースを適切に共有していなければならないし、そうでなければそれはそもそも二次創作だと見なされない。『綾波育成計画』も『エヴァンゲリオン』と世界観を適切に共有していなくてはならないし、デ・ジ・キャラットのデザインもまた一九九〇年代後半の萌え要素を適切にサンプリングしていなくてはならない。そのような手続きを経ず、単に無趣味に作られたシミュラークルは、市場で淘汰され、消えゆくのみである。

これは言い換えれば、ポストモダンにおいて、旧来のオリジナルとコピーの対立の替わりに、シミュラークルとデータベースという新たな対立が台頭してきたことを意味している。従来では原作がオリジナルで、二次創作はコピーだった。作品の優劣の基準はそこにしかなかった。たとえば『エヴァンゲリオン』であれば、庵野秀明のＴＶシリーズは作家性やメッセージと結びついた「作品」だが、アマチュアが作った二次創作や商業的に作られた関連企画はあくまでもコピーでしかなく、人々はその両者を厳密に区別して消費するはずだった。

しかし実際には、この二〇年間、その両者を区別なく扱う消費行動がますます力を強めている。かわりにそこで台頭してきたのが、いままで述べてきたように、キャラクターや設定や萌え要素のデータベースであり、このデータベースとの関係に基づいた別種の基準である。そこではコピーは、オリジナルとの距離ではなく、データベースとの距離で測られる。その新たな関係を示せば、図11bのようになるだろう。

オリジナルのオリジナルとしての不思議な魅力、それは現代思想では、しばしば「作家性の神話」などとも呼ばれてきた。八〇年代から九〇年代、そして二〇〇〇年代へのオタク系文化の変遷を概観するかぎり、この領域でもまたその神話は急速に衰えている。八〇年代を代表するコミック作家やアニメ作家は何人でも挙げることができるが、九〇年代を代表する作家となるとちょっと困ってしまう、というのが、専門家にかぎらず、まずおおかたの読者の共通意見だろう。この特徴は普通には低迷の徴候として受け取られるのだろうが、しかし実際には、作家の名が挙がらない、ということの事実にこそ、九〇年代のオタク系文化の本質が示されているのだ。そこではもはや作家は神ではない。だから名も挙がらない。そのかわりに神々になったのは萌え要素である。九〇年代を代表する萌え要素ならば、多少詳しい消費者ならいくらでも挙げられるはずだ。

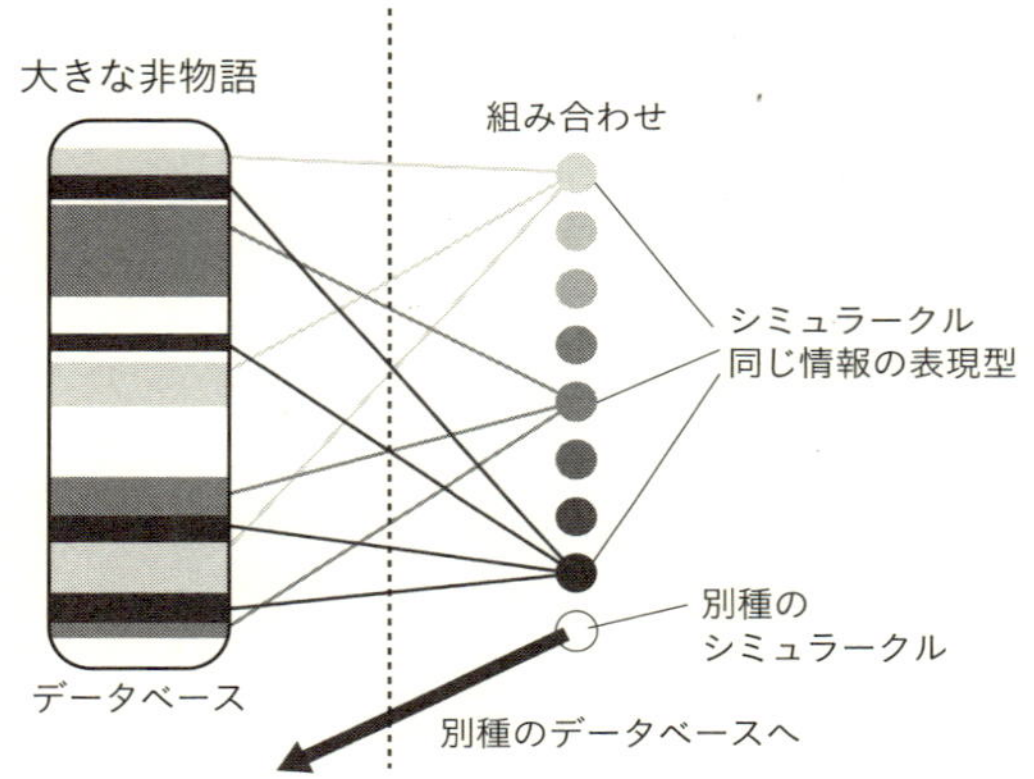

図11-b　データベースとシミュラークル

（ここまで、第二章第6節八四頁第一行 - 八九頁第一六行）

【追記】

ここに収録された文章は、日本ではいまから九年前、二

○○一年に出版された著作からの抜粋である。したがって、オタクあるいは萌えについての記述としては、すでに時代遅れの部分があるかもしれない。その点をまず記しておきたい。

そして、もうひとつ、本論文集は英語での出版を前提にしているとのことである。したがって英語圏の読者に注意を促したいのだが、ここに収録された断片の引用元の著作、『動物化するポストモダン』はじつは必ずしもオタクについての書物ではない。その(日本語版での)タイトルが示すように、それはポストモダンについての、とりわけ日本でのポストモダン化の特異な展開についての書物であり、オタクの出現はその一例として取り上げられているにすぎない。というよりも、本書の出版は日本では、オタクという文化的な現象を、それそのものとして内在的に解説するのではなく、ポストモダン化という一般的文脈のなかに位置づけたことこそが高く評価されたのである。二〇〇一年の時点では、オタクそのものについて研究することは、必ずしも学問的に評価されるものとは言えなかった。

したがって、そのような試みは、オタクの文化的な重要性が広く認められ、その直接の研究が求められる現時点では、むしろ不必要なまでに迂遠で、的外れなものに見えるかもしれない。実際に引用箇所でのデータベース消費論は、既存のポストモダン論の蓄積、さらには戦後日本で培われてきた文芸評論や社会評論の蓄積に大きく依存しており、単独で読んでも必ずしもわかりやすくはないだろう。本論集の性格上、この章には「萌え」の具体的でわかりやすい説明こそが期待されていたのかもしれない。だとすれば、読者を混乱をさせ、失望させたかもしれないことをあらためてお詫びしておく。

しかし、筆者としては、できれば、せめて一部の読者には、そのわかりにくさからこそ、「オタクについて考えること」の拡がりと可能性を感じていただければと考えている。

オタクの表現は表面的には、性と暴力に満ちた幼児的で類型的なサブカルチャーにすぎない。しかし、実際にはそこには、現代日本の、そして現代世界一般の問題が厄介なかたちで畳み込まれている。オタクについて考えること、オタクについて語ることが自明になればなるほど、ひとはその厄介さを忘れてしまう。けれども、この論集の出版によって、読者がその困難をあらためて思い出してくれれば、ぼくの文章が収録されたことの意味はあるのだろうと思う。

（二〇一〇年記）

【注】

注17　ボードリヤールの「シミュラークル」の概念については、七六年の『象徴交換と死』および八一年の『シミュラークルとシミュレーション』の二冊が参考になる。どちらも邦訳は簡単に手に入るので、興味のある読者は一読されたい。

注18　『コミュニケーション不全症候群』、四四、四九頁。

注19　「大きな物語の凋落」について、もっとも基礎的な著作は七九年の『ポストモダンの条件』である。この著作の分析はおもに学問の世界の変化を対象にして行われているが、その後、リオタールのこの言葉はさまざまに拡大解釈され、七〇年代以降の世界の特徴を捉える便利な概念として流通していった。本書で「大きな物語」というときには、リオタールの固有の概念というより、それらさまざまな拡大解釈も含めた広い概念として使っている。

注20　（略）

注21　『物語消費論』一三‐一四、一七‐一八、一八‐一九頁。

注22　リゾーム・モデルの性質についてもっとも参考になる著作は、浅田彰の『構造と力』である。とりわけ二三六‐二三七頁の見開きのチャートは便利である。ちなみに、浅田の説明では、ツリー・モデルは前近代のモデルで、クラインの壺モデルこそが近代のモデルだということになるのだが、この両者はむしろ同じシステムの表裏であり、その表裏が一体となってツリー・モデルは維持されると考えたほうがよい。その点の哲学的な細部に関心のあるかたは、筆者の『存在論的、郵便的』を参照されたい。そこでは、ツリー・モデルが「形而上学システム」と、クラインの壺モデ

ルが「否定神学システム」と呼ばれている。
注23　『虚構の時代の果て』、五二頁以下。
注24　『物語消費論』、二六頁以下。
注25　『不確定世界の探偵紳士　ワールドガイダンス』の一二九頁以下の記事を参照。
注26　URL = http://www.tinami.com/
注27　『デ・ジ・キャラット②』、一二、一九 - 二〇頁
注28〜30　（略）
注31　邦訳は『ボードレール』所収。
注32　『象徴交換と死』、一四頁。
注33　『象徴交換と死』、一五二頁。

【参考文献】


浅田彰『構造と力』勁草書房、一九八三年。

（略）

大澤真幸『電子メディア論』新曜社、一九九五年。

大澤真幸『虚構の時代の果て』筑摩書房（ちくま新書）、一九九六年。

（略）

大塚英志『物語消費論』新曜社、一九八九年。

（略）

塩田信之・CB's Project（編）『不確定世界の探偵紳士　ワールドガイダンス』ソフトバンクパブリッシング、二〇〇〇年。

（略）

中島梓『コミュニケーション不全症候群』筑摩書房（ちくま文庫）、一九九五年。

（略）

ヴァルター・ベンヤミン『ボードレール』、野村修編訳、岩波書店（岩波文庫）、一九九四年。
ジャン・ボードリヤール『象徴交換と死』、今村仁司・塚原史訳、筑摩書房（ちくま学芸文庫）、一九九二年。
ジャン・ボードリヤール『シュミラークルとシミュレーション』竹原あき子訳、法政大学出版局、一九八四年。

（略）

ジャン＝フランソワ・リオタール『ポストモダンの条件』小林康夫訳、書肆風の薔薇、一九八六年

第4章　嗤う日本の「ナショナリズム」

北田暁大

本稿は『嗤う日本の「ナショナリズム」』および『世界』二〇〇三年一一月号掲載論文から、それぞれ一部を抜粋したものである。抜粋箇所は文中に明記し、略した箇所は（…）で示した。章・節番号、注番号、図番号が連続していないが、これは本文の一部を抜粋したためである。

序章　『電車男』と憂国の徒――「2ちゃんねる化する社会」「クボヅカ化する日常」

アイロニーのコミュニケーション空間

『電車男』の話から始めよう。

『電車男』とは、ネット上の巨大掲示板2ちゃんねるから生まれた「今世紀最強の純愛物語」（オビによる）。二〇〇四年一〇月に単行本化されるやいなや話題沸騰、発売から三週間足らずで三〇万部を超えるベストセラーとなった。ネット掲示板から生まれたといっても、「皆で案を出し合い作られた」というありがちな「小説」ではない。ある程度の編集は加えられているが、[*1]基本的に単行本『電車男』はネットへの書き込みをそのまま収録している。2ちゃんねるの中の一地方「独身男性板」への書き込みを読むために、何十万という人びとが一三六五円（税込み）を払っているということだ。

ストーリーははっきりいって凡庸そのもの。冴《さ》えないアキバ系オタク青年が、電車内でのある事件をきっかけに、年上の美人お嬢様と知り合い、いくつもの「試練」を経て、ついにその高嶺《たかね》の花との恋愛を成就させるまでの「物語」。こう書くと何だか馬鹿みたいな話に思えるが、これが泣ける。私はパソコンに齧《かじ》りつき二時間ほどでネット版『電車男』を読み終え、泣き、『電車男』関連のフラッシュ（動画）を観てまた泣いた。私は『冬のソナタ』で爆笑、『世界の中心で、愛をさけぶ』（セカチュー）で激怒した類《たぐい》の人間である。

というわけで、この「物語」をセカチューとか冬ソナと同じ感動ブームの文脈で捉えることに私は違和感を覚える。たぶん、名を持たない『電車男』の作者たちの多くもまた、セカチューを苦手とする、というか嫌いな皮肉屋であるように思える。

重要なのは、一般に皮肉屋と思われている2ちゃんねらー（2ちゃんねるへの投稿者）たちが、セカチュー真っ青の感動物を作ってしまったということである。

知らない人のために注釈を加えておくと、2ちゃんねるというのは、一九九九年に誕生したネット上の匿名掲示板のこと。独特の話法を用いて、マスコミや社会現象に対するアイロニカルな解釈を提示し続けている。個人情報の流出、誹謗《ひぼう》中傷が日常茶飯事のため、インターネットの闇を代表するものと思われているようだ。犯罪を報道するニュース番組などで「インターネット掲示板」という場合、十中八九2ちゃんねるのことを指すと考えていい。

2ちゃんねるでは、テーマごとに「板《いた》」に分かれ、現在進行形のネタをもとに、独特の内輪的コミュニケーションが日々紡《つむ》ぎ出されている（図P‐1）。たとえば、「ニュース速報板＋」ではテレビや新聞などで報じられた最新のニュースが、「マスコミ板」ではマスコミの報道姿勢・報道内容が、「実況板」ではいま現在放映されているテレビ番組などがネタとなり、2ちゃんねる用語、アスキーアートなどを駆使したネタ品評会、クラス内部だけで通じる内輪の「笑い」とよく似た、しかしどこか乾いた「嗤《わら》い」（嘲《あざけ》りの意味を込めた笑い）に満たされたアイロニー・ゲームが繰り広げられている。

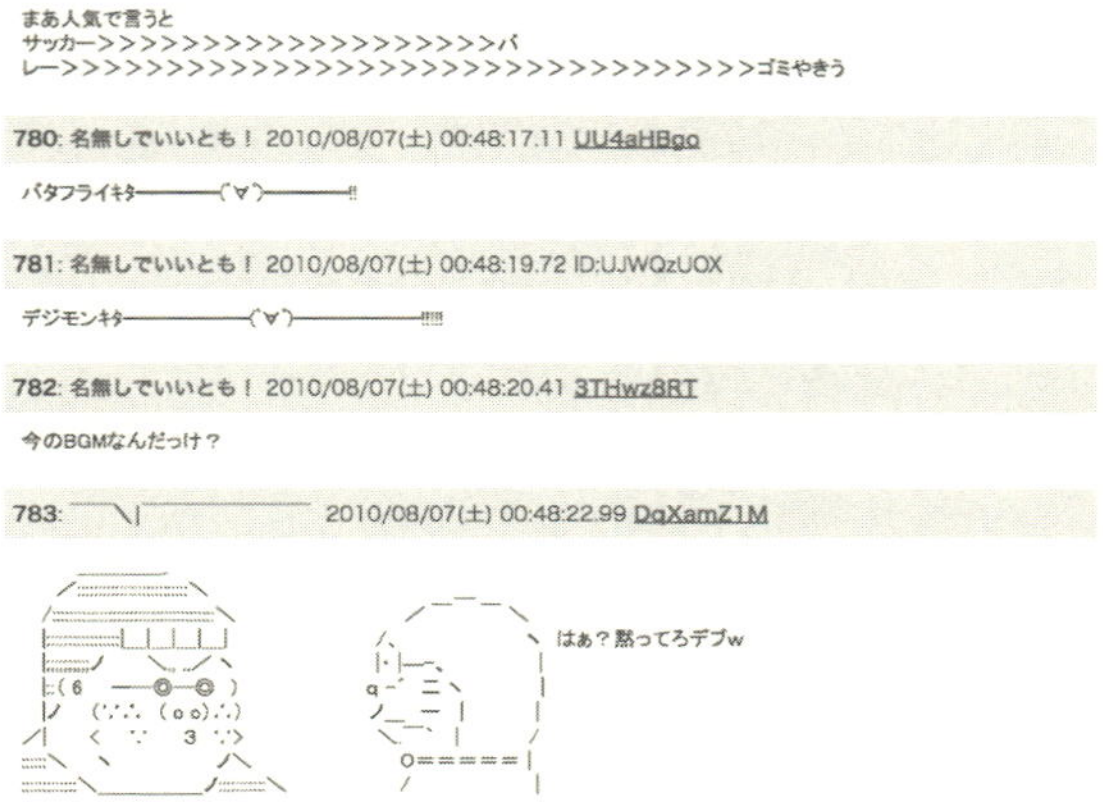
まあ人気で言うと
サッカー>>>>>>>>>>>>>>>>>>>>>>バ
レー>>>>>>>>>>>>>>>>>>>>>>>>>>>>>>>>>>>ゴミやきう
780: 名無しでいいとも！ 2010/08/07(土) 00:48:17.11 UU4aHBgo
バタフライｷﾀ━━━━(ﾟ∀ﾟ)━━━━!!
781: 名無しでいいとも！ 2010/08/07(土) 00:48:19.72 ID:UJWQzUOX
デジモンｷﾀ━━━━━━(ﾟ∀ﾟ)━━━━━━!!!!
782: 名無しでいいとも！ 2010/08/07(土) 00:48:20.41 3THwz8RT
今のBGMなんだっけ？
783: 2010/08/07(土) 00:48:22.99 DqXamZ1M
はぁ？黙ってろデブw
図P‐1　2ちゃんねる実況板より

　もちろん、嗤いの対象となるのはマスメディア的な情報だけではない。文学やマンガ、情報技術、ポピュラー音楽、ブログやウェブサイト、そして学校の先生や友人、自らの平凡な日常生活ですらネタとなりうる。2ちゃんねる的世界のなかでは、あらゆる出来事・事象は内輪的コミュニケーションのネタとなるために存在しているのだ。ネタに対する皮肉な態度を要求することのない「板」もあるにはある。しかし、2ちゃんねるにおいてもっとも典型的なコミュニケーションのスタイルは、やはりネタを媒介した嗤いのやりとりであろう。内輪的でありながら殺伐《さつばつ》としている、殺伐としていながらどこか

224 名前：Mr. 名無しさん 投稿日：04/03/28 21:51

```
 ＋    ＋
    ∧＿∧  ＋
  (0゜・∀・)     ワクワクテカテカ
  (0゜∪ ∪ ＋
  と＿_)＿) ＋
```

今こうなってる香具師挙手
ﾉｼ

234 名前：Mr. 名無しさん 投稿日：04/03/28 21:53

ああああああああああああああああああああああああああああああああ

もうわかんないの！！！
女心なんてわからないの！！！

俺ら真性毒男なの！わｋらるうううううううううううううかあああああああ？

263 名前：電車男 ◆ SgHguKHEFY 投稿日：04/03/28 21:58

通話終了

なんというかみんなありがとう

図P－2　『電車男』紙面（『電車男』新潮社、2004年、86頁より）

内輪的。そうした奇妙なコミュニケーション様式が文法化された空間、それが2ちゃんねるである。

感動と皮肉の共同体

電車男はここの一部「独身男性板」から生まれた。

だから『電車男』は、正確には物語ではない。それは現在進行形的なコミュニケーションそのものである。パソコンの画面を通して繋《つな》がる人々のコミュニケーションの記録であることが、『電車男』に、小説ではあり得ない臨場感を与えている（図P－2）。

また2ちゃんねる独特の皮肉さも重要だ。感動の行為空間『電車男』もまた、自他に対する嗤い、皮肉を内包している。皮肉というのは、「それを分かる人／分からない人」の境界線を強化する。2ちゃんねる固有の話法やノリを理解していれば、電車男を取り巻く「内輪感覚」をより一層強く感じることができる。読者は、読み進めるにつれ、電車男の書き込みを媒介として、皮肉な共同体の一員となっていく。感情移入する相手は電車男ではない。

読者は2ちゃんねらーになることによって、快楽と感動を得ることになるのだ。

この『電車男』が売れているということは、私たちの感動の方法論が、2ちゃんねる的になりつつあることを示しているとはいえないだろうか。ストーリーへの感動ではなく、電車男の苦闘に2ちゃんねらーとして立ち会ったことへの感動、感動できる状況を、匿名の内輪の仲間たちと作り出したことに対する自己言及的な感動である。それは「感動は作られる」ことを知悉《ちしつ》しつつ感動してみせる、というどこか皮肉な振る舞いといえる。お仕着せの感動物語を嗤いつつも、感動を求めずにはいられない皮肉な人たちの逃げ場、それが『電車男』だったのではないか……。

（ここまで、序章九頁第一行―一三頁第七行）

本書の課題

本書で考えてみたいのは、ここでみてきたような現代（の若者）文化における（…）「アイロニー（嗤い）と感動指向の共存」（『電車男』）というアンチノミーがいかにして生成したのか（…）という問題である。

私は、こうしたアンチノミーの構造が九〇年代以降前景化した背景に、アイロニー的感性の構造転換があったのではないか、とみている。アイロニーとは、本来、世界と自己のあいだに距離を置き続けるポジショニングの方法論であるはずだ。そうした距離化の方法論が、世界と自己とを同一化する「感動」と共存するというのは、常識的に考えれば矛盾以外の何ものでもない。しかし、注意しなくてはならないのは、アイロニーもまた、特定の時代・社会のコードによって規定される社会的行為であるということである。「何がアイロニーか」「アイロニカルであるための条件とは何か」「アイロニーにはどういう価値があるのか」（…）の内実は、歴史的・社会的に変容せざるをえない。「現在の若者たちにはアイロニーがない」という論者もいるが、たぶんそうではない。八〇年代的な意味でのアイロニーを標準とみる立場からすると、たしかに「ポスト八〇年代」はアイロニーなきベタの時代、と映るかもしれない。だが、2ちゃんねるの場合がそうであるように、現在にあっても、というか現在にあってこそ、アイロニーの精神はしたたかにいきづいているようにみえる。「アイロニーがなくなった」のではなく、おそらく、「アイロニーの社会的・言説的位置価が変容し、八〇年代的な意味での「ベタ」と接続可能なものとなった」のである。現代がベタか／アイロニカルか、と論じることにはあまり意味はない。むしろ、アイロニーとベタとの共存を可能にする言説構造の歴史的由来こそが問題とされるべきであろう。

（ここまで、序章二一頁第一四行―二二頁第二行、二二頁第一〇行―二三頁第八行）

第四章　ポスト80年代のゾンビたち

2　繫がりの社会性――2ちゃんねるにみるシニシズムとロマン主義

（…）

「巨大な内輪空間」の誕生

2ちゃんねる。序章でも触れたように、一九九九年にウェブ上に登場し、日本のネット人口の一割以上がユニークユーザとして接しているとも言われるこの世界最大の匿名掲示板（の一部）では、左翼と戦うという「憂国の士」たちによって、『朝日新聞』を中心としたマスコミや市民派に対する激しいバッシングが展開され、殺伐《さつばつ》としたナショナリスティックな空気が醸《かも》し出されている。保守主義という呼び名を与えるにはあまりに拙《つたな》く、それでいて凡百の保守論客には及びもつかないような非凡な情念に満たされた奇妙な行為空間。その情念はいったいどこから備給されているのだろうか。

（ここまで、第四章第2節一九七頁第一行―第七行）

以下では、こうした過剰な情念に彩られた2ちゃんねる（…）の反マスコミ主義とナショナリズムを、「大衆の本音の発露」といったように妙な形で持ち上げたり、また、匿名の有象無象たちによる「便所の落書き」として一刀両断にしてしまうのでもなく――流言蜚語の「合理性」を冷徹に分析した清水幾太郎のひそみに倣い――社会学的考察の対象としてとり上げていくこととしよう。

（ここまで、『世界』二〇〇三年一一月号、一一七頁の二段目第一五行―三段目第八行）

「マスコミ板」などに顕著に現れている2ちゃんねるの犬儒《キニカル》的な反マスコミ主義を理解するためには、マスコミに対する「2ちゃんねらー」たちの距離感覚を理解しておかなくてはならない。2ちゃんねるとマスコミの間に走る断層線を強調する議論は少なくないが、重要なことは、かれらの挙動の背後にマスコミへの過剰にすぎる愛が見え隠れしているということだ。マスコミへの嗤いはたぶん、鬱屈《うつくつ》したルサンチマンから起こっているのではない。むしろマスコミによって「嗤い」の感性を育まれた人々が、

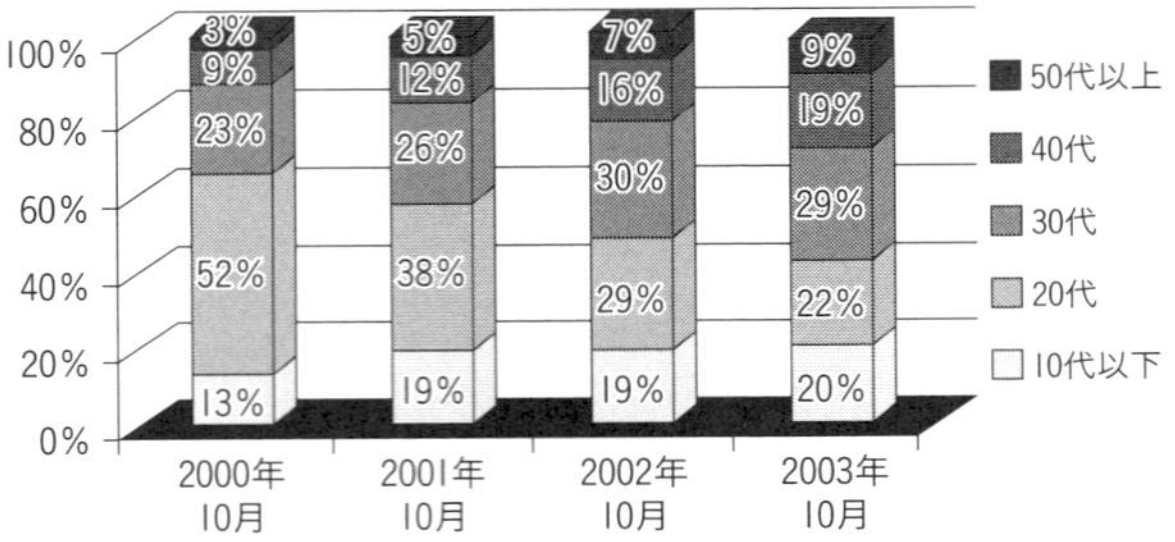

図４－１　２ちゃんねる訪問者の年齢構成比率（2003年10月、家庭からのアクセス）（出典：Nilesen //NetRatings, Net View AMS）

その愛ゆえにマスコミを嗤っていると考えるべきである。

2ちゃんねるをディープに閲覧、利用している人びとの詳細な人口学的属性を調べるのは、2ちゃんねるの特性上きわめて難しい。しかし、書き込みから読み取れるメディア体験の痕跡、およびネットレイティングスの調査など（図４－１）をみると、《物心ついたときからカラーテレビがお茶の間にあり、「オールナイトニッポン」「フジテレビ」の七〇年代末――八〇年代を中高生として過ごし、インターネット前夜の空気を知る一九六〇年代なかば――七〇年代なかば生まれ世代》という（初期ユーザ）像が浮かび上がってくる。本章の文脈では、純粋テレビが制度化されていく時期に少年期、青年期を過ごした世代といえよう。この世代に特徴的なのは、斜に構えることなくしては理解することのできない「嗤い」に満たされたメディア体験、およびその体験において獲得した《裏》読みのリテラシーの共有だ。

『元気が出るテレビ』をはじめ、いまだ演芸的な色彩を残していた『8時だョ!全員集合』を終了へと追い込んだ『オレたちひょうきん族』や、八〇年代のとんねるずが携わった一連の番組。（…）そこでは六〇年代から七〇年代にかけて醸成されてきたテレビ的お約束は、パロディのモトネタとして相対化され、テクストの外部にある情報――出演者の私生活情報やＡＤのあだ名、性格といったギョーカイネタ――を補填《ほてん》することのできる視聴者のみを対象にした嗤いが提示されていた。イマ／ココのネタを「笑う」ためには、お約束を「嗤う」だけのリテラシー、イマ／ココの外にある情報を収集する能力を持っていなくてはならない――それが俗にいうフジテレビの時代と呼ばれる八〇年代の純粋テレビの黙約であった。

メディアの演出に対する高度なリテラシーを持つがゆえに、お約束的な形式を嘲笑するような態度、それをとりあえず「純粋テレビ的アイロニー」と呼んでおくことにしよう。この純粋テレビ的アイロニー、高度な《裏》リテラシーの「大衆化」は、二つの社会学的意味を持っていたと考えられる。

まず第一に、《巨大な内輪空間》とでも呼ぶべき奇妙な社会性の磁場が形成されたということ。テクストをみただけでは不条理にしか映らないお笑いや広告、パロディを面白がるための背景知。それは、少なくとも八〇年代以前においては少数のシニカルなセンスエリートたちの専有物（消費社会的アイロニズム）であったわけだが、八〇年代以降、テレビというきわめつきのマスな媒体を享受するための凡庸なアイテム（消費社会的シニシズム）となった。テレビを十分に楽しむためには、出演者やスタッフのパーソナルデータのようなローカルな情報に通じていなくてはならない。テレビが媒介する〃地球村〃というマクルーハンの夢は、八〇年代の日本において喜劇的な形で実現されてしまったわけである。

テレビと馴れ合いつつ、テレビを嗤う感性

しかし、こうした《巨大な内輪空間》は、ギョーカイネタを繰り出して悦に入る送り手と、ギョーカイ指向の強い受け手との馴《な》れ合った共犯関係をただたんに擬制していただけではない。八〇年代テレビ文化によって育まれたお約束に対するアイロニカルな距離感覚は、同時に、テレビを含むマスメディア一般に対するシニシズムも生み出しつつあった。（…）この逆説が、留意すべき第二の社会学的含意で

ある。

そもそもアイロニーとは、伝達される情報内容とその伝達形式との差異を読み取り、内容に対する判断を保留しつつ、形式への美的判断を先鋭化させる態度のことである。この形式主義的美学によって、自己は「平均的評価水準」=ベタへのコミットから免れるメタ的位置（嘲笑的に笑う=嗤うことができるポジション）を獲得することができたのであった。お約束的、演芸的な「笑い」は、こうした形式への反省意識を決定的に欠いているがゆえに、アイロニストたちの嗤いの対象となる。

しかし考えてみれば、お笑い以上に情報内容と伝達様式の乖離《かいり》を体現してしまっているのは、じつはニュース、論説を含む総体としてのマスメディアではなかろうか。とりわけ八〇年代以降、ワイドショー的構成をとった報道番組が増加する（報道がバラエティ的形式に依存せざるをえなくなる）につれ、ジャーナリズム的建前と扇情的な内容を持つ情報を不断に提示し続ける実態との乖離は、誰の目にも疑いようがなくなる。こうした建前と実態のズレ、ニクラス・ルーマンの用語で言えば、マスメディア・システムとジャーナリズムとの差異を、形式主義的な嗤いの美学が見逃すはずもない。かくして、とんねずのネタを笑うための嗤いは、マスメディア一般に対する嗤い、マスコミそのものへのシニカルな態度へと転化する。八〇年代的なテレビ文化は、《裏》リテラシーを携えテレビと馴れ合う身体ばかりではなく、当のテレビを嗤う身体をも醸成していたのである。

八〇年代の純粋テレビが醸成してきた、(1)マスメディアを結接点として成り立つ巨大な内輪空間へのコミットメント（メディアへの愛）と、(2)マスメディアに対するシニカルな態度（メディアへのシニシズム）。それは「愛ゆえのシニシズム」ともいうべきアンビバレントな心性を持った視聴者性（audienceship）を用意するものであった。マスコミを愛し嘲笑する「2ちゃんねらー」的心性の素地をそこにみることができるだろう。

内輪指向とアイロニズムの幸福な結婚

しかし、八〇年代的なメディアに対するアイロニカルな態度と、二〇〇〇年頃から前景化する反マスコミ主義とは、完全に同じものではない。ほとんどフォーマット化されたかにみえる「反朝日」の風潮や、W杯時のフジテレビ「偏向」報道への抗議行動（湘南ゴミ拾いオフ［オフライン］の企画。二七時間テレビの湘南ゴミ拾い企画の前に、ゴミを拾い尽くしてしまおうというオフ会）、NHKスペシャル『奇跡の詩人』の「やらせ疑惑」糾弾の盛り上がりなどをみても分かるように、2ちゃんねるにおける反マスコミ主義は、マスコミへのシニシズムという言葉で括《くく》るにはいささか過剰なものとなっている。この過剰さはいったい何に由来しているのであろうか？

まず確認しておくべきことは、八〇年代的《巨大な内輪空間》の共同性があくまでマスメディアによって担保されていた――マスコミと視聴者は共犯関係にあった――のに対して、2ちゃんねるの行為空間はそうした担保を微妙な形で無価値化しているという点である。

ギョーカイという言葉のそこはかとない軽々しさが指し示しているように、八〇年代におけるギョーカイネタ＝《裏》とはあくまで、マスメディアが定義権を持つ限りでの《裏》であった。当たり前のことだが、明石家さんまの女癖もとんねるずのマネージャーのとぼけたキャラクターも、本当の意味で視聴者に隠されていたわけではない。笑いを欲する視聴者は、ラジオやテレビ、雑誌などに目を通し、《裏》として表現された情報を逐一ストックしておかなくてはならなかった。内輪空間の境界線――何が表（ベタ）で何が裏（ネタ）なのか――を画する権利は、マスメディアの側にあったのである。（…）

八〇年代的内輪空間は、その共同性を超越的な第三項＝マスメディアによって担保されるような、極《きわ》めてマスコミ準拠的な社会空間であったといえよう。

これに対して、2ちゃんねるにおいては、内輪性を再生産するコミュニケーション――内輪の空気を乱さずに他者との関係を継続すること――を続けることが至上命題となっており、ギョーカイは共同性を担保する第3項の位置からコミュニケーションの素材へと相対化されている。たとえば、夕刻のニュースを実況中継するスレッドをみてみればよい。そこでは、安っぽい正義感を振りかざすレポーター――開かずの踏切を無理やり渡る人たちにマイクを差し向け「そんなことやっていいと思ってるんですか！」などと叫ぶ――や、コメンテーターを揶揄《やゆ》する書き込みが、2ちゃんねる固有の語法にそって同期的になされている。「2ちゃん語」「アスキーアート」を駆使したアイロニカルなコミュニケーションを首尾よく繋いでいくことが、「住人」＝2ちゃんねらーたちの主要な関心なのであって、テレビ（や新聞）はコミュニケーションのための素材にすぎないのだ。

マスメディアのための内輪ではなく、内輪のためのマスメディア。社会学的に言えば、2ちゃんねるとは、公共的秩序を指向する目的合理性に対し、行為が次なる行為へと接続されていくことを指向する接続合理性（場の空気を乱すこと無くコミュニケーションを続けていく技量）が極限まで肥大化した社会空間といえるかもしれない。

繋がりが自己目的化した空間のなかで、マスメディアは、極私的な日記サイトや街頭ライブカメラの映像などと同等のネタの貯蔵庫とみなされ、その特権的な地位を剝奪される。にもかかわらず、なおもマスメディアが「権力の番人」「市民の代弁者」――お約束的な態度――を気取るなら、お約束を見破る能力に長けた（との自負を持つ）皮肉屋たちは容赦なくその建前と実態の落差を取り上げ、マスメディアの自意識を嗤い飛ばすことだろう。八〇年代においてはマスメディアによるスクリーニング（ふるい分け）によって分断されていた「内輪での接続指向」と「メディアへのアイロニカルな視線」は、ここにおいて幸福（?）な結婚を遂げる。マスメディアを標的にした「祭り」が過剰なまでの盛り上がりをみせるのもそのためである。

こうした2ちゃんねるとマスメディアの微妙な関係の力学のためか、2ちゃんねるをめぐる言説は、対抗メディアとして妙な持ち上げ方をする肯定的言説と、便所の落書きとして一刀両断する否定的言説の両極に分かれることが多い。前者は、2ちゃんねらーたちのメディアに対するシニカルな態度をメディアリテラシーの高度さを証左するものとして言祝《ことほ》ぎ、後者はどこまでもマジメさを回避しようとする自己充足的な態度をリテラシーを欠いたものと捉える。いずれの評価も、大月がいうように、2ちゃんねるの「一筋縄ではゆかない」[*38]複雑性をつかみ損なっている。両者はともに、2ちゃんねるにおける「接続指向」と「アイロニー」の内的な結びつきを見逃している点において、的を逸しているといわねばならない。肯定的言説が期待するほどには2ちゃんねらーたちは抵抗を意図しているわけではない（繋がりを単純に楽しんでいる）が、とはいえ否定的言説が言うほど自らの挙動の「便所性」に無自覚なわけでもない。[*39]その「透徹した中途半端さ」こそが、巨大資本やマスコミの手の内にあった八〇年代的シニシズムと2ちゃんねるを分かつ指標なのである。

コミュニケーションの構造変容

では、「内輪での接続指向」と「アイロニカルな視線」の両者を携えた2ちゃんねる的なコミュニケーションは、なぜ九〇年代の終わりになって姿を現すようになったのだろうか。

第一の理由としては、もちろん、九〇年代なかば以降のコミュニケーション技術の変容（汎用ソフトの普及、ウェブの登場）にともなうインターネットの世俗化があげられよう。それ以前、パソコン通信時代には、マスメディア的なスクリーニングが希薄な電子掲示板に参加するのは一部の先端的ユーザに限られており、だからこそ非常に統制のとれた公共的議論が成立していたわけだが、九〇年代後半の数年のうちにネット空間は急速にマス化していく。(*40) ある種のアングラ的指向を持つ掲示板「あやしいわーるど」や「あめぞう」、その正統な後継者2ちゃんねるの誕生も、こうしたマス化の流れに棹《さお》さした歴史の必然であったといえるだろう。

それを頽落《たいらく》という人もいる。しかし、検閲を介さない同期的な意見交換や、匿名（当初はID非表示、IP非取得）によるコミュニケーション、集うこと自体を目的化する自己充足性といった2ちゃんねるの特徴と言われるものは、本来的にインターネットそのものが内包していた「可能態的本質」であったとも言える。スレッドフロート型の表示方式や、管理者によるIP非取得の宣言といった2ちゃんねる固有の戦術は、そうした本質の現象化を加速させたにすぎない。九〇年代末から本格化するインターネットの世俗化、それこそが、「内輪での接続指向」と「アイロニカルな態度」との結婚を準備する技術史的背景であった。

しかし、この結婚の背景を考える上で、こうした技術史的側面と同様に、いやそれ以上に重要なのは、九〇年代以降の若者コミュニケーションの構造変容――《秩序》の社会性に対する《繋がり》の社会性の上昇――である。

例えば、八〇年代的な消費文化の中では、――たしかにある種のシニシズムが漂っていたものの――若者たちは、マスコミが提示する価値体系を十分に咀嚼《そしやく》した上で自らの記号的位置を演出していくこと、つまりマスコミが演出する《秩序》のなかで位置取りすることを求められていた。(…)そこには、西武―PARCOのような資本やマスメディアといった擬似的な超越者がつねに価値体系を再生産し、消費者＝視聴者がその他者のまなざしを内面化する、というドラマトゥルギーがいまだ成立していたといえよう。

しかし、九〇年代なかば以降、若者たちは、大文字の他者が供給する価値体系へのコミットを弱め、自らと非常に近い位置にある友人との《繋がり》を重視するようになる。重要なのは、その《繋がり》が、「共通する趣味」「カタログ」のような第三項によって担保されるものではなく、携帯電話の自己目的的(コンサマトリー)な使用(用件を伝えるためではなく、「あなたにコミュニケーションしようとしていますよ」ということを伝達するためになされる自足的コミュニケーション)にみられるように、《繋がり》の継続そのものを指向するものとなっているということだ。理念・共有価値の支えなき共同体。そこでは、大文字の他者が制御する《秩序》からはみ出すことよりは、内輪での《繋がり》をしくじることのほうが回避されるべき事態となる。資本やメディアによる若者文化の支配の終焉は、2ちゃんねるにみられるような《繋がり》の王国の出現を、密かに、しかししたたかに用意していたのである。[*41]

こうした若者文化の九〇年代的変容は、すでに多くの論者によって論じられてきた。たとえば、九二、九三年に行われた調査に基づき、(1)参入離脱の自由な複数の関係性にかかわるものの、(2)選択した関係性のなかではそれなりに親密さを追求し、(3)関係性の構築そのものを楽しもうとするコンサマトリーな指向性を持つ、といった若者像を剔出した社会学者・浅野智彦の研究。彼は、若者たちのコミュニケーションにみられる「選択的コミットメント」について次のように述べている。

上の2つ〔引用者注：(1)(2)のこと〕を満たす（つまり文脈が限定され、相互に切り離された）関係というだけならば、たとえば企業組織や市場での取引関係などもそれに当たることになろう。しかし、それが何らかの目的（利潤の最大化、生産性の向上など）を達成するための手段として考えられているのに対して、ここでいう〈選択的コミットメント〉はそれ自体の享受が目的であるようなそういう関係を目指すものなのだ。たとえば、パソコン通信のチャットやフォーラムの書き込みは、何らかの情報伝達ではなく……メッセージのやりとりそれ自体を楽しんでいるものが多い。(*42)

若者たちの人間関係は、たんに希薄化したのではなく、複数の蛸壺《たこつぼ》の宇宙のなかで《繋がり》そのものを希求するものへと変移しつつある、というわけだ。その他、「意味から強度へ」といったキーワードをもって展開された宮台真司の若者論や、大平健の「やさしさ」論、オタク文化の変容に即して物語的奥行きを欠いた「動物化」の時代の到来を語る東浩紀の仕事なども、浅野がみた事態を異なる角度から観察し、別様の表現を与えたものといえるだろう。

《繋がり》の王国は、けっして2ちゃんねるに常駐する一部の「困った」人たちだけのものではない。2ちゃんねるを毛嫌いする若者は少なくないが、かれらもまた2ちゃんねると同型の社会性を生きているかもしれないのだ。電車に居合わせたオヤジの風貌や教師の「寒い」ギャグをメールで友人に実況する若者は、世界を《繋がり》のためにネタにしている点において、テレビ番組を肴《さかな》にパソコンに向かう2ちゃんねらーたちと変わるところはない。2ちゃんねるとは、内容を付随化する形式主義（フォルマリズム）、《繋がり》を求める同時代的リアルの象徴＝徴候なのである。

アイロニズムの極北でロマン主義が登場する

《繋がり》を自己創成する空間のなかで、マスメディア（の建前と実態のズレ）が《繋がり》のためのネタとして援用される……。こうした事態はそれ自体としては、別段眉をひそめるべきものではない。絓秀実などがいうように、2ちゃんねる的なアイロニー精神は、護送船団化したマスコミや知識人コミュニティに対する批判的契機ともなりうるのだから。(＊43) しかし、問題なのは、現在の2ちゃんねるにおいては、《繋がり》指向がアイロニズムを浸食してしまっており、その結果、屈曲した政治的ロマン主義（「感動」「共鳴」への指向）が場を覆い尽くしているように思われるということだ。

先にアイロニズムとは、情報（内容）／伝達（形式）の差異の観察を前景化した一種の形式主義であると述べた。これはパロディや風刺、文体の改変による批判をなすうえで欠かすことのできない態度ではあるが、「内容」「理念」を付随化するその形式主義ゆえに、アイロニカルにみること自体が自己目的化されてしまうということに注意しなくてはならない。このことは、浅田彰が俵万智ブームにさいして指摘していたことである。

はじめはマスコミの建前（形式）／実態（内容）のズレに照準した批判であったものが、やがてアイロニー的コミュニケーションの継続を目的化するようになり、形式／内容の差異を無理やりにでも読み込もうとする陰謀論的態度に帰着してしまう――これが2ちゃんねるに跋扈《ばっこ》する「ウヨ厨《ちゅう》（むやみに右翼的な書き込みをする「厨房《ちゅうぼう》＝中学生の坊主のようにガキっぽい書き込みをする人びと」）」たちの姿である。純化された形式主義者たるかれらにとって、『朝日』が「何を」書いているか・意図しているかはじつはそれほど重要なことではない。もし仮に『朝日』が「らしくない」ことを書いていれば、「それも

『朝日』の狙い」「『朝日』必死だな」といった具合に、陰謀論的に処理してしまえばよい。いかなる内容を持った記事であっても、それが『朝日』に掲載されている限り、いわば文法的に『朝日』を嗤うコミュニケーションのネタとして機能してしまうのだ。

上野陽子は、「新しい歴史教科書をつくる会」地方支部の参加者たちの反朝日の雰囲気について「『朝日』を批判すれば、隣に座っている年齢も社会的立場も異なる人とも、とりあえず話のキッカケがつかめる、そんな風に感じ取れた」と述べているが[*44]、同じことは2ちゃんねるについてもいえる。嗤いは、もはや批判的アイロニーとしての機能を喪失し、内輪空間の《繋がり》のためのコミュニケーションツールとなっているのである。

また、こうしたアイロニーの自律化は、同時に屈折したロマン主義を生み出していることにも注意しよう。しばしば2ちゃんねるの反マスコミ主義を、建前を振りかざすマスコミに対する「本音」の発露と捉える議論をみかけるが、そう決めつけるのは少々早計である。

《2ちゃんねる＝本音を語る／マスコミ＝建前に自足》という対立図式は、むしろマスコミにおける建前／実態のズレを嗤うための当事者カテゴリーを反復したものにすぎない。実際は、「嫌韓（アンチ韓国）」「反サヨ（アンチ左翼）」といった「本音」なるものも、内輪コミュニケーションのなかで本音として構築された記号的対象と考えるべきである（その記号的融通性ゆえにいっそう手に負えないともいえるのだが）。偽悪を装う2ちゃんねらーたちは、身も蓋もない本音を語るリアリストというよりは、「建前に隠された本音を語る」というロマン的な自己像を求めてやまないイデアリストであるように思われる（かれらはジャーナリスト以上にジャーナリズムの理念を信じているようにもみえる）。だからこそ、かれらは時に信じがたいほどの正義漢ぶりを発揮するし、アイロニーとは程遠い浪花《なにわ》節《ぶし》的な物語（『電車男』）に涙したりもするのだ。

二〇〇三年に起きた平和記念公園の折り鶴放火事件のあとに、2ちゃんねるを発信源として立ち上げられた一四万羽プロジェクトの合言葉は「政治的信条抜きに」「グダグダいわずに、とりあえず、折れ」であった。ナチズムとシニシズムの共犯性を剔出したペーター・スローターダイクが指摘するように、(*45) アイロニズムが極点まで純化されアイロニズム自身を摩滅させるとき、対極にあったはずのナイーブなまでのロマン主義が回帰する。賭金《かけきん》は、反左派的な本音などではなく──左派／右派の彼岸にある（とかれらが考える）──ロマン的対象なのである。

小林よしのりの軌跡──市民主義批判

こうした「アイロニズムの果てのロマン主義」の出現、ネタ的コミュニケーション（形式主義）の帰結としてのベタへの回帰という行程は、「嗤い」を「感動」へと転化させた九〇年代の純粋テレビのそれを踏襲するものであった。さらにいえば、「ポスト八〇年代」＝九〇年代の言説空間の成り行きをそのままなぞったものということができるだろう。（…）

（ここまで、第四章第2節一九七頁第八行─二一一頁第一〇行）

（…）

形式主義者たちのロマン主義

自己目的化することによって批判性を摩滅させたアイロニズムと、素朴といえばあまりに素朴なロマン主義。あるいは、嗤いのための嗤いと、嗤いを撥《は》ねのけたところに成立する心情倫理。その両者が微妙な共犯関係を築きながら2ちゃんねるのコミュニケーション空間（…）を成り立たせている。（…）それは、単純な「反動」「バックラッシュ」でもなければ、ゲンジツ主義的な「本音の発露」でもない。書き込まれている内容の左派的／右派的要素に照準している限り、形式主義者たちの政治的ロマン主義、形式に賭けられた実存主義を捕捉することはできないだろう。スローターダイクはいう。「動物性はキニクの徒、キニカル人の場合、自分をひとつのスタイルとして演出する作法であり、さらには論証の形式でもある。その核心は実存主義なのだ(*51)」。

（ここまで、第四章第2節二一五頁第一三行―二一六頁第八行）

八〇年代が涵養してきたアイロニズムの精神と、《繋がり》を前景化した九〇年代的（動物的?・）なコミュニケーション様式の狭間で、2ch（=2ちゃんねる、※編者補注）はいまなお揺らぎ続けている。その揺らぎを正確に捕捉する言語を模索することから、嗤う日本のナショナリズム、いや嗤う日本のロマンティシズムに対する真の批判（クリティーク）が始まるのではなかろうか。

（ここまで、『世界』二〇〇三年一一月号、一二四頁三段目第一〇行―一八行）

【注】

序章

＊1　この編集こそが決定的とする意見もある。たとえば、高橋源一郎は次のようにいう。「『電車男』は、正確には、3月14日から5月17日にかけての「物語」だ。しかし、この本は、掲示板に掲載された最後の日をそしらぬ顔で削除し、

その前日までで完結させている。なぜなら、ネット上の「電車男」は「大団円」の後になっても登場し、「エルメス」との性交寸前の行為を書き込む。……不可解なミステリーになるはずの「5月17日」を消し去ることで、この作品は、見事に「純愛」の顔つきをすることに成功している」(『朝日新聞』2004年11月28日)。本に関しては、その通りだと思う。だが、比較的早い時期から、『電車男』の美談暴きは2ちゃんねる周辺では常態化しており、「やっぱりヤラセじゃん」「そんなことは分かって楽しんでるんだよ」という様々な立場から「読者」は電車男という出来事に対していた、ということは強調しておきたい。「カラクリ暴き」への欲望とアイロニカルな感動指向が混在するコミュニケーションの磁場から『電車男』は誕生したのである。その意味で、「電車男の時刻表」(http://subway.seesaa.net)のような検証サイトと、編集を経た書籍としての『電車男』は、出来事としての『電車男』から生まれた双生児のようなものではないかと私は考えている。

第四章

＊38　大月隆寛・西村博之「ネット界の暴力デブ太郎とひろゆきが語る「2ちゃんねる」の功罪」『正論』二〇〇三年六月号三二一頁

＊39　2ちゃんねるにおける「祭り」のあり方について、zenhitei は次のように語っている。「彼ら［引用者注：2ちゃんねらー］は「祭り」の状態において意識的に「煽動されて」いる。より正確に述べれば、煽動された方が楽しいので、そういうことにしているのだ。彼ら自身としては本当のバカではなく、あくまで「乗せられたバカ」を演じることで楽しんでいる」。ハッカージャパン編集部編『2ちゃんねる中毒』白夜書房、二〇〇二年、七四 - 六頁

＊40　柴内康文「私論と輿論の変換装置」佐藤卓巳編『戦後世論のメディア社会学』柏書房、二〇〇三年

＊41　この《繋がり》の王国においては、匿名性は、逆説的に「この私」への過剰な欲望、他者からの承認を切望する心性を生み出すこととなる。大塚英志は次のようにいう。「「私」という近代的な自我にまとわりつく自尊心やプライドが、ネット上ではむしろ肥大している、あるいはむき出しになっている印象があります。今の段階ではネットにおいて無償で汎用《はんよう》性のあるソフトや、違法でも字幕のスーパーをすぐ翻訳した人間がリスペクトされるわけです。それがハン

ドルネームだとしても、「私」がリスペクトされることによって自分の行動を根拠づけることは、極めて近代的で古典的な「私」の自尊心からなる、「私」を誰かに承認してほしいという欲求があります」。大塚英志『物語消滅論』角川書店、二〇〇四年、一五五頁

＊42　浅野智彦「親密性の新しい形へ」富田英典・藤村正之編『みんなぼっちの世界』恒星社厚生閣、一九九九年、五一頁

＊43　絓秀美『JUNKの逆襲』作品社、二〇〇三年、三一二‐三頁

＊44　小熊英二・上野陽子『〈癒し〉のナショナリズム』慶応義塾大学出版会、二〇〇三年、一三八頁

＊45　ペーター・スローターダイク『シニカル理性批判』高田珠樹訳、ミネルヴァ書房、一九九六年

＊51　スローターダイク前掲書、一一八頁

第5章　参加型文化としてのアメリカオタク史

ローレンス・エング

日本の若いアニメファンやSFファンらが「オタク」という言葉を使い始めてから二〇年以上経つが、この用語の意味に関する論争がいまだに続いている。今日に至るまで、オタクという言葉は、様々な国において、様々な集団に対して用いられてきたため、その意味は断片化されてきた。もちろん、地域によっては「オタク」へのはっきりした意味付けも存在するが、国境を超えて歴史的にみると、その輪郭はさらにぼやけてくる。その言葉の多義性ゆえ、オタクとは、束縛されたり、不用意にカテゴライズされることを拒む人々で構成される、独特なサブカルチャーであるというイメージで語られている。

このように、「オタクダム（otakudom）＝オタクコミュニティ・オタク性」という繊細な話題において、オタクたちがメタ的に自己を認識するためには、オタク文化が格好の議論の対象となる。「オタクダム」とは、ファンが構成するコミュニティを指す「ファンダム（fandom）」という言葉をもじったものである。オタクたちも、日常的に自らのサブカルチャーについて熱く論じているが、このような議論をひもといていくことは、筆者にとっても自分自身のオタク研究の基盤を形成する上で非常に重要であった。

この章では、いかに米国に「オタク」という概念が輸入されてきたかを概観しながら、九〇年代から現在にまで至る、その変遷を詳述する。そして、歴史的な変遷を概観しながら、研究者とオタク双方にとって有意味な研究対象としてのオタクサブカルチャーを定義するべく、「オタク倫理（otaku ethic）」という概念を提唱する。まずは筆者自身のオタク的特性について記述し、その後オタクという言葉がアメリカに輸入され変化してきた経緯を示す。その上で、アメリカ系オタク文化に特有なオタク倫理がどのように発展してきたのかを分析する。

正真正銘の Aca/Otaku（アカ／オタク）

ファン活動の意味に関して、学術的に焦点をあてたヘンリー・ジェンキンス（Jenkins 2006）が「aca/fan（アカファン）」と自称するのであれば、筆者は「aca/otaku（アカ／オタク）」なのかもしれない（aca/otaku とは、アカデミー（学術）とオタクの融合を指す）。ジェンキンスは、自らのファンとしてのアイデンティティを正当化するためにファン研究に着手した。一方、筆者がオタクに興味を持ったのは、それが自分自身のマスメディア観、ポップカルチャー観を揺るがすものだったからであり、またインターネット初心者だった大学一年時の私を、情報の渦へと開いてくれたものこそがオタク文化だったからである。

ジェンキンスの議論との重要な違いは、筆者は学術的なアイデンティティが形成される以前から、オタクとしてのアイデンティティを有していたという点にある。筆者はもともと科学者・研究者を志して大学と大学院に入学したのであり、アニメオタクとしての実践は、単なる趣味や気晴らし程度のものだった。しかし、筆者の知的関心の方向が科学技術社会学（Science and Technology Studies）へと移行してから、（アニメや日本とは関係なく）オタクの重要性を再認識することになり、院生時代にはオタクを理解することが研究のあらゆる面を占めるようになった。

本章の主要なトピックは、アメリカにおけるアニメオタク文化に焦点をあてた博士論文（二〇〇六年提出）に基づいている。博士論文では、自分自身のアニメファンとしての経験の記述にかなりの紙幅を割いた。ただし調査者として、対象との適度な距離を保つべく、ファンダムからは一歩引いて調査を実施した。このため、私はオタク文化にそれまでとは異なる形で参与するチャンスを得ることになった。オタク文化への熱意だけではなく、文化人類学者としての視点で、これまで自分が注視することのなかったファンダムの細部まで観察することができた。筆者は、オタクからアカデミックな領域に移行し、そして再度オタクになったと言える。このような経緯ゆえに、自分が「アカ（aca＝学術）」と「オタク」のどちらに傾倒しているのかを考えるようになったのである

筆者は一九八〇年頃からのアニメオタクであり、『ロボテック（Robotech）』(＊1)はじめ、米国のテレビが放映したアニメを見て育った世代である。そして一九九四年、コーネル大学一年生の「コーネル大学日本アニメーション・サークル学会（the Cornell Japanese Animation Society）」へ入会したのを機に、正式にアニメファンダムのメンバーとなった。筆者は複数の大学のアニメサークルを掛け持ちして、アニメ関係のオンラインコミュニティで積極的に活動してきた。また様々なアニメコンベンションに(＊2)参加し、そのうちのいくつかではパネリストも務め、さらに、アニメ関連のウェブページやブログのプロデュース

を手がけたり、アニメ関係のコレクションのために何千ドルも費やしたりしてきた。研究のために、アメリカのオタクにインタビューを実施したり、資料を集めたり、コンベンションやイベントなどに参加もしている。現在もなお、筆者はオンラインでの執筆活動や出版を続けており、ファン仲間と、オタク文化について話し合うためにいくつかのコンベンションに毎年参加するようにしている。

オタク・イン・アメリカ

七〇年代には、ごく小さなグループにすぎなかった米国のファンダムは、現在では巨大で多様なサブカルチャーへと発展してきた。本書第8章では、アニメが米国に紹介されてきた歴史を、オタク文化の発展と並行して説明しているので、そちらも合わせて参照してほしい。この数十年間でファンダムは拡大かつ多様化してきたが、黎明期に形成された文化の枠組みや、社会的実践の影響は現在でも残っている。特にオタク文化が明確にサブカルチャーとして台頭してきた八〇年代半ばから九〇年代後半にかけては、アニメファンダムの輪郭も明確化してきた時期であったといってよい。その最盛期にあたる九〇年代半ばは、米国のファンダムにとっては、それ以前とそれ以降の世代のアニメファンをつないでいく極めて重要な時期であった。筆者は、その時期にアニメファンとして活躍を始めたので、その頃の時代の雰囲気を強く内面化している。

こうした実践において、あるいは自分たちが何者かということを考える場合においても、常に「オタク」という用語が中心となってきたが、筆者らはその言葉が何を意味しているかをきちんと理解せぬまま、自分自身や自分たちの文化について描写してきたとも言える。

何年もの間、自分とファン仲間を把握するオタクという概念を分析し、米国のアニメないしアニメフアンダムの発展とつなげようとしてきた。筆者らの世代のファンにとって「オタクである」ということは、自分たちの望むアニメを、商業的な動機や流通とは別に、独自に米国に取り入れることだ。このことは、筆者らの個性、ＤＩＹ（自分たちでやること）の姿勢、コミュニティにおける善悪の基準となる哲学や倫理規範、または何が「ベストプラクティス」（最良の実践的な行為）であるか、といった事柄と関係している。当時はまだ、作者らが取り扱っていたアニメは、レアでありながらもそれらのコンテンツを中心にコミュニティを作れるほどの数ではあった。そして、それぞれのファンがそのコミュニティ内で、有意義な役割を見出すことができた時代であった。

黎明期から最盛期を経た後の数年間、「オタク」という言葉は人口に膾炙し、日本国内のマスメディアからも注目されるようになった。「オタク」という言葉は、マスメディアやポップカルチャーのファンを含むサブカルチャーのラベルとして（多様な形で、ときには矛盾した形で）広く使われているが、とりわけ米国の英語を解するファンの間でみられる、オタク文化に関する対立的な意味解釈については後でみていくこととしたい。ここでは、オタクという言葉がいかに英語圏に輸入され、後に米国人のファン、またファン以外の人々にも広まってきたかを検討しよう。

米国のファンがオタクという言葉に影響を受け始めたのは一九八八年のことである。この年、日本の人気アニメスタジオＧＡＩＮＡＸによって、『トップをねらえ！（Aim for the Top! Gunbuster）』のＯＡＶ（Original Animation Video）[＊3]がプロデュースされた。ＧＡＩＮＡＸは、自主的にアニメコンテンツを制作しようと集まった若いハードコアなアニメファンで構成されており、のちに伝説として語られるほど、他のどのアニメスタジオよりも高いレベルのオタクスピリットを持ちあわせていたことから、オタクたちにはこよなく愛されていた。『トップをねらえ！』は、そのファンが「オタク」と語られるようになった最初期のアニメのひとつとして、特別な作品である。特に主人公の高谷典子が、そのアニメの知識、またSFの知識を友人の和美にからかわれ、「オタク」と呼ばれるシーンは重要である。『トップをねらえ!』は、日本語オリジナルの音声に英語の字幕がつけられてリリースされた、はじめてのアニメビデオとしても知られており、それゆえに米国では、「オタク＝ファン」という概念が米国ファンの間に生まれたのは、『トップをねらえ!』がリリースされた一九九〇年三月であるとも言われている。

オタクという用語が米国で拡大していった際には、『トップをねらえ!』以外の影響も勿論あった。ファン同士でのコミュニケーションはもとより、米国のメディアや評論家もこの言葉を使い始め、またオタクという語がアニメの作品中でも用いられるなど、これら複数の要因によってオタクという言葉が一般化していった。一番初期からのオタクという言葉の利用はファンダムの中心的なコミュニケーションフォーラムであったUsenet(＊4)でみられるため、Usenetの過去のアーカイブを見ていくと、アメリカにおけるオタクの歴史を辿ることができる。以下に、Usenetを中心に初期のオタクに関する書き込みの例をいくつかあげてみる。これらを見ると、米国のアニメファンダムにオタクが紹介された時から既に、オタクという言葉に対する強い感情的な反応や論争が生じていたことが浮き彫りになる。

Usenet上に、英語で「otaku」という言葉が登場したのは一九九〇年一〇月一〇日、rec. games. videoというニュースグループにおいてであった。この投稿のタイトルは「あなたに適したポータブルゲーム機は?(長文)[Which portable is best for you? (LONG)]」で、読者が自分に適したポータブルゲーム機が分かるようなアンケート形式の記事であった。ちなみにこれは、日本のゲーム雑誌『ファミコン通信』の記事を英訳したものである。この記事の中の[はい／いいえ]で答える質問の中に、次のような項目が含まれていた。

6．『オタク』って何となくいやらしく聞こえる。この言葉はキライ。［注：「オタク」とは、四六時中自室にひきこもってビデオゲームなどをしているような人を指す言葉である。］

英語で「オタク」という言葉が取り上げられる場合、日本語の文献を元にするのは驚きではないが、一方で、この設問に「いやらしさ」や「嫌悪」といった感情を喚起する語句が含まれていることによって、オタクに対する否定的な評価が垣間見えるのが興味深い。これは、一九八八年から一九八九年にかけての「宮崎勤幼女誘拐殺人事件」とその後の逮捕にまつわる悪いイメージとモラルパニックに関係しているものと考えられよう（Kinsella 2000）。

一九九〇年一二月七日、soc. culture. japan のニュースグループが、日本における「宮崎事件」を持ち出し、オタクについて言及した。具体的には「彼の犯罪を「オタク族」と呼ばれる日本の若者サブカルチャーのせいにしようとしているが、このサブカルチャーは日本発のもので、海外の影響は無い。」（Kitagawa 1990）というものであるが、これは、日本人のアメリカ文化の認識に関して議論する〝見知らぬ外国文化（Ignorance of Foreign Cultures）〟というスレッドに投稿されたほんの些細なコメントであり、この記事を引用したのは、NTTの研究所で働く日本人だと言われている。

ほぼ同時期（一九九〇年一二月）には、オタク研究において記念碑的な記事ともいえる、「「私は一人だけど寂しくない（I'm alone, but not lonely）」――情報メディアに群がる日本の若いオタク――遠い世界の性と犯罪の物語」がフォルカー・グラスムック（Volker Grassmuck）によって書かれている。この記事がいつどこのサイトに投稿されたのかを特定するのは難しいが、筆者がこれをウェブではじめて目にしたのは九〇年代中頃だった。グラスムックが書いた日本のオタクについての洞察や分析は、当時は英語圏のファンにそれほど大きな影響を与えなかったようで、この投稿についてUsenet上で議論されたのも一九九三年から二〇〇〇年の間でほんの数回であった。とはいえ、グラスムックによる優れたオタク文化の分析は、この件に関して執筆するジャーナリストや学者に後に大きなインパクトを与えた。

マキコ・コヴィントン（Makiko Covington）は、一九九一年五月一七日、sci. lang. japan のニュースグループに「ＷＯＴＤ――一九九一年五月一七日（二回目）」という記事を投稿し、そこでいくつかの日本語とその用法について記述している。その用語の一つが「オタク」であった。「オタクとは、趣味に深くのめり込んでいる人のことを指す。「競馬オタク」、「アニメオタク」などと使う。オタクたちは趣味にどっぷり浸かっていて友達がいないから、ほかの人と話す時、（見知らぬ人と話すように）お行儀良く、「きみは…」などとは呼ばずに、「おたくは…」と呼ぶ。オタクは全体的に「オタク族」と呼ばれている」（Covington 1991）。この記事では、オタクが趣味に深くのめり込んでいるがゆえに社会的に孤立しているということを強調しているわけだが、こうした議論はこの後何度も繰り返されるようになっていく。

米国アニメファンがオタクという言葉に触れる一番重要な影響はＧＡＩＮＡＸの（二話構成の）ＯＡＶアニメ、『オタクのビデオ（Otaku no Video）』（1991）であった。『オタクのビデオ』は、ＧＡＩＮＡＸの自叙伝的な面も含んだアニメで、中には実写ドキュメンタリーで面白おかしく日本の様々なオタクのタイプが自虐的に描かれている部分もある。ＧＡＩＮＡＸの創業者のひとりである武田康廣は『のーてんき通信』で、「（『オタクのビデオ』の）ＯＡＶは、米国でオタクバイブルとなっている」（武田 2002:175）と述べている。

『オタクのビデオ』が米国で公開されたのは一九九一年九月一日、アニメ・コン'91[＊5]（AnimeCon）であり、GAINAXはこのコンベンションの大口スポンサーでもあった。rec. arts. anime のノエル・ガンボア（Noel Gamboa）の投稿によれば、『オタクのビデオ』は、16mmのフィルムで、その時の観客は九人だったとのことである（ちなみに、米国リリース前に『オタクのビデオ』のファンサブ[＊6]を行ったのは、彼を中心とする、「オペレーションX」という名のグループであった）。

さらに、rec. arts. anime でデーヴィッド・モウ（David Mou）が、一九九一年一〇月四日に『オタクのビデオ』の第一話をMikado（サンフランシスコの日本人街にあるMikado Laserという店舗だと推測される）で購入したと述べているが、この投稿に対するレスポンスとして、（ベテランのアニメファンとして、オンラインのアニメコミュニティで有名だった）土井仁志が、『オタクのビデオ』で描かれるオタクの姿に対する不満を述べている。それに対して（rec. arts. anime におけるもう一人の著名人だった）エンリケ・コンティ（Enrique Conty）は、アニメファンは「ファンであることにプライドを持つべき」だと投稿している（Conty and Doi 1991）。その後、米国において『オタクのビデオ』は一九九三年にAnimeigoから正式にリリースされたが、瞬時にアニメファンの間に受け入れられ、今でも「古典」として、オタク文化に興味のある人たちにとっての重要な入門書となっている。

その後、一九九四年四月になると、『Bad Subjects』誌にアナリー・ネウィッツ（Annalee Newitz）がオタクについて書いた、論争を巻き起こす記事が掲載される。「アニメ・オタク——日本国外の日本アニメファン」と題された、アニメとファンダムの精神分析、ポストコロニアル分析からなるその記事（Newitz 1994）は、自己満足的でオーバーな内容であるとウェブ上のファンから広く批判されることとなった。この記事は、ファンダムの外側にいる記者によって書かれたものであり、ファンたちがそれに強く否定的な反応を示したことは注目すべきであろう。

同年九月には、『Fortune』誌が日本におけるインターネット利用に関する記事の中で、オタクについて以下のように言及した。「IIJ利用者の大半は企業ユーザーであり、日本のメール利用の60%はIIJ経由で、そのほとんどのメールが日本語でやりとりされている。さらに企業以外では日本版のサイバーパンクであるオタクが利用していて、ハイテクなコンピューターアニメーションと最新のコミックから影響を受けている。オタクたちはインターネットの世界にログオンし、知識を得ている」(Terry 1994)。この記事にみられるように、オタクはテクノロジー、特にインターネットに造詣の深いエッジの効いたサブカルチャーとして描かれるようになっていく。SF作家のウイリアム・ギブソン(William Gibson)もオタクに惹かれ、『Idoru』(1997)や『Pattern Recognition』(2003)などの小説の中にオタクのキャラクターを登場させている。彼はオタクを「極端に、何かに執着する、情報時代のこだわり屋で、モノよりもデータを集めることを重視する人たち」(Gibson 2001)と解説している。(＊7)

このように、英語圏における初期のオタクに関する議論では、日本人全般が持っているネガティブなステレオタイプによる説明がなされているものもあれば、ファンの間でのポジティブな評価に基づいて描かれているものもある。「オタク」という言葉が米国に輸入された際に、日本国内におけるオタクを取り巻く負のイメージが全て払拭されたわけではないし、そうした定義は、ファンのみならず研究者がオタクを記述する際にも参照されてきた。その中には、負の側面を強調し、「宮﨑事件」を引きずったモラルパニック的なものもあったのは事実である。

当時においても、オタク文化に社会的な可能性を見出していた日本人研究者も存在はしたが、米国におけるオタクの自己イメージに多大な影響を与えたのは、『オタクのビデオ』に描かれていた「プロになったオタク」たちであった。このアニメではオタクが自嘲的に描かれているのは間違いないが、様々な誤解や困難にもかかわらず、期待される以上に理想主義的な勝利者として成功したオタクの姿も素描されているのである。そこから、『オタクのビデオ』の主人公と同じ価値観を持った米国のアニメファンたちは、この作品に共感を覚えていった。また、この頃になると、サブカルチャーの外側にいる人々も「オタク」という言葉を用いるようになってきたが、オタクという言葉が常時ファンたちのアイデンティティを示すことばとして使われていながら、コミュニティ内のメンバーどうしでも意味の食い違いが問題となることはあった。

米国におけるオタク概念の進化

ファンダムの中においても、「オタク」の意味を一義的にとらえることは難しい。その定義が曖昧なために、いろいろな意味で用いられているのが実情である。米国では、「オタク」という言葉が、特にプラスの意味でもマイナスの意味でもなく、単にアニメやマンガのファンを示すために使われる場合も多い。特定の作品やジャンル、好みのキャラクターのファンであることを示す言葉として用いられたりもするし、もちろん、日本のように蔑視の意味がこめられる場合もある。米国において、侮蔑の意味をこめて「オタク」と呼ぶ場合、その意味は日本でのステレオタイプに近いものである。すなわち、社会的な欠陥を持った不健康な執着を示す、子どもっぽくて不衛生な人々といったイメージで語られるオタクである。ただし、「社会的な欠陥」という言葉の含意は、日本と米国とでは若干異なっている。日本のオタクは、救いようがないほどの内向的な人で、現実逃避し、人には言えない趣味にひっそりと没入する人物として描かれているが、米国のオタクは、声が大きくうるさくて、自分の興味関心や「フェチ」に関して押し付けがましく、しかも図々しく他人の領域に入り込んでくる人物として描かれやすい。これが米国における「オタク」のステレオタイプであり、およそ「最低なファン」というような意味で使われる言葉である。

筆者も、米国のファンコンベンションにおいて、アニメファンに関する研究発表をする場合は、オタクは日本でも米国でも多義的であると述べることにしている。明確に「日本のオタク（の意味）」と「米国のオタク（の意味）」とを十把一絡げに概念化することはできないと言えよう。すなわち、オタクという概念はグローバルなものとなりつつあり、いわば、マニュエル・カステル（Castells 1996）のいう「フローの空間（space of flows）」のような文化的な結節点上にまさに位置づけられるものと言えるだろう。もっとも、こうした形でオタクという存在の概念化をしていなくても、米国のオタクたちは、半ば無意識的にポストモダンで、ポストナショナルであるがゆえに、この多義的な解釈については、すぐに理解できるようである。筆者はよく、講演会場などで「オタク」という言葉に対してどのようなイメージを持っているのかを聞くようにしているのだが、その返答は時代によって変化してきており、そこからは米国でもオタク文化がメインストリームになりつつあることと、オタクという言葉の持つ微妙な意味合いや表象的・政治的な側面が理解されるようになってきていることがうかがえる。

その後、オタク文化は多様な形で浸透し、米国でもなじみの深いものとなってきた。九〇年代半ばからファンの企画によってはじまったコンベンションである「オタコン」は、『オタクのビデオ』に続いて、オタク世代のためのコンベンション（Convention of Otaku Generation）」というスローガンを掲げていた。最初の数年間の参加人数は数百人程度だったが、二〇〇八年になると、東海岸最大のアニメコンベンションになり、参加者は二万五〇〇〇人に膨れ上がった。その規模は、ボルチモアコンベンションセンターのスペースをほぼ全て使用するほどであり、州内外からアニメファンが集い、友達づくり、さまざまな学び、そして消費のための祝典の場と化したのである。一方で、西海岸の「アニメエキスポ（Anime Expo）」は、二〇〇八年には四万人以上が参加した米国最大のアニメファンの集まりであり、州知事のアーノルド・シュワルツネッガーによる（カリフォルニア州外からの参加者を歓迎する）手紙がパンフレットに掲載されるほどの歓迎ぶりであった。

アートやファッション界においても、ポップアーティストの村上隆が、オタク的な美学を国際的に紹介し衝撃を与えた。「スーパーフラット」の運動や、「ドブ（DOB）」のキャラクターやルイヴィトンのハンドバッグは、米国のアニメファンの興味範囲外ではあったが、村上の「カイカイキキスタジオ」は、アニメやマンガ文化に対し真摯に批判的な関心を持ち続けており、（それが望んでいたことかどうかは分からないが）今日では普通のアニメファンたちの興味関心が「市民権」を得ることへと繋がっていった。例えば村上の「Miss ko」フィギュア（等身大アニメフィギュア）は、ニューヨークのクリスティーズのオークション会場において五〇万ドルもの値がついたことがある。まさに、オタク的なキャラクターフィギュアに対する見方も変わってきたといえるだろう。

さらには、ポップジャパントラベル（Pop Japan Travel）やインターミクシィ（Intermixi）などのツアー会社も登場し、日本を訪れた米国のオタクたちのニーズを満たすようになっていった。これらの企業は、日本のツアー業界と連携して、米国のオタクたちに大人気の秋葉原や、アニメ／マンガ関係の博物館や美術館、アニメスタジオなどを訪問するオタク関連のツアーを提供している。

米国のアニメファンは、一般書店においてさえも、「オタク」が文化的な概念の一つとして扱われ始めていることを知っている。アニメやマンガ関係の商品を販売しており、オタク向けに商品を宣伝してもいるので、マンガの書棚付近に若いファンが座り込んで読み耽る光景も多くみられる。アニメ、マンガ、ビデオ、あるいはゲーム、特撮番組といった、その他米国のオタクたちが興味を持ちそうなトピックを扱った、隔月刊の『Otaku USA』誌は、国内の大手書店でも販売されている。『Otaku USA』は、コンベンションブースやMySpace上において、「(オタクは)病気じゃない……名誉だ」というスローガンを掲げており、それは、オタクに対する典型的なマイナスイメージを強調しつつも、名誉なものとして再構成しようとしているのである。

米国内においてアニメとマンガの普及が加速していることもあり、最近、アニメコンベンションにおいて話を聞く限りでは、「オタク」という言葉に対する抵抗感は和らいでいるようで、いまだにネガティブなイメージだけを持っているファンは少数のようである。もちろん、良い意味でも悪い意味でもなく、気軽にアニメ/マンガファンという意味で「オタク」という言葉を使っているファンもいるが、筆者の研究関心は、「オタク」という言葉が、自己のイメージとグループへの所属意識を示すために、「良い/悪い」を含めて、いかに戦略的に使われているのを明らかにすることにある。一部のファンは、オタクであることを誇りに思い、オタクどうしの仲間意識を持つが、オタクグループを避けるファンもいれば、「オタク」は悪影響を与える用語だとして避けるファンもいる。他にも、ネガティブな自己イメージを持つ人や、自身の活動をどこか恥じている人たちが、自らをオタクだと自己定義している場合もある。筆者は、そのような人に出会ったことはまだないが、インターネット上では、自己嫌悪、自己卑下の表現を目にすることがある。

「オタク」という言葉の意味は、米国のファンの自己イメージと密接な関係を持っているため、複雑な感情が立ち現れるのはある意味で当然のことといえよう。特に日本では、「オタク」という言葉はネガティブなニュアンスで語られるため、ファンダムに対して用いるのは相応《ふさわ》しくないと考えるファンたちもいる。オタクという言葉を嫌う人たちは、自分自身が「オタク」と呼ばれるのを避け、その言葉を、世間的に好まれない性質のファンに対してだけ使っているケースもある。このように「オタク」をサブカルチャーの片隅に押しやろうとするファンたちは、自分たちは一般社会の市井の人々となんら変わりがないのであり、それを強調することで、アニメとマンガのファンダムに対するネガティブなイメージを和らげようとしているのだと言えなくもない。一方先述したように、オタクという言葉をアニメファン全般を指す言葉として用いたり、名誉勲章のように用いている人たちもいるが、その人々にとって、オタクであることとは、何か他とは異なった有意味な良いことであり、少なくともそうした可能性を持っていることだと認識されているのだろう。

オタク倫理の探求

オタク文化を議論する際、よく「オタクであること」の善悪に関するトピックに出会う。オタクは悪くないと思っていても、反対にオタクのどこが良いかというのはなかなか話題にならない。ファンに対するマイナスイメージや、他のファンの居心地を悪くさせるファンは、アニメファンたちにとっても常に気にかかることである。しかし、反対にそのようなネガティブな行動をしないファンたちの活動の価値を理解することの方が重要だと筆者は考えている。オタクは孤立しがちな上、特化した興味範囲のコミュニティの中でのみ付き合うことが多いため、この比較は特に重要である。オタクはアウトサイダーとしての烙印を押されることを避けようとし、他者との同質性をアピールしようとする傾向にある。だが、興味深いのは、むしろ彼らと一般人との相違点である。

研究者として、また自己イメージの形成に、オタクという概念から強く影響を受けた一人として、筆者は（A）オタク実践の背後にある要因と、（B）社会におけるオタク文化の意味付けに関心を持つ。具体的には、科学技術社会学の研究者として、一般的に科学がどのように用いられているかに関する研究領域において、オタク研究がどのような影響を与えるかに着目している。また、科学技術社会学が、ファンダムの研究者によるオタクの重要性の理解のためにどのように学術的貢献ができるかに興味がある。特に日本の研究者は、日本のオタクの起源、意味、活動に関して、非常に優れた分析をすすめている。[*8] 一方で筆者は、国際的な観点からオタクを理解したいと考える。オタクとは日本人だけの特質ではないし、必ずしも日本の文化的なモノを消費する必要はない。オタク文化が最初に日本で認められた理由は、具体的な歴史的状況に起因しよう。日本のオタクにとってアニメやマンガが重要な商品になったのは、これらの状況に関係しているが、その状況は日本に固有のものではない。オタク自体についても同様のことが言えるだろう。筆者のサブカルチャー調査の根幹は、オタクやオタク研究者との国際的な対話にある。

さらに、オタク文化の最も優れたところとは、オタクではない人たちの日常生活に、科学技術とのかかわり方に関する特有の手だてを提供したことだと考えている。ハードコアなオタクであることは誰にでもできることではない。けれども、マスメディアからの情報の奔流、活発な消費に基づく社会を考えていく上で、オタクの倫理や行動規範の中に有意義な教訓やアイデアがあるかもしれない。オタク自身にとっても、持続的で進化する自分たちのサブカルチャーに対する（ポジティブな）意味付けは、オタク文化の発展に繋がると考えられる。したがって、ファンは私にとって重要な研究対象であり、そのため、私は学術的な集まりの他に、ファン向けのコンベンションや、他のイベントでよく講演をしている。

スティーブン・レヴィー（Levy 1984）が、ハッカーサブカルチャーを説く「ハッカー倫理（hacker ethic）」を提案したように、私はオタク哲学とオタク実践を説き、その価値を強調する「オタク倫理」を提案していきたい。

オタク倫理

オタク倫理とは、やや観念的なものではあるが、理想のオタク文化像のアイテムリストである。オタクは、多かれ少なかれ、筆者の提唱するスキーマにおいて説明される。筆者のこのオタク理論の規範は、具体的なオタク・ユートピアの提示である。またこれは、オタクの意味に関する、第三者的な視点からと同時に、オタクとしての筆者の実体験からの解説でもある（Eng 2002）。オタク倫理の理解は、筆者の米国におけるオタク文化のエスノグラフィにはまず必要とされることであり、それについては、他で既に論じている（Eng 2006）。これは、どこのインフォマント（情報提供者）から、何を学ぶ必要があるかを定義するための基礎的な仕事である。

以下に、オタク倫理を（小見出しとして）要約的に示していくが、実世界の人々は、様々な程度のオタク倫理を持っており、完璧な「ハードコア」なオタクと、オタク倫理のどこか一部に当てはまるような（ライトな）人たちの割合は変わりつつある。米国においてアニメやマンガが主流となるにつれ、ハードコアの割合は小さくなっていく可能性がある。ハードコアなオタクの描写は非常に面白いのだが、より有意義なのは、市井の人々にとってオタク文化が重要になりつつあることを示すことであろう。本章で論じるオタク倫理は、米国アニメファンダムの観察結果に基づき、具体的な文化的参照物（cultural references）と実践を通じて、その概念がいかにローカライズされてきたものかという観点からまとめられたものである。このオタク倫理の要素は、他の米国ファンダムや日本オタク文化にも通底するものがある。けれどもここで紹介するオタク倫理は、その両者による影響を反映した独自のものである。米国内のメディアのファンダムであれば、そのメディア消費はたやすいが、アニメファンダムでは（国を超えたアニメ消費をするための）熱意と、オタクの「ファンらしさ」が必要とされる。外国のメディア、または何らかの理由で入手が難しいメディアであることは、単に流行りのメディアとカルト的に接するというだけではなく、アクセスしにくいメディアとカルト的にかかわりあうことを意味するのである。他の米国ファンダムとの広範な比較をすることはできないが、本稿では、国をまたぎ、密に繋がるオタクダムの現象を記述することを目指す。

†情報は最も重要なものではあるが、その情報自体に固定化された価値があるのではない。情報の本質は、表立ったところにあるのではなく、その効用は、情報流動性からもたらされるものである

ハッカーや「サイバー自由主義者（cyberlibertarian）」は、「情報へのアクセスは自由である（またはそうあるべきである）」とするし、情報自体に貴賤はないとみなす。これは、オタクが持つ情報の概念とは異なる。オタクは、情報自体に固有の価値があるという考え方ではなく、その関係性に価値があるとし、その意味において、価値ある情報に強い関心を抱く。スサンタ・グナティラカ（Goonatilake 1991）の定義によると、あまりよく知られていない情報と、広く流布したものや容易に入手できる情報、この違いによって情報の価値は異なってくる。オタクにとっても、既知の情報や類似の情報、またはありきたりで予測可能な情報に対する価値は低い。当然、あまり知られていない知識やレアなものほど価値が高い。よって、誰でもアクセスできるような情報の価値は必然的に下がる。そのためオタクは情報をある程度専有し、誰とでも共有するわけではない。彼らが価値ある情報やモノを誰かと共有するのは、自分になにかしらの見返りがある時だけである。見返りの形としては、金銭的報酬、評価や評判の向上、または情報提供によって得られる（交換される）情報などがあげられる。この意味で、オタクにとっては、情報の「共有」よりも、情報を「交換」する方が一般的かもしれない。

オタクは、過去になかった価値の新たな創造に寄与するであろう情報に加えて、通常歯牙にもかけられないような、どうでもいい雑学にも着目する。アニメコンベンションでアニメ関連の知識を披露し合う競争で、雑学に執着するオタクが非常に目につく。オタクの会話では、一般にあまり知られていないことがらや、仲間内にしか分からない冗談などを言い合うことが多い。米国のファンは、この細部へのこだわりに魅力を感じているのかもしれない。アニメは、わかりやすい様相をいきいきと描いているとともに、かなり細かい情報も提供している。それは特に、物語の設定が細部までこだわり抜かれた作品、たとえば『機動戦士ガンダム（Mobile Suit Gundam）』などのようなアニメ作品のシリーズにみられる。情報収集欲求を満たすこと自体が娯楽である米国オタクは、ガンダムのような番組に惹かれる。そもそもがオタクらしさを持ち合わせた人々が制作した番組であるがゆえに、オタクの欲求も満たされるのである。

オタクは、一般の人たちがさして取り上げることのない、つまらない作品を持ってきては、それらの関連性を見出そうとする。またオタクは、クリエイター自身が全く予期していなかった点をピックアップして、そのメディアコンテンツの重要性について議論する。オタクではない人々も、テレビ番組の内容について友達や同僚と話すことはあるだろう。一方でオタクは、オンラインフォーラムで、もう放送されていない番組についても延々と分析を重ねる。加えてオタクは、オンライン上に情報サイトをつくり、クリエイター、声優、その他のスタッフなどをカタログ化し、データベース化する。さらには作品の要素を余すことなく解説し、シリーズ全作品やエピソード、または関連作品との関係性を見出して楽しむ。オタクにとってアニメ作品とは、この広いコンテクストの中で咀嚼するもので、使い捨てのエンターテイメントではないのである。一般的にオタクは情報に精通しており、表面的な広い情報だけではなく、狭い範囲のことを極めて詳細に知り尽くそうとする。ウェブ初期に現れたファンサイトのカテゴリである「anime shrines」がその一例である。ここでは、ファンやファン・グループがひとつのアニメ作品について深く分析し、できる限りの細かい情報を集める。本や雑誌などをスキャンした膨大なメディアも公開されている（スチール画像だけでなく、映像や音楽もある）。

ただしこれは、今日の米国においては一般的ではない。その理由は、動機にある。ウェブ初期の頃、米国で放映されるアニメは少なく、ファンは手当たり次第にアニメ作品を消費し、できるだけ多くの娯楽的価値を享受しようとしていた。それに比して昨今のオタクには、数多くのアニメ作品と、関連する娯楽の広い選択肢があるため、深さの探求はそれほど魅力的なことではない。狭い範囲で詳細に探求していくオタクと、広く浅くアニメ作品を消費するオタク、彼らがどちらのアプローチを選択するか、その意思決定について筆者はオタクのジレンマ（Eng 2006）と呼ぶ。また、比較的厳しいルールを基にアニメ共有を行っている米国アニメファンのファンサブ倫理（第9章参照）も情報哲学（otaku information philosophy）をあらわしている。

†専有（appropriation）という概念はは、マージナル（周辺的な）グループに適した、情報管理、アイデンティティの再構築および抵抗のための戦略としてとらえられている。しかしそれらは、「いやいやインサイダー」）としてのオタクにも適し

ている

　ディック・ヘブディジ（Hebdige 1979）も述べるように、オタクは伝統的なサブカルチャーに対する抵抗文化として理解することができる。特に、オタクはテクノロジーに精通した中流階級のサブカルチャーの事例としても興味深い。筆者が見るに、一般的にオタクは中流階級である。(*9)「成功したオタク」になるには、情報リソースにアクセスする必要があるので、そのためにはある程度の経済的基盤や収入がなくてはならないからだ。もちろん、オタクのように振る舞ったり、オタク的な思想を取り入れたりするには、すなわち「オタクになる」には中流階級でなければならないというわけではないため、当然労働者階級のオタクも存在する。だが、彼らがみな、オタクの生息する競争的な世界で、十分な時間と資金をもっているとは限らないのだ。もっとも、インターネット（とアクセスのしやすさの向上）によって、多くのメディアや情報がフリー、もしくは安価になってきているため、この状況は変わりつつある。サイバー自由主義者たちの共有文化ゆえ、「どこでもメディアコンテンツを入手できる社会（postscarcity society）」に生きるオタクは、その前の世代とはずいぶん違ってきているように見受けられる。

　マージナル（周辺的）な存在ではない、社会の中心に近いところにいる中流階級のオタクをみていくと、「社会から周辺に追いやられた人々による抵抗」といった、オタク以外のサブカルチャーの事例に見られる抵抗の形とは異なる姿が見えてくる。具体的には、排他性よりも、一体性に抵抗する「いやいや」インサイダーになっている人たちとしてオタクを定義した方がよいだろう。彼らの抵抗は、他のテクノロジーを拒否するのではなく、好むメディアを専有して楽しむ活動に基づいている点が重要である。

　オタク文化は、自由な情報共有の文化でもなければ、一般的なマーケットやルートにおいてのみ消費する文化でもない。オタクは正当な商品情報や流通源に頼っておらず、独自の情報と交換ネットワークを作っており、「定価」とは別に商品を価値づける。例えば、大手のショッピング・モール（オタクが求めているレアアイテムがそこにある可能性はあまりないが）で何かものを入手するよりも、専門店、インターネットオークション、アニメコンベンション（「ディーラーズルーム」と呼ばれる即売会場がある）など、インフォーマルな場で購入する。同時にオタクは、広告のような従来のメディアから商品についての情報を得るのではなく、自身のソーシャル・ネットワークにおいて、信頼をよせる人々のクチコミから知識を得ている。

さらにオタクは、市販されている（メディア関連の）既製品に、自分の好みで手を加える。米国市場では、VCR、パソコンやインターネットによって、本来流通する予定の無かったアニメまでも流通することになった。オタクは一般の市場に出回っている商品を購入するのを避ける場合もあり、サブカルチャー内で独自の（二次的な）商品を制作し、それがコミュニティ内外において、他の制作物、金銭、場合によっては情報などとトレードされる。オタクは、原作ではありえない有名キャラクターの行動（よくあるのは、露骨な性表現など）を、同人誌のような二次創作として表現する。アニメコンテンツは、AMVに変換されたり、「ファンパロディ」にされたりする。したがって、オタクは商品を消費するターゲットとしての視聴者または購読者とはならない。米国人女性は、日本人の男性向けのアニメに夢中になり、同様に米国人男性は日本人の女性向けアニメのファンであることに「誇り」を持っている。アニメ文化を許可なく想定外の方向で解釈し、使用することで、（映像による性表現などのような）社会問題に対して、オタク特有の視点から眺めてきたのだと言えよう。[*10]

†ネットワークは、個人の（そして集団の）利のために用いる

本章でみてきたように、オタクは多様なネットワークを使いこなす存在である。これはオタクの根本的な要素だと筆者は考える。メディアの専有がオタクの「抵抗」のひとつのあり方であるとみなすなら、彼らのネットワークの専有もそのひとつであろう。他のサブカルチャーでも、あらゆる情報共有や社交（socializing）のためにネットワークが使われている。しかしオタクの場合は、結局のところ、希求する主な動機や目標、目的が情報そのもののにあるため、他のサブカルチャーとは異なると捉えた方がよい。情報ネットワークがなくても存在しうるサブカルチャーもあるだろうが、オタク文化においてそれはできない。このコンテクストでオタクを理解するためには、科学研究の視座を援用することが有益であった。それによって、オタクが技術だけでなく、科学の構造と手法（それらは彼らが学校経験から学んだかもしれない）を専有してきたということがクリアになるだろう。

オタクたちはフォーマルな科学組織を構成するメンバーではないが、科学文化における社会的実践を日常生活に取り入れ、インフォーマルな「情報経済」または「情報エコロジー」（Rosenberg 1997）の一参加者となっている。オタクは広く複雑な関係性で構成される社会ネットワークの中に生きており、それを可能にしているのはインターネットのようなコミュニケーションネットワークのインフラで、それはまたネットワーク化された科学文化にも通ずるものである。科学者同様、オタクもまたネットワークを介してコミュニケーションをとり、情報価値や地位を確立すべく複雑なレトリックを用いている（この点は、彼らが情報エリートであるというふうには捉えない古いハッカー倫理との違いである）。ブルーノ・ラトゥール（Latour 1987）は、科学者は「オーディエンス」や「同盟」を獲得するためのネットワークなくして成功できないと指摘している。それと同じく、オタクもまたネットワークに依存している。それがフォーマルなネットワークであれ、カジュアルなものであれ、強い紐帯であれ、弱い紐帯であれ、顔見知り、またはオンラインであれ、オタクでいるためにはネットワークの存在が極めて重要である。オタクのコミュニティ構造こそが、彼らのサブカルチャーの大規模な変革を可能にする。オタクの多様なネットワーク使用については第8章でさらに掘り下げて説明する。

オタク研究の拡張

本章では、オタクの規範や哲学、生産的活動、自己組織化、特に情報に対する考え方、消費の仕方とファンタジーの社会的重要性といったオタクにとって重要な部分の解明を試みた。今日のオタク文化の歴史と発展について考察する上で日本は非常に重要だと認知されている。しかし筆者は、オタク文化そのものが日本独自のものであるとは定義しない。疑いようもなく、「オタク」という言葉の起源は日本にある。アニメの起源もまた日本にあるのだが、その意味の形成にはアメリカのファンも加担してきた。ファンが意欲的にオタクという言葉について論じてきたことが、いかにこの文化的参照物（cultural referents）がトランスナショナルな（国を越えた）ものであるかを示していよう。オタク研究者である筆者らは、オタク文化の発生源を世界中から探し出す機会を持つ。どのように、そしてなぜオタク文化が生じたのかを明らかにすることによって、オタクに対する理解が深まり、異なる国どうしのオタクの類似点や、地域差や文化差によってもたらされるその場所ごとのニュアンスに関する理論を形成することができる。グローバルに捉えていくことを通して、オタクは文化にまとわりつく否定的な固定概念を超えて、社会病理の源泉としてのオタク像から、開放的で、癒しを伴う存在へと変貌するかもしれない。

オタク文化とそれを下支えするオタク倫理は、「メディア漬け（media-saturated）」で強くネットワーク化された、ウルトラモダン社会／ポストモダン社会において見いだされる状況と結びついている。日本のファン文化や日本のアニメは、世界中のさまざまな場所において、その土地特有のサブカルチャーの創造に寄与した。オタク倫理とは、メディア漬けのコンテクストに若者が身を投じる条件に関する先見的な反応であり、メディアに影響されたコンテクストに対する積極的な反応であるとも言える。そして今や、その範囲は拡大を続け、トランスナショナルなサブカルチャーを引き起こした。本章でみてきた、米国におけるオタク概念と倫理の拡張の事例は、類似の社会や文化の情勢を理解する上で重要な対象である。それとともに本章は、アメリカのオタクという極めて独特な事例を対象としながらも、似たような社会文化的状況の下で、国境を超えてサブカルチャーが誕生する理由を示した事例と言えるだろう。

【注】

＊1　一九八五年に米国で放映された、『超時空要塞マクロス』『超時空騎団サザンクロス』『機甲創世記モスピーダ』の三つを組み合わせたロボットアニメのこと。

＊2　日本の「コミックマーケット」のようなオタク向けの祭典で、convention と呼ばれている。

＊3　ＯＡＶとは、オリジナルアニメーションビデオ（original animation video）のことである。ＯＶＡと表記されることもある。ＯＡＶ、ＯＶＡともに、映画館で上映されずにビデオで販売される映像作品のことを指す。

＊4　Usenet は、www 以前からのインターネット上の会議システムである。

＊5　AnimeCon '91は、米国で開催された初の（本格的な）アニメコンベンションと言われている。

＊6　ファンサブとは、ファンによる英語字幕を付ける活動のこと。

＊7　日本で最初のインターネットサービスプロバイダ。

＊8　例えば、東（2001）や、森川編（2004）、岡田（1996）を参照。

＊9　オタクは、周辺的な存在であるともみられているが、典型的な中流階級の地位でもある。中流階級という特権的なク

ラスでありながら、意図的選択的に自己周縁化することこそオタクの特徴であるという考え方に筆者は立っている。

＊10 アメリカのアニメファンは、未成年の性的描写を含むアニメやマンガに対する倫理的、法的な点に関してこれまで数多くの議論を展開してきた。センシティブなトピックにもかかわらず、オタクの間での議論は、驚くほど多様であり、そのトピックの複雑さも認識されている。

【参考文献】

東浩紀〔2001〕“Superflat Japanese postmodernity,” hirokiazuma.com, (Retrieved April 28, 2009, http://www.hirokiazuma.com/en/texts/superflat_en1. html)'

Castells, Manuel, 1996, The rise of the network society. Vol.1 of The information age: Economy, society and culture, Malden, MA: Blackwell.

Christie's, 2003, “Lot 4/Sale 1232. Takashi Murakami (b. 1962) Miss ko2,” Christie's, (Retrieved January 5, 2011, http://www.christies.com/LotFinder/lot_details.aspx?intObjectID=410115).

Conty, Enrique, and Hitoshi Doi, 1991, “Otaku No Video/Mikado,” rec.arts.anime, (Retrieved April 28, 2009, http://groups.google.com/group/rec.arts.anime/browse_thread/thread/2f8ba581bf9e2da2?q=otaku).

Covington, Makiko, 1991, “WOTD - May 17, 1991 (the second one),” sci.lang.japan, (Retrieved April 28, 2009, http://groups.google.com/group/sci.lang.japan/msg/64e1619c8735b5e1?dmode=source).

Eng, Lawrence, 2002, “Otak-who? Technoculture, youth, consumption, and resistance. American representations of a Japanese youth subculture,” Lawmune's Netspace, (Retrieved April 28, 2009, http://www.cjas.org/~leng/otaku.pdf).

———, 2006, Otaku engagements: Subcultural appropriations of science and technology. PhD diss., Department of Science and Technology Studies, Rensselaer Polytechnic Institute, Troy, NY.

Gamboa, Noel, 1991, “AnimeCon '91,” rec.arts.anime, (Retrieved April 28, 2009, http://groups.google.com/group/rec.arts.anime/msg/171ea389c5eb2a5b?dmode=source).

Gibson, William, 2001, "Modern boys and mobile girls," Guardian.co.uk:The Observer, April 1, (Retrieved April 28, 2009, http://www.guardian.co.uk/books/2001/apr/01/sciencefictionfantasyandhorror.features).

Goonatilake, Susantha, 1991, The evolution of information: Lineages in gene, culture and artifact, London: Pinter.

Grassmuck, Volker, 1990, "'I'm alone, but not lonely': Japanese Otaku-kids colonize the realm of information and media: A tale of sex and crime from a faraway place." (Retrieved April 28, 2009, http://waste.informatik.hu-berlin.de/grassmuck/texts/otaku.e.html).

Hebdige, Dick, 1979, Subculture: The meaning of style, London: Routledge.

Jenkins, Henry, 2006, Fans, bloggers, and gamers, New York: New York University Press.

Kinsella, Sharon, 2000, Adult manga: Culture and power in contemporary Japanese society, Honolulu: University of Hawaii Press.

Kitagawa, Masahiro, 1990, "Re: Ignorance of foreign cultures," soc.culture.japan, (Retrieved April 28, 2009, http://groups.google.com/group/soc.culture.japan/msg/aee97126c799d1bf?dmode=source).

Latour, Bruno, 1987, Science in action, Cambridge, MA: Harvard University Press.

Leo, John, 1990, "Which portable is best for you? (LONG)," rec.games.video, (Retrieved April 28, 2009, http://groups.google.com/group/rec.games.video/msg/6c211477c3e4e1ed?dmode=source).

Levy, Steven, 1984, Hackers, New York: Penguin Books.

森川嘉一郎編〔2004〕『おたく：人格＝空間＝都市（ヴェネチア・ビエンナーレ第九回国際建築展――日本館　出展フィギュア付きカタログ）』幻冬舎。

Mou, David, 1991, "Otaku no video/Mikado," rec.arts.anime, (Retrieved April 28, 2009, http://groups.google.com/group/rec.arts.anime/msg/1229c8d67c560752?dmode=source).

Newitz, Annalee, 1994, "Anime otaku: Japanese animation fans outside Japan," Bad Subjects, (Retrieved April 28, 2009, http://bad.eserver.org/issues/1994/13/newitz.html).

岡田斗司夫〔1996〕〝国際おたく大学〟International OTAKU University, (Retrieved April 28, 2009, http://www.netcity.or.jp/

OTAKU/univ/aisatsu.html)˙
Patten, Fred, 2004, Watching anime, reading manga, Berkeley, CA: Stone Bridge Press.
Rosenberg, Charles, 1997, Toward an ecology of knowledge: On discipline, context, and history, In No other gods: On science and American social thought, 2nd ed., 225?239. Baltimore: Johns Hopkins University Press.
武田康廣〔2002〕『の－てんき通信』、ワニブックス。
Terry, Edith, 1994, "Japan logs on to the Internet," CNNMoney.com: Fortune, (Retrieved April 28, 2009, http://money.cnn.com/magazines/fortune/fortune_archive/1994/09/05/79729/index.htm).

第二部

空間

第6章　趣都の誕生　萌える都市アキハバラ

本稿は『趣都の誕生　萌える都市アキハバラ』（二〇〇三年二月刊行、増補版二〇〇八年一二月刊行、いずれも幻冬舎刊）から抜粋したものである。抜粋箇所は文中に明記し、略した箇所は（…）で示した。注番号、図番号が連続していないが、これは本文の一部を抜粋したためである。なお、初出時はマスメディア上でアキバブームが起こる前であったことに留意されたい。

森川嘉一郎

序章　萌える都市

学生を連れて日本へ研修旅行にやって来た欧米の大学の先生から、秋葉原電気街の案内役を頼まれるということが、ここ数年で何回かあった。都市計画やメディア論、文化研究《カルチュラルスタディーズ》など、学生たちの専攻分野はさまざまである。共通しているのは、彼らが電気製品を物色しに秋葉原へ行こうとしていたわけではないということである。

海外でも知る人には知られるようになっていながら、東京人であっても秋葉原へあまり行かないような人はまったく知らない。秋葉原が一九九〇年代の末からここ数年の間に、漫画同人誌やフィギュアを始めとするオタク趣味の中心地に変貌《へんぼう》し、都市風景までもが塗り替えられつつあるということを。すでにJR秋葉原駅の構内からアニメ絵の美少女がほほえむ漫画専門店の看板が並び、中央通りを歩けばポルノゲームの、これまたアニメ絵の美少女のポスターや等身大POPが何のはばかりもなくずらりと展開している(口絵省略)。

「なぜ幼い女の子を描いたアニメの絵が、ここにはこんなに多いの?」

そうした光景を目《ま》の当たりにした欧米の学生たちが、真っ先に発する質問である。最初に聞かれたときには、説明に窮した。秋葉原にはロリコン《ペドファイリア》の人が多いから、などと言おうものなら誤解が大きすぎるし、そもそもなぜ秋葉原にそうした絵を愛好する人たちが集中しているのかということの説明にもなっていない。この質問は、秋葉原で起こっている変化の本質に通ずる問いかけでもあるのだ。

(ここまで、序章一二頁一行―一三頁第五行)

秋葉原へ

(…)大企業資本の後ろ盾に乏しいオタク趣味が、九〇年代以降、いくつかの要因が絡んで、秋葉原の電気街に磁場を形成した。そして九七年から急速に、電気街から日本一のオタクの聖地へと、その街を変貌せしめたのである。巨大な資本を投入した組織的開発でも行われたかのように、昔からの電器店が次々とオタク趣味の専門店に取って代わられ、アニメやゲームのキャラクターが、街の風景にかつてない密度で現れ始めた。あたかも、そうしたポスターが壁を埋めるオタクの個室が、都市環境へとブローアップされたように。

趣味が、都市を変える力を持ち始めたのである。これは都市史において、前代未聞の現象である。本書はこの秋葉原の現象とその背景に、焦点をあわせるものである。第一章では、秋葉原へのオタクの集中とオタク街への変貌がどのように起こったのか、そのプロセスを紹介する。

（ここまで、序章二一頁第一六行―二二頁第九行）

第一章　オタク街化する秋葉原

〝♪あなたの近所の秋葉原　サトームセン(*1)〟
〝♪電器いろいろ秋葉原　オ・ノ・デン(*2)〟
〝♪電気のことなら石丸電気　石丸電機は秋葉原(*3)〟

八〇年代までは、秋葉原は家電が中心の街だった。そこに拠点を置く大型電気店のテレビコマーシャルが描くイメージそのままに、若い夫婦が生活水準の上昇気分にウキウキしながら、まだ可愛い盛りの子供たちを引き連れて、新しい冷蔵庫やビデオカメラを買いに行くような場所であった（図1）。高度経済成長期の、所得倍増計画が描いていた家庭像の蜃気楼が残存していたような、そんな街だったのである。

ところが八〇年代末頃から、その後のバブルの崩壊とともに台頭してくるコジマなどの郊外型の量販店に、秋葉原は家電市場を徐々に奪われていく。家電製品の価格帯が下がるに従って、わざわざ家族分の高い電車賃を出して秋葉原まで出向くよりも、近郊のロードサイドの量販店にクルマで買いに行くことを、東京近県のベッドタウンに住む人々は選びだしたのである。新しい家電製品を買うという行為が、

図1　石丸電気 TVCF より

電気街に足を運ばせるだけの高揚感をかつてほどもたらさなくなったことも、そこには絡んでいよう。

家族連れの街からオタクの街へ：人格偏在のプロセス

家電市場を奪われた秋葉原の電器店は、主力商品をパソコンに移していくことになる。九〇年に六階建てのビル全体をコンピュータ関連商品に充《あ》てた大型専門店、ラオックス・ザ・コンピュータ館（図2省略）がオープンしたことが、一つのターニングポイントとなった。以降、「DOS／V館」「MAC館」（図3省略）「モバイル館」など、他の大型店もこぞってチェーン店を専門分化させ、これにともなって秋葉原を訪れる客層も、家電を買いに来る家族連れから、若い男性のパソコンマニアへと、著しく偏ることになったのである。

もちろん秋葉原には、マニアックな客が以前からたくさんいた。電気工作のためのパーツを漁《あさ》りに通う人々は電気街の黎明期からいたし、七〇年代に大型ステレオがブームになったときにはオーディオマニアが急増したりした。しかし電気街としての秋葉原を支えていたのはあくまで戦後家庭生活の「三種の神器」と呼ばれたテレビ、冷蔵庫、洗濯機、それからクーラーなどのいわゆる白モノ家電であり、それらを買い求めに来るニューファミリーたちだったのである。言うなれば、現在なら郊外型の量販店をにぎわせているような普通の人たちが、秋葉原の主たる客層を成していた。それが九〇年代以降になって、パソコンへの主力商品のシフトとそれに続く専門店の展開（図4省略）にともない、専門的商品を求めるマニアたちが秋葉原の中心的客層になり、家族連れに取って代わったのである。

この客層の変化は、特殊な性格を帯びていた。それは単なる年齢層の狭まりや、男女構成比の変化だけではなかったからである。ウィンドウズ98どころか95が登場する以前、郊外型のロードサイドの量販店では、大型のところでもパソコンの売り場を設けるところなどほとんどなかった。そのような頃からパソコンをいじっていた人たちが秋葉原に残り、さらには遠方からも集中するようになったのである。パソコンをマニアックに好むような人たちという、人格的な偏りが、この変化を特徴づけていた。

そしてこの人格の偏りが、パソコンへのシフトにとどまらない、秋葉原のさらに大きな変化を引き起こすことになるのである。

立体化される趣味嗜好：ガレージキットという商品

プラモデルを趣味とする人にとっては周知のことだが、模型の商業形態の一つに「ガレージキット」というものがある（図5）。タミヤやハセガワといった大手模型メーカーのキットは、数千、数万とい

図５　ガレージキット
現在日本でつくられているものは、ロボット（左）とアニメ絵の美少女（右）をモチーフにしたものがその大半を占める

うオーダーで大量生産されることを前提としており、戦車や飛行機の中でも人気の高い機種しか製品化されない。ところが、マニアであればあるほど発売されていないようなマイナーな機種を愛好したりするもので、工作の腕が立つ人は実機の写真や図面をもとに自分でつくってしまう。そして彼らがそのオリジナルの模型を型取り複製し、自慢と小遣い稼ぎを兼ねて、同様にマニアックな同好の仲間たちに販売しだしたのがガレージキットの始まりであった。自宅の工房などで手工業的に生産される、というのがその名の由来である。もともとはミリタリー関係のものが多かった。

　もともとは、と書いたのは、八〇年代中頃から国内のガレージキットをめぐる状況が変化していったからである。博物館やイベント用の模型などをつくっていたいくつかの町工場的な会社がガレージキットに手を出し、プラモデル雑誌に広告を出して通信販売するという新手の商売を始めたのである。結果、相変わらずマニア向けの商品ではありつつも、ガレージキットは草の根的な存在から浮上して全国的な市場を形成するようになった。八〇年代末には、主要都市にショールームを兼ねたメーカー直営店や、専門店が現れるようになる。

　そうした町工場的メーカーは、もともと趣味でガレージキットをつくっていた前述のようなマニアや、プラモデル誌でアルバイトをしていたモデラーたちを「原型師」として雇い入れ、プロ化させていくようになる。同時に商品化するガレージキットのモチーフも需要が意識されるようになり、SFや特撮ものから、オタクの間で人気の高いアニメやゲームのキャラクターへと移り変わっていった。九〇年代に入る頃には、アニメの美少女や巨大ロボットのキャラクターをモチーフとしたものがその大半を占めるようになり、以降「ガレージキット」はそうしたオタク趣味の少量多品種生産型の模型の総称となった。

（…）

需要が意識されてキャラクターものが中心になったとはいえ、大手模型メーカーでは扱いにくいようなマイナーなサブキャラクターまでも局所的な人気や好みに合わせて模型化するという傾向は、ガレージキットに色濃く残っている。中でもある程度人気のあるキャラクターについては幾人もの原型師がそれぞれの解釈や趣向を打ち出して立体化しており、似てる・似てないといった次元にとどまらない、細やかな趣味嗜好への訴求がガレージキットという商品を特徴づけている（図6省略）。

このガレージキットの専門店が都市的に興味深い分布を見せるのは、一九九七年以降のことである。それまでガレージキットは、場所や街と特別な関係を持つということはなかった。大手のプラモデルメーカーの工場が静岡に集中していることに類するような、産地的な偏在もない。その専門店は、例えば首都圏では単純に吉祥寺、渋谷、横浜、新宿といった、若者に人気の街に点在する形をとっていた。ところがそのようにして点在していた専門店が、九七年から約三年という短期間に、ほとんど一挙に秋葉原に進出、あるいは移転したのである。それまで専門店などほぼ存在しなかった秋葉原が、その三年間でいきなり日本一のガレージキット店集中街区になったのである。

そしてガレージキット専門店の集中は、この三年間の秋葉原の変化の一部を構成するに過ぎない。同人誌、コスチュームプレイ用品、トレーディングカード、ドール、アニメキャラクターグッズなど、漫画・アニメ・ゲームに関わるさまざまな商品の専門店がそろって増加しており、その勢いは二〇〇〇年代に入ってからも続いている。いずれも、それまではむしろ渋谷や吉祥寺などに多く見受けられた種類の店である。

（…）

もちろんアニメやゲームと関わる要素は、以前から秋葉原に存在してはいた。ビデオデッキやレーザーディスクプレーヤー、パソコンやゲーム機を置く電器店の多くは、それらのソフトウエアも扱っており、アニメのビデオやゲームソフトも当然のごとくその一部を構成していた。ところが、業種も流通経路もまったく異なるガレージキットや同人漫画誌の専門店の進出は、これとは質的に違った性格を帯びている。既存の電器店が、関連商品に手を広げたというわけではないのである。渋谷や吉祥寺といったよりメジャーな街にすでに存在していた専門店が、九七年からの数年間で急激に秋葉原に進出し、オタク趣味の中心地、オタクの〝趣都《しゅと》〟とも言うべき一大中心地を突如形成したのである。極めて強力な力の介在を想像させるような、異常な変動である。

（ここまで、1章二六頁第一行―三四頁第一一行）

「パソコン発祥の地」を塗り替えるオタク系専門店

電気街からオタクの趣都へという、秋葉原の変化の前線になっているのが、ラジオ会館である（図7省略）。秋葉原駅電気街口を出てすぐのところに位置するこのビルは、家電からオーディオ、コンピュータ関連まで、秋葉原の中心的商品のさまざまな専門店が高密度に集合している。その立地と相まって、大げさな喩《たと》えになるが、マンハッタンにおけるロックフェラーセンターのような特別な象徴性をこのビルは帯びている。

その七階には、日本における「パーソナルコンピュータ発祥の地」を謳うプレートが掲げられている（図8省略）。実際そこはパソコンの前身となるボード型のマイコンキットの日本最初の販売店があった場所であり、ソフトバンクの孫正義やアスキーの西和彦といった、日本のパソコン産業を支えた人たちが一〇代の頃に通っていたサロンでもあった。ラジオ会館での地上げを発端に展開される今野敏のサスペンス小説『アキハバラ』（一九九九）でも、その特別な位置づけが強調されている。

（ここまで、1章三四頁第一二行―三六頁第三行）

（…）

このラジオ会館には、九八年にいたるまで漫画やガレージキットの専門店など一切入っていなかった。大まかに言うと一、二階は家電店中心、三、四階はオーディオ店中心（図の省略）、五階以上はパソコン店中心と、年代ごとの秋葉原の主力商品の移り変わりが地層のように積み重なったような構成になっていた。

ところが九八年三月以降、まさに大がかりな買収か地上げでも行われたかのように、ラジオ会館のフロア構成は急激に塗り替えられていくのである。

二〇〇〇年の末には、ラジオ会館のフロアで店舗として使われている部分の約半分が、新たに進出してきたオタク趣味の専門店で占められるようになっていた（図10）。約三年間のうちに起こった変化である。駅前の一等地に立つ電気街を代表するビルで、電器店が次々と店を畳み、そこへ漫画やガレージキットの店が入ってきたのである（図11は省略、図12）。二〇〇一年には、前述の「パーソナルコンピュータ発祥の地」となった記念碑的なＮＥＣのショールームが、ガレージキットメーカーの店に取って代

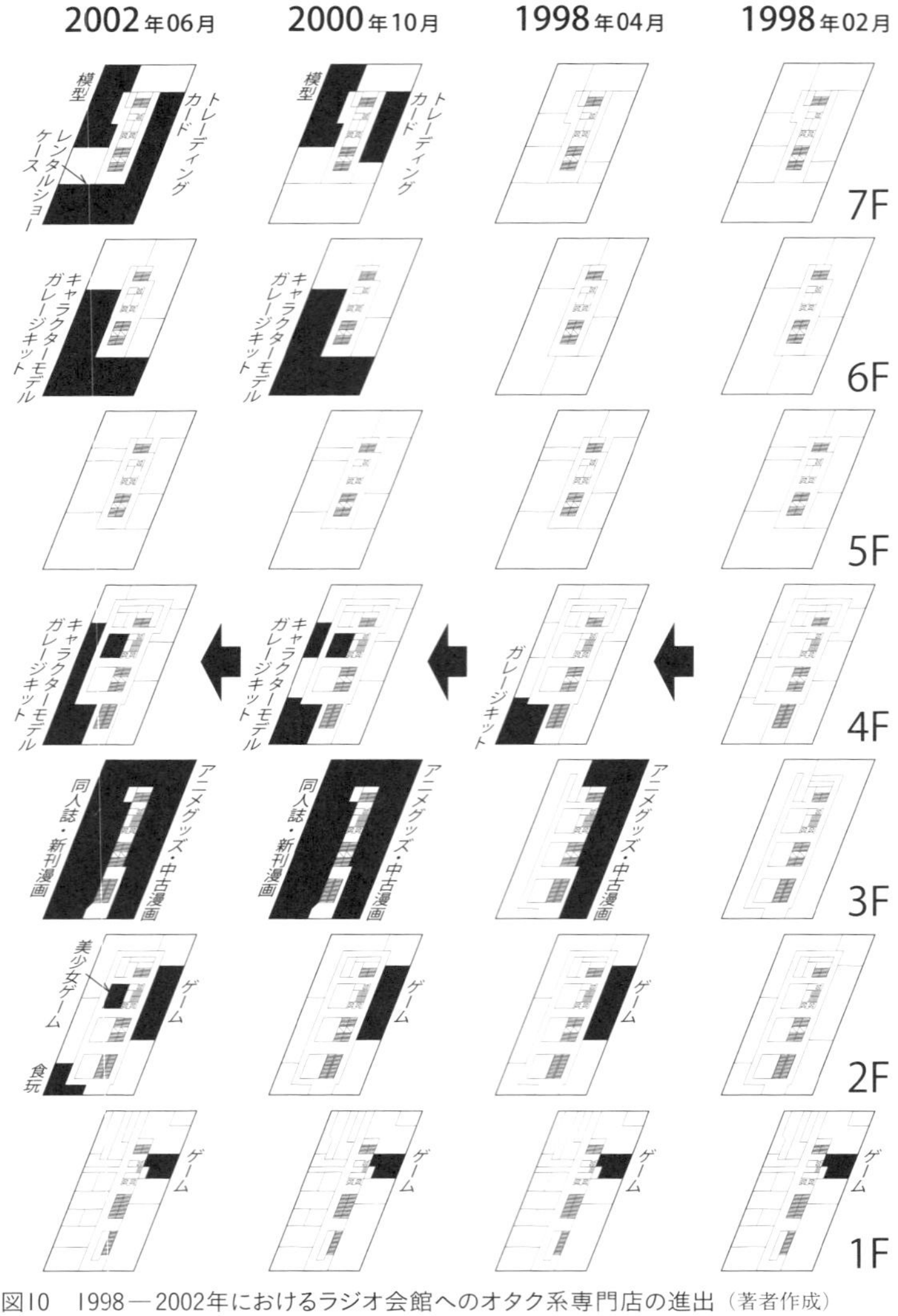

図10　1998―2002年におけるラジオ会館へのオタク系専門店の進出（著者作成）

わられた。かつてそこでパソコンを展示するのに使われていた什器《じゅうき》に、今はアニメのキャラクターの人形が並べられている。

　ここで確認しておかなければならないのは、ラジオ会館の管理者が、ある種の経営的意図でこの種のテナントを集めたのかどうかということである。つまり、オタクをターゲットに据えた戦略的開発の意思が、そこに介在していたかどうかということである。しかしそうした可能性を問うと、否定的な答えしか返ってこない。テナントや周辺の店に取材してみても、ラジオ会館の経営者は昔気質《かたぎ》なところがあり、会館が秋葉原のオタク化の中心としてみられるのを望んでいないはずだという話を聞く。近在の電器店に対する体面もあるのだという。実際そうした意図での会館への取材は困難なのではないかとの指摘通り、本書のもととなったテナント推移の取材調査も拒否されている。またラジオ会館は月極方式であり、売上げの割合で使用料を取るわけではないので、会館側で敢えて元気な店を誘致したり、マーケティング戦略を立てたりするような必然性がそもそも薄いとの指摘もあった。

図12　ガレージキット店外観

　逆に今野敏の小説のように、漫画やガレージキットなどの新規参入の専門店が徒党を組んで組織的に地上げめいたことを行ったのかというと、そのような可能性は各店の規模からいってなお薄い。縁故をたどって会館の経営者に接近した店も存在するが、あくまで紹介程度の働きかけで、テナントの立ち退き交渉にまでおよぶようなものではまったくなかったようである。

年表　1998―2002年におけるラジオ会館へのオタク系専門店の進出

1998年	3月	2階にキングスター開店（ゲームソフト店）
	4月	3階の半分を占める形でケイ・ブックス開店（漫画・同人誌・アニメグッズ専門店）
		4階に海洋堂、直営店を開店（ガレージキットメーカー）
	7月	6階にボークス、直営店を開店（ガレージキットメーカー）
1999年	1月	7階にイエローサブマリン、トレーディングカード専門店を開店
	7月	6階のボークス、店舗を1・5倍に増床
	10月	4階にイエローサブマリン、プラモデル・ガレージキット専門店を開店
2000年	8月	7階、イエローサブマリンのトレーディングカード専門店増床
	9月	7階にイエローサブマリン、スケールモデル専門店を開店
	10月	3階のケイ・ブックス、ワンフロア独占するかたちで増床
	12月	2階に海洋堂が食品オマケ玩具専門店を開店
		4階のイエローサブマリンが増床
2001年	9月	7階にボークス、レンタルショーケース店を開店
2002年	6月	2階にえいほど～開店（ビデオ機器店から美少女ゲーム専門店へ業種変更）

実状は、家電やオーディオを扱う店が経営悪化で縮小、撤退する中で、不動産経営者にとってはやや不本意ながらも、オタク関連の店に周旋せざるを得なくなったのである。これが結果として、あたかも意図されたものであるかのようなラジオ会館の急変をもたらしたのである。必然的に、漫画やガレージキットの専門店は主体的に、しかも競うような勢いでもって秋葉原へ進出したということになる。その背景には何があったのか。

秋葉原へ向かう特需：エヴァンゲリオンが告げた福音

ここで秋葉原にガレージキット店が集中しだす端緒となった、海洋堂の移転を一つの事例として取り上げる。大阪に本社を置く同社は、八六年から渋谷に開いていた店を九七年に秋葉原の神田川沿いのビルに移転させ、さらに九八年にラジオ会館四階に移すという道程をたどっている。同社を実質運営する宮脇修一専務からの聞書きを、ここに抄録する。

ぼくらはマーチャンダイジングやリサーチに基づいて戦略的に街を選ぶというよりも、ほとんど個人的な思いつき、あるいは、面白いなというノリだけでいく部分のある会社なんですよ。最初に海洋堂が八四年に東京に進出したときは、茅場町《かやばちょう》に二年半ほどいたんです。それだって別に、そこの場所がどうのこうのということではなくて、東京駅に近いから、大阪からも外からも行きやすいだろうということだけで選びました。われわれ自身はその当時、自分たちの商品さえ良ければ、どこからでも客は来るはずだと思っていました。「来たかったらここまで来いや」思考ですね。

ただ、さすがに東京に二年ぐらいいると、いかに茅場町がダメで、かつ自分たちにとっても不便なところであるかが分かってきました。ごはん食べるにしても近くはオフィス街だから、土日になったらゴーストタウンになってしまうわけです。

そこで、次に渋谷に行くわけですが、そこへ移った一番大きな理由の一つは、東急ハンズがあることでした。当時は東急ハンズはまだそれほどたくさんなくて、ハンズといえば、渋谷でした。大阪から来たぼくらも、ついでによくハンズに寄っていたものです。もう一つの理由は、渋谷を中心とする東京の西側や横浜の方が、どうも住民の生活レベルが高そうだということです。商品が高いので、ガレージキットはある種お客さんを選ぶような商売でもあるからです。あとは、よく言われるようなことですが、渋谷という街が雑誌によく載っていて、「若者文化の発信地」とされていたことでしょうか。

渋谷には八六年から、引っ越す九七年の春まで、長い間いました。ずっといる間に、渋谷がオタクタウンのような様相を呈した部分があり、そうしたイメージも定着していったからです。ボークスもイエローサブマリンも来ましたし、コスプレ屋さんもできたし、まんがの森もやってきました。海洋堂が渋谷に行ってからいろんなオタク系の店が来たので、渋谷へぼくらが呼びつけてきたという自負もありました。

そこでやり続ける中で、われわれのガレージキットに対するモチベーションが下がった時期もあります。九二年頃になると、だいたいやりつくして次の手が見えなくなっていました。それまでのレジン製組み立てキット、ソフトビニール製組み立てキットでは、これ以上やっても例えば一〇のパーツを一一にするといった微細なことしかできず、フロンティアが失われた状態になったわけです。もうやめようか、といった考えはその頃何回も出ていたんです。ただ、本当にやめるにもエネルギーが要るので、ダラダラとやっていた部分はありましたね。

そして九五、六年になるとエヴァンゲリオン・バブルが起こって、ガレージキット業界は商売的にすごく拡大しました。あの時期には初回生産数が二〇〇〇とか三〇〇〇とかいきましたから。今だったらもう三〇〇個売れれば万々歳です。普通ガレージキット業界というのは、三〇〇を超えるものは少ないですから。そのお陰で、みんなそこそこ余力がついてきたわけです。ただ、エヴァンゲリオンに関しては、九七年くらいになってきたら、もう終わってることは目に見えていました。エヴァンゲリオンというのは、オタクのそういう市場を焼け野原にしてしまったわけです。ガンダムなどとは違って、わざと続かないような終わらせ方にされてしまっていましたから。そこで、次にどうするかということを考えていたら、当時店長をしていた者が、次はもう何かやるとしたら、海洋堂は秋葉原に出なければいけません、と言いだしたんです。

以前から秋葉原というのは、話にはよく出ていました。うちの原型師などがたまにコミックマーケットやガレージキットの即売会などで東京に出てくると、みんなどういうルートを通るかというと、以前であればコミケの前日に神田の神保町《じんぼうちょう》へまずは行きました。たまたまコミックを買うにしても、オタクにとってはまんがの森やコミック高岡といった専門店で買うこと自体がある種ステイタスなわけです。そこから秋葉原へ行ってレーザーディスクなどを買って、コミケで同人誌を買うのですが、今やそれが全部秋葉原に移ってきているというわけです。エロ同人誌の店などは、当時そろそろ秋葉原に出始めていましたから。

その店長というのがすごく先鋭的な男で、その彼のアンテナに引っかかった。海洋堂というのは、一人の思いつきであっても「こいついけるな」と思ったらすぐそれでいくものですから、もう無計画に、じゃあそのアキバに行こうや、ということになったのです。このままの状態でいてもアカンと思っていたので、まずは秋葉原に移るということを自分たちの次へのモチベーションにしたわけです。

最初の一年間は、神田川沿いの建物に店を置いていました。地下一階と一階なんですけど、両方足しても一〇数坪しかないような小さい店でした。また、社内にちょっとした混乱(*6)があった関係で、その一年間は営業をあまり一生懸命やっていなかったんです。店長も辞めてしまって、メインになるスタッフがいない状態でその店を始めたようなものでした。ところがそれでも、人は来るし、モノも売れたんです。秋葉原の持っている底力というのをそこでぼく自身が感じたわけなんです。こんなに何もせず客が来るのか、という感じでした。

それで、九七年の終わりくらいには本気でがんばろうと思って店舗の周旋屋さんに頼んでいろいろ物件を探してもらっていたら、ラジオ会館というところに空きがあると言われたんです。ただ、その当時のわれわれにとっては家賃が高かったこともあって、まだまだオタク系にとってはちょっと冒険でした。日頃からぼくらは自分たちでもガレージキットを含めたオタク商売というのは、いわば日陰者というか、岩の下にいる丸虫みたいなもので、光をあてるとみんなイヤがるんですよ。一般の人から見られたりするのはすごく恥ずかしいというようにぼくらは思っていました。しかし逆にそういう陽のあたる場所、つまり駅前の四階のすごくわかりやすいところに行くというのは、これはこれで面白いかなと思い始めたんです。

ちょうど秋葉原へ移った当時に、大阪ではアメリカ村パルコというところに出店していました。大阪の「若者文化の発信地」で、そこはオタクのカケラもないんですが、その頃エヴァンゲリオンのサブカルチャー・ブームの影響もあって、フィギュアを買うことがファッションになっていたわけです。

その大阪での実績と秋葉原でのそれまでの一年間の実績が自信になって、結構イケルだろうということで、ラジオ会館の四階の、その四〇坪くらいのところを借りようかということになったのです。

（二〇〇〇年一二月二二日、大阪の海洋堂本社にて）

固有な事情も多々絡んでいるものの、この海洋堂のケースを通して浮かび上がるのは、エヴァンゲリオンのヒットが秋葉原移転の引き金として働いたということである。『新世紀エヴァンゲリオン』（企画・原作／ガイナックス、監督／庵野秀明）は九五年から九六年にかけて放映されたテレビアニメで、当時オタクから絶大な支持を集めた。番組が再放送されるにおよんで一般の青少年層からも広く注目を集めるようになり、九七年に二回に分けて劇場公開された時期をピークに、メディアミックス的なブームを形成することになる。関連商品は書籍やレーザーディスク、ゲームやプラモデルなどを中心として多岐に展開され、三〇〇億円の経済効果をもたらしたと推定されている。書籍においては全国の一般書店にエヴァンゲリオン・コーナーができ（図13省略）、同人誌即売会でも巨大なセクションを構成するほど同人漫画誌がつくられた。聞書きにもあるように、ガレージキット業界に対しては市場規模自体をヒトケタ拡大させるほどの効果をおよぼし、一体三八万円の等身大フィギュア（図14省略）のような前代未聞のオタク向け商品を生む一方で、アニメやアメコミのキャラクター商品に対する需要を一般層にも広げるという、副次的なサブカルチャー・ブームを誘発させる主因ともなった。

このエヴァンゲリオン・ブームが、ガレージキットや同人誌の専門店の進出に必要な体力と勢いをもたらし、秋葉原の一等地へと出店させたのである。九七年以降に進出が一挙に行われたこととも、時期的に符合する。このとき秋葉原に進出してきたのが、いずれもエヴァ・ブームの恩恵に与《あずか》った業種であるという点でも一致をみせている。そして秋葉原の進出店が予想を超える売上げをたたき出すのを見て、雪崩《なだれ》を打ったように同業の専門店が競って後を追ったのである。

建築化されるオタク趣味の構造

先の聞書きにもあるように、地方のオタクがイベントの際に上京したときの巡礼ルートというものがかつては存在した。神保町で漫画専門店へ行き、秋葉原でレーザーディスクを買い、幕張や有明のコミックマーケットで漫画同人誌を買う。これら分散していた巡礼地が、秋葉原に集中したのである。そしてエヴァンゲリオンの制作資料母体となったProject Eva.は、キングレコード、角川書店、セガ・エンタープライゼス（現セガ）という、それぞれレーザーディスク、漫画、そしてゲームを出す企業のジョイントベンチャーであった。この二つの集合は、共通したパターンを描き出している。

そのパターンとは、レーザーディスクを集めるくらいアニメが好きな人は、テレビゲームや漫画同人誌などを好んだり、ガレージキットを愛好したりもする傾向があるという、趣味の連関的な関係である。その連関を、ここでは仮に〝オタク趣味の構造〟と呼ぶ。そのオタク趣味の構造が、ラジオ会館に九八年以降新たに入ってきた数々の専門店を繋《つな》いでいる。そしてそれはいくつものビルでラジオ会館でのような虫食いのような現れ方をするだけでなく、ビルを丸ごと置き換え始めたのである。

九七年五月にキャラクター商品専門店を秋葉原に開き、街の本格的なオタク街化の先駆けを成したゲーマーズが、九九年一一月には中央通り沿いに七階建ての本店ビルをオープンさせた。一階はいわゆるキャラクターグッズ、二階はゲーム、三階はコミック、四階はアニメを中心とするＤＶＤやＣＤ、五階はトレーディングカード、六階はガレージキットやプラモデル、七階はトレーディングカードのためのゲームスペースを兼ねたカフェというフロア構成となっている。オタク趣味の構造が、そのままビルの断面図となって巨大に立ち現れたのである。

　このようなオタクのデパートのようなビルはその後、ラオックス・ホビー館（九九年一一月）、コミックとらのあな1号店（二〇〇〇年一一月）、アニメイト秋葉原店（二〇〇一年四月）、ゲーマーズ本店2号館（二〇〇二年七月）、アソビットシティ（同一〇月）など、秋葉原に何本も出現してきている（図15、図16）。また二〇〇二年三月には秋葉原の駅デパであるアキハバラデパートが、紳士服や靴などを扱っていた三階全フロアを改装し、漫画、ゲーム、フィギュア、アニメビデオ、鉄道模型、さらにはガンダムのキャラクター商品の専門コーナーなど、露骨にオタクを対象にした売場構成にリニューアルした（図17省略）。紳士服売り場などから異動になった店員たちの間には、当初戸惑いもあったという。オタク趣味の構造が、創業五〇年の老舗の百貨店をも置き換えたのである。

図15　林立するオタクのデパート

　敢えて〝オタク趣味の構造〟とそれを呼んだが、漫画、アニメ、ゲーム、キャラクターモデルといった趣味の連関は、オタクのステレオタイプ的なイメージを構成する要素としてすでに幅広く認識されている。そのため、こうした趣味の専門店が集合してくるという秋葉原の九七年からの

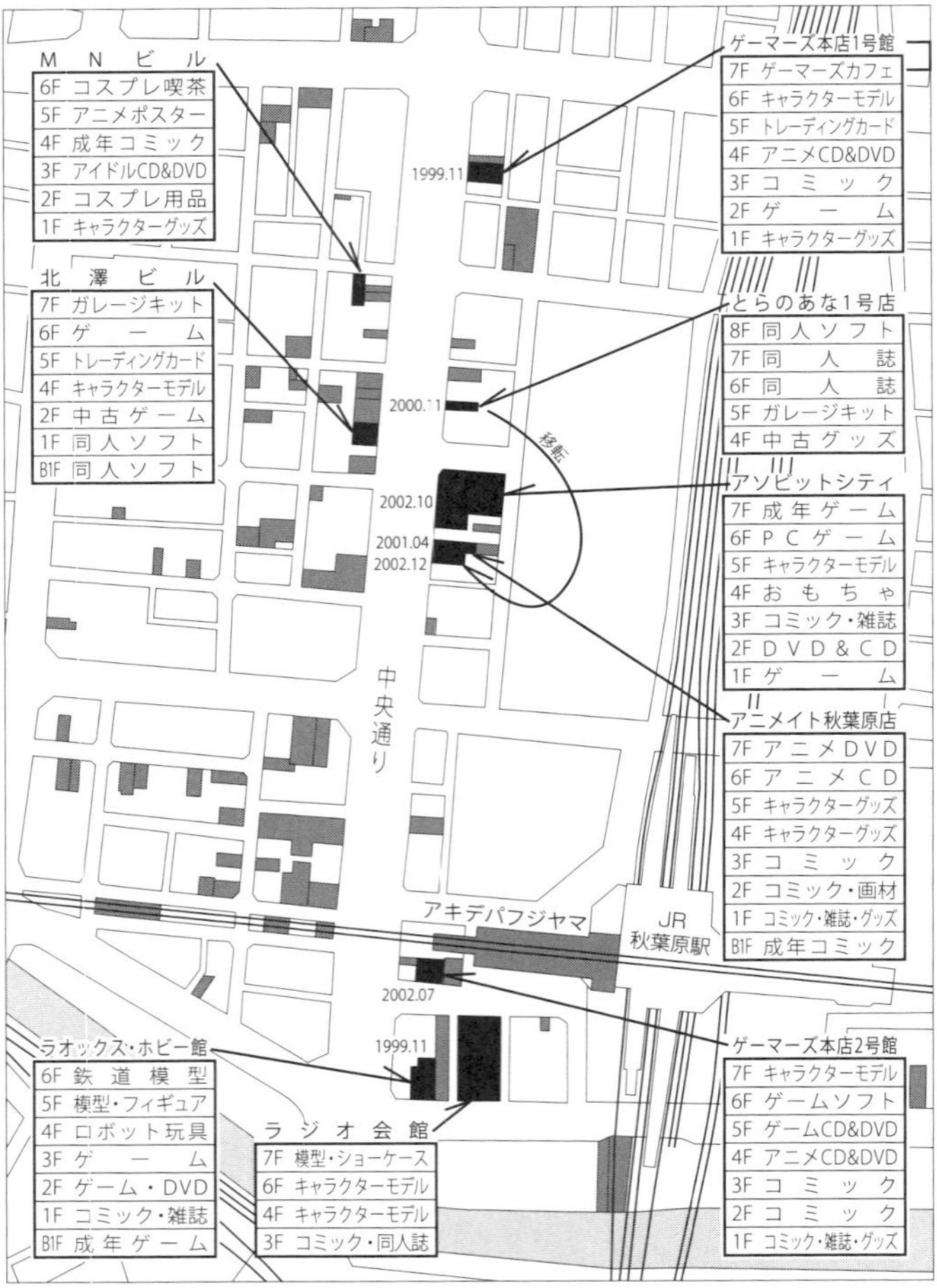

ＭＮビル
6F コスプレ喫茶
5F アニメポスター
4F 成年コミック
3F アイドルCD&DVD
2F コスプレ用品
1F キャラクターグッズ
北澤ビル
7F ガレージキット
6F ゲーム
5F トレーディングカード
4F キャラクターモデル
2F 中古ゲーム
1F 同人ソフト
B1F 同人ソフト
ゲーマーズ本店1号館
7F ゲーマーズカフェ
6F キャラクターモデル
5F トレーディングカード
4F アニメCD&DVD
3F コミック
2F ゲーム
1F キャラクターグッズ
1999.11
とらのあな1号店
8F 同人ソフト
7F 同人誌
6F 同人誌
5F ガレージキット
4F 中古グッズ
2000.11
移転
アソビットシティ
7F 成年ゲーム
6F PCゲーム
5F キャラクターモデル
4F おもちゃ
3F コミック・雑誌
2F DVD&CD
1F ゲーム
2002.10
2001.04
2002.12
中央通り
アニメイト秋葉原店
7F アニメDVD
6F アニメCD
5F キャラクターグッズ
4F キャラクターグッズ
3F コミック
2F コミック・画材
1F コミック・雑誌・グッズ
B1F 成年コミック
アキデパフジヤマ
JR
秋葉原駅
2002.07
ゲーマーズ本店2号館
7F キャラクターモデル
6F ゲームソフト
5F ゲームCD&DVD
4F アニメCD&DVD
3F コミック
2F コミック
1F コミック・雑誌・グッズ
1999.11
ラオックス・ホビー館
6F 鉄道模型
5F 模型・フィギュア
4F ロボット玩具
3F ゲーム
2F ゲーム・DVD
1F コミック・雑誌
B1F 成年ゲーム
ラジオ会館
7F 模型・ショーケース
6F キャラクターモデル
4F キャラクターモデル
3F コミック・同人誌

図16　秋葉原における漫画・アニメ・ゲーム関連の専門店の分布
（2003年１月、著者作成）※フロア構成は開店時のもの

変化は、ひどく自然なことのように見受けられるかもしれない。もともとオタクっぽい街だったという場所のイメージとも、それは馴染む。

しかし街の形成のされ方としては、これは極めて新しい現象なのである。これまで都市形成に与《あずか》ってきた諸構造とはまったく別の力が、そこに働いているからである。このことは秋葉原にもともとの電気街が発生した過程と比較することで、より明確になる。

アメリカが介在した秋葉原電気街の発生

秋葉原電気街の形成には、二つの大きな要因があった。一つは終戦直後、近くに位置する電機工業専門学校（現東京電機大学）の学生がアルバイトで始めたラジオの組み立て販売が大繁盛し、部品を供給する電器関係の露天商がそこに集中したことである。ところが一九四九年に、当時日本を占領していたGHQ（連合国軍最高司令部）が道路の拡幅整備のために露店撤廃令を施行したことで、この闇市は危機に陥る。（…）このGHQの政策に対して露天商組合が陳情した結果、東京都と国鉄が秋葉原駅のガード下に代替地を提供するという措置がとられ、露天商はそこへ凝集せしめられた。これによって後のラジオセンターやラジオデパートを成す駅周辺の高密度な部品商区画が発生し、電気街の原形が形成されたのである。

もう一つの要因は、戦前から店を構えていた廣瀬《ひろせ》商会が地方にネットワークを持っており、遠方から仕入れの目的で小売業者や二次卸し店が多く訪れたことである。結果、秋葉原は安いという評判が広まり、交通の結節点ということもあって、一般客も集まるようになっていった。そしてその後は所得倍増計画などを背景としたいわゆる「三種の神器」（テレビ・冷蔵庫・洗濯機）に代表される戦後の家電ブームに後押しされて、一九七〇年代には全国の家電市場の実に一割を一平方キロメートルに満たない領域で担う日本一の電気街に成長したのである。

高度成長期にはメーカーにとっても、秋葉原は特例的な値引きを許し、また消費者からの反応をフィードバックさせるための実験場になった。専門知識を持った販売員として、社員の技術者が新製品とともに、主要な小売店の店頭に集中的に投下された。数々の大手家電メーカーが、秋葉原の発展を厚くサポートしたのである。(*7)

この過程をたどると、電気街の発生は、下町だったという歴史的な要因、電機系専門学校が近かったという地理的な要因、露店撤廃令という行政的要因、それから流通、交通など、社会科の教科書に載っているような古典的な諸要因の組み合わせによる結果だったことがわかる。とりわけ、その直接的契機となった露天商撤廃令とそれに続くガード下への電機部品商の凝集は、アメリカの機関の指令によるところのものであったという点が特徴的である。

ところが九七年以降の変化には、行政や流通などの要因は不在である。特別な経済効果が引き金として認められはするが、それをもたらしたのは行政的な条例や政策などではなく、一つのテレビアニメ番組だったのである。

そして再び記しておきたいのは、そこには不動産経営者や大企業資本によるような組織的な開発も不在だったということである。エヴァンゲリオンのスポンサーのようなメーカーの集合体が、秋葉原をオタクの街としてプロデュースしようとしたということもない。渋谷における東急や池袋における西武の展開のように、電鉄系資本によって大がかりな街のマーケティング開発が行われたようなケースとも、秋葉原のオタク街化は決定的に異なるのである。

古くからの電器店と新しく入ってきたオタク趣味の専門店、その双方から調査の過程で幾度も強調されたのは、秋葉原のこのオタクの街への変貌が、あくまで需要が先行した、大企業などの介在によらない自然発生的なものだということである。これは、海洋堂が秋葉原へ移転するやいなや予想外の盛況に見舞われたという話にも表れている。

インターネットを模倣し始めた現実の場所《サイト》

ではなぜ、オタク趣味の商品に対するかくも大きな需要が、秋葉原というその場所に、組織的開発もなく発生したのか。エヴァンゲリオン・ブームという引き金があったにせよ、需要がそこにあったからこそ、大挙して供給がなされるようになったのである。前述したように、もともと渋谷や吉祥寺には、秋葉原よりも多数、そうした専門店が潜伏していた。その渋谷や吉祥寺でもなく、神保町でもなく、なぜ秋葉原なのか。このリンクがもっとも肝心にして、秋葉原のオタク街化の中心的な仕組みなのである。

それは、他の場所にないような著しい人格の偏在が、秋葉原に起こっていたからである。本章の最初に記したように、それはパソコンを好むマニアの集中によって発生した。そしてパソコンを好む人は、アニメの絵柄のようなキャラクターを好み、そうしたキャラクターが登場するアニメやゲーム、ガレージキットも愛好する傾向がある。オタク趣味の構造である。その趣味の構造が、歴史や地理、行政といった旧来的な構造に代わる新しい街の形成構造として、秋葉原の変化をもたらしたのである。

eビジネス分野で用いられるようになった概念の一つに、コミュニティ・オブ・インタレストというものがある。インターネットの発達が基盤となって、地縁・血縁に因らない、趣味や関心の共通性に基づいたコミュニティが形成され、そうした集団の重要性が増していくという考え方である。同じ趣味に関するページ群へのリンク集を設けたサイトや、興味ごとに分類された電子掲示板群を巡れば、さまざまなサンプルを目にすることができる。

言うなれば秋葉原では、あたかも現実の街がインターネットにおける場所《サイト》の構成のされ方を模倣するかのように、趣味の構造が場所を形成したのである。コンピュータとはもともと、現実の模倣に特化した機械である。そのコンピュータが織りなす空間を、逆に現実が模倣するような方向性を、秋葉原の変化は示している。ではコミュニティ・オブ・インタレスト、あるいは趣味の構造が現実の場所を成すとき、どのような風景が出現するのか。

個室が都市空間へと延長する

ゲーマーズ本店1号館ビルの屋上には「でじこ」という、テレビアニメの主人公にもなった同社のマスコットの美少女キャラクターの顔がでかでかと看板に掲げられ、〝でじこビル〟の異名をとっている（図18省略）。漫画的なキャラクターが看板に描かれるのは、国内においてはさして珍しいことではない。しかし二〇〇〇年代に入った秋葉原の場合、ビルの壁面に所狭しと貼られたポスターから立て看板、さらには等身大の立体POPまで、その密度は異様な高まりをみせている。ことにゲームショップの店頭ではそれが顕著で、人通りの激しい中央通りの路上で成人指定のゲームのポスターを盛大に展開するにとどまらず、その美少女キャラクターを等身大にプリントした抱き枕や等身大のフィギュアを並べたり、そうしたキャラクターが痴態を繰り広げるデモ映像を液晶ディスプレイで流したりしている（口絵省略、図19）。さらにJR秋葉原駅の改札口前の床にも、アニメビデオやゲームの美少女キャラクターが特殊広告としてでかでかと貼られるようになった（口絵省略、図20）。表通りどころか、駅というすこぶる公共性の高い空間の床にまで、露出し始めたのである。

そうしたキッチュなイコンの噴出はしかし、バブルの頃に盛んに行われた商業開発や行政的街おこしによる街のテーマパーク化と、何か違った意味合いを帯びているのか。そのような現象と同じだとしたら、八〇年代に流行した諸々の〝都市論〟の中で、消費社会論を下敷きにした批評・批判がすでに多数提出されている。[*8] 経済規模の違いにとどまらない、何か本質的な違いはそこにあるのか。

また、次のように問うこともできる。これまで秋葉原における人格の偏在を強調してきたが、街によって人の感じが違うのは何も今に始まったことではない。大手町は昔から背広姿のビジネスマンの街だ

図19　中央通りのゲームショップ店頭

図20　JR秋葉原駅に出現したポルノゲームの床広告

つたし、原宿ではかつて、ハーレムスーツを着た「竹の子族」が路上で踊っていたこともあった。オタクたちの秋葉原への集中はそれらと、何か違うところはあるのか。

ビジネスマンがオフィス街に集まるのは、彼らの社会的な身分や役割によるものである。竹の子族も、原宿を舞台にした一種のパフォーマンスであって、彼らが家に帰っても竹の子族をやっていたわけではない。ところが今起こっているのはむしろ、個室空間の都市への延長なのである。それは、どういうことか。


秋葉原を覆いつつあるキャラクターには、色濃い絵柄の共通性がある。いずれも日本製のアニメの絵に特徴的な、眼が大きくて幼女的な顔立ちの、特有なスタイルで描かれている。現地に立って見渡せば、すぐに了解可能であろう。このスタイルはすでに、秋葉原という場所を表象するようにすらなっている(図21省略)。系統や文脈によって〝萌《も》え絵《え》〟や〝ぷに絵《え》〟といったいくつかの細分化された呼び名があるが、本書ではわかりやすさを優先して、このスタイルを〝アニメ絵〟と総称することにする。(…)

そうしたアニメ絵は、オタク趣味の聖像《イコン》として、オタクの個室の中に、あるいは渋谷や吉祥寺のような商業開発された街にあっては裏通りの専門店の中に、隠匿《いんとく》されるように存在してきた。大手商業資本は人々の外向的な上昇志向に訴求することによって、その趣味をコントロールしようとしてきた。そうした圧力と性格的に親和しにくいオタクたちは、広告代理店的に商業開発されたような街にあっては、心情的にはアウトサイダー、あるいはマイノリティであらざるを得なかった。店側も客側も、目立つ位置に出るのは抵抗があった。そのような彼らがパソコンに対する愛好を結節点に秋葉原という趣都を見出し、あたかも民族が自決しようとするようにそこへ集まるようになったのである。

マイナーな人格の都市的な偏在という特殊な状況が、それまでなら隠されてきたような彼らの趣味を都市に露出させ、個室が表通りや公共空間と連続するという、都市空間の変質を引き起こしたのである。メインストリームではなく、マイノリティであるという、オタクのポジションであると同時に指向性でもある特徴こそが、秋葉原の変化をそれまでのコマーシャリスティックな開発と隔てる最大の特質なのである。

そうした現象の先鋒にしてもっとも純化された光景が、前述のラジオ会館の、まさに「パーソナルコンピュータ発祥の地」の跡地のスペースに出現している。同館に九八年より進出していたホビー店のボークスが、二〇〇一年に新たにそのスペースに陣取ってオープンさせた、〝レンタルケース〟という新形式の店である。店内には、透明なコインロッカーのような不思議な棚がずらりと並ぶ（図22）。

図22　ラジオ会館内ボークス「お宝クラブ・夢の国」のレンタルケース

これは一種のフリーマーケットである。売りたいモノがある人が、そのロッカーのようなスペースを月二〇〇〇―五〇〇〇円で借りる（大きさや位置によって借り賃が異なる）。その中に、自分で値札を付けて陳列する。売れたら店側は販売手数料として価格の一五％を取るという仕組みである。ただしその姿が、ひどく建築的なのだ。

それぞれのケースの中を見ると、絶版の昔懐かしいプラモデルが積まれているもの、自分で組み立てて彩色したとおぼしきフィギュアが並べてあるもの、ＵＦＯキャッチャーの景

図23　レンタルケースに展示されている趣味の品々

品であふれているもの、アイドルのブロマイドが並べてあるもの、その他そのスジの人にしか価値がわかりそうにないもの、さらにはそもそも何であるのかワケのわからないシロモノまで、さまざまな趣味の秘蔵物がケースごとに陳列されている（図23）。それらは一つ一つがミニチュアな個人商店であると同時に、出店者の趣味を凝縮させた個室でもある。さながら巨大な集合住宅が断面を露わにしたような光景が、店内に広がっているのである。その光景は、秋葉原の未来の都市風景を予言するものであるかもしれない。

　日本中の都市が個性を失い、均質化されてしまっていると指摘されて久しい。あらゆるものを相対化する資本というものの性格が、コマーシャリズムとともに、歴史に根差した街の貌《かお》をことごとく塗りつぶしたのである。ところが秋葉原では、旧来場所の固有性を決定してきた諸構造とはまったく異なる仕組みで、自然発生的に、新たな個性を街が獲得し始めたのである。

（ここまで、1章三七頁第六行―六四頁第四行）

【編者補足】

なお、東池袋の乙女ロードについて、著者の森川氏は二〇〇六年に書かれた論文中で以下のように記している。

二〇〇〇年代に入ってから、そうした東池袋の漫画・アニメ専門店が、急激に女性向けに偏り始めた。二〇〇〇年（五月〜六月）には、女性向け新刊同人誌専門のＫＡＣショップと、ドールを扱うボークスがオープンし、同年秋にはＫ－ＢＯＯＫＳの池袋の店舗から男性向け同人誌がなくなり、女性向けのみとなった。翌二〇〇一年には男性の入店を禁じた女性向け専門店アクアハウスが南池袋に現れ、二〇〇四年になるとCharacter Queen、KingsKing、まんだらけ池袋店と、いずれも女性向けのキャラクター商品や同人誌の専門店が相次いでオープンし、「乙女ロード」の異名までとるようになった。サンシャイン60で時折行われているおたく向けの同人誌即売会のイベントは、九〇年代から女性向けが減り続け、二〇〇〇年にはほとんど男性向けによって占められているという、逆方向の変化をしていたにかかわらず、である。

そうした女性向けへの傾斜の要因の一つとしては、もともと女性客が比較的多く、かつ東池袋への専門店の集中の核となってきたアニメイトが、二〇〇〇年に八階建てのビルをまるごと占めるようにリニューアルオープンし、その中のスペースを使ってファンイベントを頻繁に行うようになったことが挙げられる。しかしより構造的な背景となっていったのは、九〇年代の末頃から、男性向けの需要が秋葉原に一極集中するようになっていったということである。これは需給に沿って品揃えの調整がなされるといったことにとどまらず、男性向けの商品知識に長けた店員を秋葉原へ回さざるを得ず、池袋店で男性向けを扱い続けることが難しくなる、というような影響まであったという。その結果として男性向け商品とともに男性のおたくたちが池袋の各店で減り、女性のおたくにとって入店しやすい雰囲気が醸成され、男性客の穴を埋めるように女性客が増加した、という流れだったようだ。その意味で秋葉原と東池袋の「乙女ロード」は、兄妹のような関係にある。

（森川嘉一郎〔2006〕「男と女の未来戦争第2回：おたく男女の都市的分離」『Mobile Society Review 未来心理』6号、モバイル社会研究所）

【注】

＊1　『サトームセンCMソング』より。

＊2　オノデンCMソング『オノデン坊や』より。

＊3　石丸電気CMソング『石丸電気のうた』より。

＊4、5は省略。

＊6　この「混乱」とはオタク商品にビジネスマインドで着目した起業家の介入によるものであるが、その経緯については、宮脇修一著『造形集団海洋堂の発想』（光文社、二〇〇二）に詳しい。

＊7　山下裕子「ディスカウンターの盛衰　商業集積としての秋葉原」『マーケティング革新の時代④　営業・流通革新』（有斐閣、一九九八）参照。

＊8　中川理『偽装するニッポン　公共施設のディズニーランダイゼイション』（彰国社、一九九六）など。

【図版出典】

図1　石丸電気TVCFより

図2　『ラオックス70年史』（ラオックス、二〇〇〇）八一頁

図3　前掲書、八八頁

図6　ホビージャパンエクストラ『ガレージキットカタログ2002』（ホビージャパン、二〇〇二）、六‐七頁

図21　〃秋葉原おそうじ志隊〃ポスター（「あきば通」実行委員会、二〇〇二）

第7章　コミックマーケット

オタク文化の表現空間

玉川博章

1　はじめに

本章では、オタクが活動する場として同人誌即売会を取り上げる。日本において、同人文化はマンガ・アニメを中心とするオタク的活動の一角を占めており、同人誌即売会はその流通の場として機能している。この同人文化を作り出す中心となったのが、一九七五年から現在まで続くコミックマーケットである。「オタク」という語が現在の意味を持つ以前から、コミックマーケットではオタクが集い、同人誌の流通がなされてきた。(*1)

以下では、コミックマーケットを中心とした同人誌の世界を、オタクの活動の場として捉え、考察を進めたい。現在、海外でもいくつかの同人誌即売会が開催されているが、同人誌即売会というイベント形態は欧米において嘗《かつ》てより開催されているファンコンベンションとはまったく異なるものである。インタビューや文献資料を利用した歴史的アプローチを中心に分析を進め、同人誌即売会というスタイルが生まれ、発展を遂げた過程を考察する。また、コミックマーケットの参加者に対して実施したアンケート資料による定量的データを利用し、コミックマーケット誕生より三〇年以上を経た同人文化の現状を明らかにしたい。

2 同人誌即売会とは

「同人」の定義

まず、本章で扱う同人誌の範囲について明確にしておきたい。本章では、同人誌を商業資本によらず作家個人（または複数人の共同）の自己資本で出版された自費出版の出版物と定義する。自主制作出版物であり、音楽におけるインディーズに近い位置づけである。なお、日本の出版流通システムにおいては、卸売業にあたる取次業者を出版社によらずに個人で利用することは難しいため、これら自主制作出版物は一般的な書籍流通ルートを通らない。(*2) つまり、同人活動とは、商業出版（プロ）ではない、アマチュアの出版活動である。書籍の形態だけではなく、フロッピーディスクやCD-ROM、DVDなど電子媒体を利用した同人ソフトと呼ばれる分野もある。そして、同人誌即売会とは、作家自らが同人誌を持ち寄り、展示しながら有料または無料で頒布するイベントである。

個人による自主制作出版物という定義は、日本で最も歴史を持ち、最大の規模を誇る同人誌即売会であるコミックマーケットのサークル参加条件に拠っている。

「コミックマーケットはアマチュアの為の展示即売会です。法人、営利目的などの団体の参加は基本的にお断りします。」（コミックマーケット準備会 2008:1）と参加案内に明記され、アマチュアによる自主制作が前提となっている。ただし、注意すべきなのは、このアマチュアという概念は、プロ作家を拒否するものではないことである。商業誌で活躍する作家でも、自主発行した同人誌であればコミックマーケットへの参加が可能である。そのため、本章では、非商業資本による、営利を目的としない自主制作であることを同人誌の要件としたい。

本章の視座と目的

コミックマーケットや同人活動については、社会学やカルチュラルスタディーズ、ジェンダー論などの視点からいくつかの研究がなされてきた。小林は、コミックマーケットにおいてエスノグラフィーを行う際の問題点や同人誌による創作活動を文化人類学、民俗学的視点から考察している（小林 1996）。名藤は、インタビューやアンケート調査によって、同人活動により二次創作をする女性たちのネットワークを考察した（名藤 2007）。また、石田は、同人活動を行う作家へのエスノグラフィックインタビューを基に、同人誌コミュニティの実体化を分析している（石田 2007）。これらの先行研究では、コミックマーケットを、コミュニケーションの場、表現の場として捉えるものの、その中で行われているコミュニケーション行為や、同人誌の制作行為、そして、やおいなど同人誌の内容を分析対象に据えている。

また、SFファン研究などの海外の類似研究でも、同様のアプローチがなされている。ジェンキンスは、SFファンによるスラッシュ(*3)に焦点を当て、原作をホモセクシャルなストーリーへと書き換える「密漁」という概念を用いSFファンダムを考察した(Jenkins 1992)。同じくSFファンダムを対象としたベーコン＝スミス(Bacon-Smith 1992)は、フィールドワークをベースにファンによる創作物やコミュニティについて分析をしている。

だが、本章では視点を変え、オタクのインフラに焦点をあてる。オタクがその趣味の活動をする場は、インターネット、オタク向け商品を取り扱うショップ、イベントなど多々存在する。このようなインフラを取り上げた研究としては、森川が電気街からオタク街へと変貌を遂げた秋葉原を考察している(森川 2003)。また、相田は、メイド喫茶を取り上げ、その機能について分析をした(相田 2006)。コミックマーケットに関しては、稗島が企業ブース導入を事例としてコミックマーケット準備会の調整機能について分析を行い(稗島 2007)、玉川はスタッフ参加者に焦点を当て、ファン活動の場を創る行為について分析をした(玉川 2007)。

一方、海外のファン研究を参照してみると、アメリカのSFファンダム研究を行ったベーコン＝スミスは、ファンが他のファンと出会う場としてファンクラブやコンベンションを挙げている。また、コミックファンに焦点を当てるプッツは、ファンのインフラとして機能する、コミックショップやコンベンション、インターネットについて分析を行っている。ただし、ここで挙げられているコンベンションは、日本のコミックマーケットとは様相が異なることに注意しなければならない(Pustz 1999)。

アメリカにおけるコミック、アニメ関連のファンイベントとして代表的なものとして、サンディエゴコミコン、アニメエキスポ等が挙げられる。これらのイベントは、コミックマーケットのように同人誌の頒布に焦点を絞ったイベントではなく、プロ作家や歌手を呼んでのコンサートやサイン会、講演会、企業出展ブース、パネルディスカッションなど様々な催しが組み合わされており、その一角でファンが制作した同人誌（ファンジン）を頒布するコーナー（アーティストアレー）が設けられている(＊4)（Pustz 1999）。また、同人誌即売会にあたるアーティストアレー以外に、アメリカのコンベンションに設けられている販売スペースでは、コミックやグッズ、古書などの物販を行うディーラーズルームが設置されている。アメリカのコンベンションでは、同人誌というオタク自らが表現するメディアに焦点が絞られてはいない。

これらアメリカのファンイベントも、有志のファンを中心として組織され始まっているが（Bacon-Smith 1992）、同じくファン主導で始まったコミックマーケットとは大きくイベント内容が異なる。以下では、海外の様々な要素を含むスタイルをコンベンション形式とし、コミックマーケットのように、同人誌の展示即売に焦点を絞ったスタイルを同人誌即売会形式と区別したい。

本章では、日本において発達した同人誌即売会というイベントスタイルに着目をし、アンケート調査結果や文献資料、そして古くからのコミックマーケット参加者に実施したインタビューを基に、その形式を作り出しリードしてきたコミックマーケットを中心とした歴史的分析を行う。

3 コミックマーケット誕生からパロディ同人誌へ(＊5)

ファンコンベンションからの独立

コミックマーケットが誕生する以前から、同人誌は漫画家によって制作されていた。阿島がまとめているように、マンガ同人誌の歴史は第二次世界大戦前にまで遡ることができるが（阿島 2004）、ここではコミックマーケット開催の約一〇年前まで遡りたい。

一九六六年に手塚治虫のファンクラブであった鉄腕アトムクラブから発展した雑誌『COM』が虫プロ商事から創刊される。同誌には、創刊号より「ぐらこん」と名付けられた読者投稿欄が設けられ、サークル(＊6)の会員募集やサークルの告知も掲載されていた。北海道、関西、九州など地方のサークルを集めた支部も組織され、全国でマンガ同人誌の制作、マンガ創作をする人々による漫画研究会が活発になる。だが、七一年に『COM』が休刊し、この動きは収束することになる。

『COM』の後に、マンガファンの交流の場となったのが、マンガコミュニケーションや日本漫画大会などのコンベンションである。また、マンガコミュニケーションは、マンガファンのコミュニケーションを目的に、合宿、会議、連絡誌の発行を行った。COMの流れをくむマンガファンの連携をとるためのメディアを作り出した。日本漫画大会は、漫画家の講演や上映会などの企画が主であり、当時の状況を米沢は、次のように語っている。

そのなかにファンジン・ブースというコーナーがあって、そこで20くらいのサークルが同人誌を販売していました。（…）大学の漫研が学園祭で同人誌を売ることはありましたが、そのころは基本的に同人誌を作っても会員内での頒布だけでしたので、まんが同人誌を売買する場ができたのは、そのときが初めてだったと思います。（米沢 2000:9）

そしてこれがコミックマーケットへと影響を与えることになる。

コミックマーケットは一九七五年一二月に第一回が開催された。三二サークル、約七〇〇人といわれる参加者は、現在の規模から考えると非常に小規模なイベントであった。だが、第一回目からコミックマーケットは、他のマンガ関連イベントと一線を画す特徴を持っていた。それが、同人誌即売会というイベント形式である。

コミックマーケット開催以前の一九七〇年代前半には既に、日本漫画大会、少女まんがフェスティバル、まんがファンフェスティバルなど欧米のファンコンベンションを模範としたマンガ関連のイベントが開催されていた。[*7] 霜月によれば、第一回日本漫画大会は、討論会、ファングループ紹介、原稿展示、グループ誌紹介、アニメーション上映、古書・ファンジン即売、オークション、宝くじ、作家との交流会等の内容が予定されていた（霜月 2008）。[*8] プロ作家をゲストとして呼んでの講演会やサイン会、上映会等で構成されており、同人誌に関しては、その一角に同人誌を頒布する即売会コーナーが設けられていた。つまり、日本漫画大会は現在欧米で行われているマンガやアニメのコンベンションと同様の開催形態であった。

しかし、マンガ同人誌を販売する場も含みファンイベントとして典型的といえる構成であった日本漫画大会へのアンチテーゼとして、コミックマーケットが誕生している。

コミックマーケットに初期から参加し、現在でも参加を続けている女性参加者は「漫画大会の運営者にエリート意識があった。迷宮（＊9）だけでなく、他の参加者も窮屈に感じていた。（筆者注：漫画大会の）他に、交流などの場を求めていた」（五〇歳代 女性）と語っており、どの作家を呼ぶのか、どのような企画を実施するかという決定権を持っていた漫画大会運営者に対して、他の参加者には不満が募っていた。

コンベンションでは、プロを呼びイベントを行うため、参加者は自ずとプロ対するファンとして下に置かれるような関係性が内包されていた。だが、同人誌を制作する書き手であれば、プロとファンという関係性を解消し、同じく表現を志す者としてプロとアマチュアという関係性で捉えることができる。同人誌即売コーナーを取り出し、プロを呼ぶというコンセプトを排すことで、プロとファンという対立軸がなくなり、ヒラエルキーをなくし参加者を平等に考えることができる。

また一方で、流通の機会が限られていた同人誌に関するイベントが求められてもいた。「漫画大会はメインで上映会やトークショーをやり、小さい部屋で同人誌即売会をやっていた。（筆者注：コミックマーケットでは、）作家を呼んでのトークショーやサイン会より、本の頒布をやりたかった」（五〇歳代 女性）というように、同人誌に関わる人間からは表現の場を求める要望が高まっていた。

もっとも、霜月が回想録で詳細を明らかにしているように、日本漫画大会に対しては、迷宮の関係サークルに対する参加拒否事件に端を発する対立があり、その運営方針に対して、迷宮およびその周辺の関係者は反発していた（霜月 2008）。新しくイベントを始めるにあたって、彼らは日本漫画大会とは異なる方向性を目指し、同人誌を中心に据えた。

このような経緯もあり、コミックマーケットは、既存のファンイベントとは異なる同人誌即売会のスタイルを作り出した。次の文章に見られるように、当時の主催者にも同人誌即売会というコンセプトは明確に意識されていた。

コミケット、すなわちコミック＝マーケットを、他のまんがコンベンションから切り離すのは、まさしく、〝マーケット〟としてのその機能に他なりません。（COMIC-MARKET REPORT 75WINTER）

ただし、初期にはコンベンションから捨てたはずの上映会などの企画もされていた。Ｃ1ではダイナビジョン『11月のギムナジウム』上映会、Ｃ2では岡田史子原画展が開催されており、同人誌即売会以外の企画も実施された。ただし、これらのイベントは付随的なもので、「サークル数が少なく一〇時からやっているとお昼過ぎにはやることもなくなってくるので、（筆者注：上映会などのイベントは）閉会までを会場で如何にまったり過ごすかという方法だった」（五〇歳代 女性）（＊10）というように、参加サークルも少ない初期において参加者の時間を持たせるための企画であった。参加サークルが増えるに従い、即売会スペース以外の企画は次第に影を潜め、Ｃ16の８ｍｍ映画『ペーパーウォーズ』を最後にイベント企画は実施されなくなる。Ｃ18では、コミックマーケット準備会内での対立から、コミックマーケットとコミック・スクウェア（第一回は新・コミックマーケットという名前で開催された）へと分裂している。その一因として挙げられているのがイベントに対するスタンスの違いである。

当時を回顧した対談において、代表を務めていた米沢は準備会内の対立の原因がアニメのイベントにあったことを明らかにしている。

米沢　（…）アニメ派の人たちに前から言われていたのが、声優を呼んでコンサートをやってくれとかレコード会社とかと絡んで上映会をやってくれとか、そういう話が来てたわけ。

ベル　サイン会とかね。

米沢　そういうのはコミケットに合わないとこっちは言い続けていたわけで……。

（コミックマーケット準備会編 2005:96）

後にコミック・スクウェアへと移行したスタッフたちが求めていたものは、プロありきの要素であった。それはコミックマーケット誕生時に否定した漫画大会的なファンイベントへの回帰ともいえた。この分裂後、コミックマーケットはイベント併催を原則として廃止している。(＊11)

二次創作、ファンジンだけではないコミックマーケット

ファンコンベンションから同人誌部分を切り離した形で開催されたコミックマーケットには、自ら同人誌を制作する描き手が多く集まった。初期の参加サークルリストをみると、オリジナルの作品を制作する創作同人誌や、評論、プロ作家のファンクラブ（ＦＣ）、そして、大学などの漫画研究会（学漫）が主な参加サークルのジャンルである。日本漫画大会のようなプロに対するファンという位置づけでなく、コミックマーケットは、漫画の創作、批評という形で同人誌を中核とした表現活動を行う人々が集まっていた。

「プロとファンの接点がＳＦ大会。コミケなどマンガのイベントは、プロとの接点というよりも、プロ

もアマも同列におかれる。「ファンジン」よりは「同人」というのが正解だと思う」（五〇歳代 男性）という発言が示すように、SFファンダムにベースを置きながらコミックマーケットにも参加していたインフォーマントにとっては、コミックマーケットの同人誌は、プロ作家、プロ作品のファンにより制作されたファンジンという概念に収まりきるものではない。当時は「オタク」という語も、単純な二人称としての意味しかなく、「ファン」で一括りにされていたが、そこには二次創作による商業作品の再生産のみが含意されていたわけではない。

パロディ同人誌が隆盛を極める現在では、プロに対するオーディエンス（読者）として、ファン文化の中に同人文化を容易に位置づけることができる。だが、その創成期においては、商業出版ではないもうひとつのアマチュアの創作活動の場としての意味づけがなされていた。それはファンコンベンションにおいてファンがプロを先生として呼ぶという構図を転換したコミックマーケットの特徴といえよう。例えば、先に挙げたジャンルの中では、創作同人誌だけでなく、学漫もオリジナルの漫画創作を求めていた。そして、評論同人誌も特定作品のファンという立場よりも、評論によりマンガ表現を発展させる批評的な側面を求めていた。

（筆者注：当時のオタクの間には）様々な形で「マンガを自立させたい」、「マンガを文学の支配下におくな」という意識があった。評論を文字でやると文学と同列におかれてしまう。そのために、迷宮はマンガでマンガを批評するといったことをしていた。（五〇歳代 男性）

迷宮の『漫画新批評大系』では、批評的側面から、萩尾望都『ポーの一族』パロディ『ポルの一族』

を連載の核に据えていた（コミックマーケット準備会編 2005）。

コミックマーケット初期において、ＣＯＭの流れを汲む創作に加え、萩尾望都などのデビューにより盛り上がりを見せていた少女マンガの影響も強く、創作少女マンガも盛んであった。評論もそれらの流れに対する文書による批評として位置づけられ、学漫の会誌には所属する会員による創作マンガも掲載されていた。つまり、創作系を中心とするコミックマーケット初期の状況を振り返ってみると、当時の参加者はマンガを愛好する者として、マンガ表現の発展を目指し、評論や創作活動をしていたと捉えられる。

漫画表現からパロディへ

では、ファンによる二次創作の場としてのコミックマーケットの側面は、どのようにして発生したのだろうか。現在、コミックマーケットに多く見られる二次創作、パロディは特定の作品のキャラクターや世界観などの設定を利用し、自分好みのストーリーでマンガや小説を作る活動である。このような二次創作による同人活動は、プロの作品を前提とするファンの営為として位置づけられる。

コミックマーケット初期には創作に主眼を置く同人誌が多くを占めていたが、当時の参加サークルの中でも、ＦＣ（ファンクラブ）はファンとプロという関係性をそのサークルの目的の中に内包していた。ＦＣの同人誌は会報や会誌としての側面を持ち、会員による合同の制作活動であった。その内容は、現在のパロディ同人誌とは趣が異なり、作家の情報（作品リスト、近況など）に加え、作品の感想や情報、イラストやマンガも含まれる欧米やＳＦで見られるファンジンの形式に近いものであった。

先述のように評論的な目的からパロディを行った迷宮や、ＦＣや漫研の同人誌にも同人作家が自分の好きな商業作品のキャラクターを描いたイラストが掲載されることもあり、同人活動においてパロディは自然発生的に同人誌の一部として含まれていた。ただし、現在のパロディ同人誌は、二次創作のマンガや小説作品のみで構成されるのが通例である。そのようなパロディだけで一冊の同人誌となり、特定作品をテーマとした同人誌が制作されるようになるのはアニメの影響が大きかった。

パロディを使ったマンガ評論を「漫画新批評大系」がやっていたが、パロディによるファンマンガは多くなかった。（五〇歳代 男性）

もともとアニメのファンダムは、SFファンダムやマンガファンダムに付随していた。ヤマトの波動砲が実現するかという評論などを行ったりしていた。一つの作品でパロディ同人誌を一冊制作するのではなく、印刷コストも高く、何人かで一緒にということでやっていたので、（筆者注：メンバーそれぞれが書きたい）複数作品で集めることになる。コンバトラーVやダイモスの頃になると、一つの作品を好きな人が集まってサークルをつくるようになる。それ以前はマンガを読み書くのが普通だったが、七八、九年の頃から、読むだけの人も出てきた。（五〇歳代 女性）

一九七七年頃から『宇宙戦艦ヤマト』のブームをうけてアニメサークルが増加し始め、七九年四月に開催されたC11では、アニメ系サークルとマンガ系サークルで会場が分離されている。作品の批評・感想や情報、資料をまとめた既存のファンジンや、会員のマンガ、イラスト、記事を掲載するFC会誌のスタイルから、特定の作品のファンが集まりパロディマンガを一冊の同人誌にまとめるパロディ同人誌のスタイルが目立つようになる。

また、アニメ系同人誌の内容変化には、アニメ情報誌の影響も指摘されている。

同人誌の間で研究されていたアニメが、一般誌としてアニメファン雑誌『OUT』、さらに『アニメージュ』『アニメック』として創刊され、一大マーケットになっていく。いうまでもなく、その内容は、コミケットのアニメ同人誌を、より商品性をもたせて展開させたものであった。（米沢 1997:288）

同人誌でしか入手できなかったアニメ情報が商業誌で流通するようになり、ファンジンの作品関連情報、資料的な側面の必要性が薄れてきた。(*12) このような背景もあり、アニメファンによる同人誌制作の中心は、パロディ同人誌へと移行した。

パロディを受け入れたことによりコミックマーケットは拡大していく。同人誌については内容不問の姿勢がとられ、コミックマーケットはファンによる二次創作の場としても機能していくことになる。一方、創作漫画を重視する動きもあり、そこからMGM（まんがギャラリー&マーケット）という創作オンリー即売会が開催される。MGMとは、迷宮の中心的人物の一人であった亜庭じゅんを中心に創設された、パロディではない創作同人誌に限定した創作オンリー同人誌即売会である。同会は、大型化に従いコミックマーケットで失われつつあったサークルと読者との交流が可能な場として一九八〇年に迷宮主催で開催されたミニマーケットから生まれている。

つまりコミックマーケットからは、商業、プロに対するファンイベントを志向したコミック・スクウェアと、パロディを排し漫画表現を追求し創作オンリー即売へと至ったMGMという、二つの対照的なイベントが生まれている。このような経緯を踏まえると、結果としてコミックマーケットが目指したものは、思想としては両者の中間をとる中庸なものであったといえよう。そして、それは物理的な側面においては、全てを許容する巨大化への道を意味していた。

即売会の分化が進んだことで、一九八〇年代初頭にコミックマーケットの基礎が築き上げられた。コミックマーケットとしての目的が明確化されるとともに、参加者間での意識の統一が必要となった。そのために作成されたのが『COMIC MARKET MANNUAL』という注意事項やコミックマーケットの説明をまとめた冊子である。一九八二年に発行が始まり、現在ではサークル参加申込書に挟み込まれ一体となった冊子として提供されている。

『COMIC MARKET MANNUAL』には、「コミックマーケットの理念と目的」という文章が掲載されている。多少の修正はなされているものの、参加者の平等、自由な表現の場、恒久的な場の維持の目的化、そして参加者の維持への協力といった基本的なスタンスは、当初から現在まで変わりはない。このような形で明文化された理念と目的は、コミックマーケット参加者に明確な目的を与え、準備会やコミックマーケットの形を規定していくことになる。「コミックマーケットの理念と目的」をはじめ『COMIC MARKET MANNUAL』の内容が大きく変わっていないことからもわかるように、自らを「コミックマーケットは、容器である故に、参加者や状況の変化によって、その内実は変わり続けていくことになる」（コミックマーケット準備会編 2005:355）と定義するコミックマーケットは、どのような表現も受け入れることで、サークルや外部環境に変化を求めることになった。コミックマーケット自体は、同人誌頒布の「場」としての機能を提供するという点に収束し、その開催を自己目的化することになる。

コミケットは、マンガ、アニメファンが、コミケットを必要とする限り、何らかの形で恒久的に続けていかねばならない。（コミックマーケット準備会編 2005:355）

その後の二十数年間、規模拡大にともなう準備会組織の変化や、印刷所や流通企業の導入、企業ブースなど細部において変化していく部分はあるが、イベント全体のスタンスは変わらず、当初からの理念の下で、コミックマーケットの維持を目的とし開催を続けている。

4　表現の場、流通網の拡大

即売会の広がり

一九八〇年代初期にはコミックマーケットの基本が形作られた。八〇年代には、男性向けサークルから興ったロリコンや、女性を中心とした「キャプテン翼」ブームなど、サークルが作り出す同人誌は変化を続けたが、コミックマーケット自体は場として拡大を続けるのみであった。そのため、本節ではコミックマーケット以外の同人活動のインフラについて考察を進めていきたい。現在、同人誌流通の方法は、同人誌即売会と書店委託の二つの方法がある。ここでは、両者の歴史を簡単にまとめたいと思う。

コミックマーケット参加者が増加するに従い、同人誌即売会というイベントスタイルが認知され、各地に広がっていった。

「マンガ同人誌の即売会頒布は、「ミニコミフェア」などのマンガ以外の同人誌即売会がマンガ同人誌を取り入れることで始まった（霜月 2008）。そして、マンガ同人誌に焦点を絞った「コミックマーケット」のような同人誌即売会を開催しようという動きが各地で起こっていた。「地方の大学漫研が中心となって、岩手大学、松山大学、名大（筆者注：名古屋大学）などが地方の即売会を主催し始めた」（五〇歳代女性）のである。

岩手の岩漫、名古屋のコミックカーニバル（COMICA）、大阪のコミックバザール（コミール）、松山のまんがせえる、神戸のコミックストリートなど、一九七〇年代後半から八〇年代前半には各地で即売会が開催され始める。中でも、一九七八年に第一回が開催されたコミックカーニバルとコミールの歴史は古く、『ぱふ』一九七九年一一・一二月特別号の特集「全国まんが同人誌地図」にも紹介されている。なお、同特集内に再録されているCOMICA3参加サークルリストでは一〇一のサークルスペースが記載され、それ以外に委託参加サークルもあり、すでに名古屋周辺でも多くの同人誌サークルが即売会に参加していたことが窺える。

一方、企業による同人誌即売会が開催され始める。東京文芸出版と赤ブーブー通信によって主催されていたコミックシティー（およびスーパーコミックシティー）、東京文芸出版による同人誌ミニコミフェア、スタジオYOUによるコミックライブなどの企業系同人誌即売会が各地で開催されるようになる。コミックマーケットをはじめ非営利で有志が集まり同人誌即売会を開催することが基本となっていたが、次第に同人誌即売会は企業活動とも直接的に結びついていくことになる。

企業イベントがでてきたときも、機会が少なかったので、イベントの場が増えるというので歓迎していた。（筆者注：コミックマーケットが）年二回の開催になったので、機会が増え、裾野が広がっていくのはいいことだという意識だった。（五〇歳代 女性）

同人誌頒布の場も限られていた当時の参加者にとっては、営利企業による主催であることへの反発は感じなかったようである。

即売会が巨大化するに従い、特定のジャンルに絞ったサークルを集めたオンリーイベントも生まれていく。先述のMGMも、創作をテーマとした即売会であったが、首都圏では同じく創作オンリーのコミティアが一九八四年に開催された。また、パロディにおいても、特定の作品のパロディサークルのみが参加するオンリーイベントが開催されるようになる。次のインフォーマントの発言にあるように、特定ジャンルのファンが増大し、オンリーイベントの開催が一般的となった。

オンリーイベントはキャプ翼（筆者注：キャプテン翼）の頃には既にあった。もしかしたらそれ以前からあるのかもしれないが、ジャンルオンリーとして目立ってくるのはキャプ翼ぐらいからだろう。そもそも、キャプ翼以前は、（筆者注：コミックマーケットでも一つの作品で）オンリーができるようなジャンルの規模（筆者注：のサークル数）を持っていなかった。赤ブーブー通信社が主催したウイングマーケットが、キャプ翼を広めるのに役立った。（四〇歳代 男性）

そして、赤ブーブー通信社のような企業によるオンリーイベントだけでなく、そのジャンルの中堅や大手サークルが集まり、有志のファンによりオンリーイベントが開催されるようになっていく。

八〇年代には各地でオールジャンルの即売会やオンリーイベントが開催されるようになった。その中には、コミックシティーやコミックライブ、コミティア、ガタケットなど現在まで続く同人誌即売会も多い。

書店委託流通

同人誌即売会によらずに、同人誌を頒布する方法が書店委託である。日本においては、大部分の出版物が、卸売業にあたる取次を経由して出版社から各地の書店へと配本され、消費者のもとに届く。同人サークルは取次と取引できないため、通常の商業出版流通ルートを利用できない。だが、同人誌でも、書店や店舗と個別に交渉し、店頭で販売してもらうことは可能である。六〇年代後半から盛んになったミニコミでは、自費出版物を書店や喫茶店、レコード店などに個別に交渉して店頭での販売が行われていた。ミニコミと同様にマンガ同人誌を取り扱っていた書店も存在しており、コミックマーケット以前より同人誌流通のルートとして機能していた。(*13)

それら文芸同人誌や趣味情報、地域情報などの一般自費出版物から独立し、マンガに特化した書店委託流通が試みられるようになる。オタク向けの同人誌にターゲットを絞った販売拠点として、現在残されている資料から確認できる初期の店舗はマンガ関連企業によるものである。

八〇年代前半の時点で、同人誌や商業マンガの情報を提供していた情報誌である『ぱふ』と『コミックBOX』は、自社施設での同人誌の委託販売をおこなっていた。しかし、『レモンピープル』一九八五年九月号に掲載された記事には「今月の初め頃、『コミックBOX』の主催していた同人誌中心の常設マーケットだった「フリースペース」が閉鎖されたが、八月には『ぱふ』のやっていた「コミック・

イン」が閉鎖されるらしい。これで、同人誌の恒常的なマーケットはなくなることになる」（阿島 2004:80）という記述があり、マンガ同人誌の店頭販売は簡単には根付かなかったようである。

だが、一九八〇年代後半には、マンガ専門書店などに同人誌の販売が可能なスペースが用意されることもあった。

八〇年代後半にはコーナーとして同人誌販売があり、東京ではまんがの森、高岡書店、書泉ブックマートなどのマンガ専門店が同人誌をおきだした。（四〇歳代 男性）

ただし、マンガ専門店であっても一九八〇年代の書店販売の取扱量は限られていた。

まんがの森の地下一階では何十サークル程度。書泉（筆者注：書泉ブックマート）も棚二列ぐらいで数十サークル程度だった。（四〇歳代 男性）

書店とサークルが個別に交渉することが基本であったため、マンガ専門書店でさえも取り扱いサークル数や流通量が限られていた。キャプテン翼ブームを経て一九八九年開催のC36には参加サークル数が一万を超えていた即売会に比べると、書店流通は未だ小さい規模であった。その上、一九九〇年には書泉ブックマートなどに委託されていた成人向け同人誌が猥褻物にあたると警察の摘発を受けたことで、同人誌の書店委託は九〇年代初頭には一時的に影を潜めた。

同人誌即売会の補佐的役割を担っていた書店委託という流通方法が発達を遂げるのは九〇年代後半に

入ってからである。九四年創業のとらのあな、九二年創業のK-Booksなど、同人誌の中古、新刊委託販売を積極的に行う書店が登場し、徐々に事業を拡大したことがその要因である。店舗数の拡大にともない、書店が委託を受けた同人誌を自社の複数店舗に配本することで、サークルが拠点を持たない地域にも同人誌が流通可能となった。

二〇〇八年現在、同人誌の委託販売を行う書店は全国各地に出店している。一例を挙げると、とらのあなは全国に一五店舗を構え、インターネットによる通信販売も行っている。同人市場に関する市場統計は複数存在し、どの数値が正しいかは不明確だが、『オタク産業白書2008』の数値を参考として挙げると、書店委託の市場規模は一三四億五〇〇〇万円と推計されており、この数値は即売会の流通量を超える金額である。現在では、イベント会場での限定的な対面販売をベースとする即売会とは異なる常設の流通として、書店委託は発展を遂げたのである。

5　三〇年を経たコミックマーケットと同人の世界

市場としてのコミックマーケットの姿

同人誌即売会が誕生した七〇年代からの歴史を、文献資料やインタビューを基に記述してきた。以下では、三〇周年を機に実施されたアンケート調査を利用し、コミックマーケットの実態を定量的に分析する。そして、これまで記述してきたようなコミックマーケットが、三〇年を経てどのような場に成長したのか考察したい。

本章で利用するコミックマーケット三〇周年記念調査は、二〇〇三〜〇五年にかけてコミックマーケット準備会と学術関係者からなるコミック文化研究会の共同によって実施された。本章では、同調査の中心をなしていたサークル参加者アンケートの結果を利用する。このアンケートは、C66参加申込全サークル（約五万二〇〇〇サークル）を対象に、主に二〇〇三年の同人活動の実態と、C65（二〇〇三年一二月開催）での参加実績について質問した。(*14)

C65には三日間で三五〇〇〇サークルが参加し、同人誌を頒布した。図7-1のように、サークルの頒布部数（同人誌だけでなく同人ソフト等も含む）は、一回のコミックマーケットで〇〜四九部の頒布が最も多く三五・三％。以下、五〇〜九九部が二〇・九％、一〇〇〜一四九部が一二・六％と、頒布部数が多くなるほどサークル数も減少していく。

なお、一五〇〇部以上を頒布するサークルは二・七％。参加サークル数から推計すると、約一〇〇〇に近いサークルが、一回のコミックマーケットで一五〇〇部以上を頒布していることになる。頒布部数についてはサークルによって様々であるが、コミックマーケット全体としてみた時の流通市場は決して小規模なものとはいえない。コミックマーケット三〇周年記念調査では、このアンケート結果から一回のコミックマーケットにおける流通量を推計している。同調査報告書によれば、各選択肢の中央値を代表値として推計したC65における総頒布量は七一三・六万部であった。

また、コミックマーケット以外の同人誌即売会への参加や、書店委託への参加については、表7-1、表7-2のようになる。コミックマーケットしか参加していないサークルは二七・二％で、約四分の三のサークルが他の即売会へも参加し、二四・九％がコミックマーケットよりも他の即売会での頒布量のほうが多いと回答している。一方、書店委託を利用しているサークルは一三・〇%であり、利用サークルは限られている。頒布量の比率に関しては、二・二%がコミックマーケットと書店委託がほぼ同じと回答し、三・〇%のサークルはコミックマーケットよりも書店委託の頒布量が多いと回答した。両者を合計すると、書店委託利用サークル中の約四割にあたり、書店委託利用サークルでは、書店委託を同人誌流通の重要な手段として活用している様子が窺える。

　このように、コミックマーケットは巨大な市場となり、他の即売会や書店委託も同人誌流通の場として機能している。日本の商業出版におけるマンガ市場は、アンケート調査が行われた二〇〇三年時点で、販売金額二五四九億円、販売部数五億二八三三万部であった（全国出版協会・出版科学研究所 2008）。この規模に比べると、同人誌の規模は小さいと言わざるをえないが、同人誌の流通規模は決して無視できるものではない。

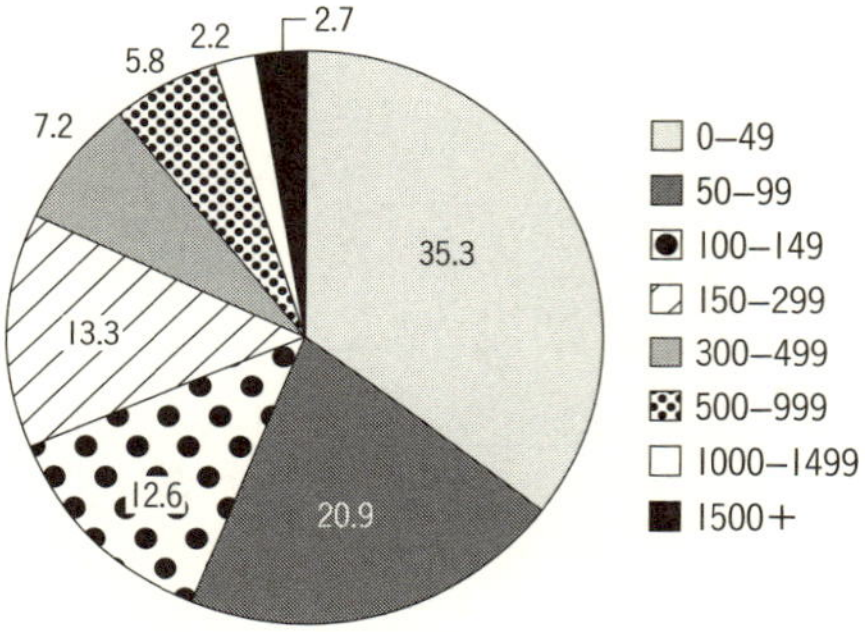

図7-1　サークルの頒布部数（C65）

　そもそもコミックマーケット設立の背景には、日本漫画大会への反発に加えて、商業出版（マンガ商業誌）への不満があった。先鋭的だった青年マンガ誌は自閉し、成長し常に前衛たろうとしていた『少年マガジン』などの少年誌は内容を低年齢化させ、かつて次々と新たな驚きを提供していた『ガロ』も低迷し、スポ根やアクション物が本流となっていた。それはマンガの可能性を閉ざしていこうとする状況にも見えたのだ。（コミックマー

表7-1　コミックマーケット以外の即売会の参加状況（2003年）　（%）

コミックマーケット以外の即売会には参加していない	27.2
コミックマーケットの方が、他即売会の頒布部数よりも多い	27.0
コミックマーケットと他即売会の頒布部数がほぼ同量	20.9
コミックマーケットよりも、他即売会の頒布部数の方が多い	24.9

表7-2　書店委託の利用と即売会との頒布量の比較（2003年）　（%）

書店委託をしていない	87.0
書店委託より即売会での頒布量が多い	7.8
書店委託と即売会の頒布量がほぼ同量	2.2
即売会より書店委託による頒布量が多い	3.0

ケット準備会編 2005:26）

前代表の米沢はインタビューにて、そのような商業出版にはない同人誌の可能性に惹かれ、「そういうもの（筆者注：同人誌に掲載された力のある作品）がきちんと流通する、つまり簡単に言うと、トーハンとか日販に代わる自前の流通を作っていこうっていうのが、やっぱり一番大きかったんですよ。（…）自前でどういう形で流通を作っていけるかというと、そういう即売会の形？それでそういうもののネットワークみたいなものっていうのが全国に出来ていけば、まぁあの、流通していくんじゃないかと」（杉山編 2008:125）と語っており、商業誌、出版社や商業出版流通を支える取次に代わる自前の出版流通を構築することが目指されていた。

三〇年を経た現在でも、先に見た流通規模に鑑みれば、同人誌が商業出版にとって代わったわけではない。だが、米沢などコミックマーケットの創始者たちが目指したものは、商業出版マンガでは流通しない作品を流通させ、新しいマンガ表現の場を確保することであった。

マンガ表現の追求という観点からは、創作ジャンルが同人誌の中心として考えられる。初代代表であった原田央男も、「ファンクラブやコスプレを否定する気はさらさらないが、そういう自分が最初期待した以外のサークルや流行が増える一方で、まんが創作サークルは微々たるもの。しかも、その創作サークルの作品でさえ、あからさまに商業作品の二番煎じと思われるものばかりが大半とわかって、そこから同人作品の未知なる世界が広がるものと期待していた自分の気持ちが萎えてしまった（霜月 2008:182）と、一九七九年の代表退任時の状況について回想している。それから約二十年を経たC65のアンケートでは、創作系ジャンルは一二・九％であり、残りはアニメや『週刊少年ジャンプ』など商業マンガ作品のパロディサークルが占めていることになる。(＊15) コミックマーケット全体を見渡してみれば、二次創作によるパロディ同人誌が主流を占めていることを否定はできない。

だが、マンガ表現の追求は創作ジャンルによってのみ担われるものではないだろう。パロディマンガから新しい表現や作品が生まれることもあるし、作家に焦点をあてれば、パロディで同人活動をしている作家が創作マンガを描くことも多々ある。コミックマーケットが、創作系ジャンルだけでなく、パロディを中心とする二次創作作品の流通の場として機能し始め、現在では後者が中心となっているとしても、決して表現の追求が忘れ去られたわけではない。先の米沢のインタビューからも分かるように、手段としてコミックマーケットという流通の場が求められていたが、そもそもの目的はマンガの多様性を維持することであったのだ。

アンケートでも、商業出版での執筆経験について聞いている（表7―3）。一四・四％のサークルが商業執筆経験があると回答しており、「商業出版で執筆すること＝プロ」でも、「同人活動をする＝アマチュア」という単純な図式でもないことがわかる。なお、一一・七％が商業出版での作品発表を強く希

表7-3　商業誌経験と商業誌への希望（2003年）　（%）

商業誌の経験なし			商業誌の経験あり	
商業誌で発表したいと思わない	機会があれば発表したい	強く希望	経験あり（生計は立てていない）	プロとして生計を立てている
30.8	43.1	11.7	9.9	4.5

望すると回答しており、同人活動から商業出版で活躍することを望む者も存在する。

もちろん、同人活動から商業出版で活躍しプロとなった漫画家は数多い。高河ゆん、CLAMPなど同人活動スタートし、商業出版でデビューした作家は、全ての名前を挙げられないほどに多い。『GANSLINGER GIRL』、『月姫』、『ひぐらしの鳴く頃に』など同人から商業へと移行した作品もある。また、ロリコンややおいなどコミックマーケットと密接な関係を持つ漫画表現が商業出版に取り入れられ、オタク文化に大きな影響を与えていることは言うまでもない。

原田は、コミックマーケットが創作ではなく商業出版との関係を強めていった状況に対し、「『迷宮』にしてみればプロ作家養成場としてコミックマーケットを作ったわけではなく、むしろ商業誌に受け入れられない同人作家のためにそれを作ったといったほうが正しいだろう」（霜月 2008:180）と語っているが、後者の機能もコミックマーケットは十分に果たしている。

アンケートでは、「商業誌で発表したいと思わない」と三〇・八%のサークルが回答した。商業出版を目指すのではなく、コミックマーケットに参加し同人誌を作りたいというサークルが三割を占めている。コミックマーケットには、商業出版で生計を立てているプロの漫画家から、商業出版での活躍を希望する者、商業出版を目指さない作家まで、様々な同人作家が集い作品を発表している。コミックマーケットや同人業界全体からみれば、商業出版への対抗という側面は、単純にプロ／アマという対立や、商業主義／表現主義という対立に回収されるものではない。

商業出版側が同人作家を積極的に活用するようになり、作家だけでなく作品や流行も同人誌から取り入れられている。商業誌と同人誌が相互に絡み合いながら、作品が生み出されているのが現在の状況である。同人誌即売会は、商業出版に漫画家を供給するために存在しているわけでも、二次創作のためだけに存在しているわけでもない。様々なサークルが平等に選別も無く表現し同人誌を発表できる場が、コミックマーケットなのである。

多様なオルタナティブメディアを作り出す運営方針

多様性を重視し、ヒエラルキーを可能な限り排除した平等な場としてコミックマーケットが成立したのは、本章でみてきたような歴史的経緯から生まれたコミックマーケット準備会の運営方針による部分が大きいだろう。

日本漫画大会に反発し、イベント性を排してコンベンション形式を捨てたのみならず、コミックマーケット準備会は、参加するサークルに対し、可能な限り自由と平等を保障している。コミックマーケット準備会は、内容による選別を行わずサークル参加の機会の均等化を図っている。コミックマーケットは、売上げや内容によってサークルの当落選を決定するのではなく、ジャンル毎に当選率をなるべく均等になるように調整している。多様性を重視し、「1サークル1ジャンルといった場合、考慮することも」ある（コミックマーケット準備会編 2008:5）。森川が指摘するような商業イベントとは異なった階層性のないサークル配置も、サークルの平等という理念と結びつくだろう（森川 2003）。

コミックマーケットでは、運営側をサークル参加者、出展側をサークル参加者、来場側を一般参加者、企業として出展や関与する側を企業参加者と呼称し、総括する。場の構築に寄与しているという自覚を与える「参加者」という語を用いることで、コミックマーケットに参加している主体性を持たせ、「お客様」としての意識を排除する。そして、それぞれの参加者は平等で、スタッフ参加者が上位に置かれるわけではない。運営に携わるスタッフ参加者は、一般参加者やサークル参加者の立場でも参加が可能である。スタッフとして運営に携わるときのみ、特定作品のファンであるという立場を切り離し、コミックマーケット全体のために場の維持・運営を目的として活動する（玉川 2007）。

　コミックマーケット内における選別や階層性、権力性を可能な限り排除し、多様性の確保を可能としたのが、コミックマーケットが作り上げた同人誌即売会の背後にある思想の根幹である。この思想が、運営方針として語られる「理念と目的」の文章だけでなく、サークルの参加方法や、「参加者」という概念、空間配置など、日本で同人活動をする者に普段意識されることは少ないが、コミックマーケットの様々な制度や運営システムに具現化されている[*16]。

　日本で誕生した同人誌即売会形式は、コンベンション形式に取って代わり、日本ではマンガ、アニメ、ゲームを愛好するオタクにとって、親しみのあるイベント形式となっている。同人誌即売会とコンベンション形式のどちらが優れているかと優劣をつけることに意味はないが、海外のファンジンとは違った形で日本において同人文化が発達した理由は、同人誌即売会という形式に因《よ》るところが大きいことに疑いはないだろう。

　コミックマーケットだけでなく、各種同人誌即売会、書店委託流通網、インターネット販売など、同人誌流通の場は拡大した。流通という観点では、コミックマーケットが当初目指した自前の流通は現実のものとなったと言える。

　もっとも、当初目指していた創作、つまり新たなマンガ表現を追究するだけでなく、パロディ同人誌やゲーム、音楽など、オタク文化にまつわる様々な表現物を含むメディアに同人はなった。そのような多様な中身（コンテンツ）を許容し発展をもたらしたのは、流通の力ではなく、多様な作品を生み出す同人作家の表現力や、それを求めるオタクである。流通としてのコミックマーケットは、個別のコンテンツについて内容不問を貫き多様性を求め、コンテンツの発展をサークルや一般参加者に任せている。企業的なマーケティングとは異なる方針の下で、多くの作家や作品が生まれ、同人は発展を遂げてきた。

当初より明確な目的を持っていたコミックマーケットは、その目的を具現化した合理的な仕組みを作り、同人誌即売会のイベント形式を確立した。オタクの祭典ともいわれるコミックマーケットだが、その運営システムには三十数年前のファウンダー達の理念と目的が埋め込まれている。そのような表現空間の中で、現在も半年に一度三万五〇〇〇のサークルが集い、大量の同人誌の頒布が行われている。コミックマーケットは多様性を保持したオルタナティブな市場システムを築き、オタクが手軽に自らの表現ができる「オタクのオタクによるオタクのためのメディア」を提供し続けている。

【注】

＊1　本章では、「オタク」という語が成立する以前の状況について分析を行うため、「オタク」と「ファン」を併用する。現在でもコミックマーケット準備会では、「ファン」のためのイベントという表現がなされており、引用資料等では、「オタク」ではなく「ファン」が使用されていることが多い。なお、引用資料や固有名詞、海外先行研究に関する記述以外では、特定作品を愛好する受容者としての側面が強い場合に「ファン」を使用している。

＊2　個人では流通に乗らないために、取次と取引可能な出版社による自費出版というサービスが成立している。これら出版社との契約による自費出版は同人誌とはみなさない。

＊3　アメリカのファン文化におけるやおい、ボーイズラブのこと。愛好する作品のキャラクターを利用し創作された同性愛的な物語のことをさす。

＊4　アーティストアレー（Artist Alley）は、コンベンションにおいて、作家（マンガ家、イラストレーターや小説家など）が自ら出展し、作品の展示や即売を行う。ファンだけでなく、プロの作家が参加することもある。一方、ビデオや書籍、グッズなどの販売を行う物販スペースをディーラーズルーム（Dealers Room）という。こちらは専門店や企業および自らのコレクションの販売を目的とする個人が中心となり、作家による表現の場という側面は弱くなる。

＊5　本節以下では、文献資料に加え、筆者が一九七〇〜八〇年代のコミックマーケット参加経験者に対して行った聞き取り調査によりデータを補った。聞き取り調査からの引用に際しては、括弧内に性別と二〇〇八年現在の年齢を記している。

＊6　同人誌を発行する母体となる団体をサークルと呼ぶ。ファンクラブや複数人の作品を掲載する創作同人誌から出発しているため、現在でもサークルという単位が同人活動の基本となっており、たとえ一人で活動している場合でも便宜上サークル名義で活動をする。

＊7　日本漫画大会は、ＳＦファンダムのコンベンションであるＳＦ大会を模範に開催された。なお、ＳＦ大会は、ワールドコンに影響を受け、そのスタイルを日本に持ち込んだとされている。

＊8　霜月たかなかは、コミックマーケット初代代表であった原田央男のペンネームである。なお、コミックマーケット関係者としての引用では原田の文章として記している箇所もある。

＊9　迷宮は、初期コミックマーケット運営の母体となっていた評論サークル。コミックマーケット開催にあたって中心的な役割を果たした人間が多く所属していた。

＊10　以下、コミックマーケットの各回を示す際には、コミックマーケット準備会の慣例に倣いＣ〇〇（〇〇は回数）という略称を使用する

＊11　東京ビッグサイトに会場を移して以降、設けられるようになった企業ブースでは、企業出展を認めたことでイベント性の高い空間となっている。企業ブースでは声優やプロ作家を呼んでのイベントが開催されることもあり、プロとフ

アンという関係が前提とされている側面もある。詳しくは稗島（稗島 2003）を参照。

＊12　商業出版におけるアニメ情報誌についてはエロ本（2009）に詳しい。

＊13　当時の同人誌活動について回想した霜月（2008）にも、同人誌に関してミニコミセンターなどを利用していた様子が窺える。

＊14　コミック文化研究会には筆者も参加し調査分析に携わっているが、本章の以下では同調査の調査報告書（杉山編 2008）からアンケート調査結果を引用している。同アンケートに関して、特に注記がない限りは同報告書からの引用であり、文中の出典表記を省略する。なお、サークル参加者アンケートはC66申込書類と同封し配布、回収され、回収数三万七六二〇（回収率七二・三％）であった。

＊15　ジャンルの比率データは、細分化された申込ジャンルコードをコミックマーケット準備会によるジャンルコード表に従い表の九つに区分し、再計算を行った。

＊16　近年の参加者の増大により、これまで暗黙の了解とされてきたこれらの前提が共有されなくなってきた側面もある。コミックマーケット準備会の発行物でも、コミックマーケットのルールを知らない参加者についての報告がなされることがある。

【参考文献】

相田美穂〔2006〕「萌える空間――メイドカフェに関する社会学的考察」『広島修大論集』広島修道大学人文学会 vol.47: 193-219。

阿島俊〔2004〕『漫画同人誌エトセトラ '82～'98　状況論とレビューで読むおたく史』久保書店。

Bacon-Smith, Camille, 1992, Enterprising Women: Television Fandom and the Creation of Popular Myth, Philadelphia: University of Pennsylvania Press.

コミックマーケット準備会〔2008〕『コミックマーケット75　サークル参加申込書セット』有限会社コミケット。

コミックマーケット準備会編〔2005〕『コミックマーケット30's ファイル』有限会社コミケット。

――〔2008〕『コミックマーケットマニュアル75』有限会社コミケット。

稗島武〔2003〕「コミックマーケットの行方：ある「文化運動」に見る理念と現実の関係についての考察」『比較社会文化研究』九州大学比較社会文化学府 vol.14: 115-127。

石田喜美〔2007〕「「読者コミュニティ」の構築――同人誌コミュニティについての語りの分析から」『読書科学』日本読書学会 vol.50No.3・4: 94-104。

Jenkins, Henry, 1992, Textual Poachers, New York: Routledge.

小林義寛〔1996〕「from Folk to Filk――「密漁的文化」あるいは草の根の創造的活動の可能性へ向けて」『生活学論叢』日本生活学会 vol1: 97-106。

名藤多香子〔2007〕「「二次創作」活動とそのネットワークについて」『それぞれのファン研究――I am a fan』風塵社：55-117。

メディアクリエイト総研〔2008〕『オタク産業白書　2008』メディアクリエイト総研。

森川嘉一郎〔2003〕『趣都の誕生　萌える都市アキハバラ』幻冬舎。

Pustz, Matthew, 1999, Comic Book Culture: Fanboy and True Believers, Jackson: University Press of Mississippi.

霜月たかなか〔2008〕『コミックマーケット創世記』朝日新聞出版。

杉山あかし編〔2008〕『「コミック・マーケット」の文化社会学的研究（科学研究費補助金（基礎研究（B）（課題番号16330100）））研究調査報告書』杉山あかし。

玉川博章〔2007〕「ファンダムの場を創るということ――コミックマーケットのスタッフ活動」『それぞれのファン研究――I am a fan』風塵社：11-53。

米沢嘉博〔1997〕「コミケ文化の20年――流行を先取りしてきたコミックマーケット」『中央公論』中央公論社1357号：276-283.

――〔2000〕「まんが同人誌の歴史の概略を探る――コミックマーケット準備会代表／米沢嘉博氏インタビュー」『コミック・ファン』雑草社10号。

吉本たいまつ〔2009〕『おたくの起源』ＮＴＴ出版。

全国出版協会・出版科学研究所〔2008〕『2008　出版指標　年報』全国出版協会・出版科学研究所。

第8章　ネットワーク文化としてのファンダム・イン・アメリカ

ローレンス・エング

　アニメやマンガ、SF、さらにコンピュータ関連のコンテンツには豊富な知識が含まれているからこそ、オタクはそれらに惹かれ、豊かな知識市場（knowledge economy）に浸ることができる。こうしたひけらかしのための「オタク的な知識」は、メディアの情報に浸るだけではなく、仲間との情報交換を続ける中で得られるものも多い。特に日本国外のファンについていえば、メディアコンテンツとそれに関する知識の多くは、商業的なメディアよりも、むしろ他のファンとの交流から得ることのほうが多い。この点は、黎明期から今日に至るまで変わらない、ファンダムの特徴の一つといえよう。オタクに関しては、「社会的に孤立している人々」であるというステレオタイプが存在するが、実際のアニメファンコミュニティの様子を見てみると、彼らはむしろ社交的であり、なおかつネットワーク化していて、オンライン／オフライン双方の関係性において強くつながっているのがわかる。この章では、こうしたファン同士の社会的ネットワークやコミュニケーションの実態に焦点をあてながら、その基盤をなしてきたアメリカのアニメやマンガのファンダムについて考察する。そのために、それがどのように発展してきたのかを、一九六〇年代にまでさかのぼって記述していきたい。まずアニメファンダムの歴史を概観した上で、ローカルネットワーク、オンラインネットワーク、アニメコンベンションなどを含む「オタクネットワーク」の現状について注目していく。

アメリカにおけるオタクの歴史を概観するために

アメリカにおけるオタクたちのアイデンティティとサブカルチャーの実態を理解するには、米国内でアニメがエンターテイメントメディアとして登場してきたという背景、さらにファンダムの発展との間の、もつれあった歴史を掘り下げていかねばならない。アメリカにおいて、アニメのファンたちは自ら制作に携わるような存在ではなかったが、アニメの流通や評価、消費に対しては強い影響力を持ってきた。初期のファンたちがどのようなアニメ放送や映画を見ていたのかという点については、アメリカ国内で放映されたものであれ、コンベンションにおける放映やビデオテープの交換で目にしたものであれ、様々な著作（Patten 2004など）やドキュメンタリー映画（二〇〇四年のエリック・ブレスラー監督『Otaku Unite』など）、Right Stuff などのウェブサイト（Right Stuf 2009）において、その詳細を知ることができる。これらの記録からは、アメリカにおける驚くほど多くのアニメファンダムの歴史が、フレッド・パッテン（Fred・Patten）のような初期のファンたちによって記録されてきたことがわかる。パッテンは、（アンメリカ初のアニメクラブの一つとして知られている）「全米カートゥーン／ファンタジー協会＝Cartoon/Fantasy Organization（以下「Ｃ／ＦＯ」と記す、http://c_fo.tripod.com/）」の創始者で、アメリカにおけるアニメファンダムの誕生に大きな影響を与えた人物である。その後、「Ｃ／ＦＯ」のようなアニメクラブは、アメリカ国内で多数形成されていくこととなった。「Ｃ／ＦＯ」は、アメリカ国内ではいくつもの下部組織に分岐していて、それぞれのメンバーは、主として中身の濃いニュースレターを通してコミュニケーションをはかってきた。またパッテンは、アメリカにおける初期のアニメ視聴者に対してインパクトを与えたいくつかの作品に脚光を当てただけでなく、一九七〇年代後半以降のファンの活動についての、詳細な記録も残している。（＊1）本章では、こうしたパッテンらの軌跡に触れながら、アメリカにおけるアニメファンダム発展の歴史を概観していく。

アメリカにおける日本アニメの受容

アメリカにおいて、日本発のアニメが本格的に受容されていくのは、一九六〇年代前半のことである。『鉄腕アトム（Astroboy）』や『マッハ GoGoGo（Speed Racer）』、『ジャングル大帝（Simba the White Lion）』といった作品は、元々は日本国内向けに作られたアニメであるということも意識されないまま、アメリカの子どもたちの心をつかんでいった。そして、当時拡大しつつあったＳＦファンダム内でも、日本のアニメに対する関心が口コミで広まっていった。さらに、一九七五年に家庭向けのビデオ録画機が登場し、それによってファン同士や日本との間で、ビデオテープを交換する機会が広まっていった。こうしてアニメファンたちは、その「つながり」を拡大していくとともに、ＳＦコンベンションにおいて、アニメオンリーの会場を用意するようにもなっていった。

こうして、アニメは外国発のメディアとして注目を浴びることとなり、いわゆる「ジャパニメーション」という呼称も定着していく一方で、海外の視聴者をまったく意識せずに制作され、国内だけで流通・マーケティングされていた。アメリカでは、マニアックなファンたちによって消費されるカルトなメディアと見なされていたため、SFファンの間で取り上げられた。こうしたSFファンたちのコミュニティ（ファンダム）は、海外で放映された番組であれ、あるいは放映期間を過ぎた番組であれ、いずれにせよ、主流のメディアとは大きく異なるカルト的なメディアと深くかかわっていった。

先に述べた「C／FO」もSFのファンクラブで、一九七七年にロサンゼルスに設立された後、東海岸を含め、アメリカ中に支部を広げていくこととなった。初期のアニメクラブにおいて新しい情報を得るには、メンバー間でのパーソナルな関係に負うところが大きかった。この初期のアニメファンダムに関わっていたインフォマントから話を聞くと、当時のアニメファンたちは、かなりシンプルな手段でコミュニケーションをとっていたことがわかる。例えばアニメのあらすじやレビュー、貴重な翻訳などについては、そのハードコピーを送り合っていたという。初期のアニメクラブのメンバーたちは、自分では手に入れるのが極めて困難な、日本のテレビ番組や映画の上映会を行ったりしていた。ビデオテープのダビングも重要な活動の一つとされていた。実際、この頃のアニメクラブにおいては、何台ものビデオデッキを接続して、コピーが行われたりしていたという。電子的なネットワーク上でのコミュニケーションがはじまったばかりでありながら、同時に必要な情報を手に入れるには、国中のアニメファンと個人的なつながりを形成しなければならなかったため、今のファンダムより緊密なコミュニティだったと言う初期のファンもいる。

アメリカにおけるアニメファンダムの成立

一九七〇年代後半から一九八〇年代半ばにかけて、日本のポップカルチャーの人気が高まってきたこともあって、日本発のアニメ作品は徐々に目立つ存在になり、それらが日本発のものだと認知されるようになってきた。一九八〇年代における、ハロー・キティや空手、忍者映画に対する人気の高まりは、当時の日本の経済成長に対する関心の高さとパラレルな現象であった。しかし、こうした関心の高まりとは裏腹に、アメリカにおいて日本アニメは、依然としてなかなか入手できない貴重な存在であった。

こうした中で、アメリカ初のアニメ版権／配給会社の一つとしてストリームライン・ピクチャーズ（Streamline Pictures）社が、カール・マセック（Carl Macek）によって立ち上げられた。彼は、物語的には無関係な三つのアニメをマッシュアップした作品『ロボテック（Robotech）』[*2]の成功によって、八〇年代半ばに、アニメをマス文化に仕立て上げていった人物である。ストリームライン社は、市場に初期から参入できた優位性を持っており、アニメをより容易に視聴したいというファンの要望に応えていくこととなった。同社の作品は、検索しやすくて、値段も高くなく、日本の輸入アニメよりも簡単に理解することのできるものが多かった。しかし、アニメやそれに関する情報を、以前よりも容易に他の手段を利用して入手できるようになってきた新しい世代のアニメファンたちは、こぞって同社を利用するというわけではなかった。

では、一体、何が問題だったのだろうか。一つには、アニメに関する情報について（テレビ放映や雑誌のように主流の文化でも）アクセスが容易になってきたことと共に、新しい世代のファンも「高い評価基準」を持つようになっていたということが指摘できよう。初期のアニメファンは、英語吹き替え版の作品であっても、アニメが手に入るだけで喜んでいたが、若い世代のファンたちは、オリジナルの言語での作品を視聴するのがベストであるという審美眼を持っていた。アニメは日本文化に特有のものだという理解が増えてくると、オリジナルのストーリー展開と比べて、間違った翻訳や改変がなされたアニメの放映によってもこうした審美眼が刺激され、養われていった。(*3)

やがて八〇年代半ばになると、ファン自身がテクノロジーを駆使してビデオに字幕(ファンサブ)をつけることができるようになった。こうして、あらすじのプリントアウトや作品の合間に挿入された説明の音声に代わって、画面上でアニメの字幕を見ることができるようになっていった。また、ファンサブの急増によって、オリジナルの日本語で観るアニメ批評が活発化し(第9章参照)、アメリカのアニメファンが日本の声優の知識を豊富に持つようになることで、結果として声優ファンが増えていくことにもなった。一方で、新しい世代のファンたちは、商業的に入手可能なアニメの種類の乏しさに不満を募らせていた。というのも、ストリームライン社をはじめとする黎明期のアニメ配信会社は、刺激的かつ暴力的で、露骨な性描写を伴ったアニメ作品ばかりをリリースしていたからである。ファンたちは、こうした作品によってアメリカのアニメ(やアニメファン自体)の評判が傷つくことを危惧していた。

拡張するファンダムとファンクラブ

アメリカのアニメファンダムは、一九八〇年代後半以降も発展し続けていた。その背景として、先に記したような時代に、テレビでアニメを観ていた子どもたちが成長し、大学入学後も熱中していたこと、さらにそのことで、一九八〇年代後半から一九九〇年代にかけてのアメリカの大学において、アニメクラブが爆発的に増加したことなどが挙げられよう。こうしたアニメクラブの急増によって、ファンダムに以下のような変化がもたらされていった。

例えば、依然として一般的な小売店では限られたアニメ作品しか売られていなかったので、ファンたちが互いに映像素材を持ち寄り交換する場としては、むしろアニメクラブのほうが機能することとなった。そのおかげで、自分では高くて買えないようなアニメ作品であっても、多くのものが視聴できるようになっていった。さらに、アニメに関する情報を交換することも、アニメクラブの重要な機能となっていった。アメリカのように国土が大きく、同じ趣味を持った仲間を地元で見つけることが難しい社会においては、大学のアニメクラブは多くのファンにとっては初めて他のファンと友達になる機会を与えてくれる重要な場となった。

この頃になると、アニメは、すでにある程度入手しやすいものになっていた。具体的には、ストリームライン・ピクチャーズ社やＵＳレンディションズ社、アニメイゴ社などが設立されて市販されるようになっていたし、中でも後の二社は、吹き替えではなく英訳の字幕をつけた未編集アニメをはじめてリリースしたことで知られていた。一方、大学のアニメクラブでは、市販のアニメと同様かそれ以上の頻度で、非公式な形で入手した日本アニメの上映会が行われていた。それらは、日本人のペンフレンドから送られてきたものや、日本に駐留していた軍人が持ち帰ってきたもの、カリフォルニアにある日本関連のレンタルビデオショップから入手したもの、さらにはハワイにおける日本人向けテレビ放送を録画したものだったりした。ビデオやレーザーディスクも日本から輸入されるようになると、当初は高価だったこれらの媒体に対しても、大金を支払うアニメファンが登場してきた。

しかしながら、大学のアニメクラブにいた多くのファンたちについて言えば、日本人のペンフレンドがいたり、あるいはカリフォルニアの日本関連のレンタルビデオショップに行ったりレーザーディスクを入手したりできたものは、ごく一部であった。むしろファンたちの多くは、これらのアニメが録画されたビデオテープを交換する過程を通して、ファン同士のネットワークを形成・拡大させていったのである。こうしたネットワークは、ファンサブの制作実践の発展とともに、さらに拡大していった。個人単位のアニメファンの場合、ファンサブはメールを通してリクエストすることができたが、アニメクラブのメンバーはファンサブを優先的に入手することができた。これは、ファンサブがアニメに関する知識を広める上で大いに役立つという発想から来ており、アニメ業界にとってもマイナスなものとは考えられていなかったためである。こうして一つのファンサブがアニメクラブに届けられることで、数十から百名程度に及ぶメンバー全員がその恩恵に与かることができた。これは海賊版ビデオのアニメを、個々人が全員所有しているよりは、企業にとってはまだ不利益が少ないと考えられていた。こうして大学のアニメクラブは、一九九〇年代後半におけるインターネットを通した配信が広まるまで、ファンサブの加工が施された最新の日本アニメを視聴できる主要な場となっていった。さらにアニメクラブは、楽しくて社交的な環境を作りながら、市販以外の様々なアニメを学ぶための重要な役割を担っていった。アニメクラブとは、英訳された未編集で高画質なたくさんのアニメを、アメリカ国内で視聴できるようにしてくれる場であった。さらに、この頃の米国製市販アニメは、暴力性の高いものや性描写がどぎつい作品が多く、大学のアニメクラブでは、こうした作品はあまり視聴されていなかった。その代わり、多様なジャンルを取り入れながら、今日のアニメ市場を生成する土壌をつくっていったのである。

こうした初期のアニメクラブのメンバーの中には、その後、アニメ業界入りしたり、米国の主要なアニメコンベンションを組織運営するようになった人たちもいた。中でも、カリフォルニア大学バークレー校のアニメクラブ、「カル・アニメージュ　アルファ（Cal-Animage Alpha）」のメンバーたちは、後に米国最大規模のアニメコンベンションであるアニメエキスポを立ち上げることとなった。さらに、先述のアニメイゴ社（*4）は、その創業者であるタカイ・マサキ（Masaki Takai）が、「コーネル大学日本アニメーション・サークル学会（the Cornell Japanese Animation Society）」において、未編集アニメに対する大きな需要が存在することに気づいたことで、翻訳者を務め、起業した会社であり、同氏はまた、このクラブの創始者でもあった。

こうして大学のアニメクラブは、ファン同士がネットワークを形成する重要な場となっていった。各アニメクラブの代表者が集まる会議においては、アニメを観ることやクラブの事務的会議それ自体も社交的なイベントとなり、アニメと関係のない、テレビゲームをするような集まりも開催された。アニメクラブの中には、長時間にわたるアニメ上映会や独自のアニメコンベンションを開催したり（今日でも、コンベンションは主にファンがボランティアで開催している）、あるいはＡＭＶやパロディ動画を作ったりするようなものもあった。こうしてアニメはメインストリームの文化となり、初期の頃と比べると入手も容易になって、やがてアニメファンの低年齢化が進むようになると、高校にもアニメクラブができるようになった。

ファンダムのオンライン化

一九八〇年代後半から九〇年代初期にかけて、ビデオデッキと郵送に頼っていたアニメファンダムの世界は、その後、インターネットの普及とともに、劇的に変化することとなった。若年層においてでさえ、あらゆる種類のアニメファンがインターネットにのめりこみ、やがてヘビーユーザーになっていくというパターンが多くみられた（*5）。また、他のファンとつながるために、「コンピュサーブ

（Compuserve）」や「ゲニー（Genie）」のような初期のパソコン通信ネットワークを使っている人たちもいたし、中には掲示板（BBS）を使って、アニメの脚本やあらすじ、画像を共有するものもいた。しかし、インターネットの前身をなす、こうしたパソコン通信のネットワークは、長距離電話料金が高かったため、ファンダムで広く用いられることはなかった。

一方で、パソコン通信の掲示板と違って、インターネットが成功を収めたのは、アメリカ全土どころか世界中にそのネットワークが広まったからであり、さらに各大学において、アクセスが可能だったからである。なおアニメファンの大学生たちは、早い段階からインターネットを使い始めており、Usenet上でアニメ関連のニュースグループを形成したり、かつての郵送の時代のニュースレターをメーリングリストに置き換えたり、メディアを共有するためにＦＴＰとGopherのサイトをセットアップしたりして、情報の共有を図っている。(*6) こうしてVeniceのようなＦＴＰレポジトリ上において、アニメファンは、英訳された脚本やメディアファイル、そして情報のみならず、アニメ関連の書籍や販促物からスキャンした何百枚もの画像をダウンロードできるようになったのである。当初Gopherのサイトは、テキスト情報の交換に使われていた。UsenetはＢＢＳのシステムに類似していたため、アニメファンたちがお互いに議論する場として機能した。そして一九九〇年代半ばになると、アニメファンにとって最も重要なUsenetの「グループ」であり、後の「rec.arts.anime.misc」の前身となる「rec.arts.anime」が創立された。(*7)

こうしたUsenetグループの出現によって、米国のアニメファンダムは、幅広くアクセス可能で、無料で自由に使うことのできる電子会議システムを持つこととなる。Usenetは、当時のファンたちが、インターネット上でアニメ関連の様々な話題について会話をするための、まさに中心的な場だったといえる。こうしてrec.arts.animeは、熱心なアニメオタクたち、例えばコンベンションの主催者、アニメクラブのメンバー、米国のアニメ／マンガ配給会社のメンバーなどといった人たちにとって、非常に魅力的な場となっていった。

こうして、情報の共有や、鋭い質問とそれに対する応答、繰り返される投稿といった、インターネット上における一連の熱心な議論の展開を通して、最初のアニメファンセレブと呼ばれる人たちも現れるようになった。例えば、エンリケ・コンティ（Enrique Conty）は、一九九六年三月の一カ月間に、一五八回も意見を投稿していた（Tsurugi 1996）。またUsenetのユーザーは、自分自身の評判に非常に敏感で、投稿の下には複雑なアスキーアート（ASCII art）のサインをつけたりしていた。こうして、この時期に急速に成長していったアニメファンダムであるが、まだインターネットに接続しているファン全員が同じ情報や人物にアクセスしているような、小規模のコミュニティであった。

アーカイビングサービスのDeja Newsが登場するまで、Usenet上のメッセージは　ユーザが自身のコンピューターに保存した場合を除いて、一時的なものでしかなかった。アーカイブ化されたメッセージがなかったために、同じ質問が何度も繰り返しニュースグループに投稿されることになったのである。こうして、似たような問い合わせに回答するために、ＦＡＱコーナーが登場し、新規ユーザに対してはニュースグループに投稿する前にＦＡＱを読むよう促されることとなった。こうしたドキュメントは、オンライン上のアニメファンの間では、入門編にあたるような「正式な知識」として広まり、一方で、ＦＡＱコーナーの制作者たちはファンの間で知られるようになり、信頼される存在となっていった。

二〇〇〇年代に入ってウエブが普及し、個人による情報発信の手段として利用が可能になってくると、ファンたちの間でも自己表現のための新しい手段として活用されることとなった。こうしたコミュニケーション形態は、今日もなお技術的な進歩とパラレルに進化し続けているといえるだろう。映像圧縮のアルゴリズムや通信帯域の面での改良が進むと、やがてアニメそれ自体がオンライン上で配信できるようになっていった。実際に、アニメファンの中にも、インターネット上で、初期の段階から洗練された多くの動画ファイルの配信を行っていた人たちがいた。こうして容易に、かつ自由にアニメが視聴できるようになったことで、アニメクラブに求められる役割だけでなく、アニメ関連のウェブサイトや、コンベンションにいたるまで、ファンダムのありようも大きく変化していくこととなった。[＊8] 例えば、商業的な面について言えば、メインストリーム文化に属するような小売店においても、それまでよりもアニメが購入しやすくなったり、あるいはマンガの爆発的な人気によって、日本のポップカルチャーが、若年層や女性たちにおいて、数多く消費されるようになっていった。

ファンネットワークの現在

アニメファンダムは、コミュニケーションとネットワークインフラのユビキタス化・高機能化とともに、今日でも拡張・進化を続けている。それは初期のC／FO時代のファンの想像を超えて、巨大化・多様化してきているが、そこには一貫した歴史も保たれている。「オタク倫理（otaku ethic）」（第5章参照）とも呼びうる、彼らの多大なるコミットメントのありようは、すでにファンダムに広く行き渡っており、それが拡張してもなお、彼らは、初期の社会技術的ネットワークに関与するという特徴を持っている。次に、現在のファンたちがネットワーク化された文化を利用しながら、どのようなコミュニケーションを行っているか記述していこう。

ローカルネットワーク

「彼らは社会的に孤立していて対面的な接触を好まない」といったステレオタイプとは異なって、実際のアニメファンの多くは、対面的なコミュニケーションを通してファンダムに加わってきた。筆者の調査では、インフォマントが、テレビのアニメ放送から語り始めるケースが多く、最初にアニメファンとして交流を持った相手としては、親友や兄弟、いとこといった身近な相手が多く挙げられた。そして、その後に、アニメへの興味を共有できる人びとと学校で出会ったりして、交友関係が拡大していくのだという。インフォマントの中には、ひとりでアニメを視聴することを好む者はおらず、大半は友達と一緒、もしくは見知らぬ人でもアニメファンであるなら一緒に視聴することを好むと答えていた。また、異口同音に社会的実践としてのアニメの重要性について語ってくれた。例えばインタビューに協力してくれたベン・スピーゲル（Ben Spiegel）は、一二歳の頃からのアニメファンだが、彼にアニメをひとりで視聴したことがあるかと聞いてみたところ、次のようにこたえていた。

「いや、一度もないです。アニメを見ることって社会的な活動だと思います。しゃべったり笑いながら観たいですし、大声で話せるようにダビングしたアニメに字幕をつけるようにしています」

さらに彼らのほとんどは、趣味を共有する小さなサークルに入っていた。そして、彼らが通う高校や大学において、アニメクラブを組織しているものもいたが、こうして地元にアニメファンの友達を持つことで、アニメを購入する金銭的な負担も分担できると同時に、高価なアニメ作品も見やすくなるという利点があった。加えて重要なのは、そういった経済的な点だけでなく、アニメオタクたちが、自分の好きな作品について語り合い、同じジョークで笑ったり、同じシーンで感動を共有したりすることで、ファンであることの社会的な側面も楽しんでいたということである。こうした仲間とともに、彼らはファンアートやファンサブ、オンライン上での交流、コンベンションへの参加、アニメクラブの組織といった一連の活動に参加し、ファンダムの輪を広げていった。

多くのアニメファンクラブが、アニメの視聴を活動の中心に据えていたが、そこには二次的な活動も含まれており、クラブとしての役割は時間とともに変わっていった。アニメクラブは大学をはじめいろいろなところに存在しているが、現在では、その重要性はやや減少しつつあるともいえる。というのも、多種多様な未編集アニメ作品が大手小売店で手に入るようになったし、インターネット上でファンサブの加工が施された無数のアニメが視聴できるようになったからである。[＊9]その結果、アニメクラブの目的は、アニメを視聴することから、グループでの買い物やコスチューム制作、あるいはコスプレイベントへの参加や、みんなでゲームをしたり、アニメ図書館のような役割や、コンベンションを企画したりといった方向へシフトしていくこととなった。[＊10]

オンラインネットワーク

アニメオタクのネットワークに大きな影響を与えたのは、やはりインターネットの普及であったといえる。インターネットによって、当然のようにお互いの興味関心（意見表明や質問と返答、調査、情報交換と発信、イベントの組織など）を共有することができるようになった。先述したように、ＦＴＰやGopher, newsgroupsといった、ひと時代昔のインターネットのプラットフォームは、地理的に離れたファンたちの連結点となったが、九〇年代にファンダムが拡張していったのはウェブを通してであった。

より特徴的なこととしては、ウェブによって、ユーザーたちがオンラインのコンテンツを持続的かつ手軽に配信できるようになったことがあげられよう。[*11] ファンは、ウェブサイトへの配信をコントロールできるようになり、関連する他のサイトへのリンクを貼ることができるようになった。初期のウェブでは、アニメサイトの管理人はUsenet、メーリングリスト、Yahoo!のディレクトリや「アニメやマンガのリソースリスト（Anime and Manga Resources List）」や「アニメ・ターンパイク（Anime Turnpike）」などを通して語ることで、自身のサイトの存在をアピールしていったが、その内容の多くは、特定のアニメ作品や映画に関する情報であった。[*12] 他にも、アニメスタッフやキャストの情報、あらすじ、スキャン画像、キャラクター紹介、商品リスト、マルチメディアファイル、関連リンク先の情報などがサイトにアップされていた。一九九〇年代には、アニメ作品に関する情報を簡単に手に入れることはできなかったため、ウェブサイト制作者はそうした情報を優先的にアップしていった。したがって、ウェブサイトに質の高い情報をアップするためには、研究が必要であるため、サイトによってウェブデザインの質や情報量は様々であった。そして、アニメサイトの管理者たちは、グラフィックやユーザインタフェース、際立ったデザインやコンテンツなどを駆使して、自分のウェブサイトをどうにかして目立つものにしようと試みていった。クリエイターや声優、グッズ、キャラなどの情報を掲載した専門のウェブサイトが存在していたが、やがて多くのサイトは、一つのアニメ作品に特化していくこととなった。[*13]

アニメサイトを立ち上げることは、他のファンに情報を提供するためだけでなく、自分の好きな作品に対する愛情表現としても、また専門家としての評判を高めるためにも重要であった。アニメに関するウェブサイトが少なかった時代では、競合するサイトはそれほど多くなかったが、現在ではサイトが林立し、どれが人気があって正しい情報を提供しているかということをめぐって競争が起こっている。[*14] さらに、人気サイトを構築するためには、単に人の興味を惹くコンテンツ以上のことが求められた。自分のサイトに注目を集めるには、人気ディレクトリサイトリストに加えてもらったり、ファンダムの中心にいるひとたちの注意を引く必要もあった。例えば、初期のウェブでは、コンテンツの質が高いと認められたサイトに対しては、様々な団体から「賞」が贈られていた。こうした団体が主催する「賞」以外にも、他のファンからインフォーマルな賞を受けるサイトもあったし、そういった受賞歴をリスト化したサイトもあった。さらに、中には自分自身で賞を作って、関連するサイトに授与している人たちもいた。こうして、他のウェブサイトのコンテンツの品質についてジャッジをできる立場を得て、なおかつ、賞も得ることで、他のウェブサイトの管理者に対してリンクを貼るよう働きかけることができるようになっていったのである。

一九九〇年代半ばから後半にかけて、アニメ関連サイトを個人が開設することは当然のようになっていった。この頃には、若いアニメファンたちも、Geocities や Angelfire のような無料のウェブホスティングサービスを使うことで自身のウェブサイトを簡単に運営することができるようになっていた。一方で、一部の熱心なオタク的なファンたちは、ウェブを最大限に活用し、情報量のあるサイトを構築したが、その多くは手軽に構築されたものであり、その内容については、目新しくもなければ詳しくもないようなものばかりであった。こうしたサイトは、維持するのに費用もかからないので、たいていはアップデートもされないままで、削除もされなかった。サイトの総数が増えていくと、(閉鎖されたかどうかを逐一確認しづらくなり)ディレクトリ型検索サイトもリンク先がきちんと存在するサイトのリストを維持するのが困難になってきた。やがて、ウェブ上にこれまで生成されたサイトを管理したりランク付けするこれらの方法は、ウェブ検索という新しいパラダイムにとって代わられることになった。その後、

Googleがページランクの技術を引っ下げて、新しい時代を牽引することになる。どのサイトも、(入力のエディタによる決定や集約された情報を分析するのでもなく) 評判に基づいた検索結果として出されることになるのである。その結果、リンクが貼られるサイトほど正当性を得ることになる。これは、選択したトピックにおいて専門的なサイトを構築したいと思うアニメオタクにとっては、厳しい状況となった。

検索サイトの登場と海外アニメの大量流入によって、オンラインファンダムにおけるサイトの中心が、特定のアニメシリーズについて個人で管理したり、アニメに関する情報を集約したりするタイプのサイトから、情報を収録する汎用性の高いサイトへと変化していった。それまでアニメを入手する機会は限られており、オタクたちは特定の作品に関する学習や執筆にばかり力を注いできた。かつてのアニメファンは、ごく限られたアニメ作品を視聴したり、その学習のために時間を割いていたりした事実もあり、あまり人気のないアニメに関するウェブサイトであっても、一定数のオーディエンスがいたのである。しかし、大量の新作アニメの登場によって、その状況は変化することとなる。現在では、一つ見終えると、すぐに他の多くの新作アニメの話題がでてくるので、オタクたちは特定の作品に深く傾倒する時間がとれなくなってきている。その結果、人気のある作品だけが、定期的なコンテンツの更新や、コミュニティ、フォーラムの維持によって多数のファンを集め、ウェブサイトを維持していくのに十分な数のリピーターを集めることができるようになっていった。二〇〇七年に登場した『Otaku USA』のような商業的なアニメ関連雑誌の出版によって、インターネット上における特定のアニメ作品に関するニッチで詳細な情報へのニーズは減少する傾向にある。その代わりに、多様な内容を含むジェネラリストサイトや商業的なサイト、ウェブ上のフォーラムといった、オンライン上にアニメシーンの中心が移っていった。

†ジェネラリストサイト

現在、アニメサイトの中心を占めているのは、多くのアニメの情報を幅広くカバーしているような「ジェネラリストサイト（Generalist sites）」である。アニメファンたちは、趣味に関する大量の情報と、それを理解するのに必要な情報を掲載しているサイトを探すようになってきている。さらに、ウェブデータベース技術の進歩に伴い、アニメに関する大量の基本情報を即座に検索できるAnimeNfo.comのようなサイトも登場してきた。(*15) これらのサイトの特徴は、個々のエントリーが大規模なデータベースの一部をなしており、ユーザは、同じ年に放映されたものや、同じジャンルのもの、あるいは同じスタジオで制作された他のアニメを検索することができるという点である。他の特徴として、個々のエントリーにはアニメのユーザーレイティングとあらすじが記されていて、ユーザーがどのアニメを視聴するかを決める上で利便性が高い。加えてAnimeNfo.comでは、声優データベースも充実していて、声優のファンにとっては、次にどのアニメをみるべきかを決める情報としても役立っていたり、あるいはＩＲＣのチャンネルとウェブフォーラムの形態をとった自前のコミュニティを持っているという点も挙げられよう。

同様に、Anime News Networkも、アニメファンが重きを置いているウェブサイトの一つに挙げられるが、その主たる目的はアニメとマンガに関するニュースの提供となっている。(*16) そこでは、一日当たり五、六個程度のニュースがアップされており、世界中のアニメやファンダムに関する最新の情報を得るために、ファンが毎日アクセスしてくるのである。このサイトには、一応編集スタッフがいるものの、ニュースについては、誰であっても投稿することができる。こうしたニュース項目によく含まれているのは、次のようなものである。すなわち、テレビで放映されたり、ビデオとしてリリースされる新作アニメのタイトルに関するアナウンスや、アニメコンベンションのスペシャルゲスト情報、そしてアニメやアニメ業界の外部文書へのリンクやアニメファンに関して書かれた文書へのリンクなどである。他には、アニメのレビューや論説、コンベンションレポートなどもアップされている。アニメ・ニュースネットワークはウェブ上で最もアクティブなコミュニティの一つとなり、登録ユーザたちは毎日のようにたくさんのトピックを投稿し、多くのゲストユーザたちがそのコンテンツに目を通している。(*17) こうした中で、このサイトにおける最も重要な特徴は、〝エンサイクロペディア〟を有する点であったといえる。

アニメ・ニュースネットワークのエンサイクロペディアでは、アニメでよく耳にする日本語の意味が説明されていたり、アニメやアニメファンたちが用いるジャーゴンなども記されている。さらに優れているのは、アニメ（とマンガ）作品に関するデータベースの存在であり、一見 AnimeNfo.com に類似しているようでいて、そこには大きな違いもある。たしかにアニメ・ニュースネットワーク上のエンサイクロペディアのエントリーにも、作品のジャンルを記載したり、あらすじやスタッフ、キャスト（声優）やユーザのレイティングについて書かれているが、AnimeNfo.com と異なっているのは、データベースがオープンだったため、作品に関する情報を誰もが書き加えることができるという点である。このようにして、広く集められたアニメの知識を多くのユーザが手にすることができるようになり、エンサイクロペディアのデータベースは詳細で豊かなものとなった。こうしてエンサイクロペディアに正確な内容の投稿をするユーザがいる限り、他のものにも投稿を促すとともに、それがハイレベルな情報源であることが保たれるのである。

先述したように、あまり人気のないアニメに関するウェブサイトは、だんだん注目されなくなっていくが、それはそのようなサイトを構築するインセンティブが様々な理由でなくなっていったからである。そうしたマニアックなアニメに関する記事の多くは、Wikipediaで見ることができるようになったが、それは、少数の人びとが知っているアニメごとに個別のサイトを立ち上げるよりも、同様の情報をWikipediaに公開した方が簡単だからであった。もちろんWikipediaではウェブサイト制作者のクレジットは重要視されていないし、誰でも内容の編集に携われるという点では大きく異なっている。Wikipediaの記事は、アニメ・ニュースネットワークのエンサイクロペディアに似ていて、ユーザによる投稿が可能だが、誰もがコンテンツを削除したり編集したりできるし、さらには新しい記事をつくることもできる。またその記事のフォーマットは、アニメ・ニュースネットワークのエンサイクロペディアのエントリーが、データベース志向で長文ではないのと比べ、テキストベースで記述的である。Wikipediaは使い方も簡単でユビキタスなメディアであり、Googleの検索順位でも上位に表示されるというような知名度の高さもあって、アニメファンにとっては当たり前の情報ソースとなっていった。Wikipediaの記事は適切なコンテンツを含んでいるのだが、強いてそのマイナス面を挙げるとすると、ファンサイトから情報が「パクられたり」しながら、同じコンテンツについて書かれている個別のファンサイトの必要性が失われたことや、ファンサイトにおけるオリジナルな分析や情報収集のあり方、あるいはファンサイトに幅広く存在する多様な意見を充分に集約できていないことなどであろう。

一般的なウェブ2・0のトレンドに従えば、オンラインでのファン活動とは、毎日何かしらの書き込みがあるジャーナル、写真や動画をアップしたり、ダイジェスト版のニュース記事を転載したりするといったことである。4chanで見かけるようなImageboards（ユーザどうし画像をアップする掲示板）は、現在人気があるウェブコンテンツの特徴の一端を示しているといえるだろう。(*18)

†商業サイト

一方で、商業的なウェブサイトもまた、今日のオタクネットワークを見ていく上で重要な存在といえる。ADV Films、Animeigo、Funimation といったアメリカ国内のアニメ配給会社は、自身のウェブサイト上で販売している作品のプロモーションを行っている。ウェブ黎明期、アニメのオフィシャルサイトは、一般的には物足りない情報しか掲載されていないものとみなされていた。しかし、アニメ配給会社が成長してくるにつれて、サイトの情報も豊かになっていった。

アニメや関連のグッズはオンラインで最も多く購入できるため、販売店のウェブサイトもまた重視されるようになっていった。ロサンゼルスやサンフランシスコ、ニューヨークといった大都市にはアニメ専門店も存在していたが、全国的にはまだそれほど一般的なものではなかった。多くのコミックス専門書店にアニメ作品が取り揃えられていたものの、主力商品ではないため、少数しか取り扱われていないのが実状だった。大手の小売店やビデオショップの店頭にもアニメ作品は並んでいるが、陳列される本棚のスペースが限られているため、マイナーなアニメや古いアニメをそうした店舗で見つけるのは難しい。また、アニメに関する書籍やポスター、玩具なども大手の店舗では取り扱われていない。

一方、オンライン通販で有名な Animenation.com は、活気のあるウェブフォーラムコミュニティも主催していた。(*19) AnimeOnDVD.com は、ＤＶＤブーム初期の頃につくられたウェブサイトであったが、売却後 Mania.com にかわってからは、最も有名なアニメウェブサイトの一つとなった。(*20) AnimeOnDVD.com の頃は、販売している商品も一つのみで、商業サイトに近いものでしかなく、またアメリカで商業的なルートから入手できるようになったアニメＤＶＤに関するレビューを掲載したり、新作情報やライセンス取得に関するニュースがアップされたりしていた。一方、Mania.com になってからは、アニメDVDやアニメ企業を取り巻く問題に焦点をあて、かつ広い範囲の議題も提起するような人気のウェブフォーラムコミュニティを主催するようになった。

†ウェブフォーラム

インターネット上におけるアニメ関連の情報量の拡大に伴って、「ジェネラリストサイト（Generalist sites）」に掲載される前に情報が拡散していくようになった途端、同様の現象は、オンラインコミュニティにおいてもみられるようになった。それまで rec.arts.anime は、国境を超えてオンラインで交流するアニメファンにとって中心的な場所となっていたが、インターネットの普及が進み、Usenet 利用者が増えてくるにしたがって、その存在も不確かなものとなっていったのである。Usenet 上における新参者のアニメファンたちは、質問を投稿する前に、ＦＡＱ欄に回答が掲載されていないかを熟読するようにしきりに指示されなければならないようになっていった。しかし、もっと大きな打撃を Usenet のユーザーに与えたのは、広告主が送信してくる、アニメとはあまり関連のないスパムメッセージであった。こうして、rec.arts.anime や関連のニュースグループを読んでいたアニメファンはやがてウェブに移行し、ウェブブーム後に登場したアニメファンたちは、完全に Usenet から離れていくことになった。このため今日の多くの若いファンたちの間では、Usenet とは何なのか、まったく知られていない。

初期における特定のアニメに関するサイトにおいては、荒削りながらフォーラムを含みこんで、ウェブコンテンツを取り囲む形でコミュニティを作ろうとしたが、多くのフォーラムはうまくいかなかったのである。それは、どんなアニメであっても、熱心なファンたちのウェブサイトがいくつもあって、それらが似たようなフォーラムを主催していたからであった。誰もが知っているような人気アニメを扱った、人気のあるサイトを除くと、コンスタントに投稿がなされて、コミュニティが活発に形成されるようなことはまれであった。このように、インターネット上のアニメ関連コミュニティは、総合サイトが出現するまでうまくいかなかったのである。これらには、特定のアニメだけでなく一般的なアニメに関するサブフォーラムについて議論するサイトも含まれていたし、Anime News Network、Anime Nation、Anime on DVD といった総合サイト主催のフォーラムも含まれていた。初期のオンラインファンダムと比べると、これらのフォーラムは数多く存在し分散していたが、大規模なサイトのフォーラムには、公式のオンラインコミュニティと見なすのに十分なほどの人数が参加していた。

アニメコンベンション

アニメオタクたちは、日々の活動の多くをインターネット上で行っているし、地元の友達と小さなサークルを作ってアニメを視聴したり、あるいは地元のアニメクラブに参加していることもある。しかしながら、アニメオタクにおける最大のイベントといえば、やはりそれはアニメコンベンションであろう。アニメコンベンションとは、巨大な「ファンの集会」のことであり、週末を挟んで二〜四日間をフルに楽しめる多様なプログラムが組まれている。場合によって企業の参加の度合いは異なるが、ほとんどのアニメコンベンションは、ファンたちの手で運営されていることが多い。その歴史は、ＳＦ大会とコミックブック大会に由来すると言われている。これらの大会の期間中に、アニメファンコミュニティのグループが形成されるようになり、入手したばかりの最新アニメを、ホテルの客室でインフォーマルに視聴するために集まりだしたのがアニメコンベンションのはじまりと言われている。その後、八〇年代後半における「ベイコン（Baycon）」のようなＳＦ大会では、公式にアニメ上映会場も設置されるようになっていった。しかし、この頃においてもまだ、上映されるアニメには英訳はほとんどついていなかった。そこで、コンベンションの参加者たちは、配布されたプリントに書かれたあらすじなどを読みながら視聴していたのである。

一般にアニメコンベンションとは、ただ単にアニメファンの集まりであれば、そう呼ばれるというものではなく、そのイベントや広告の規模、年次開催か否か、プログラム内容の多様性などによって、公式の集会かどうか区分されている。アメリカ初のアニメコンベンションとは何かは、コンベンションの定義によるけれども、サンノゼで開催された「アニメコン'91」は、初期における最も重要なコンベンションの一つといって間違いないだろう。「アニメコン'91」は、アメリカ初の国際アニメコンベンションであり、日本からも著名なゲストが招かれて開催された。やがて「アニメコン」は「アニメエキスポ」へと発展し、今日ではアメリカにおけるアニメコンベンションの中でも最大級の規模のものへと成長している。なおアメリカにおける最大級のコンベンションとしては、南カリフォルニアに移った「アニメエキスポ」のほかに、テキサス州ダラス「Project A-Kon」や、メリーランド州ボルティモア「オタコン（Otakon）」など歴史の長いものが挙げられる。このようにアニメコンベンションは大都市で始まったものが多いが、現在では一年を通してほとんどの州で様々なコンベンションが開催されている。こうして、アニメコンベンションの数と規模の拡大は、オンライン上のネットワークの広がりと、アニメファンダム全体の拡大につながっていった。アニメコンベンションの広告宣伝活動はインターネット上でなされることが多く、そのための専用ウェブサイトも準備されている。そしてコンベンションごとにウェブフォーラムとメーリングリストが設置されて、主催者と参加予定のファンの間で、どのようなことをしたいかを話し合って、企画を一緒に盛り上げていくという点が特徴となっている。

実際に筆者がインタビューした多くのオタクたちも、みなアニメコンベンションに参加した経験があったり、あるいはそのうちに参加したいと答えていたが、参加の動機については、みなバラバラであった。例えば、ディーラーズルームで業者が販売するアニメ関連グッズを買いこむためという人もいれば、上映室で様々な新作アニメを観るために参加しているという人もいた。他には、ファンアート（主に同人イラストなど）の販売ブースを手伝ったり、眺めてまわったり、ファンアートの展示会であるアートショーに参加したり、作品を購入したり入札するためという人もいた。またコスプレは、今日ではどのアニメコンベンションにおいても、主要なイベントの一つとなっている（第10章参照）。コンベンションの参加者全員がコスプレをしているわけではないが、近年では数多くのファンが好きなアニメやゲームのキャラクターのコスプレをしていて、よくできたコスプレイヤー同士で写真を撮りあったり、あるいはユーモラスな寸劇やミュージカルを演じるマスカレードに参加したりもしている。通常の場合、コスプレは、同一のアニメやゲームのキャラ同士が集うグループの形で楽しまれている。

一方でコンベンションにおいては、過剰なまでのその知識量をひけらかしたいオタクのために、「ゲームショー」（クイズ番組）も企画されている。例えば「オタコン」では、アニメに関するトリビアを、互いに出題し合って競うゲームショーが毎年行われている。知識や情報に関するプログラムとしては、業界のプロや専門的なファンが主催するパネルディスカッションも挙げられよう。こうしたパネルディスカッションは、プロ企画のパネルの場合、通常はアニメ業界の人たちが、今後リリースされる作品やプロジェクトを心待ちにしているファンたちに対して、その詳細を伝える場として開催されることが多く、ファンにとっては、アニメ業界の人々と直接的にやりとりできる貴重な機会となっている。アニメ業界の人々も、もとはアマチュアのファンだったことが多いため、（アニメの違法コピーについて話されている場合を除けば）その雰囲気はポジティブなものであることが多くなっている。あるいは、日本から著名なゲストを招いて話してもらい、ファンからの質問に応えてもらうようなパネルディスカッションが用意されることもある。ファンが企画するパネルディスカッションは実に多様であり、そこは筋金入りのオタクの姿を見ることができる場ともなっている。そのテーマは、実に多岐にわたっており、以下に具体例を挙げれば、コスプレの「こつ」（tips）、日本文化、日本語学習、ファンフィクション作成の手法、アニメの描き方、AMVの作り方、ウェブサイト制作、アニメのセル画、アニメの玩具、マンガ、アニメクラブ運営方法、特定のアニメやアニメジャンルに関する議論といったものである。なおパネリストたちは、自身のウェブサイトやフォーラム参加を通してオンライン上では有名人になっている人たちが多く、そんなパネリストたちに会うために、わざわざパネルディスカッションに参加するアニメファンもいるほどである。

コンベンションに参加したアニメファンにインタビューすると、ほとんどの人が、他のアニメファンとの交流を楽しんでいると答えていた。以下にベン・スピーゲル（Ben Spiegel）の例を挙げてみよう。「コンベンションのいいところは、参加者がお互いに興味関心を共有しているので、誰とでも気楽に会話をすることができるし、話すネタがあるところです」

中には、地元の友達と一緒にコンベンションに参加している人もいれば、他の場所に住む友達と会うために参加する人もいる。多くの人は、オンライン上でしか会ったことのない人どうしで会うために、コンベンションに参加している。例えば、あるウェブフォーラムの参加者は、特定のコンベンションに参加予定であることを事前にアナウンスして、他に参加者がいないかどうか尋ねていた。そしてコンベンションの開催期間中も、食事をするために一緒に出かけたりして、いわばフェイスツーフェイスな形でのフォーラムを組織していた。このほか、幾人かのインタビュー対象者は、アニメコンベンションで全く知らない人とメディアに関する興味を共有するような、気軽な会話をすることが好きだと語った人もいた。

友達を作るためにコンベンションに参加する人もいた。極端な例としてピングイノ（Pinguino）は、コンベンションの時間のほとんどを友達に会うために費やしていると答え、そこで会った人たちについて以下のように語っていた。

「同人誌をかいている人たちの半数くらいと友達になっていると思います。知っている人の中では一番ネットワークが広いとよく言われる。でも、友達と会うのも仕事のうちです。私は、「Flippersmack（ピングイノ自身がネット上で発行しているファンジン）」の情報を追いかけているから、彼らにいつインタビューすべきかといったことが分かるようにしている[*21]」

オンライン、オフラインともに、既存の友人ネットワークを深めるためにコンベンションを利用するということは、オタクにとってよくあることである。他では見つけにくいグッズを手に入れたり、情報を得るためにも、コンベンションを利用しているのである。コスプレをするオタクやパネルディスカッションを企画するオタク、そしてコンベンションを組織する人たちにとって、コンベンションは自分のスキルや専門性を披露できる場なのだといえるだろう。そしてまた、楽しむための場でもあり、社会的な交流の場でもあるが、一方では、オタクが自分自身を「プロモーション」するための場でもあるといえる。例えば、著名なアニメオタクでいることで、他のネットワークにも顔を出す機会が増えてくるし、情報やグッズにも精通するようになる。別な言い方をすれば、オタクたちの間で有名になることで、コミュニティに対して高いレベルでの寄与ができるようになるのである。

結論

アメリカにおけるアニメやマンガのファンダムは、次のようなネットワーク文化を象徴する存在と言えるだろう。すなわちそれは、ピア（仲間）どうしの知識のネットワークと、独特なカルトファンダムを生成するためのメディア情報を最大限に活用してきたネットワーク文化であると。様々な意味において、日本国外のファンたちは、インターネットの出現以前から、ピア・トゥー・ピア（P2P＝仲間どうし）なネットワーク文化のプロトタイプであったといえる。それが、インターネットが登場したことで、ファンダムは劇的に拡張し、分散するオンラインネットワークのアフォーダンスとぴったりとかみ合うように、アニメファンの文化的規範も広まっていったのである。今日、アメリカ国内におけるアニメとマンガ市場の拡大は、ファンたちのネットワークおよびその成長の度合いと密接に絡み合っている。アニメとマンガがアメリカにおける商業メディアの成功形態となるとともに、ファン同士のピアなネットワークやオンラインサイト、あるいは催されるイベントも、アニメに関する体験と消費行動を中心を据えるようになり、確固たるものとして維持されていくことだろう。

【注】

＊1　パッテンのコレクションは、カリフォルニア大学リバーサイド校の図書館（http://library.ucr.edu/）のイートンＳＦやファンタジー、ホラー、ユートピア文学コレクションに収められている。

＊2　そのアニメとは、いずれも竜の子プロダクション制作の『超時空要塞マクロス（Super Dimensional Fortress Macross）』（1982）、『超時空騎団サザンクロス（Super Dimensional Cavalry Southern Cross）』（1984）、『機甲創世記モスピーダ（Genesis Climber MOSPEADA）』（1983）のことである。

＊3　この点は例えば、『風の谷のナウシカ（Nausicaä of the Valley of the Wind）』（1984）の初期の英語版、Warriors of the Wind で見られる。

＊4　Animeigo は、一九九〇年に Madox-01: Mental Skin Panic をリリースした（Woodhead 1990）。CJSは、この後、私が Cornell undergraduate に参与した一九九四年にCJAS（the Cornell Japanese American Society）と名称変更した（Eng 1998）。

＊5　著者がインタビューしたピングイノという調査対象者などは、平均して一日に一七時間をコンピューターに費やし（火曜と木曜は一四時間）、夜は四～八時間しか寝なかったという。

＊6　FTPとは、ファイル転送プロトコル（File Transfer Protocol）のことである。「Gopher」とは、ウェブ登場以前に、ミネソタ大学でキャンパス内の情報案内システムとして開発された検索システムであり、情報を階層化しメニューに従って、検索を行える仕組みになっていた。

＊7　Usenet は一九九〇年代にポピュラーであった、高度に分割されたインターネット上の議論のためのシステムである。大学などの組織やインターネットプロバイダーがそのサーバーを管理している。これによって、広い範囲でのメッセージの交換が可能となり、ニュースグループは、時間や場所に関係なく同じコンテンツを入手できるようになった。Usenet グループは、メーリングリストよりも積極的に用いられ、ユーザー間のコミュニケーションが長期間継続するようになっているのである。

＊8　アニメファンダムにおけるコンベンションの重要性については、後に論じているので参照してほしい。「アニメコンベンション」とは何をしているところか、あるいはアメリカで最初のアニメコンベンションが行われたのはいつかといったテーマはよく論じられるが、実態としては、初期に一般的であったショーに特化したタイプのコンベンションが一九八〇年代半ばから行われるようになり、やがてそうではない形態が一九九〇年代初期から定着していくことに

なった。それは、ＳＦのコンベンションでファンたちがよく催していたような、アニメビデオの上映室が設けられているコンベンションとは別物である。

＊9　この章を書いている時点において、「アニメスキ・ドットコム（http://animesuki.com/）」のようなメジャーなファンサブリストのサイトでは、八〇〇以上ものアニメがリスト化され、無料で利用できるようになっている。

＊10　レンセレル科学技術専門学校のアニメクラブ、「レンセレル日本アニメ同好会（Rensselaer Japanese Animation Society）」では、「Genericon」と呼ばれるＳＦ・ゲーム・アニメに関するコンベンションを毎年行っている。

＊11　あるいは、ユーザーはいつでもコンテンツの配信を止めることができるため、比較的継続していたと言った方が正しいかもしれない。

＊12　アニメとマンガのリソースリスト：http://csclub.uwaterloo.ca/u/mlvanbie/anime-list、アニメ・ターンパイク：http://www.anipike.com

＊13　特徴的なテーマに絞られたサイトは、時に〝聖地（shrines）〟と呼ばれて知られていた。この呼び方は、一つのテレビアニメシリーズだけに絞られたようなものにも用いられた。

＊14　かつてならばすべてのアニメ関連のサイトを知っていたと言い得たものの、現在ではそれは無理である。

＊15　http://www.animenfo.com

＊16　http://www.animenewsnetwork.com

＊17　バーチャルコミュニティのサイトでコンテンツを読むだけで投稿をしないユーザは「lurkers」と呼ばれていた。

＊18　http://www.4chan.org

＊19　http://www.animenation.com

＊20　http://www.animeondvd.com

＊21　『Flippersmack』はピングイノが発行するオンライン同人誌の名称である。

【参考文献・URL】

Anime Expo. 2009. “Anime Expo? 2009 Continues to Hold the Title of Nation’s Largest Anime and Manga Event with a Record Number of Over 44,000 in Attendance”, (Retrieved July 10, 2009,http://www.anime-expo.org/2009/07/05/anime-exporeg-2009-continues-to-hold-the-title-of-nations-largest-anime-and-manga-event-with-a-record-number-of-over-44000-in-attendance/).

Anime News Network. 2005. “How many anime conventions a year do you go to?” ,(Retrieved July 10, 2009, http://www.animenewsnetwork.com/poll.php?id=58).

Eng, Lawrence. 1998. “10 Years of Decadence, CJAS-Style (another CJAS history article),” (Retrieved July 10, 2009, http://www.cjas.org/history/cjas-10th-anniversary/).

Patten, Fred. 2004. Watching Anime, Reading Manga. Berkeley, CA: Stone Bridge Press.

Right Stuf. “History of Anime in the US.” Grimes, Iowa: The Right Stuf International, (Retrieved April 27, 2009, http://www.rightstuf.com/rssite/main/animeResources/usHistory/part1/).

Tsurugi. 1996. “Stats.” rec.arts.anime.misc, (Retrieved July 10, 2009, http://groups.google.co.uk/group/rec.arts.anime.misc/msg/fce2ab32676a29b1).

Woodhead, Robert J. 1990. “MADOX-01 SHIPS!!!” rec.arts.anime, (Retrieved July 10, 2009, http://groups.google.com/group/rec.arts.anime/msg/40a832cd154aa717).

第9章

制作者vs消費者のあくなきせめぎ合い

ファンサブ文化にみる「ハイブリッドモデル」

伊藤瑞子

アニメ・マンガファンは世界規模に拡大し、日本のアニメコンテンツは様々な国の言語に翻訳されている。この翻訳・流通作業を献身的に行ってきたのは、各言語圏の熱狂的なファンたちによって結成されたグループである。八〇年代のアニメクラブの活動から始まったファンによる「字幕つけ」の作業、通称ファンサブ（fansub = fan subtitling の略）は、海外のファンがサブカルチャー・メディアである日本のアニメとの接点を保つ上でとても重要な実践となっている。海外において商業的な流通がなかったコンテンツに、彼らは英語訳の字幕をつけ、そのVHSテープがファンの手から手へと渡り、日本国外のアニメ／マンガユーザの市場を生み出したと考えられている。制作に必要なデジタルツールやインターネットは爆発的に普及し、アニメのファンサブとマンガの「スキャンレーション」（scanlation：スキャニングと translation／翻訳）は、アニメやマンガが拡散するための手段と化し、海外における商業ベースの流通さえも圧倒している。ファンサブとアニメ業界との関係は共生的でもあり敵対的でもある。両者は、互いの存在を必要とする一方、増加の一途を辿るアニメ視聴者の注目を得るために互いに牽制しあっていると言える。

このようなファンサブの活動をつぶさに観察していくことは、ネットワーク化されたデジタル時代におけるメディア業界とファンとの間の「複雑な交渉」について記述することにつながる。ファンサブは国をまたいだ「ローカライゼーション（localization）」(*1)や流出入など複雑な問題を孕み、デジタル・コンテンツの知的財産やP2P（ピア・ツー・ピア）流通の問題、デジタル・コンテンツの非商業的な私的利用などにおいて特有の展開がみられる。

ファンサブを調査することで、ファンと企業が交渉しながら、ネットワーク化されたデジタル世代に入っていく様子が見てとれるだろう。ファンサブは、非商業的であるという認識のもとで活動している。彼らがファンサブを行う動機は多様であり、クオリティの高いコンテンツへの希求、国際的なファンダムに貢献したいという想い、学習・評判・他者からの認知などに突き動かされている。これまで数多く議論されてきたが、ファンサブや「リーチング」（leeching：ファンサブされたものをダウンロードして視聴するだけの行為）のトピックには、ファンがいかに「アニメ／マンガ業界にお返しをするか」といった倫理的な側面と、どのようなコンテンツがファンサブの対象になり、流通されるべきかという判断基準の枠組みが関係してくる。このようなファンサブの活動内容やファンサブにおける基準は、非商業的な活動を行うアマチュアと、商業的に仕事をしているプロフェッショナル、その両者に価値を見出す「パブリックカルチャー」のモデルとなり得るだろう。

この章では、英語圏のアニメファンダムに関する調査の一環として実施したファンサブに関する文化人類学研究について紹介する。二〇〇五年から二〇〇八年までの間、北米在住のアニメファン五六人にインタビューを実施した。そのうち一五人が、何らかの形でファンサブに貢献していた。(*2) なお、調査協力者の殆ど（五四人）が、頻度は異なれどファンサブされたアニメを消費していた。インタビューに加えて、研究チームは「アニメ・エキスポ（Anime Expo）」、「ファニメ（Fanime）」、「アトランタ・アニメ・ウィークエンド」、「アニメLA」などの大規模なアニメコンベンションに参加した。さらには、ファンサブやファンサブコンテンツに関するオンラインフォーラムやIRC（インターネット・リレー・チャット）のチャンネルにおいて参与観察も実施している。ここでは、オンラインにおけるファンの実践に関するパブリックカルチャーの商業的／非商業的なハイブリッド性について概念的な枠組みを提供し、ファンサブのこれまでの活動と現状について紹介する。その上で、ファンサブおよびリーチングにおける消費と倫理の双方から検討し、いかにファンサブが新しいタイプのハイブリッドなパブリックカルチャーのモデルとなり得るかについて分析する。

ネットワーク化時代のパブリックカルチャー

『Public Culture』創刊号で、アルジュン・アパデュライ（Arjun Appadurai）とカロル・ブレケンリッジ（Carol Breckenridge）は、次のように述べる。

二一世紀後半の世界は、国際化がいかに進んでいるかを示してくれる。人々は頻繁に旅行し、幅広い嗜好性を持ち、様々な文化の食事をとるようになり、世界的なニュースに関心を持ち、メディアで報道されるグローバルな出来事の対象となり、世界で流行しているファッションの影響を受けている。

（一九八八年五月号）

彼らの提唱する「パブリックカルチャー」という概念は、国際文化のあり方を指すことばであり、人とメディアの流れが高速化した今日にみられるわたしたちの生活を指すことばでもある。二〇一二年現在の状況に鑑みると、この一九八八年の記述には先見の明があったと言えよう。ケータイとインターネットは世界中で日常化し、自分のつくったものが誰でも見られるようになった。アイデンティティやオンラインでの交流は、これらメディアやコミュニケーションの変化の影響を受けている。今日の「ネットワークパブリック」（networked publics：ネットワーク上に構築された公共の場）では、国を超えて、公開の意味、所有の意味、共通の文化の意味についての論争が続いている（Russell et al 2008; Varnelis 2008）。

デジタル化・ネットワーク化されたポップカルチャーへの移行に関する明らかな論争のひとつは、知的財産のあり方と「パブリックドメイン」（public domain：著作物などについて、知的財産権が発生しておらず誰でも自由に利用可能な状態）との対立関係が中心となっている。アマチュアや一般人が、オンラインでプロデューサーや配信者としての地位を築いている中、メディア業界は自分たちの知的財産権と流通のルートを保持すべく苦心する。ファイル共有、二次創作、知的財産権の法的な争点については、ファンサブの法例に関する研究領域となるため、この章では言及しない（Hatcher 2005; Leonard 2005）。

本章では、時に敵対して、時に協同的な関係にあるメディアファンとメディア業界の「依存関係」の社会文化的な側面に焦点をあてる。ヘンリー・ジェンキンス（Jenkins 2006）は、著書『Convergence Culture』において、業界とファンの協同作業での成功事例として、『サバイバー』、『アメリカン・アイドル』、『マトリックス』をとりあげ、版権化されたコンテンツを再定義している。これらの事例は、ファイル共有に関する泥沼の争いや、視聴者やファン・クリエイターと訴訟するメディア業界に対して異なる視点を与えている。

再構築されるパブリックカルチャーのなかで、業界とファンとの関係について、メディア制作会社や流通会社がどのような規範のもと、どのような役割をとるのが適切なのかという論議がなされている。この議論は、「無償文化推奨派」と、貪欲な「資本主義者」の対立する立場から生じるとされている。しかし日常的な文化的実践をみると、そう明確に白黒つけられるものではないことが分かる。ほとんどの人々は、プロの作品に価値を認めながら、デジタルメディアを介したP2Pによるソーシャルシェアリングやアマチュアの制作物のクリエイティビティも評価するという、アンビバレントなグレーゾーンにいると思われる。「文化コモンズ（Cultural commons）」と著作権制度に関して著名なローレンス・レッシグ（Lawrence Lessig）は、最近の著書で、商業的／非商業的な利権を等価にする「ハイブリッド経済」に注目している。セカンドライフやクレイグズリスト（Craigslist）などの事例を引用しながら、商業的な経済とソーシャルシェアリングを統合するハイブリッドモデルに焦点をあてている（Lessig 2008）。

私たちはハイブリッドモデルがどのようなものであるかを定義する初期段階にいる。これまで、商業的な労働におけるインセンティブについての調査は蓄積されているが、レッシグの「共有経済（sharing economy）」（Lessig 2008）またはヨハイ・ベンクラーの言う「コモンベース・ピアプロダクション（common-based peer production）」（Yochai Benkler 2006）に関する研究は始まったばかりである。数は少ないものの、ボランティア、公開（openness）、アマチュア、非商業的な仕事の動機やインセンティブといったものについての調査の芽がでてきた段階にある（Hippel 2005; Leadbeater 2004; Shirky 2010）。ウィキペディア（Giles, 2005; Swartz, 2006）、オープンソース・ソフトウエア（Feller et al 2005; Weber 2004）、ゲーム・モディング（game modding）[*3]（Kow and Nardi 2010; Postigo 2010; Scacchi 2010; Sotamaa 2007）などの研究事例では、このような制作活動が金銭的な目的とは異なる、時には対立的な動機や規範によってなされるものであることも指摘している。

　これらの研究を通して、非商業的な制作や集団の多様性が明らかになってきていると考えられる。例えば、ラカニとウォルフ（Lakhani and Wolf 2005）は、自発的な参加とコントリビューターが実践に向かう多様な動機の中には、スキルの発達の役割意識、使命感、社会的なつながりの欲求などが鍵要素となってイノベーションの拡張が進むと述べている。共有経済やアマチュアによる制作活動は、金銭的な報酬ではなく、そこで発生する学習・自己実現・評判が実践の動機につながるのである。

　ネットワーク社会におけるデジタルな、非商業的生産のなかでも、ファンによる制作物はそれ特有の問題を孕んでいる。ファン活動は、ウィキペディアやオープンソースのソフトウェアに見られるようなオープンコンテンツの共有に基づいたものではなく、プロが手がけたコンテンツへの愛情に基づいている。彼らはコンテンツの違法流通やリミックスなどでメディア業界を困らせているが、根本的には商業メディアをこよなく愛し、エバンジェリスト（伝道者、熱心な支持者）のような役割を果たしている。業界とファンの協同によって成功した事例は、熱心なファンの持つコンテンツへの愛情と「業界に認められたい」という欲求をうまく活用している。例えばソタマー（Sotamaa 2007）が紹介しているように、ゲーム業界が「モディング・コンテスト（modding competition）」を開催し、技術的に優れ、かつ献身的な「モッダー（game modder）」に賞を授与したケースもある。ファンサブは、商業作品の海外販売における収入源を奪っているようにも見られがちだが、一方でその実践はファンによる商業版アニメの宣伝活動とも捉えることができよう。ファンは、非商業的なコンテンツ制作に対する動機を有するとともに、メディア業界からの承認、または業界との親密な関係をも希求しているのである。

ファンによる制作物は、機能的にはベンクラー（Benkler 2006）の言う「コモンベース・ピアプロダクション（commons-based peer products）」ではない。どちらかといえば、それらは「所有」と「オープンソース」の間にあるグレーゾーンのハイブリッドな知的所有権に基づいている。これは、制作や参加への多様な動機だけではなく、共用またはパブリックドメインの捉え直しを図っていると考えられる。全てがクリエイティブコモンズでなければいけないというわけでもないし、商業的な側面からみるなど、このパブリックドメインの概念自体をハイブリッドなものとして柔軟に考える必要があるだろう。商業的な文化と非商業的な文化、この双方が循環する場としてパブリックカルチャーを捉えるならば、オタク文化はこれら二つの文化間の「翻訳」と「調和」の役割を担っていると考えられる。両文化間では衝突が絶えないが、オープンでコモンズベースのモデル（a purely open commons-based model）も、企業所有権モデル（purely proprietary commercial one）に基づいていない、新しく発生した領域のモデルである（Condry 2010）。

ファンサブは、企業から提供される作品だけでは飽き足らない海外の消費者の要求に応えるべく生じた。ファンは、商業メディアによるローカライゼーション・流通・マーケティングといったものを、必要性と情熱に駆り立てられてP2Pで非商業的に請け負ってきた。徐々に、ファンサブと流通のコミュニティが確立していき、近代のネット上のファンダムに深く浸透していった。ここからは、ファンサブの歴史と現在の活動と、ファンコミュニティの倫理規範と動機についてより詳しく記述していく。そして、この商業的／非商業的な文化において、業界とファンの間で生じている問題を見ていくことで、パブリックカルチャーのハイブリッド化が「コモンズ」と「所有権市場」の関係を媒介するためのモデルを提案したい。

ファンサブ世代

ファンサブの実践は、八〇年代半ばに始まった。この頃のテクノロジーの進歩によって、アマチュアも字幕(＊4)をつけることができるようになったことが大きい。それ以前のファンは、アメリカのアニメクラブのネットワークにおいて、英訳された台詞を印刷し、それをVHSテープとセットにして共有していた。当時、コンテンツの流通や共有は、小規模で閉鎖的なアニメクラブや、アニメコンベンションでの上映会に限定されていた。

この頃は、米国のファンダムのリーダーと日本企業とが比較的良好な関係にあったことも特徴的である。例えば、アニメスタジオがコンベンションのために素材を準備し、ファンサブの活動の評価をしたりしていた。インタビュー対象者によれば、初期のファンサブ関係者には、アニメのライセンスに関する仕事や米国でのアニメの普及に関する仕事に就いていた者もいたと言う。

黎明期からファンサブに関わっていたギルス・ポイトラス（Gilles Poitras）は、VHSでのファンサブ時代は、アニメ業界を支援し、企業からのリリースと競合しないように配慮していたと言う。

VHSの頃は、VHSにあるちょっとだけのアニメのファンサブをして、（…）それが大好きな人たちにたくさん出会ったよ。それで何をしたかというと、日本でリリースされた作品を買って、（…）それで自分のファンサブが持てた。そうやって企業を支えていた。

この時期のファンサブは企業と競合しないよう活動する独自の「倫理」を確立した。彼らは、自分たちの仕事を非商業的なものと厳密に定め、自分がファンサブしていたシリーズ物が米国市場で販売権を得た場合は、ファンサブと配布を中止した。ファンサバーたちは、ファンサブによって新しい作品の視聴者を獲得することにつながることから、日本国外で商業的に作品を広めるために協力しているとして、自分たちの活動を正当化していた。

九〇年代半ばになると、ファンサブされたＶＨＳアニメがファンどうしのより広範囲なネットワークで交換されるようになった。さらに九〇年代後半では、ｅドンキー（eDonkey）やＩＲＣチャンネルのようなインターネットで流通しているアニメを入手することが中心になってきた。このオンライン流通は、「デジサブ」の発展と同時期に生じた。デジサブとはデジタルの字幕つけのことである。デジタルな制作と流通へと切り替わると、ファンサブの「コントリビューター（contributor）」と「リーチャー（leecher）」の数が劇的に拡大した。コントリビューターとは実際にファンサブに従事して貢献する人々のことを指し、リーチャーとは、コントリビューターがファンサブしてくれたコンテンツを単に消費するだけの人々のことを言う。

二〇〇〇年代初期のビットトレント（BitTorrent）の到来で、ファンサブされたアニメの流通量は爆発的に増えた。まさに、デジサブ生態系の誕生である。ファンサブ黎明期のＶＨＳ時代に関わっていたファンは、新世代のデジサバー（digisubber）を全く新しい人種とみなしているようである。ＶＨＳ時代に「タイマー（アニメの台詞にあわせて字幕を表示させる時間を決める役割）」としてファンサブに参加していたエクスタイラス（XStylus）(＊5)は、「ＶＨＳのファンサブ時代と現代のデジサブでは、全くもって比べものにならない」と強調する。

僕が参加していたアニメクラブは、ファンサブグループではあったけど、自分たちでファンサブしたものを流通させていなかった（…）海外の番組を実際買って、自分たちで翻訳していた。

当時と比べると、今のファンサブチームは広範囲に散らばっており、オンラインでＩＲＣを通じてつながっている。アニメ業界に目をつけられると、ファンサブを止めるよう手紙が届くこともあった。しかし、多くのアニメスタジオや現地企業は、今日もなおファンサブの活動には目をつぶっていると言えよう。

ここ一〇年間でファンサブ情勢のスケールや性質は変化し、劇的に拡大した。しかしファンサブをする「ファンサバー」（fansubber）たちは、未だに黎明期の倫理規範を遵守している。ファンサバーと、単なる消費者であるリーチャーは、いずれもＤＶＤを購入することによる「業界への返礼」の重要性を認識していた。筆者がインタビューしたファンサバーは、シリーズが版権化された場合にはファンサブを中止するという倫理を解していたが、実際のところ、全てのグループがその規範に従っているわけではなかった。彼らの多くは、自分たちは海外アニメ市場の開拓のための伝統的な役割をとり続けているのだと強く主張していた。初期のデジサブ世代のファンサバーは、既に販売されたＤＶＤにファンサブをする新世代のファンサバーに対して不満を覚えている。

テクノロジーとファンサブが進化し続ける中、異なる時代にファンサブ活動に足を踏み入れたファンたちの意識に差が生じることは想像できるだろう。ファンサブの歴史はいくつかの時代に分けられるかもしれないが、その活動は着実に進展しており、国をまたいだＰ２Ｐで、効率よくアニメのやりとりがなされている。オンラインでのファンサブの広がり方は、海外での日本のポップ文化の人気の広がりと強いつながりがある。様々な地域や言語圏に徐々に広がりつつ、ファンサブは引き続きその使命に従い、入手困難なアニメに世界中のファンがアクセスできるようにしている。各世代が形成してきた倫理規範が薄れてくることに対して不満を抱えつつも、ファンサブの活動に関する根源的な倫理は非常に頑健なものとして存続している。次の節では、現在のデジサブ場面でのファンサブの作業工程について概観していきたい。

ファンサバーの実際

ファンサブの仕事を少しでも垣間見たことのある人であれば、毎週毎週、規律正しく献身的な態度で作品一編一編の字幕を作り上げていくチームに感銘を覚えるだろう。もちろん、ボランティアである。グループによって仕事の組織化の方法は若干異なるが、作業内容や工程はある程度標準化されている。

その工程は、未翻訳の「生」の番組をテレビ中継または日本のファイル共有サイトから取得する「ローキャッパー（raw capper）」の作業に始まる。次にそのアニメの台詞を聴いて英語の文章に書き起こす「翻訳者（translator）」に渡る。一人ないしは二人の「エディター（editor）」「翻訳確認者（translation checker）」が英訳された台詞をチェックし、それが「タイマー（timer）」の手に渡ると、台詞ごとに字幕を表示する時間を計り、区切られていく。その時点で「タイプセッター（typesetter）」がフォントを選択し、オープニングやエンディングの曲にあわせてカラオケのように字幕をつける（通常「カラオケ」と呼ばれている）。タイプセットが完了した後、「エンコーダー（encoder）」はクオリティチェックのために最初のビデオを準備する。多くのグループは、エンコードに向けて、再度翻訳のクオリティチェックをして微調整を施し、ＩＲＣとビットトレント（BitTorrent）にコンテンツを流す配信チームに作品を渡す。

プロジェクトを完遂させるためにはチームワークが必要なため、グループのメンバーはお互いの信頼関係を重視している。結果、グループには強い仲間意識が芽生え、メンバーは連携して自分たちの仕事を成し遂げる。また、一定の時間内に仕事を済ませることがあたり前だとさえ思われている「タイマー」としてファンサブに参加しているラズ（Razz）は、今かかわっているシリーズでは、台詞の原稿が届いてから三、四時間で仕事を済ますことがあたり前だと思われていると話してくれた。他のグループのサイ（Sai）も、ラズのグループよりはゆるいが、それでも短期で完了させることが強いられていると述べる。

クオリティチェックは時間の制限があるから実際大変だということを私たちは分かってる。クオリティチェックは一日か二日ぐらいでやらなければいけないと思われているし。それは骨が折れる。私みたいな翻訳者だと二、三日ぐらいかかるんだ。チームのメンバーは、たいてい、クローズドなＩＲＣの「スタッフ」チャンネルにログインして、仕事の受渡しの調整をしているし、新しいリリースとスタッフ募集のアナウンスを心待ちにするリーチャーたちが集まるオープンチャンネルにもログインしている。

このようなプレッシャーのかかる共同作業状況には、効率のよいコーディネーションとマネジメントが必要であり、うまくいかない場合はグループ内外で対立関係やポリティカルな問題が生じることもある。インタビューしたファンサバーの中には、グループの創立メンバーの一員であったり、自分でファンサブグループを結成した人もいた。彼らは、いかにグループが楽しく希望に満ちた形で始まったか、そして次第に正式な活動チームとして形成されていったかを語った。クレチャン（Kurechan）は、もともと大きなファンサブグループに所属していたが、日本語が流暢なガールフレンドと楽しくプロジェクトを行うために新たなグループを作った。アキラ（Akira）も高校の時に一人で番組をファンサブし、常駐しているIRCチャンネルでリリースをしたあとグループを形成した。そのチャンネルの住人たちは、今後の新しいファンサブを手伝いたいとボランティアをして、彼らとファンサブグループを構築したのである。

最初は全然品質が高くなかったけど、最近（…）僕たちでしっかりさせたんだ。

インタビューの時には、彼のファンサブグループは効率の良いチームで、日本で放映された数日後には、クオリティの高いファンサブを流通させていた。彼は、自分のグループを強い絆と規範的なモラルを持った「家族」と称していた。

調査対象者たちによれば、グループで活動を続けていると、他のグループからメンバーが入ってきて役割が変化したりもするし、また認められたいためにファンサブグループ間での競争も生じることから、ファンサブは非常に「ドラマチック」で「政治的」な場だと説明する。サイは、彼女が大学時代にファンサブをしていた頃、グループリーダーが他のグループリーダーと喧嘩していたことについて触れた。

彼らは一五歳の口喧嘩みたいに、「おまえヘタなんだよ」とか「バカ」とか言ってお互いをＩＲＣからキックバン（排除）しあっていた（…）私はその時点でもう自分は年をとっている気がしてたんだけど、「あなたたちとにかく話し合ってお互いに謝ったら」って言ってみたの。そうしたら「何言ってんだよ、これは戦争なんだよ！」と言われちゃって……。

またサイは、彼女のグループがメンバーのルールを作って、仕事のレベルが低いスタッフをやめさせようとしていたことについても話してくれた。レベルの低い翻訳者を辞めさせた後、彼女がリーダーの役割をとる事になった。その後サイは、テスト期間後のクオリティチェックのスタッフを受け入れるためのプロセスを刷新したり、クオリティチェックのプロセスを様式化したり、新しいスタッフを受け入れるプロセスを作った。厳密な階層制度に基づくグループもあるが、多くのグループはこのようなアドホックで流動的なリーダーシップ形式をとっている。確立されたグループは正式な採用システムを定めており、参加する上での敷居も高く、スタッフ・メンバーを受け入れる前にテストや「お試し期間」を設けて募集をかけている。

グループによって得意分野と焦点の違いがある。多くのグループは、決まったジャンルのアニメを取り上げている。人気のあるアニメをファンサブしているグループの中には、日本で放映されてから二四時間、はやいところだと一八時間後にファンサブを完成させるというルールを設定している。このノルマを達成するために、時差のある国家間でメンバーを構成し、二四時間サイクルで仕事を流すというグループもある。もっとコツコツしたペースで仕事を行うグループはこれらのグループを「スピードサブ（speed sub）」と称して見下している。「スピードサブ」と対照的に、「質」を重視するグループは、毎週の番組スケジュールに合うように努力するが、かなり時間がかかる場合もある。入念に翻訳し、正確にタイプセットをするのはもちろん、クオリティチェックの工程にも時間をかける。

質とスピード、どちらのタイプでも、人気のあるグループは厳しい基準で作業し、常に仲間やライバル、視聴者などからの視線に晒されている。オンラインフォーラムやファンサブの比較サイトでは、同じアニメコンテンツをファンサブしているグループについて、そのクオリティや取り組み方の違いが細かく解説されている。比較サイト上では、異なるグループがファンサブしたアニメのスクリーンショットを見ることができる。それによって、各グループのタイプセット、翻訳、編集、エンコーディングの差異を見ることができるのだ。（図9－1）

同じシリーズに字幕をつけているグループが複数ある場合、彼らはリーチャーたちを惹きつけるために、最速で仕上げるか、高いクオリティで制作するかで勝負する。どのアニメコンテンツに字幕をつけるかは、個人的な趣味ももちろんあるが、既に同じシリーズを手がけている他のグループとの兼ね合いも考慮して決められる。オンラインのプライベートフォーラムでも、オープンなフォーラムでも、競合グループのファンサブの質に対して批判的である場合がある。ビットトレントでダウンロードされている回数はグループごとに記録されており、ファンサブチームもそのデータを自分たちのウェブサイトで発表する。クオリティを優先するグループは、質の高い翻訳とタイプセットにこだわって差別化を図る。例えば「タイプセッター」は、そのアニメのタイトルフォントに似たものを英訳フォントにも使うなど、フォント自体をカスタマイズする。また手の込んだカラオケ効果を組み込み、日本語の歌にあわせて英訳された歌詞がタイミングよく目で追えるよう工夫している。インタビュー対象者となったファンサバーによれば、このような細部に及ぶ工夫は、場面とシリーズに関係なく、同じフォントを使う企業ファ

図 9 - 1　字幕比較サイトの異なるファンサブグループのタイトルと字幕のキャプチャ
（スクリーンキャプチャは、著者による）

ンサブの基準を大きく上回る。

ファンサブグループのコアメンバーはよく過労に陥る。そのためファンサブのグループは短命である。五年続けばグループは非常によく組織されているとみなされ、それより長く生き残っているグループはほんの一握りに過ぎない。インタビュー時に活発に活動していたファンサバーの多くは、今はファンサブ活動を続けていない。ザラス（Zalas）によれば、ほとんどのグループが正式な解散のステップを踏まずに、「尻すぼみ」で自然消滅するとのことである。オンライン上には何年も活動をしていないファンサブグループのサイトがごろごろころがっており、それと同時に新しいグループも常に出現してきている。ファンサブの生態系は、新参者が自らグループを立ち上げるなり新しいグループに入るなりして、ファンサブ実践と規範を発展させ、いずれファンサブ実施から引退するという流れで成立している。ファンサブという場は、コントリビューターとしてのファンサバーと、ただ消費するだけのリーチャー双方の参加とやる気で形成されていると言えるだろう。以下では、ファンサバーの動機の具体的な側面と、リーチャーの参加の動機の枠組みに注目していきたい。

コントリビューター

ファンサバーへのインタビューを通してまず語られることは、ファンサブに何かしら貢献する「コントリビューター」と、単にファンサブを視聴する「リーチャー」コミュニティの社会的な位置づけの違いである。繰り返しとなるが、コントリビューターとは、ファンサブの実践に専門的技術とともに貢献する人たちであり、リーチャーはファンサブされたコンテンツをダウンロードし、観るだけの人を指すことばである。コントリビューターとリーチャーの間には、流通に関係する人々が存在する。その層は、ファンサブのインフラとデータストレージを提供しているが、コントリビューターのような専門知識や労働力を提供してはいないため、正式なスタッフとみなされているわけではない。彼らはファンサブ作品のリリースを管理する「流通（ディストロ〔distro：distribution の略〕）」チャンネルに属し、制作グループには属さない。

リーチャーがファンサブに手をのばす動機は、日本のアニメを視聴したいという単純なものである。一方で、コントリビューターの参加の動機は少し複雑である。ファンサバーの作業はすごく大変で、つまらない作業もあり、それに労力を捧げる動機は、利他的なボランティア精神や趣味の追求のための創造性にかける熱意だけでは捉えきれない。

『Wealth of Networks』で、ヨハイ・ベンクラーは、コンピュータの処理能力が増し、アマチュアがネットワークに接続し、共同作業やファイルの公開ができるようになったことが、新しい形の「共同制作」を生んだと述べる。さらに、人間は常に文化と知識を生成する動機に突き動かされており、市場と金銭的なインセンティブで動いている人は一部に過ぎないと述べる。彼は、非商業的なコミュニティにおける動機は極めて多様だと主張する。ここには、自分たちで研究を実施し、それを発表する大学や研究所、国の研究機関のような政府情報機関も含まれる（政府や国もまた、研究や制作の場を提供していると言える）。作家や芸術家も自分たちの「作品」に関しては、金銭的な報酬よりも「名誉(immortality)」を求める（Benkler 2006 :47）。最近では、クレイ・シャーキー（Clay Shirky 2010）が、「認知的飽和（cognitive surplus）」という概念を提唱し、ネットワークによって人々の暇な時間をオンラインのメディアへの参加につなげていくことができると述べた。私たちは、オンライン世界におけるネットワーク化された参加型の新しい世界に生きているのである。グループ活動のコーディネーションが難しかった頃、多くのアマチュアグループの規模は小さく、インフォーマルなものだった。今はグループメンバーの出会い、考え方や実践を共有できるツールがあるため、それまでとは異なるハイブリッドなアマチュアグループが登場してきた。

　ウィキペディアのようなオープンソースの開発や、ゲーム・モッディング（ゲームの改造）への参加動機に関する研究でも、なぜ時間と労力を費やし、無償で、または少ない金銭的報酬で制作に貢献するのかが議論の俎上に上る（Kow and Nardi 2010; Lakhani and Wolf 2005; Sotamaa 2007; Swartz 2006; Weber 2004）。これらの研究対象は、細部に違いはあるものの、共通項として、参加によって自律性と効力感が刺激されることが自発的な活動につながる、ということが示されてきた。

　ファンサバーは、自分のチームやオーディエンスに対して強い責任と義務を感じながらも、これは「趣味」で「楽しむ」ためにやっていることを強調する。加えて、参加する理由は多様ではあるものの、それは団体への貢献や使命感、学習と自己実現、社会的地位と社会的所属（仲間意識）に付随する。筆者がインタビューしたファンサバーもこれらと同様の動機について語っていた。次節では、ファンサバー、リーチャーそれぞれの動機について詳述していきたい。

コントリビューターになる

ファンサバーにコントリビューターとなる動機について問うと、調査対象者全員が、ファンダムに対する何らかの「貢献」について言及する。多くのファンサバーは、まずはリーチャーとしてファンサブに触れ、次第に自分も何らかの形で価値が提供できると思うようになり、コントリビューターの道を歩み出す。ザラスは、いかにオンラインファンダムを知り、消費し始め、徐々にAMVs（Anime Music Videos: 日本で言うMADムービー）の制作に手を染めていったかを話してくれた。彼はAMV制作に従事することを通して、「生（オリジナル）の日本語」のビデオファイルを徹底して探し始めた（字幕がないオリジナルの映像を探すには、日本語サイトにいったりとかなりの苦労を要するのである）。

そして、そのうち凄く上手くなってきて、それで、ファンサバーに何かしてあげるべきだと思ったんだよね。自分のできる、ローデータのアップロードを皆にしてあげられるなと思って。

類似の事例として、アレン（Aren）は一三歳の頃 eDonkey のファイル共有において、モデム通信でアニメをダウンロードしていたことを話してくれた。

コミュニティに対して何か貢献するべきだと思ったんだ（…）ただ単にモデムでダウンロードするだけじゃなくて、同時に何か貢献できればと思って。

アレンは両親との約束で一日二時間しかモデムを使えなかった。けれども、彼はこの時間をアニメの流通に費やした。

何かアップロードされたものを観るのは全然大した事じゃないけど、コミュニティに対して何か貢献するってことは何だか凄いし、単に消費しているだけだったらコミュニティ貢献にならないし。アニメは絶滅の危機に瀕する。

ザラスとアレンはこのような初期の経験から自分のファンサブグループを結成するようになり、ファンサブの場に活発に参加するようになった。

彼らのインタビューからも分かるように、ファンサバーの貢献に対する感覚は、単にアニメ業界への「返礼」という倫理規範からだけではなく、ファンサバー、リーチャー、アニメ業界をも含んだアニメファンダム全体への付加価値から生じていると考えられる。ラズは、「できたてのアニメを世界中の人たちに提供することが楽しいんだ」と述べる。同様にアキラも、ファンサブを通して「良いことしてあげるためだと思う（…）ただコミュニティに貢献しているだけだけど、僕らが字幕をつけたものって、何万人の人たちが観る」と語る。この「貢献」の意味として、多くのファンサバーは業界の利益について言及する。それは、彼らが新しい市場を開拓し、アニメの視聴者を増やしているという点である。ランティス（Lantis）は、自分の動機をこのような論理に繋げている。

ＶＨＳ時代のファンサバーがやっていたように、自分の基準に合った作品（良質なアニメで、かつ、高い水準の字幕がついた作品）をリリースしてアニメの世界に提供することが凄く良い気分なんだ。

ランティスは、ファンサブ自体のクオリティを維持したいという想いに動機づけられてファンサブに貢献している。彼は高校時代にファンサブと出会い、編集のクオリティの高さに感動したグループを複数フォローし始めた。彼はそのグループのひとつがスタッフ募集の公告を出していることを目にし、それに応募した。

ラズが「タイマー」としてファンサブの仕事に従事する契機となったのは、場面が変わっても字幕が残る「ブリード（bleeds）」が気になってしまったからである。

こんな細かいこと、どんなアニメＤＶＤでも気にならないけど、（ファンサブしたものとなると）ファンサバーの間では目障りだと思われる。

この苦情がきっかけで、ラズはそのグループのリーダーから誘いを受け、新たにメンバーとして仕事をするようになったのである。またザラスは、自分のファンサブグループを何年間か運営した後、「ファンサブ評論家」という立場をとり、彼がはまっているゲームの翻訳チェックをし始めた。

コミュニティにお返ししたいというのは、道徳意識だとか、正しいことをやっているという意識みたいなものかな……僕は正確に翻訳されているかに関してうるさいんだ。僕はぶち壊しにならないように管理する評論家なんだと思う。

より大きなアニメ関連業界の人たちやファンも含めて、良いアニメがこの世に広まっていくことに貢献しようとする動機は、ファンサバーのアニメ業界との関係における倫理や道徳的態度とも関係している。アニメシリーズがＤＶＤ化されることが決まるとファンサブを中止するという今なお残る倫理規範は、リーチャーの期待やファンサブグループがクオリティを維持する基準と相反する場合もある。ファンサブの最中にＤＶＤ化が決定された場合、ファンサバーはそのシリーズのファンサブを中止するか、視聴者のために継続するかについて決断を迫られる。アニメシリーズのファンサブを開始すると同時に、ファンサブ視聴者に対して倫理的な責任が発生すると彼らは認識しており、シリーズ全ての字幕つけを完遂しないことは何とかして避けたい。これについてサイは、「販売は決まったけど、数ヵ月は発売されないわけだし、ファンをそんなに待たせるのは申し訳ない」と述べる。シリーズ半ばでファンサブを中止するグループは、リーチャーたちからの評判も悪くなる。ファンサバーは、自分たちで築いた質、速さの基準を維持することに責任を感じている。リーチャー、ファンサバーともに、質の高いファンサブは、市販のＤＶＤの字幕よりも（日本の）原作に対して忠実で、かつ正確で上手いと認めている。このため、シリーズ途中でファンサブを中止することは、クオリティの高い作品を楽しむ経験を視聴者から奪うことになる。

これらの倫理的対立のため、一部のグループは従来の基準を緩和し、ＤＶＤが実際に店頭に並んでからファンサブの提供を止めることにしている。版権化された後、ファンサブ中止を求める文書が届いてからも、アングラでそのシリーズのファンサブを継続するグループもある。『ワンピース』、『ナルト』、『犬夜叉』などの、極めて人気のある長寿アニメに字幕つけをしている有名グループは、既に一〇〇話以上も放映されているこれらのシリーズが翻訳されてＤＶＤ化されるまでファンを待たせることはできないと考える。こうした理由の下、米国での版権化が決まり、放映が始まった後も、オープンにファンサブとその流通を継続している。

ＶＨＳ時代のファンは、この倫理基準の捉え方を「横目で見ている」状態にある。ＶＨＳ時代を経験しているギルス・ポイトラスは、「僕はナディアが出るまで一〇年待たなければならなかったんだ。みんな待てばいいんだ」と述べる。エクスタイラスも、ファンサブ版を希求するファンの姿について次のように述べている。「番組が版権化されると、その番組のファンサブコンテンツが消失するから、企業は非難を浴びることになる。ファンは自分たちがどれだけラッキーなのかが分かっていないと思う。ＲＩＡＡ（Recording Industry Association of America：米国レコード産業協会）やＭＰＡＡ（Motion Picture Association of America：米国映画協会）のように、知らぬ存ぜぬという態度をとる最低な野郎どもとは違い、アニメ企業は本当にファンのことを思っているし、聞く耳を持っている」

ファンサブグループがいつ字幕つけと流通をやめるべきかについては、ファンやファンサブグループによって意見が分かれる。しかし、インタビュー対象者全員が、アニメファンダムを支えていきたいと異口同音に述べる。みなアニメを強く愛していることに違いないが、自らの貢献をどう評価するかということと、商業的要素と非商業的要素を含むアニメを取り巻く複雑な環境において、優先すべき対象は企業なのかファンなのかということで議論になる。ＶＨＳ時代からのファンの関心はアニメ業界との連携にあり、その意識は自分たちを従来型のメディア消費者と捉えているところに起因する。一方、新世代のファンの意識としては、アニメ業界だけが「特権的な地位」を持つわけではない。ファンと企業との関係や商業と非商業の関係に明確な境界はなく、流動的でごちゃまぜのハイブリッドなパブリックカルチャーとみなしているのである。

ファンサブにおける学習と自己実現

ファンダムの向上と貢献に価値をおく他に、ファンサバーは学習と自己実現、そして創造的な仕事の楽しさを語る。この点については、他のアマチュアコミュニティやファンダムへの参加の動機と同様である。インタビューを行ったファンサバーたちは、みな自分の仕事にプライドを持っており、ファンサブはスキルや専門的な技術を身につける活動として価値を見出していた。例えば、サイは日本語の上達という具体的な目的を持って翻訳を担当していた。日本で育った彼女は完璧なバイリンガルであるが、米国の大学に入ったことにより日本語を忘れてしまうことを危惧していたのである。

ファンサブに参加することで、ある特定の分野に知的でクリエイティブな刺激を見出したというファンサバーもいる。アレンはドイツのファンサブから米国のグループに移動し、自分よりはるかに熟達したエンコーダーたちに出会うことで学習が促進された。「他のエンコーダーたちが、こんなやり方とかあるよ、って言ってくれるので面白くなっていったんだ（…）かなり面白くなってきてた。」学校で経験する学びと異なり、ファンサブの中での学びは純粋な「仕事」の形をとり、そこで自分より経験豊かで熱意のある仲間と趣味を共有することを通して学習することができる（Ito et al 2009）。このような学びとスキルの熟達は非常に刺激的であり、彼らの自己実現と自律性の拡大につながっていく。クレチャンは、自分にはないスキルを持った経験豊かなファンサバーたちに導かれて、より活発にファンダムで活動するようになった。「ぼくの字幕付けは最初本当にひどかった……。努力してその頃の「先生」たちから学んだんだ。それで、よく（エンコーダー関係の）@doom9フォーラムに入り浸っていた。それで徐々に活動が広がっていったんだ。タイミング、それからTS（タイプセッティング）、それから編集とQC（クオリティチェック）」

高い技術を得て、ファンサブ界で著名になると、ファンサバーは「専門家」としての役割を担い、他の人たちに教えるようになる。しかし、ファンサブの学習は自発的になされるべしという規範を持つギーク文化ゆえ、新参者はまず自分で勉強をして初歩的な質問をしないように心がけることが求められる。ザラスは、積極的にフォーラムにも顔を出し、知的な刺激があるものであれば、丁寧に技術的な質問にも答える。「つまらない質問だったら助ける気なんてしないけど、ある程度高度なものは、導いてあげるのが面白いよね」。ファンサバーは尊敬できる仲間との知識交換を楽しむが、新参者やリーチャーのことを見下す傾向にある。アキラはこの状況について以下のように語る。「ファンサブをきちんと理解しているファンサバーは、半数にも満たないだろうし、普通のファンの99・9％は、わけが分かっていないと思う」

社会的ステイタスと仲間意識

ファンサバーは使命感（sense of mission）と、学びとその達成という個人的な動機によって仕事に従事する。それとともに、ファンサバーはファンダムにおける社会的関係と評判によっても動機づけられる。ラズは二つのファンサブグループに参加しているが、彼は「グループの人たちって一緒に仕事していて楽しい。両方のグループに凄くクールなメンバーがいるんだ」と述べ、グループが彼に与える影響について示唆している。このようなチームの精神と期待とが、自分の仕事に対する強い責任感を生み出していると言えよう。サイもまた「自分のチームは生き残るために凄くもがいていたから、個人的にできることは何でもしなければと思った」と述べる。チームの緊密さと、チームと視聴者とのコミュニケーションとフィードバックの即時性が、彼女をファンサブ界で最も多作な翻訳者に仕立て上げたと考えられる。彼女のファンサブのピークは大学時代であるが、当時を振り返って以下のように語る。「全く想像もできなかった衝動に駆られていた（…）すぐに返事がくるの。IRCで何か言うと、大抵誰かがすぐに何か返してくれる。その時自分が何かやったことに対して、人が大喜びする。（あるシリーズを）翻訳していると、うわっ、マジで！　それ凄い！　有難うって。そんな返事が来るんです」

デジサブの場合は視聴者が不特定多数であり、ファンサバーは大勢のフォロワーを得ることもできる。アキラがファンサブに従事する主な動機の一つは「名声の即返性」である。「あるアニメのシリーズをやったというだけで尊敬される」のだと言う。ただし、ファンサブグループやファンサバー個人がこの業界で評判を得ていくための策略は危険を孕む。クレチャンは、人気のアニメコンテンツを手がけることによって、評判を得て、ダウンロード数を稼ごうとする「エゴ・サバー」と呼ばれるファンサバーを見下していた。彼は、仕事の質が高く継続性のあるファンサバーに敬意を払う。例えばクレチャン曰く、「サイは人気のあるシリーズの翻訳をしてこなかったから、みんなから良質の翻訳者として認知されるようになるまでに900編も翻訳しなければならなかった」のである。インタビュー対象のファンサバーたちは、ダウンロード数はクオリティを保証するものではなく、単にリーチャーからの（オリジナルのアニメの）人気に基づいたものだと異口同音に述べる。ただ同時に、全てのファンサバーが、自分にとってダウンロード数などの「数字」は重要であるということも認めている。ランティスは、少し恥ずかしそうに「知りたくて見ているのではない、と言ったら嘘になるけど^^;、多くの人にダウンロードしてもらえるからという基準でファンサブする作品を決めたりはしない」と述べている。ダウンロード数を増やすためには、スピードも追求しなければならない。「一般的に同じクオリティの場合は、先に流通させたファンサブグループが最もダウンロードされる」とラズは言う。「グループの評判とかについて話題にしている人たちもいるけど、結局、一般の視聴者は最初に発表するグループから（番組を）ダウンロードしている。どのファンサバーも自分の作品を見てもらいたいし、はっきりとは言わないけど、視聴者数が多いと何か嬉しいんですよ」

これまで見てきたように、ファンサバーは、多様な動機に基づいて仕事をしていると言えよう。それは個人的な動機でもあり、利他的、社会的な動機でもある。次のザラスの発話はそれを明確に示す。

ファンサブは何となく面白い遊びだし、それを楽しむためにやる人たちがいる。ただ人気者になりたいからやってる人たちもいる。（…）俺たちって凄いし、かっこいいとか、参加者が300人いるIRCチャンネルを支配している、というように、単にダウンロード数を伸ばしたいがためだけにやっているグループもいる。

彼個人の動機について聞くと、「やっぱり、自分が好きなことについて他の人と話すことができるし、似た興味の人たちとつきあえることが大きい。でも、ファンサブコミュニティにお返ししたいという要素もあるよね」と述べる。非商業的でボランティアの参加型活動としてファンサブがこれまで持続してきた理由は、このようなファンサバーの多様な動機があるからで、それをファンサブが受容してきたからとも言えるだろう。

リーチャー

ファンサバーは、ファンサブに貢献する人たちと単に消費するだけのリーチャーとを区分しがちだが、この両者の間には、ファンとアニメ業界の関係同様、共依存の関係が見られる。そして、リーチャーにはリーチャーなりのファンサブへの参加のモードがある。コントリビューターとは異なるが、ファンサブコミュニティに参加する上での倫理や規範も存在している。リーチャーの中には、「ゆるいファン」だけではなく、コンベンションの企画運営、コスプレ、AMV、同人誌などといった他領域でファンダムに深く関わっているファンも含まれている。彼らはコントリビューターのように、ファンサブされたコンテンツの細かいクオリティの差異までは興味がなく、観たいアニメ作品に素早くアクセスできるかどうかに関心がある。フォローしているファンサブグループがあるかどうかインタビューすると、リーチャーたちは、二つ三つ著名なファンサブグループの名前を挙げてくれた。ただし多くの場合は、どのグループがファンサブしているのかまでは意識することなく、単純に最初にアクセスできたシリーズ作品を観ているようだ。

彼らはコントリビューターほどファンサブに造詣が深いわけではないけれども、ゆるいリーチャーでも、一般的なテレビ視聴者に比べれば、洗練されたメディア消費者であるということが重要な点である。今日、ファンサブされたアニメなどはYouTubeはじめ様々なウェブサイトに出回っているが、リーチャーはコンテンツを視聴するためにファンサブサイトやIRCチャンネルにアクセスする。彼らはファンサブのフォーラムやIRCチャンネルでのコミュニケーションを通して、ファンサブグループに関する知識を増やし、グループごとのクオリティや倫理観についての違いを理解していく。例えば、あるリーチャーへのインタビューでは、グループの名前までは記憶していないものの「翻訳の質が高い」グループ、「制作が速い」グループと、コントリビューター間のクオリティとスピードの差異を意識していた（レイチェル・コーディーによるインタビューによって確認された）。

リーチャーは、ファンサバーたちがクオリティの追求に注力していることに無自覚なわけではない。例えばあるファンは、「ファンサブ版のアニメの方が、全体的にセリフが上手く表現されている。編集が入って、西洋の視聴者でも分かるように色々と変えちゃう字幕とは違うと思う。ファンサバーたちはそのまま訳すし、もし分かりにくいところがあったら、ちょっとした説明を書き添えてくれる」とファンサブを評価している（アニー・マニオンによるインタビューによって確認された）。他の調査対象者もまた、この点をより強調する。「今では目が肥えちゃって、アメリカ国内で販売される吹き替え版なんか見たくもないね。すごくひどいし、話の筋はおかしくなっちゃってるし、編集が良くない。だから観ていると気が狂いそうになる（…）ほんと、ほんとに実際プロがアニメに字幕をつけないで、ファンサバーたちにやらせるべき」。一方では、市販のＤＶＤのクオリティと比べて、ファンサブの質の低さに愚痴を言うリーチャーもいる。だが、大多数のリーチャーは、高品質なファンサブの「タイプセット」や翻訳の質は、プロが手がけた版権化されたものよりも優れていると認めている。ファンサブのクオリティが高いことを理由に、商業版ＤＶＤを観ないというファンを批判するファンもいる。「たくさんの人たちが、あっ、吹き替え版が全然良くない、とか、アメリカ人の仕事は良くない、とか言う。でも（…）私はこっちで手に入るもの（ＤＶＤ）の質は気にならない。こっちに輸入してくれる人たちを後押しすべきだと思う」

リーチャーの消費の倫理的な問題点に関しては、ファンダムにおいて論争となっている。インタビューしたファンの中には、リーチャーではない人が二名だけいた。リーチャーの中にも、「アニメ業界への返礼」という倫理的な義務感について大きな違いがあった。この倫理を遵守しているリーチャーは、英語の版権がないアニメのみをダウンロードし、版権化された後も字幕付け作業と流通を続けるファンサブグループを非難している。曰く、「そのアニメの版権をどの会社も持っていなくて、アメリカで観られるチャンスが無いと分かっている時だけファンサブをダウンロードします」と。彼らは、自分たちのDVD購入活動を強調する。例えばエクスタイラスは「もし（ファンサブを）四編観たら、きちんと一つDVDを買うべき」という独自のルールを決めている。よくある「倫理的」なファンは、版権が決まるまでファンサブを観続けて、版権化された後はそのシリーズのDVDを購入するか、またはレンタルして楽しむ。

リーチャーの大半がアニメ業界に金銭的に貢献することを倫理的な義理だと感じているが、何らかの理由でそれができないでいる。例えばオーストラリアやイギリスのファンは、アメリカで版権化された後でも、ファンサブ版を希求する必然性があると考えている。通常版権化されたアニメはファンサブで視聴しないものの、字幕付きの商業版の制作が追いつかないような長年続くシリーズについては、（何年も待たなければならないと分かっているので）例外的な倫理規範を作るファンもいる。また他のリーチャーは、購入できるならそうするが、経済力が追いつかないと述べる。インタビュー対象者には、就職してから商業版を購入し始めたリーチャーもいた。それは彼女のコレクション欲求を満たすためでもあり、倫理的な義務を果たすためでもあると言う。「観てはまった作品については、時間はかかるけれども全部買ってます」

ファンサブは新番組の市場調査にもなるし、視聴者がDVDを購入する前の「お試し」と位置づけて正当性を主張するファンもいる。「一度も観たことのないDVDアニメなんて絶対に買わない。いつもまずファンサブを観て、それから考える。もしはまったらDVDを買う（もしも見つかればの話。でも基本的に買いたいので一生懸命探す）」これについては多くのインタビュー対象者が言及していた。また、リーチャーの中にはアニメ業界がDVDの価格を高く設定しすぎているとして、それこそが購入に踏み切れない正当な理由だとする。インタビュー対象者のうち二名だけが、特に消費活動に関して理由づけする必要はないと感じていた。全体的には、リーチャーはアニメ業界を支えたいという強い意志を示すが、アニメ作品のローカライゼーションにもう少し努力してほしいと感じているし、同時に自身の経済力などの理由で観たいエピソードを入手できなかったことを理由に、ファンサブの視聴に正当性をもたせる。

パブリックカルチャーのハイブリッド性

本章では、ファンサブとその消費の形、倫理規範について概説し、ファンサブ界に存在する多様な動機について論じてきた。ファンサバーもリーチャーもそれぞれ多様な規範と動機を有しつつ、質の高いアニメ文化を築きあげようとする意志はファン全体で共有されている。その意味では、ファンの関心とは、アニメプロデューサーの関心に等しい。アニメ制作の継続のための「業界への返礼」という倫理基準や、原作に忠実に翻訳するべく懸命に努力するその動機は、ファンのアニメに対する愛情と、それを取り巻くファンダムに対する忠誠心に基づいている。ファンサバーはこの使命感のもと、長時間のボランティア労働に従事し、専門技術を提供する。また彼らは、現地語に翻訳された高品質なアニメを流通させるという、潜在的なニーズにうまく応えることによって承認され、効力感を得る。

非商業的なところに金銭的な動機を持ち込むと主体的に動かなくなると言われているが、どうやらそうでもない。調査に協力してくれたファンサバーたちは、無料で商業(企業)のためにファンサブをやりたがっている。また、プロフェッショナルとしてのキャリアのためにファンサブをやっているわけでもない。ファンサバーを効果的に巻き込むには、魅力的な非商業的動機付けとインセンティブがポイントとなる。自分の学習と承認や評価のためだけではなく、世の中にアニメを広めたいという共通目的と価値が重要なのである。商業的なモチベーションと利益は、必ずしもコモンズやパブリックドメインを汚すわけではない。共同の価値と利益は、時には商業的なものと非商業的なものが統合されることによって最良のものとなる場合もある。さらに、本章では、消費者と参加者のモチベーションの違いを把握することの重要性を示した。基本的にコントリビューターとリーチャーのモチベーションは全く異なるが、ファンはその両方を有していることが多い。コントリビューターは、努力して徹底的に仕事の質をあげ、評価してもらうことが重要である。一方で、リーチャーにとっては、アクセスのしやすさやコンテンツのクオリティの高さによって、注目を向けたり金銭的に貢献する動機となる。

アニメ業界とファンサバーは目標や関心をある程度共有しているが、もちろん両者は緊張関係にあり、しばしば論争の種となる。近年アメリカのDVD市場は崩壊しており、ADVやセントラル・パーク・メディアといった海外アニメの流通を手がけた有名企業が軒並み経営破綻してしまった。このような状況にあるため、ファンサブは本当にアニメ業界を支えているのかについての論争は極端になってきている。ファンサブ黎明期は、未開発の市場を開拓していくための手段としてファンサブを用いることで正当性を主張できた。しかし今日のように、英語に翻訳されたアニメの視聴者層がしっかりと根付いている状態だと、ファンサブとアニメ流通企業との衝突もよくみられるようになる。ファンサバーもリーチャーも、自分たちの活動を業界を支える方向にもっていきたい。一方で、自分たちが質の良い作品をすぐに入手できるような正当な道筋が不足していることにはフラストレーションを覚えている。

デジタル流通に関する新しい知見では、企業とファンダムが共有する大きな目的に沿った形で、衝突をなくす方向に動いている例がある。二〇〇八年、ファンサブコンテンツのストリーミング配信をしていたベンチャー企業のクランチロール（Crunchyroll）は、資金援助を受けて版権のあるコンテンツに字幕をつけて合法的に流通させるべく開発を始めた（日本でのリリースと同時に字幕をつけるのが特徴である）。

クランチロールは以前、数々の人気連載の配信権を獲得していたが、今は版権化されたコンテンツのみをストリーミングしている。現在、それらのコンテンツは、商業的にローカライゼーションをおこなう企業によって字幕がつけられている。クランチロールが人気のアニメ『ナルト疾風伝』の版権を獲得すると、アメリカでの放送後も長年ファンサブを続けていたダッテバヨ（Dattebayo）（『ナルト』のファンサブで有名なグループ）はこのシリーズのファンサブを中止した。クランチロールは最近、ダッテバヨがファンサブしていた『BLEACH』の版権も獲得しようとしている。クランチロールの計画を知ったダッテバヨは『BLEACH』のファンサブを中止することをオンラインで発表し、そのことが、クランチロールがこのシリーズのサブを手掛ける状況を引き寄せた。(*6) このオンラインでの報告では、ファンサブの環境変化についても記されていた。「DB（ダッテバヨ）はすごく良いタイミングでファンサブ業界に登場した。ファンサブの最盛期を過ごせたと思う。ここ二年の間にデジタル流通の合法的な選択肢が増えてきたから、ファンサブの生き甲斐がなくなってきている。クランチロールしかなかった時代は、ファンサバーとしてやりがいがまだあったのに。違法ではないデジタル流通の選択肢が増えたために、ファンサブは明らかに衰退してきている」

ファンサブは、企業が応えてこなかった海外のファンの要望を叶えてきた。日本のアニメ業界が、クランチロールのように海外でのオンラインデジタル流通の機会を増やすことで、ファンサブの役割や存在意義は低下する。ただし同時に、先述したダッテバヨの発表にあるように、「クラウドソース」(Howe 2009)でクオリティの高い字幕つけを行うファンサブは、市販のコンテンツが抗いがたい特有の価値を提供している。ボランティアにより字幕つけを行うドットサブ(dotsub)のようなサイトの活動を見ると、翻訳、編集、クオリティチェック、と分業による貢献が可能であるからこそ、ファンサブはクラウドソースに適した活動なのだということがわかる。例えばヴィッキネット(Viikii.net)は、複数の言語で台湾ドラマや韓国ドラマを版権化して、流通を請け負う商業サイトである。このサービスは、字幕付けの作業を全面的にクラウドソースのファンサブに委ねることで成功しているのである。

このようなオンライン流通の試みの事例は、企業によるメディア制作やローカライゼーションによる流通と、非商業的な仲間うちの制作を統合した「ハイブリッドモデル」が実現可能であることを示していると考えられる。黎明期のファンサバーは海外で新しいアニメ市場を開墾してきた。同じように、クオリティの高いローカリゼーションと字幕つけの実践をファンに委譲することで、きちんと企業が収益を得られるような合法的なシステムがあればよいかもしれない。今日のデジサバーやリーチャーは、ファンサブで収入を得ることはないけれども、これは彼らの関心を満たすことにつながるだろう。商業的な利益のためにボランティア的な労働を法人化させて、「デジタル小作農」(Carr 2006; Terranova 1967)を作り上げるのではなく、むしろ、集合的で有意味な実践に対して貢献することとそれ自体が価値の源泉となり、他の報酬を必要としないことを再考すべきであろう。個々人の動機は、ファンサブのような「集合的な名誉」の価値生成と強く結びついている。ファンサブの事例を詳述していくことを通して、個人の経済的利益を中心に考える参加モデルの弱さと限界が見えてくる。

この章では、共有化／ネットワーク化されたパブリックカルチャーへの参加と貢献に関する潜在的な社会的パターンと価値について論じてきた。今日のネットワーク時代においては、企業の儲けだけが優先される時代から変わりつつある。一方で、狭い視野での「純粋なコモンズ」や、商業的な関心や金銭的な動機の欠如したパブリックドメインの発想ばかりに頼っているわけにもいかない。アニメコンテンツの場合は、企業も大事だしコモンズも大事である。パブリックカルチャーとは、そもそも商業的なインセンティブと非商業的なインセンティブ双方を含む集合体なのである。アニメ文化はハイブリッドな状態を保つべきであるし、それは多様な貢献に価値を置く豊かなパブリックカルチャーについて論じることにつながるだろう。

【謝辞】

本研究は、ファンサブの世界を筆者に教えてくれたファンサバーたちと、研究チームの協力なしにはできませんでした。特に、ファンサブの世界に誘ってくれたザラス（Zalas）とキノバス（Kinovas）に、深く感謝します。この研究は、ジョン（John）Dとキャサリン（Catherine）Tマッカーサー財団と、南カリフォルニア大学アネンバーグコミュニケーションセンターからの基金を得て実施されました。調査アシスタントのレイチェル・コーディ（Rachel Cody）、レネイ・サイトウ（Renee Saito）、アニー・マニオン（Anniè Manion）、ブレンダム・カラム（Brendan Callum）、ジュディ・スワタナポンチュド（Judy Suwatanapongched）にも感謝します。このチームのおかげで、筆者のアニメファンダムに関する理解が深まり、アニメコンベンションも楽しむことができました。また、ジェニファー・アーバン（Jennifer Urban）とのコラボレーションと対話からも、本研究の着想に至りました。

【注】

＊1　「ローカライゼーション」とは「地域化」のことで、コンテンツで使用されている言語の翻訳だけでなく、その地域の特徴にあわせて内容を変更することを指す。

＊2　レイチェル・コーディー（Rachel Cody）、アニー・マニオン（Annie Manion）、レネイ・サイトウ（Renee Saito）、ブレンダン・カラム（Brendan Callum）、ジュディ・スワタナポンチェド（Judy Suwatanapongched）を含む大学院生と大学生のチームの主任研究員を務めた。観察またはインタビューの実施は、筆者以外のリサーチャーが実施した。調査対象者には、実際の名前やファンネーム、ペンネームを使うことが可能であると伝えた。これについては文書でも残されている。ファンサブのほとんどの参加者がペンネームを使い、注釈には本名の時のみ文章を起こした。リーチャーはプライバシー保護のため、名前やペンネームを伏せている。

＊3　もとのゲームやコンソールをもとにして、他のものをつくること。なお、「モディング」とは、もともとはゲームマニアの間で行われるソフトウエアの改変などを指す。

＊4　「ファンサブの歴史」は、一九七九年から一九九三年までSean Leonard（2005）による。イギリスから見たアメリカのファンの歴史に関してはローレンス・エン（Lawence Eng）の章に書かれている。

＊5　これは実際用いられているファンネームである。

＊6　http://www.dattebayo.com/pr/134

【参考文献】

Appadurai, Arjun, and Carol Breckenridge, 1988, Why public culture, Public Culture Bulletin 1 (1): 5-9.

Benkler, Yochai, 2006, The wealth of networks: How Social Production Transforms Markets And Freedom, New Haven, CT: Yale University Press.

Carr, Nicholas, 2006, "Sharecropping the long tail", Rough Type, (Retrieved January 13, 2011, http:www.roughtype.com/archives/2006/12/sharecropping_t.php).

Condry, Ian, Dark energy: What funsubs reveal about the copyright wars, Mechademia 5: Fanthropologies, ed. Frenchy Lunning, 232-251, Minneapolis: University of Minnesota Press.

Feller, Joseph, Brian Fitzgerald, Scott A. Hissam, and Karim R. Lakhani, eds., 2005, Perspectives on free and open source software, Cambridge, MA: MIT Press.

Giles, Jim, 2005, Special report: Internet encyclopedias go head to head, Nature 438: 900?901.

Hatcher, Jordan S. 2005. Of otakus and fansubs: A critical look at anime online in light of current issues in copyright law. SCRIPTed 2 (4): 514-542, (retrieved January 13, 2011, http:www.law.ed.ac.uk/ahrc/ script-ed/vol2-4/hatcher.asp).

Hippel, Eric Von, 2005, Democratizing innovation, Cambridge, MA: MIT Press.

Howe, Jeff, 2009, Crowdsourcing: Why the power of the crowd is driving the future of business, New York: Three Rivers Press.

Ito, Mizuko, Sonja Baumer, Matteo Bittanti, danah boyd, Rachel Cody, Becky Herr-Stephenson, Heather Horst, Katynka Z. Martínez, C. J. Pascoe, Dan Perkel, Laura Robinson, Christo Sims, and Lisa Tripp, 2009, Hanging Out, Messing Around, and Geeking Out: Kids Living and Learning with New Media, The John D. and Catherine T. Macarthur Foundation Series on Digital Media and Learning, Cambridge, MA: MIT Press.

Ito, Mizuko, Heather Horst, Sonja Baumer, Matteo Bittanti, danah boyd, Rachel Cody, Becky Herr-Stephenson, Katynka Z. Martínez, C. J. Pascoe, Dan Perkel, Laura Robinson, Christo Sims, and Lisa Tripp, 2008, Kids living and learning with new media: Summary of findings from the Digital Youth Project, Cambridge, MA.

Jenkins, Henry, 2006, Convergence culture: Where old and new media collide, New York: New York University Press.

Kow, Yong Ming, and Bonnie Nardi. 2010. Who owns the mods? First Monday 15 (5), (retrieved January 13, 2011, http://firstmonday.org/htbin/cgiwrap/bin/ojs/index.php/fm/article/view/2971/2529).

Lakhani, Karim R., and Robert G. Wolf. 2005. Why hackers do what they do: Understanding motivation and effort in free/open source software project. In Perspectives on free and open software, ed. J. Feller, B. Fitzgerald, S. Hissam, and K. R. Lakhani, 3-22. Cambridge, MA: MIT Press.

Leadbeater, Charles, 2004, The pro-am Revolution: How enthusiasts are changing our economy and society, London: Demos.

Leonard, Sean. 2005. Celebrating two decades of unlawful progress: Fan distribution, proselytization commons, and the explosive growth of Japanese animation. UCLA Entertainment Law Review (Spring 2005), (retrieved January 13, 2011, http://papers.ssrn.com/sol3/papers.cfm?abstract_id=696402#PaperDownload).

Lessig, Lawrence, 2008, Remix: Making art and commerce thrive in the hybrid economy, New York: Penguin Press.

Postigo, Hector. 2010. Modding to the big leagues: Exploring the space between modders and the game industry. First Monday 15(5), (retrieved January 13, 2011, http://firstmonday.org/htbin/cgiwrap/bin/ojs/index.php/fm/article/view/2972/2530).

Russell, Adrienne, Mizuko Ito, Todd Richmond, and Marc Tuters. 2008. Culture:Media convergence and networked participation. In Networked publics, ed. K. Varnelis, 43-76. Cambridge, MA: MIT Press.

Scacchi, Walt. 2010. Computer game mods, modders, modding, and the mod scene. First Monday 15 (5), (retrieved January 13, 2011, http://firstmonday.org/htbin/cgiwrap/bin/ojs/index.php/fm/article/view/2965/2526).

Shirky, Clay, 2010, Cognitive surplus: Creativity and generosity in a connected age, New York: Penguin Press.

Sotamaa, Olli. 2007. On modder labour, commodification of play, and mod competitions. First Monday 12 (9), (retrieved January 13, 2011, http://131・193・153・231/www/issues/issue12_9/sotamaa).

Swartz, Aaron. 2006. Who writes Wikipedia? In Raw thought, (retrieved January 13, 2011, http://www.aaronsw.com/weblog/

whowriteswikipedia).
Terranova, Tiziana, 1967, Free labor: Producing culture for the digital economy, Social Text 18 (2): 33-58.
Varnelis, Kazys, ed. 2008, Networked publics. Cambridge, MA: MIT Press.
Weber, Steven, 2004, The success of open source. Cambridge, MA: Harvard University Press.

第三部

交流

第10章　「少女文化」の中の腐女子

石田喜美＋岡部大介

1　「腐女子」とは何か

本章では、今日的なブームである「腐女子文化」の文化的分析を行う。

「腐女子」とは何か。『同人用語辞典』（窪田 2004）では、「腐女子」を「「やおい」(*1)や「ショタ」(*2)作品の作家やファンなど、同人、おたく系の女性に対する俗称」と定義し、その特徴として、「対象となっている（であろう）本人が、自分自身に対して自嘲気味に使うケースが多い」と説明する。もともと「腐女子」という言葉は、ある女性漫画家が作品中で自分自身を「婦女子ではなく腐った女子（腐れ女子）

だから腐女子だ」と自称したことが契機となり、その後、様々な漫画家や「やおい」を専門とする同人作家が「フリートーク」等の雑文で用いることで広まった用語だと言われている(*3)。「腐女子」と類似した用語に「オタク」の女性全般を示す「女オタク」や「同人女」などがある。一九八〇年代後半から一九九〇年代にかけて、「オタク」という用語が一般に定着するにつれ、現在の「腐女子」を含む「オタク」の女性たちはこれらの名称で呼ばれてきた。これらの用語と「腐女子」という名称が決定的に異なるのは、「女オタク」や「同人女」が、評論家やマスコミなど、外部から命名された名称であるのに対し、「腐女子」は、当事者である女性たちが自分自身を自嘲的・自虐的に示すために用いる名称であるという点である。

これ以前にも、「ヤオラー」「ヤオイスキー」など、「やおい」に関わる女性たちが自身を自嘲的・自虐的に言い表すための言葉は存在したが、これらの言葉は「腐女子」ほど、一般に広まることはなかった。「腐女子」が一般に広まった背景には日本におけるインターネットの普及があると考えられる。一九九〇年代後半以降、インターネットの普及に伴ってパソコン通信やインターネット掲示板等で多くのスラング(「ネットスラング」)が生み出された。「腐女子」という言葉は、これらネットスラングの流行に伴って、一般に広まったと言われている。つまり「腐女子」とは、男性同性愛作品を愛好する自分を自嘲的・自虐的に表現する「やおい」の文化と、一九九〇年代以降、パソコン通信やインターネット掲示板上で形成されてきた「ネット文化」とが融合することによって登場し、普及した言葉であり(*4)、「腐女子文化」とは「やおい」の文化を母胎としつつ、インターネットを通じて、より自嘲的・自虐的に自らを語りだした女性たちの文化ということができよう(*5)。

2 「腐女子」の成立
――「少女」から「文化系女子」へ、「文化系女子」から「腐女子」へ

上野千鶴子によれば、「腐女子」とは、「女子文化というサブカルのさらにサブカテゴリーである」(上野 2007: 36)。ここで言われている「女子」とはもともと学校用語、すなわち「女生徒」である。上野は「女性」「少女」という言葉と「女子」という言葉を比較しながら、その特異性を明らかにしている(上野 2007: 30)。上野が述べるように、「女子」というカテゴリーが誕生した背景には、すでに男性の幻想のもとにある「少女」というカテゴリーを選択したくない女性たちの存在があったに違いない。しかし「少女」とは、もともと高等女学校などの学校教育制度によって生み出されたカテゴリーであり(本田 1990)、「女子」と同様、学校文化と切り離せないカテゴリーであった。そこで本章では、「少女文化」から始まる一連の歴史の中に「腐女子文化」を位置づける。

「少女」とは、高等女学校などの学校教育制度によって生み出されたカテゴリーである。しかし、同時にこのカテゴリーは、「少女雑誌などのメディアによって具体的なイメージを付与された」(今田 2007: 2)カテゴリーでもある。一八九九年の高等女学校令以降、『少女世界』『少女の友』など、おびただしい数の少女雑誌が創刊された。これらの雑誌には大人の男性である編集者によって作り出される記事のほか、読者である少女たちによって作成された文章や絵などを掲載する投稿欄が存在した。本田(1990)はこれら投稿欄に寄せられた少女たちによる投稿が、「良妻賢母」を標榜する雑誌編集者側の意

向をすり抜け、私的なコミュニケーションを行う場となっていることを指摘し、投稿欄でのやりとりから生み出された読者共同体を「少女幻想共同体」と名づけた。

少女雑誌によって生み出された「少女幻想共同体」の成員である少女たちは、自らの成員性の核、すなわち「少女らしさ」を、「清純主義」と「文芸主義」に求めていた（今田 2007）。「清純主義」とは、「清らかさ」「美しさ」「傷つきやすさ」を包含した性質であり、「大人」のもつ「汚れたもの」「打算的なもの」「醜悪なもの」と対置される性質である（今田 2007.159）。また「文芸主義」とは、小説や詩、短歌・俳句などの文芸的能力への向上意識を意味している。

「少女」というカテゴリーを支えた少女雑誌は、戦後、その趣向を変化させ、清純主義・文芸主義的な世界観ではなく、ファッション・スタイルをみせる雑誌へと変化した（皆川1991, 坂本 2001）。一九五〇年代には、映画等の人気スターを扱うヴィジュアル雑誌『明星』や、ティーンエイジャーの生活スタイルやファッション情報を紹介する『じゅにあそれいゆ』が創刊される。さらに一九七〇年代には既製服の組み合わせによるファッション・スタイルを紹介する『an・an』『non-no』が創刊される。坂本佳鶴絵によれば、『an・an』『non-no』の創刊によって、「少女」とも「大人」とも異なる「女の子」というカテゴリーが生み出されたという。「女の子」とは、「10代後半から20代前半の未婚女性」で、かつ、「大人とは一線を画した斬新な恰好をし、好きな小物やインテリアに凝り、旅行に出掛け、さまざまな新しい体験をする」（坂本 2001: 157）女性を示すカテゴリーである。

しかしながら、少女雑誌における変化を受けて、すべての「少女」たちが「女の子」へと変化したわけではない。「少女」から「女の子」へとカテゴリーを変化させる女性たちがいる一方で（これについては、坂本2000参照）、「少女」というカテゴリーを維持し、清純主義・文芸主義的な世界観を支えつづけた女性たちがいたことも事実である。一九五〇年代から一九六〇年代初頭にかけて、ファッション情報や芸能情報を扱うティーンエイジャー向けの雑誌が新しく創刊される一方、『少女』『少女ブック』など、少女小説に代わって少女マンガを掲載することで、雑誌の視覚化を成し遂げる少女雑誌も存在し続けていた（米沢 2007）。戦前から続く清純主義・文芸主義的な色彩を継承するこれらの少女雑誌は、「少女」というカテゴリー独自の世界観を維持しつつ、「少女マンガ」というジャンルを確立させ、少女マンガ雑誌を誕生させるための母胎となったということができる。

さて、これら少女雑誌・少女マンガ雑誌は主に、一〇代前半までの女性たちを対象にしていたが、これらの雑誌を読み、「少女」カテゴリー特有の清純主義・文芸主義的な価値観を身につけた女性たちは、すべて、一〇代後半以降、ティーンエイジャー向けの雑誌へとその購買対象を移行したのだろうか。答えは否である。少女雑誌・少女マンガ雑誌の読者であった女性たちの中には、一〇代後半以降も、少女マンガを愛好し「少女文化」を維持しつづける人々が存在した。

その分岐が明確化するのは、『an・an』『non-no』の誕生によって女性雑誌全体の売り上げの構造が変化する一九七〇年代初頭から一九七〇年代末までの期間である。宮台・石原・大塚（1993）が指摘するように、この時期は、異なる世界観を持つ少女マンガの複数の潮流が明確に分岐し、それに伴い、少女マンガの読者が複数の層に分岐した時期でもある。このことは、一九七四年から始まる少女マンガ雑誌の創刊ラッシュ（米沢 2007）に象徴的に示されている。さらに一九七六年には、「少女マンガマニアを対象とした初めての雑誌」（米沢 2007: 267）と評される少女マンガ雑誌『LaLa』が創刊される。

これまでとは異なる方向性を持つこれら少女マンガ雑誌の創刊とそれを担う出版社の設立は、一九七〇年代以前とは異なる読者、すなわち、低年齢層向けの少女マンガに満足することのできない高年齢層の女性読者の存在を示している。この女性読者たちは、低年齢層向けの少女マンガ雑誌から、高年齢層向けのファッション雑誌へと移行できなかった女性たちでもある。すなわち、少女マンガ雑誌の読者である「少女」でもなく、一〇代後半から二〇代前半に向けられたファッション雑誌の読者である「女の子」でもないカテゴリーに属する女性たちが、この時期に誕生したのである。この女性たちを本章では、近年の用語法にならって「文化系女子」と呼ぼう。宮台・石原・大塚（2007）は、少女マンガに①大衆小説的な少女マンガ、②私小説・中間小説的な少女マンガ、③西欧純文学的な少女マンガという三つの流れがあることを指摘し、一九七三年から一九七七年にかけてこれら三つの流れが明確に分岐したと論じているが、この分類に従えば「文化系女子」とは③西欧純文学的な少女マンガの読者となった女性たちであるといえる。

「文化系女子」がその読者となった③西欧純文学的な少女マンガとは、萩尾望都・大島弓子・竹宮恵子・山岸凉子ら、「24年組」と呼ばれる少女マンガ家による少女マンガである。すでに多くの文献で指摘されているように、「24年組」の少女マンガ家たちが一九七〇年代前半から「少年愛」マンガブームを引き起こし、一九七八年には、竹宮恵子のイラストを表紙にした女性向け男性同性愛雑誌『comic Jun』（後に『JUNE』と改称）が創刊される。これと同じ時期、一九七五年には第一回「コミックマーケット」が開催される。コミックマーケット準備会『コミックマーケット30's ファイル』によれば、第一回「コミックマーケット」の参加者は9割以上が「中・高生の少女まんがファンを中心とした女子」であったという。このようにして誕生した「文化系女子」は、金巻（2005）の言葉を借りれば「第一世代のオタク女子」として、その後誕生する「腐女子文化」の基礎的な土台を作り上げていくことになる。

その後、「文化系女子」たちは、いわゆる「オタク文化」の中で「やおい」と呼ばれるジャンルを生み出し、たくさんの「やおい」作品を作り出してきた。「やおい」とは、「最も広義には女性によって女性に向けて描かれた男性同士の恋愛・性愛を描く作品全般（マンガだけでなく小説、ゲームなども含む）を指す。狭義には、そのうち既存の作品をもとにしたパロディ同人誌を意味」（金田 2006:167）する。「やおい」の歴史については、西村（2002）・金田（2006）など、すでに複数の文献で論じられているので、詳しくはそちらを参照してもらうこととして、「文化系女子」から「腐女子」への移行に焦点を当てて論を進めたい。

「文化系女子」から「腐女子」への移行が生じるのは一九八〇年代後半から一九九〇年代にかけてである。これまで論じてきたように、「文化系女子」も「オタク文化」に参加し、「オタク文化」の中で活動を行ってきた。しかし、中島（1995）が、彼女たち（「マニアの女の子たち」）を「おタク（オタク）」と区別し、麗しい名（ペンネーム）で呼び合い、サークル内での人間関係を大切にする社交性の高い人々として記述したことに象徴的に示されているように、「文化系女子」は文芸主義的で麗しい文化の担い手であった。その「文化系女子」が、侮蔑的な視線を自ら意識し、自ら「腐女子」と名乗るようになった背景には、いったい何があるのか。

金巻（2005）は、「オタク文化」に携わってきた女性を、昭和三〇年代（一九五五‐一九六四）生まれ「第一世代」、昭和四〇年代（一九六五‐一九七四）生まれの「第二世代」、昭和五〇年代（一九七五‐一九八四）生まれの「第三世代」に分類し、これらの世代の特徴を描き出すことで、「オタク文化」に携わってきた女性たちの歴史的変遷を概観している。金巻によれば、「第一世代」の女性たちは、彼女たちが愛好した雑誌『JUNE』（『comic Jun』）のキャッチコピー「今、危険な愛にめざめて――」に象徴されているように、妖しく淫靡なものを含みつつ、ひっそりと隠れてその活動を展開していたという。中島

(1995:321) によって麗しく文芸主義的な文化の担い手として描かれた女性たちは、この世代にあたる。「第二世代」の女性たちは、この「第一世代」と「第三世代」との過渡期にあたり、現在の「オタクムーブメント」を作り出した世代である。「第三世代」は、「第二世代」の女性たちが作り出した多くの男性同性愛作品を享受し、「オタク」的な趣味を「カジュアルなもの」「ライトなもの」(金巻 2005:150) として楽しむ世代である。一九九〇年代の「ボーイズラブ」雑誌の相次ぐ創刊によって「第二世代」の女性たちは、「ボーイズラブ」作品の送り手となった。「第三世代」の女性たちは、一般書店でこれら「ボーイズラブ」雑誌を入手することができる。彼女たちにとって、男性同性愛を扱う作品は「隠すもの」でも「妖しく淫靡なもの」でもなく、「あたりまえ」のものとなる。(*6) 「オタク」的な趣味を「あたりまえ」のものとして享受する「第三世代」の女性たちにとって、「やおい」や「ボーイズラブ」等の男性同性愛作品は、文芸主義的な妖しさ・淫靡さを感じさせるものではなく、「キャー、ヒワイ」などと言いながら、嬉々として、男同士の「アブナイ」関係や「イ・ケ・ナ・イ」関係に耽」るためのものとしてある (藤本 1998: 143)。(*7) 男性同性愛の世界を楽しむ彼女たちは、一九九〇年代以降に広まったインターネットを利用し、自分たちの趣向を自嘲的・自虐的に表現しはじめる。「腐女子」というカテゴリーは、このように自らの趣向を自嘲的・自虐的に表現しはじめた「第三世代」の女性たちが、自らを指し示すために生み出したカテゴリーである。

ここでもうひとつ、「第二世代」の女性たちが作り出した「オタクムーブメント」のネガティブな側面にも触れる必要があろう。「オタクムーブメント」は、数多くの男性同性愛作品を生み出した一方で、「オタク」の大衆化と低年齢化をもたらした。このような「オタク」の大衆化・低年齢化によって、それまで一般社会から不可視的に活動を行ってきた「オタク」の人々の存在が、「理解不可能なもの」「気持ちの悪いもの」として注目されるようになる。中森（1983）は「オタク」について以下のような描写を行っているが、この言説は当時の一般の人々の「オタク」に対するイメージを示している。

コミケット（略してコミケ）って知ってる？　いやぁ僕も昨年、二十三才にして初めて行ったんだけど、驚いたねー。これはまぁ、つまりマンガマニアのためのお祭りみたいなもんで、早い話しマンガ同人誌やファンジンの即売会なのね。それで何に驚いたっていうと、とにかく東京中から一万人以上もの少年少女が集まってくるんだけど、その彼らの異様さね。なんて言うんだろうねぇ、ほら、どこのクラスにもいるでしょ、運動が全くだめで、休み時間なんかも教室の中に閉じ込もって、日陰でウジウジと将棋なんかに打ち興じてたりする奴らが。モロあれなんだよね。（…）それで栄養のいき届いていないようなガリガリか、銀ブチメガネのつるを額に喰い込ませて笑う白ブタかてな感じで、女なんかはオカッパでたいがいは太ってて、丸太ん棒みたいな太い足を白いハイソックスで包んでたりするんだよね。（中森 1983）

さらに、一九八八年から一九八九年にかけてマスコミを賑わせた、連続幼女誘拐殺人事件（通称「M君事件」）では、殺人事件の加害者Mの部屋が「オタクの典型的な部屋」として紹介され、家に一人でひきこもり、マンガやアニメにのめりこむ「オタク」のあり方や、その幼女趣味が非難の対象となった（村瀬 2003: 136-37）。これによって、中森（1983）から連綿と続いていたオタク・バッシングがさらに過熱化し、「オタク」は「社会的不適応者」「犯罪者」などのスティグマを付与されることになった。この事件の加害者Mは男性であり、マスコミによる非難の対象となったのも主に男性の「オタク」であったが、「女オタク」という名称が示すように、男性の「オタク」に対するスティグマを敷衍するかたちで、女性の「オタク」に対してもスティグマが付与されてきた。[*8]

「腐女子」を自称する「第三世代」の女性たちは、「第二世代」の女性たちが「オタクムーブメント」の中で作り出してきたこれら二つの「遺産」――すなわち、「カジュアル」で「ライト」な趣味として楽しむことのできる男性同性愛作品と、「社会不適応者」「犯罪者」のスティグマ――を引き受け、自らの実践を展開してきた。「腐女子」を自称する女性たちによる自嘲的・自虐的な表現は、これら二つの正負の「遺産」を引き受けつつ、一般社会の中で「オタク」的な趣味を持つ者として生きていくための戦略であろう。

3　学校サブカルチャーとしての「腐女子文化」

「腐女子」が成立した歴史的な背景からわかるように、また、「ボーイズラブ」雑誌の購買層や同人誌活動に関わる人々の年齢層を見ても明らかなように、「腐女子」の存在は中学校・高校に通う一〇代の女子生徒たち（近年では、小学校高学年の女子児童も含まれる）と不可分の関係にある。また、「腐女子」や「文化系女子」といった言葉が、「女子」という学校用語を含んでいることからもわかるように、一〇代でない「腐女子」たちにとっても、中学校・高校といった学校の存在は重要な意味を持っている。「腐女子文化」とは「女子文化」であり、「女子文化」とは「女生徒文化」、つまり中学校・高校の学校文化の延長線上にある文化である（上野 2007: 30）。この意味で、「腐女子文化」と、中学校・高等学校における女子生徒たちの文化は切っても切り離すことのできない関係にあるといえる。

「腐女子」を自称する女性たちの多くは、自分自身の「腐女子」としての経験を語るとき、中学・高校時代の自分自身の経験を語りはじめる。「やおい」愛好者である渡辺直美が、自身の経験をもとに制作した映画作品『青春801あり！』(2004)では、学校での「隠れやおいライフ」に焦点が当てられている。この映画作品の中には、主人公がクラスの美少年・竜太朗と他の男子のカップリングを妄想するというエピソードが取り上げられているが、このエピソードは小島アジコ『となりの801ちゃん』(宙出版)の一〇四ページにも取り上げられている。このような、学校での「隠れやおいライフ」に基づくエピソードは、多くの「腐女子」たちが共有するストーリー、すなわち「私たちの人生のストーリー」(Plummer 1998)である。

「腐女子」たちに共有されたこれらのストーリーの存在は、学校での「隠れやおいライフ」が、「腐女子」として生きる彼女たちにとっての「原風景」となっていることを示している。事実、「腐女子」たちのほとんどが高校での学校生活を経験しており、さらに言えば、すべての「腐女子」たちが中学校での学校生活を経験する。そして、その中学校や高校(あるいは小学校)での生活の中で、「腐女子文化」と出会い、「腐女子文化」に参入していくのである。では、「腐女子」たちの「原風景」ともいえる学校の中で、実際に「腐女子」たちはどのような生活を送っているのだろうか。ここでは、学校サブカルチャー[*9]としての「腐女子文化」のグループ・インタビューから、彼女たちの生活世界にアプローチしてみたい。

まず、学校における「腐女子」たちの事例を紹介する前に、「腐女子」たちが一般的にどのような実践を行い、そこにはどのような意味があるのかについて簡単に説明しておきたい。「腐女子」たちが行う実践として、もっともよく知られているのは、彼女たちがアニメや漫画、ゲーム等のメディア・テクストに対して行う、特殊な読みの実践であろう。彼女たちは、メディア・テクストに登場する男性登場人物同士の間にホモセクシュアルな関係を読み解く。ここでは、この読みの実践を、夏目（2005）にならって「やおい」読みと呼んでおく。「腐女子」たちは、この「やおい」読みの実践に基づいてパロディ同人誌等を創作する。また、学校における「隠れやおいライフ」のエピソードとして紹介したように、彼女たちは、この「やおい」読みの実践を現実に存在する男性同士の関係性にも適用し、「やおい」読みによって描きだされる世界（このようにして描きだされる世界は、「妄想」「ドリーム」などと呼ばれる）に日々、楽しみ（pleasure）を見出している。

「やおい」読みの実践には、「攻（せめ）／受（うけ）」という、「腐女子」たちに共有された解釈コードが用いられる。また、この解釈コードに基づいて読み解かれた男性同士の組み合わせは「カップリング」と呼ばれる（金田2007a）。「腐女子」たちは、特定の「カップリング」を示すために「×」という記号を用いる。この記号は、「(「攻」役の人物名)×(「受」役の人物名)」と表記され、このような表記によって、「腐女子」たちは暗黙のうちに、その登場人物同士の関係性やその二人の関係をめぐる一連のストーリーを共有する（石田・宮本 2005）。「腐女子」たちが、メディア・テクストだけでなく、現実にいる男性同士にも「やおい」読みを適用してしまうというエピソードは、「攻／受」という解釈コードが揺るぎない安定した解釈を可能にするコードであることを物語っている。

「腐女子」たちが行う実践として知られているもうひとつの実践は、「腐女子」たちが「カタギ」、すなわち「腐女子」や「オタク」でない人々に対して行う、アイデンティティ管理の実践である（金田2007a, 同部2008）。この実践は、本章で報告する事例と直接関係する実践なので、詳しく説明しておきたい。

すでに述べたように、「女オタク」の第三世代にあたる「腐女子」たちは、第二世代から二つの「遺産」を引き継いでいる。ひとつは、「カジュアル」で「ライト」な趣味として楽しむことのできる男性同性愛作品であり、もうひとつは、「社会不適応者」「犯罪者」のスティグマである。このうち後者は、いわば「負の遺産」である。「正の遺産」である男性同性愛作品を享受し、自分たちの趣味を謳歌するためには、「負の遺産」である社会からの「スティグマ（stigma）」（Goffman 1963=2001）をも引き受けなければならない。そのため、「腐女子」たちは、日々、世間が向ける偏見のまなざしから、自分たちのアイデンティティを保護する必要がある。そのために彼女たちがとった戦略は、「腐女子」であることを隠し、「カタギ」として振る舞うというものである。

しかし、「腐女子」や「オタク」といったカテゴリーは、彼女たちにとって単なるスティグマでしかないのだろうか。答えは否である。冒頭で述べたように「腐女子」とは、当事者によって生み出された言葉であり、彼女たち自身によって自嘲的・自虐的に用いられる言葉である。すなわち、「腐女子」を自称するというアイデンティティ呈示の実践が、「腐女子」という言葉そのものの背景にあるのだ。実際、彼女たちは、「腐女子」あるいは「オタク」「マニア」といった言葉を戦略的に用いることによって、自身のアイデンティティを構築する。このことから、「腐女子」や「オタク」などのカテゴリーは、外部から与えられたスティグマでもあると同時に、「腐女子」を自称する当事者が内側から創造した「自己執行カテゴリー（self-enforced category）」（Sacks 1979=1987）でもあると考えることができる（石田 2006）。

では中学校・高校にいる「腐女子」たちは、学校の中で、自分たちのアイデンティティをどのように操作しているのだろうか。学校という場は、一般社会と同様、あるいはそれ以上に、戦略的なアイデンティティ操作が必要とされる場所である。特に、中学校・高校には、複数の学校サブカルチャーが存在し、それら学校サブカルチャーは、互いに複雑に関係を形成している。

例を挙げよう。宮崎（1993）は、ある女子校に「勉強グループ」「オタッキーグループ」「ヤンキーグループ」「一般グループ」という四つの生徒グループがあることを報告している。これらの生徒グループは互いに異なる学校サブカルチャーを形成している。これらのグループは異なる価値観や規範を持つため、価値観や規範をめぐってグループ同士の対立が生じることがある。もちろん、このような対立が表面化することは少ない。が、女子生徒たちは、日々行われるグループ内部での会話の中で、自分とは異なるグループを批判し、自分たちの「正しさ」を主張する。例えば、「勉強グループ」「オタッキーグループ」は「ヤンキーグループ」に対して、「ケバイ」「品がない」「目立ちたいっていうか。もてたいみたいな」と非難し、「ヤンキーグループ」や「一般グループ」は「勉強グループ」「オタッキーグループ」に対し、「まじめ」「かわいくない」「オタクっぽい」と非難する。

このようなさまざまな文化を持つ生徒たちのグループが、学校内における公的な団体として存在する場合もある。多くの場合、それは部活動やクラブ活動等、課外活動団体のかたちをとる。部活動やクラブ活動等の課外活動は、原則的に生徒の自主性を重んじるような教育的配慮がなされており、一定の手続きを踏めば、生徒自身が団体を創設することもできる。そのため、課外活動団体と学校サブカルチャーとは密接な関係にあるといえる。

課外活動団体と学校サブカルチャーとが密接に関係する例として、いわゆる「体育系部活動」と「文化系部活動」の間にあるヒエラルキーを挙げることができよう。これについては、米国の学校サブカルチャーとして有名な、「ジョック（jock）」と「ナード（nerd）」の関係性を例として挙げることができる。人気者のスポーツマンによって成る男子生徒集団「ジョックス（jocks）」（「ジョック」の複数形）は、それを補佐するチアリーダーの女子生徒集団（「クイーンズ（Queens）」など）とともに、学校社会におけるヒエラルキーの頂点に位置づく。これに対し、スポーツを不得手とし、学業や文化系の趣味にうちこむ「ナード」は、ヒエラルキーの下層部に位置づく。(*10)

日本の部活動においてもこれと類似したヒエラルキーが存在しており、一般に、体育系部活動に所属する生徒たちは、文化系部活動に所属する生徒たちよりも、学校社会のヒエラルキーの中で高い階層に位置づくといわれている。この背景には、体育系部活動と文化系部活動における、参加の度合いの差がある。文化系部活動に参加する生徒は、体育系部活動に参加する生徒に比べ、部活動への参加頻度が低く、活動内容へのコミットメントも低い（藤田 2006）。特に男子生徒の場合は、この差が顕著であることに加え（羽田野 2001）、女子生徒と比べて、体育系部活動に入部することが社会的に強く奨励されているため、文化系部活動に所属していることに対する周囲の評価が一段と低い（羽田野 2006）。そのため、文化系部活動に所属する男子生徒は、「根暗」「なまけ者」等、ネガティブなイメージで見られる傾向にある。特に、音楽系や美術系以外の文化系部活動――すなわち、「文学部」「文芸部」等の文芸系、「無線部」「パソコン部」等のパソコン系、「化学部」「天文部」等の科学系など――に所属する男子生徒たちについては、「オタク」のスティグマを付与されることもある。

女子生徒の場合、体育系部活動／文化系部活動のステレオタイプは、男子生徒に比べて緩やかである。が、その分、「オタク」というスティグマをめぐる複雑なポリティクスが生じることになる。このようなポリティクスは、主に、文化系部活動に属する女子生徒同士の間、あるいは、文化系部活動に属する男子生徒と女子生徒の間で生じる。
以下に示すS高等学校「現代視覚文化研究部」（仮名）のインタビューは、主に男子生徒で成る「工業芸術部」（仮名）と主に女子生徒で成る「現代視覚文化研究部」との関係に生じた出来事について、「現代視覚文化研究部」部長の川口（女子生徒、仮名）が語ったものである。この事例（事例1）からは、文化系部活動に対する「オタク」というスティグマの存在と、「オタク」というスティグマをめぐる文化系課外活動団体同士のポリティクスを見ることができる。

〔事例1〕
川口：あと、それ聞いたのとぉ、とあるーー、フフ、某部活？（笑）
（1秒の間）
相川：挙げちゃえば？　挙げちゃえよ。
川口：工業芸術部がー、
相川：エヘヘヘヘ
川口：工業芸術部のぉ、人とぉ、「ミミック」（「現代視覚文化研究部」の母胎となった有志団体）がちょっと関係あって、で工業芸術部の人が部費を出してくれるとかなんとかそういう話があって、（1秒の間）じゃ、そうするならうちも作ろっかな、同好会（「現代視覚文化研究部」のこと）作ろっかなってそれは思つ、みんなの意見で作りたいってのがあったんでぇ、そんなら、みんなやりたいなら作ろうと思って作ったんですけどぉ、工業芸術部がぁ、なんかいきなりぃ、同好会結成したあとにぃ、（1秒の間）なんかぁー、言ったらいい？　言ったらいい？

（1秒の間）

相川：いいよ？　大きな声で、大きな声で！　大きな声で！

インタビュアー：ウフーー強気だね。

相川：エへへへへ

川口：そしたらぁー、なんかいきなり部が結成したあとにぃ、なんかぁ（1秒の間）、工業芸術部とぉ、現視研（「現代視覚文化研究部」の略称）の「ミミック」はぁ、手を切ったほうがいいかもねーって感じでメールが来たんでぇ、

（中略）

川口：うん。いや仲良かった。ちょっと特質の事情でぇ、仲良かったんでぇ、で、それでメールが来て、「へっ！」とか思うじゃないですか。でぇそれで、「なんで、手ぇ切んのっ！」とか言ったら、なんだっけ、なんかいろいろ、（1秒の間）なんかね、最終的なんかぁ、とりあえずなんか工業芸術部ぅーはオタクから脱するからぁ、（1秒の間）……かんじる？　わたしよくわかんないけど。

相川：実際オタクじゃやん。（1秒の間）てか、うちらよりオタクって感じじゃね？（1秒の間）アハハ

川口：うんたぶん。でぇ、それでなんかいろいろ、ねぇ。（1秒の間）うちらオトリぃ？　みたいな感じのような気もしてたり。こっちの方が同好会のイメージ良くないから手を切るぅって感じで。でー、いろいろそこでもめた。一学期に。

（二〇〇五年一〇月二八日、S高等学校「現代視覚文化研究部」インタビューより）

事例1では、それまで「オタク」というスティグマを付与されていた「工業芸術部」が、新たに発足した団体「現代視覚文化研究部」に「オタク」というスティグマを転嫁したというエピソードが語られる。ここで、「工業芸術部」がとった一連の戦略は、すべて「オタク」というスティグマを回避するためのものである。その後、「工業芸術部」が「オタク」というスティグマを完全に払拭できたかどうかは定かではないが、少なくとも、このエピソードからは、「オタク」というスティグマが特定の課外活動団体やグループに固定されたものではなく、さまざまな戦略によって回避可能なものであることがわかる。

このようなスティグマの回避は、さまざまなかたちで行われる。本研究のフィールドでもあるA中学校の「イラスト研究部」(仮名)に所属する女子生徒の秋川(仮名)も、自分たちが「部誌」を発行する動機について、次のように話しており、ここでは「部誌」を発行することが、「オタク」というスティグマ回避のための戦略として位置づけられている(事例2)。

〔事例2〕

秋川:下手すると、なんかイラ研(「イラスト研究部」の略称)はオタクなんじゃないかとか言われ、かねませんよね。

インタビュアー:もぅ言われてるしね。

秋川:言われちゃってるところもあるけど(笑)

インタビュアー:さっき言ってる人いたよね(笑)

秋川:そうそう(笑)、だからぁ、それー、なんかぁ、その、なんだろ、絵ぇ好きなことが、なんかそう抵抗、抵抗なくして入ってくれるようにとか、そういう意味もこめて、もうみんなでかいて、好きな絵かいてぇ、テーマ決めてかいて、で、これ見てそのぉ、それを見た子がぁ、あ、イラ研行きたいなって言ってくれたら、（1秒の間）すごくぅ、うれしいよね。

（二〇〇五年一一月一〇日、A中学校「イラスト研究部」インタビューより）

彼女の語りからは、文化系部活動に向けられた「オタク」というスティグマの存在が示されていると同時に、そのスティグマが回避可能なものであることも示されている。「ナード」であるというだけで、一方的に偏見のまなざしを向けられる米国の事例とは異なり、彼女たちは自分たちの活動そのものによってスティグマを回避することができる。彼女たちにとって「部誌」の発行とは、まさに、A中学校という学校社会における、「オタク」というスティグマを回避するための戦略なのである（石田 2008）。

さて、ここまで学校内における「オタク」というスティグマの存在と、それをめぐるポリティクスの存在を確認してきたが、ここでひとつの疑問が浮かぶ。さきほど、筆者は「腐女子」や「オタク」等のカテゴリーは、スティグマでもあると同時に、自己執行カテゴリーでもあると述べた。実際、本研究のフィールドであるA中学校には、「オタク」というスティグマを回避しようとする「イラスト研究部」がある一方で、自ら「腐女子」を自称する「文芸同好会」（仮名）の女子生徒たちも存在するのである。では「腐女子」を自称する彼女たちは、いかに自分たちを意味づけることによって、A中学校における自分たちの位置を確保しているのだろうか。

4 方法

本研究では、この問いを明らかにするため、東京都内にあるA中学校のクラブ活動団体、「文芸同好会」と「イラスト研究部」に対するエスノグラフィーを実施した。本章で特に分析の対象となるのは、2005年の11月に筆者が行った「文芸同好会」の部員たちに対するインタビュー調査によって得られたデータである。

フィールドで得た事例の分析に入る前に、A中学校の概要と、A中学校における「オタク文化」系課外活動・「腐女子文化」系課外活動団体の位置づけについて簡単に紹介しておきたい。

A中学校は都心に存在する、国立A大学附属の教育機関である。A中学校の生徒のうち一定の割合の生徒は、初等教育を行うことを使命とする国立A大学附属小学校の出身者（「内部進学者」）であり、残りの生徒は、A中学校の入学試験に合格して入学した生徒（「外部入学者」）である。また、A中学校に隣接する場所に国立A大学附属高校があり、A中学校の卒業生は一定の割合で附属高校に進学するが、残りの生徒は、他の高校を受験し、そこへ進学することになる。

A中学校は、「生徒自らの手によって創り出す自主的な活動」を重視しており、「生徒会活動」（生徒会・委員会など）や「クラブ・研究会活動」（部活動・クラブ活動）などにおいては、生徒自身による企画・運営がなされるよう教育的な配慮が行われている（A中学校『学校案内』、フィールド・ノート（二〇〇五年一一月三日）より）。

表10－1　A中学校における課外活動団体（A中学校『学校案内』をもとに作成）

運動部		研究会	
水泳部	陸上競技部	音楽研究会	鉄道研究会
蹴球部	籠球部	化学研究会	演劇研究会
軟式庭球部	ダンス部	電脳電子文化研究会	アジアの子供の会
硬式庭球部	剣道部	美術研究会	合唱研究会
排球部	バドミントン部	イラスト研究部	家庭科研究会
野球部	ハンドボール同好会	天文研究会	文芸同好会
	計12団体		計12団体

上の表10－1は、A中学校における課外活動団体（「クラブ・研究会活動」）を一覧表にしたものである。

この表に示された団体のうち、「電脳電子文化研究会」「イラスト研究部」「文芸同好会」（以上、すべて仮名）は、ゲームやマンガ・アニメ、小説など、メディア・テクストの生産・消費と関わりの深い活動を行うことを主目的としていることもあり、「オタク文化」や「腐女子文化」となんらかの関係を持たざるを得ない団体である。

これら三団体のうち、「電脳電子文化研究会」は男子生徒のみで構成されており、団体内部で、男性的な「オタク文化」が形成されている。これに対し、「イラスト研究部」「文芸同好会」は女子生徒のみで構成されている。「文芸同好会」は、計八名の部員のうち、三年生部員六名が「腐女子」を自称していることもあり、「腐女子文化」が主流な文化としての位置を占めている。また、「文芸同好会」の部員は、「オタク文化」を形成している「電脳電子文化研究会」の部員と交流がある。このように「腐女子文化」や「オタク文化」と関係性を持ち、自らを「腐女子」と自称する成員によって主に構成される「文芸同好会」に対し、「イラスト研究部」は「腐女子文化」・「オタク文化」との関わりを拒否し、自分たちが「腐女子」「オタク」ではないことを積極的に示そうとする団体である（事例2参照）。

5　学校における「腐女子文化」のエスノグラフィー

ここでは、「イラスト研究部」との境界はいかに構築されるかという視点から、「文芸同好会」において形成されているサブカルチャーの記述を行ってみたい。

「文芸同好会」と「イラスト研究部」は団体の性質上、活動内容や関心が重なり合う部分が多い。さらに、後に示すように、「文芸同好会」は小説、文字媒体による作品のみを書いているわけではなく、イラストを描くことも多いため（事例3参照）、「イラスト研究部」と「文芸同好会」の境界は、団体の活動内容に基づいて設定することはできない。では、このような状況で、「文芸同好会」の部員たちは、いかに「イラスト研究部」と自分たちとの差異を見出し、境界を構築しているのだろうか。

「文芸」とは、小説や詩など「言語によって表現される芸術」を意味する。そのため、「文芸同好会」とは、字義に従えば小説や詩などの創作活動を行う団体であり、イラストの制作を主要な活動とする「イラスト同好会」とは異なる活動を行う団体として位置づけられるはずである。しかし現実には、「文芸同好会」の名を冠するクラブ活動団体の多くで、マンガやイラストを制作する活動が行われている。(*11)

A中学校の「文芸同好会」においても、文化祭に向けた小説作品の制作や日々の活動として行われる即興小説制作活動の傍ら、イラストを制作する活動が行われている。そのため、いわゆる「表向き」の説明として「文芸同好会」と「イラスト研究部」の差異を語る場合は、「『文芸同好会』は小説の制作を行い、『イラスト研究部』はイラストの制作を行う」と説明することができるが、彼女たちが日々経験する「現実」に即した説明を行おうとすると、そこには困難が生じてしまう。

以下の事例(事例3)は、「文芸同好会」の成員が、インタビュアーの質問に答えるかたちで「イラスト研究部」との差異を語り出す場面である。

[事例3]

3-1 インタビュアー(以下、I):ねぇイラ研[「イラスト研究部」の略称]と文芸同好会の関係ってどういう感じ?

(1秒の間)

3-2 関谷(以下、S):接点なし。

3-3 不明(以下、X):(し、ない)。

3-4 知念(以下、C):対立グループ、対立グループ(笑)

3-5 牧戸(以下、M):えーーーへへへへ!

3-6 戸田(以下、T):誰が、(聞きとり不能)入っちゃやった!

3-7 M:えー! えー!

3-8 琴野(以下、K):見ちゃったぁアハハ

3-9 C:ウフフフフ

3-10 M:え、なんだろうね。

3-11 K:なんだろうね。

3-12 I:なんだろうね。だって、アニメとか好きなー、人たちだと思う。

3-13 C：あ、でも文字派か絵派かじゃない？
3-14 S：あとあれだよね。
3-15 後藤（以下、G）：あ、でもうち、絵の方が多いよ、文字より。
3-16 I：あーー。わたしぃ、両方つかってる。
3-17 戸田（以下、T）：うちもそうだね。国語のノートそうだね。
3-18 G：ね。
3-19 X：アハハハハ（一同笑う）
3-20 G：ね。
3-21 T：やったぜ。
3-22 G：え、答え。絵の方がアハッ割合多くね？みたいな。
3-23 M：今日、一年生のノート、だって、ずっと、あの文字よりずっと絵の方が多いもん。
3-24 X：アハハハハハ（一同笑う）
3-25 X：あーー。もうやだアハハ。

この場面では、最初に知念（仮名、三年生の女子部員）から「対立グループ」（3-4）という意見が出される。しかしその後、「文芸同好会」の成員たちが「イラスト研究部」との差異を語ろうとすると、そこには困難が生じてしまい、部員たちは相互に顔を見合わせて、「なんだろうね」と疑問を表明しあう（3-10から3-11）。インタビュアーはこれに対して、「アニメとか好きな人々」（3-12）という同じカテゴリーを付与しようとする。その後、「対立グループ」という意見を表明した知念が、「文字派」対「絵派」という対立カテゴリーを持ち出して、「文芸同好会」と「イラスト研究部」の差異を構築しようとするが（3 - 13）、この対立カテゴリーもその後、後藤（仮名、三年生女子部員）や戸田（仮名、三年生女子部員）らによって無効化されてしまう（3 - 15、3 - 17、3 - 22、3 - 23）。つまり、事例3の場面では、「文芸同好会」と「イラスト研究部」の差異よりも共同性のカテゴリーが構築され、二つの団体の成員は「アニメとか好きな人々」という同一カテゴリーによってカテゴリー化される。

しかし、「アニメとか好きな人々」というカテゴリーは、その後、「アニメでも、好きなジャンルが違うとぉ、違う」（事例4における4 - 5）という戸田の発話によって無効化され、代わりに、「文芸同好会」と「イラスト研究部」の差異を構築するようなカテゴリー化の実践が行われる（事例4、事例5）。「イラスト研究部」との差異を構築するカテゴリー化の実践において「文芸同好会」の成員たちが用いる「成員カテゴリー化装置」（membership-categorization device）は二つである。ひとつは、①アニメや漫画、小説等に関わる実践のありかた、例えば、読書量の多寡や好まれる「ジャンル」（4 - 5）などに基づいて成員をカテゴリー化する成員カテゴリー化装置である。もうひとつは、②人間存在に対する造詣の深さによって成員をカテゴリー化する成員カテゴリー化装置である。

以下、これら二つの成員カテゴリー化装置によって「文芸同好会」と「イラスト研究部」がカテゴリー化される様子を見ていきたい。

①「ジャンル」の広さと「愛」の深さ――実践のありかたに基づくカテゴリー化

事例4は、事例1のあとに続いて生じた相互行為である。ここでは、まず関谷（仮名、3年生女子部員）が、「気分的なもの?・」（4 - 2）と、「文芸同好会」と「イラスト研究部」との間に差異があることをほのめかす発言をする。さらに、これに重ねるかたちで、戸田が「アニメでもなんか好きなジャンルが違うとぉ、違う」（4-5）と、「文芸同好会」と「イラスト研究部」の差異をより明確にする発言をすると、それまでに構築された「アニメとか好きな人々」という共同性のカテゴリーは無効化され、「文芸同好会」と「イラスト研究部」とは、対立的なカテゴリーによって意味づけられていく。

［事例4］

4-1　琴野（以下、K）：とりあえず、なんてゆーか、なんてゆーか、なんか、気分的なもの？
4-2　関谷（以下、S）：どっちで表現したいや、なんてゆーか、なんか、気分的なもの？
4-3　K：イラ研は、
4-4　インタビュアー（以下、I）：アハッ！　わかんねー（笑）エヘヘヘ
4-5　戸田（以下、T）：アハハハハ、アニメでもなんか好きなジャンルが違うとぉ、違う。
4-6　K：違うんだよね。
4-7　不明（以下、X）：　え、なんか
4-8　後藤（以下、G）：イラ研、ハガレン［『鋼の錬金術師』（少年マンガ）の略称］、ハガレン、
4-9　T：1ハガネ［『鋼の錬金術師』の略称］、ハガネ。
4-10　S：ハガレンでー、うちハガレン好きじゃないよ。
4-11　T：1少年漫画系が、あっちなんですよ。
4-12　I：へーーーー。
4-13　S：え、ちがう、うちらそれが、じゃ、

4-14 別所：それは違う。あれはー、あれはー、あれはハガレンだけ、ハガレンだけ。
4-15 知念（以下、C）：ハガレンかー、
4-16 牧戸（以下、M）：ハガレンだけだね！ ハガレンだけ！
4-17 T：一つの漫画でぇ、ずっと長ぁーーく続く方はあっちにたぶんいるんだと思う
4-18 I：こっちはなんなの？
4-19 G：目移りする方フフ
4-20 C：目移りする方（笑）ウフフフ
4-21 G：浮気できたよ（笑）
4-22 C：（がっき）をー、
4-23 太田（以下、O）：一応、
4-24 X：（ちょんまきし）、
4-25 S：広く浅く、一部に深くみたいな。
4-26 G・O：あーー。
4-27 G：なんか根本に自分の好きなのが一つあるんだけど他も全部好きみたいな。
4-28 I：あーーー。
4-29 M：だからそっからぁ、すごい広げちゃった（から）。
4-30 T：射程範囲が広いんだよ。こう。
4-31 C：ウフフフフ
4-32 T：ばぁーーーハハハハ

4-33　M：なんか（ぜんぶ）言われても、あーわかるわかるわかるウフフ
4-34　O：応用がきく。応用。
4-35　K：てか、イラ研の子たちよりは本を読むほうだよね。
4-36　X：あーたぶん。
4-37　C：ごめんなさい。全然本読んでないウフフ
4-38　M：いいよいいよ。

事例4では、戸田による「アニメでもなんか好きなジャンルが違うとぉ、違う」（4-5）という発話を皮切りに、さまざまな対立的なカテゴリーが用いられ、「文芸同好会」と「イラスト研究部」のカテゴリー化が行われている。表10-2は事例4において用いられているカテゴリーの変遷を示したものである。

これらのカテゴリーはすべて、アニメや漫画、小説等に関わる実践のありかたに基づいている。関谷の発言で用いられた「広く浅く、一部に深く」（4-25）という言葉は、ここで用いられている成員カテゴリー化装置を象徴的に示している。つまり、ここで成員をカテゴリー化する際に基準となっているのは、愛好する「ジャンル」の範囲の広さと「愛」（金田 2007b）の深さである。この成員カテゴリー化装置に基づき、「文芸同好会」の成員は「広く浅く」、すなわち、さまざまな「ジャンル」の漫画やアニメ、小説に触れ、複数の「ジャンル」を満遍なく愛する――これは「目移り」（4-19、4-20）・「浮気」（4-21）という言葉で語られる――人々としてカテゴリー化され、「イラスト研究部」は「一部に深く」、すなわち『鋼の錬金術師』という特定の作品のみを深く愛する人々としてカテゴリー化される。

表10-2 事例4で用いられているカテゴリーの変遷（カッコ内の数字は事例中にふった数字に対応）

文芸同好会	イラスト研究部
	『鋼の錬金術師』などの「少年漫画系」が好きな人々（4-8、4-9、4-11）
	『鋼の錬金術師』だけが好きな人々（4-14、4-16）
「目移りする方」（「浮気」する方）（4-19から4-21）	「一つの漫画でずっと長く続く方」（4-17）
「広く浅く」（4-25）	「一部に深く」（4-25）
「根本に自分の好きなのが一つあるんだけど、他も全部好き」（4-27）	
「射程範囲が広い」（「全部、言われてもわかる」）（4-30、4-33）	
「応用がきく」（4-34）	
「（イラ研の子たちよりは）本を読むほう」（4-35）	（本を読まないほう）

②「純度」「不純度」――人間存在に対する造詣の深さに基づくカテゴリー化

事例4におけるカテゴリー化の実践では、「広く浅く、一部に深く」（4-25）という言葉に象徴的に示されているように、同じ平面上の差異として「文芸同好会」と「イラスト研究部」との差異が語られている。しかし、これは、「文芸同好会」の「腐女子」たちが、自ら「腐女子」であることを積極的に呈示していく理由にはならない。彼女たちが「腐女子」であることを積極的に呈示するためには、「腐女子」というカテゴリーが他の成員に対して、なんらかの優越性・特権性を持つカテゴリーである必要がある。事例4に引き続く会話（事例5）で「文芸同好会」の成員たちが用いる成員カテゴリー化装置、すなわち、人間存在に対する造詣の深さを基準とする成員カテゴリー化装置は、「腐女子」というカテゴリーの優越性・特権性を保証している。

［事例5］

5-1 知念（以下、C）：てかうち
5-2 関谷（以下、S）：イラ研よりもさ、
5-3 インタビュアー（以下、I）：うん
5-4 S：こっちの方が不純度高くねぇ？
5-5 牧戸（以下、M）：え、てか、濃い気がする。
5-6 別所（以下、B）：え、純度は高いよ。
5-7 C：ウフフフフフ（一同笑う）、いやー
5-8 S：なんかさー。
5-9 I：だから黒光りなんでしょ（笑）
5-10 太田（以下、O）：黒光り黒光り（笑）。
5-11 S：え、でも、なんていうか、明るい絵をかこうとしないじゃん。ぶっちゃけ、こっち
5-12 M：あたし明るいよ？
5-13 B：うち明るいよ？
5-14 C：えーーー！
5-15 M：な、なに驚いてんのホホホ！

5-16　O：『少年メランコリック』［Bによって書かれた小説作品名］が、いつよ！
5-17　M：明るいよー。
5-18　B：明るいよ！　だって、病んでるのだって生きてるうちの一つなんだからいいじゃーん。
5-19　（1秒の間）
5-20　B：ウフフフフ
5-21　I：その通りだー！（一同拍手）いいこと言った！
5-22　O：いいこと言った！

事例5において、重要なのは、別所（仮名、三年生女子部員）による「病んでるのだって生きてるうちの一つなんだからいいじゃーん」（3-18）という発話である。この発話は、「不純度」の高さ（5-4）や「濃」さ（5-5）、あるいは「黒光り」（5-9、5-10）という言葉で語られていた「文芸同好会」の文化――すなわち「腐女子文化」――の優越性を、より直接的なかたちで明言した発話である。

前述したように、「腐女子文化」は、インターネットを通じて自嘲的・自虐的に自らを語りだした女性たちの文化であり、「腐女子」たちが用いる用語や用語法の中には、自嘲的・自虐的に自らを語るためのものが多く存在する（例えば夏目 2005など）。事例5において見られる「不純度」「濃い」「黒光り」等、自分たちを「清らかでないもの」として位置づけるこれらの用語は、まさに、「腐女子」たちが自らを語るために用いる典型的な用語であるといえる。これらの用語は外部の人々に対し自嘲的・自虐的な印象を与える一方で、その裏にある彼女たちの優越性・特権性をそのまま保持する機能を持つ。上野は、「腐女子」という言葉を「『それが、何か?』と相手の侮蔑を無害化する言説戦略」（上野 2007: 34）

と分析しているが、これは「腐女子」たちが用いる自嘲的・自虐的な用語や用語法全般にあてはまる。

しかし、これらの自嘲的・自虐的な用語は、裏に隠された優越性・特権性を暗示するのみで、それがいったいどのような優越性・特権性であるのかを明らかにはしない。これに対し、別所による「病んでるのだって生きてるうちの一つなんだからいいじゃーん」（5-18）という発話は、それが何かは明らかでないものの存在だけは暗示されている優越性・特権性を端的に示した発話であるといえる。そのため、この発話は「文芸同好会」の部員である「腐女子」たちだけでなく、「腐女子」を自称する調査者からも賞賛をもって受け入れられている（5-21から5-22）。

「病んでるの」、すなわち「病んでいること」とは、別所によって制作された小説作品のタイトルが『少年メランコリック』（5-16）であることからも推察されるように、ここでは主に、「精神的に病んでいること」を示している。つまり「病んでるのだって生きてるうちの一つ」という発話は、「表面的な明るい側面だけでなく、裏に隠された暗い闇の部分も含めて人間である」とする、別所自身の思想を表明した発話である。前述したように、ここで表明された別所の思想は5-21から5-22で「文芸同好会」の部員たちと調査者すべてに受け入れられていることから、「腐女子」たちが共通に抱く思想であると考えることができよう。事例6の会話では、このことがより明確に示されている。

［事例6］

6-1　太田（以下、O）：えー、なんかさー、言いたいことが違うような気がする。

6-2　別所（以下、B）：え、何を言いたいの、イラ研は？

6-3　O：青年の主張。ウフフフッ

6-4 牧戸（以下、M）：基にしてるものが違う。
6-5 琴野（以下、K）：そう、そうだよね。
6-6 関谷（以下、S）：なんていうかね。うん、なんか、
6-7 K：なんていうか。うちら、
6-8 S：暗さを書こうとしてる気がするぞ、うちらの方が。なんか、暗い部分も明るい部分も
なんか人間として書こうとしてる感じ。
6-9 M：お、なんかすごい。かっこいい。かっこいいーー！

「青年の主張」（6-3）とは、NHKで毎年「成人の日」に開催・放送されていた若者の論文コンテスト『NHK青年の主張全国コンクール』の略称である。日本唯一の公共放送であるNHKが主催するコンテストであることに象徴されるように、このコンテストに入賞し、放送される論文の中で主張される意見は、大人が求める理想の青年像に忠実な、「明る」く前向きな内容であることが多い。太田は、このように大人が求める理想の青年像に忠実な思想を持つ者として、「イラスト研究部」を批判する。これに対して関谷は、自分たちが「明るい」部分だけでなく、「暗い部分」も書こうとしていると主張する（6-8）。これらの会話の中で強調される「文芸同好会」の文化の、すなわち「腐女子文化」の優越性・特権性とは、事例5の会話の中でしばしば混乱して用いられる「純度」「不純度」という言葉に象徴されるように、「不純」であることをあえて引き受け、「純粋」に人間存在を見ようとする視点であり、そのような視点によって得られる人間存在への造詣の深さであるといえる。

6 「秘密の遊び場」としての「腐女子文化」

本章では、「腐女子文化」が形成されてきた歴史的過程を概観し、次に学校サブカルチャーとしての「腐女子文化」のエスノグラフィーを記述してきた。これら二つの視点から「腐女子文化」を見てみると、かつて明治・大正時代に形成された「少女文化」から、現代の「腐女子文化」に至るまで、連綿と受け継がれてきたものの存在に気づかされる。それは、清純主義・文芸主義をひとつの特徴とする「彼女たちの世界を覆う特有の美意識」（本田 1996: 176）に他ならない。もちろん、「大正ロマン」文化の一端に属する「少女文化」と、現代のネット文化の中で開花した「腐女子文化」との間に大きな隔たりがあることは否めない。かつての「少女文化」に属していた女性たちは、「大正ロマン」の風潮の中、清純主義・文芸主義的な麗しい「秘密の花園」（本田 1990: 174）に身を浸し、疑うことなく一心不乱にその世界の理想を追い求めていた。しかし、他者の批判的なまなざしや自分自身に対する乾いたまなざしを内在する現代のネット文化の中で、麗しい「秘密の花園」に身を浸しながら、一心不乱になって自らの理想を追い求めることなどできるはずもない。

「腐女子文化」に属する女性たちは、「少女文化」から受け継いできた特有の美意識――それは、「純度」「不純度」という言葉に象徴されるような、人間に対する造詣の深さであろう――を自らの中に隠しつつ、「腐っている」「濃い」「黒光り」等、アイロニカルな用語で自らを自嘲的・自虐的に語ることによって、「清らか」でない「腐女子」としての自分を「ポーズ」として提示しつつ、自らの中に隠されたな「清らか」な美意識を特権的なものとして保護しつづける。このとき、「清らか」でない「腐女子」としての自分を「ポーズ」として示すことは、他者からの批判的まなざしや、男性によるフェティッシュで憧憬的なまなざしから自分の美意識を保護し、さらにそれを特権的なものとして位置づけるための戦略として機能する。つまり、「腐女子」であることを隠蔽し、あたかも「カタギ」であるかのように振る舞う彼女たちの実践は、「オタク」や「腐女子」に付与されたスティグマの回避と同時に、あるいはそれ以上に、隠蔽することとそのものを目的とした実践であるということができる（石田 2009）。

本田和子は、ある少女たちによって書かれた「交換日記」を分析し、その「交換日記」に書かれた文章が「若干の「片仮名を交えた」「平仮名綴り」の文章」であることを明らかにした上で、その文体によって彼女たちが「大人の入国禁止」の、「選ばれた少女だけに入園の許される秘密の遊び場」（本田 1996: 171）を作り上げているのだと考察する。「大人」、すなわち外部の他者から自分たちの世界を隠蔽し、自分たちだけの「秘密の遊び場」を保護するために、平仮名綴りの文体を用いるという彼女たちの戦略は、「清らか」でない「腐女子」としての自分を「ポーズ」として見せることによって、あるいは「腐女子」であることとそのものを隠すことによって外部の他者から自分たちの世界を保護しようとする女性たちの戦略と類似している。「交換日記」を記す少女たちが、外部の他者を「入国禁止」にすることそのものによって、「選ばれた少女だけに入園の許される秘密の遊び場」を謳歌していたように、「腐女子」を自称する女性たちも、外部の他者から自分たちを隠蔽することとそのものによって、特別な美意識を持つ女性たちのみが特権的に楽しむことのできる「秘密の遊び場」としての「腐女子文化」を謳歌しているのではなかろうか。「腐女子」であることを隠蔽する実践やその失敗は、中島沙帆子『電脳やおい少女』（竹書房）や小島アジコ『となりの801ちゃん』（宙出版）などのマンガ作品や、『コミックマーケット・カタログ』の投稿コーナーにおいて、頻繁に取り上げられるテーマである。このことは、隠蔽するという実践そのものが「腐女子文化」において重要な意味を持つことを物語っている。

本章では、隠蔽するという実践が、「腐女子文化」がその文化独自の美意識を保ち、「腐女子文化」に属する成員たちがその「秘密の遊び場」での楽しみを謳歌するために欠かせない実践であることを明らかにしてきた。本章でも議論してきたとおり、この「秘密の遊び場」は、「少女文化」から「腐女子文化」に至るまで、さまざまにその形を変えながらも連綿と受け継がれてきたものである。

しかし、今日の「腐女子」たちは、一方で、「少女文化」から連綿と続いてきた「秘密の遊び場」を享受しながらも、もう一方で、自嘲的・自虐的に自らを「腐女子」と呼ぶその行為によって「少女」という枠組みからの逸脱を試みてもいる。「腐女子」たちは、自分たちが「少女」でも「女性」でもなく「女子」であること、さらに言えば、「女子」としての規範からも逸脱する「腐女子」であることを宣言する。つまり「腐女子」という言葉には、何重にもわたる彼女たちの逸脱宣言なのである。本章の事例でとりあげられた「腐女子」たちも、いわゆる学校的な規範からの逸脱によって、自らの美意識を説明していた。「青年の主張」ではないもの、すなわち大人が求める理想の青年像から「逸脱するもの」としての美意識である。「腐女子文化」の特徴は、この「逸脱性」にある。

おそらく今後も、「少女文化」から続く「秘密の遊び場」は、一〇代の少女たちに受け継がれていくに違いない。しかし、その「秘密の遊び場」の中で、現実の少女たちが行う実践はさまざまである。もともと「少女文化」から連綿と続く歴史の中で生まれた少女たちの実践が、その枠組みから逸脱していくことも往々にしてある。「腐女子文化」におけるさまざまな実践は、まさにそのような実践として位置づけられるのではないか。さらに「腐女子文化」の存在は、これまで少女文化史の中で語られてきた少女たちの「逸脱性」を逆照射する可能性も有している。従来、「少女文化」「女の子文化」等の名称で括られてきた実践の中には、これらの枠組みから逸脱しようとするものも存在したはずである。

これら、少女たちによる独自の文化の形成とそこからの逸脱というダイナミクスの中で、一〇代の少女たち独自の文化は、どのようにかたちを変え、新しい文化を生み出していくのか。また、少女たちは、そのとき、どのように自分自身のアイデンティティを提示していくのか。「腐女子文化」に対する研究は、このような、少女文化の生成と変化をめぐるダイナミクスを考える際に、重要な示唆を与えてくれるであろう。

【注】

＊1　「やおい」とは、「女性読者向けの〝男性同性愛（いわゆるホモ）〟を扱った作品ジャンル」（窪田 2004: 282）のことを意味するが、本章では、アニメやマンガ、ゲーム等の男性登場人物同士の間の同性愛関係を描いたパロディ作品を「やおい」と呼び、「ボーイズラブ」（後述）と区別する。

＊2　「ショタ」とは、「主に女性向けの、可愛らしい少年を扱った作品ジャンル」（窪田 2004:139）を意味する。

＊3　喫茶《ぱらだいす☆あーみー》、「腐女子／Fujyohsi」「貴腐人／汚超腐人」『《ぱら☆あみ》的同人用語の基礎知識』（http://www.paradisearmy.com/doujin/pasok2r.htm）より。

＊4　喫茶《ぱらだいす☆あーみー》、「腐女子／Fujyohsi」「貴腐人／汚超腐人」『《ぱら☆あみ》的同人用語の基礎知識』（http://www.paradisearmy.com/doujin/pasok2r.htm）より。また、金田淳子も「「腐女子」とは、二〇〇〇年頃から「2ちゃんねる」やその周辺で使われはじめた言葉」と述べている（金田 2006:177）。

＊5　金巻（2005）は、「語られなかった、そして語ることのできなかった第一世代から比較して、現代二〇代の第三世代はネットのおかげもあって随分と語ることができるようになってきたと思う」と述べている。

＊6　このような変化に伴って、「やおい」を論ずる議論の方向も変化する。金田（2007a, 2007b）は「やおい」をめぐる議論が、当事者を異常と見なす「心理学的やおい論」から、女性にとっての「やおい」の効能を説明する「ジェンダー論的やおい論」に変化したことを指摘している。

＊7　このような男性同性愛作品に対する読者の意味づけの変化について論じたものに藤本（2007）がある。

＊8　オタク・バッシングによる女性の「オタク」たちへの影響と、その後の「オタク」カテゴリーの変容については、村瀬（2003）を参照。

＊9　本章においては、上位学校制度との関係において形成される下位文化を「学校サブカルチャー」と呼ぶ。

＊10　これについては例えば、Brady（２００４）参照。

＊11　この傾向は、「イラスト研究部」や「漫画研究会」など、視覚的なポピュラー・アート作品の制作活動を行う団体が併設されていない学校において特に顕著である。

【参考文献】

Brady, Patrick, 2004, Jocks, teckers, and nerds: the role of the adolescent peer group in the formation and maintenance of secondary school institutional culture. Discourse, 25-3, 351-64.

コミックマーケット準備会〔2005〕『コミックマーケット30's ファイル――1975 - 2005』コミケット。

Finders, Margaret, J., 1997, Just girls: hidden literacies and life in junior high. New York: Teachers College Press.

藤本由香里〔2007〕「少年愛／やおい・ＢＬ――2007年現在の視点から」『ユリイカ』朝日新聞出版。

――〔2008〕『私の居場所はどこにあるの？　少女マンガが映す心のかたち』39-16:36-47。

藤田武志〔2006〕「生徒の部活動への関わり方」西島央編『部活動――その現状とこれからのあり方』学事出版　:21-40。

Goffman, Erving〔1963〕（〔＝2001〕石黒毅訳『スティグマの社会学――烙印を押されたアイデンティティ』せりか書房）。

羽田野慶子〔2001〕「ジェンダーの社会化装置としての部活動」『日本教育社会学会大会発表要旨集録』53:280-1。

――〔2006〕「ジェンダーでみる部活動」西島央編『部活動――その現状とこれからのあり方』学事出版 :99-113。

速水筒〔2005〕「ひとでなしのゲーム」『ユリイカ』37-12: 172-7。

本田和子〔1990〕『女学生の系譜——彩色される明治』青土社。

——〔1996〕『交換日記——少女たちの秘密のプレイランド』岩波書店。

堀越英美〔2005〕「花咲く乙女たちの文化年表——ミーハーと成熟のはざまで」『ユリイカ』37-12: 225-39。

今田絵里香〔2007〕『「少女」の社会史』勁草書房。

石田喜美〔2006〕「相互行為場面における「読むこと」の意味の交渉——メディア・ファン・コミュニティに関わる女性へのインタビューの分析から」『読書科学』50-1:13-22。

——〔2008〕「メディア文化系課外活動団体における「部誌」の意味の構成——社会構成主義的パラダイムによるメディア・リテラシー教育に関する一考察」『筑波教育学研究』6: 1-19。

——〔2009〕「リテラシー実践による「わたしたちの場所」の確保——A中学校・文芸部のエスノグラフィー」『読書科学』52-3: 113-27。

石田喜美・宮本千尋〔2005〕「コミュニティへの参加による「現実」の変容」『日本認知科学会「教育環境のデザイン」研究分科会研究報告』12-1: 6-18。

金田淳子〔2006〕「ヤオイ・イズ・アライブ——わかりたいあなたのための、やおいマンガ・マップ」『ユリイカ』38-1: 166-78。

——〔2007a〕「マンガ同人誌—解釈共同体のポリティクス」佐藤健二・吉見俊哉編『文化の社会学』有斐閣 :163-90。

——〔2007b〕「やおい論、明日のために　その2」『ユリイカ』39-16:48-54。

金巻ともこ〔2005〕「女子オタ30年戦争」『ユリイカ』37-12: 144-53。

窪田光純〔2004〕『同人用語辞典』秀和システム。

McRobbie, Angela, 1991, Feminism and youth culture. : from ‘Jakie’ to ‘Jast Seventeen’ Basingstoke : Macmillan Education.

皆川美恵子〔1991〕「『ひまわり』と『じゅにあそれいゆ』」大塚英志編『少女雑誌論』東京書籍 :45-84。

宮台真司・石原英樹・大塚明子〔2007〕『増補 サブカルチャー神話解体——少女・音楽・マンガ・性の変容と現在』筑摩書

房。

宮崎あゆみ〔1992〕「女子校におけるジェンダー・サブカルチャー――女性性への適応と反抗の過程」『東京大学教育学部紀要』32:169-77。

――〔1993〕「ジェンダー・サブカルチャーのダイナミクス――女子高におけるエスノグラフィーをもとに」『教育社会学研究』52: 157-77。

村瀬ひろみ〔2003〕「オタクというオーディエンス」小林直毅・毛利嘉孝編『テレビはどう見られてきたのか――テレビ・オーディエンスのいる風景』せりか書房 : 133-52。

中島梓〔1995〕『コミュニケーション不全症候群』筑摩書房。

――〔1998〕『タナトスの子供たち――過剰適用の生態学』筑摩書房。

中森明夫〔1983〕「『おたく』の研究（1）」『漫画ぶりっこ』（一九八三年六月号）(quoted from http://www.burikko.net/people/otaku01.html)

夏目房之介〔2005〕「「やおい」読みと「ダメ」の根拠　戸田幸広・八坂考訓『キマイラ』」『マンガは今どうなっておるのか?』メディアセレクト :56-64。

西村マリ〔2002〕『アニパロとヤオイ』太田出版。

岡部大介〔2008〕「腐女子のアイデンティティ・ゲーム――アイデンティティの可視/不可視をめぐって」『認知の科学』15-4: 671-81。

Plummer, Ken〔1995〕(〔=1998〕桜井厚・好井裕明・小林多寿子訳『セクシュアル・ストーリーの時代――語りのポリティクス』新曜社)。

Sacks, Harvey〔1979〕(〔=1987〕山田富秋・好井裕明・山崎敬一編訳「ホットロッダー――革命的カテゴリー」『エスノメソドロジー――社会学的思考の解体』せりか書房 :21-40)。

坂本佳鶴恵〔2001〕「女性雑誌にみる「女の子」の成立――少女文化から女の子文化へ」『お茶の水女子大学人文科学紀要』54: 149-58。

上野千鶴子〔2007〕「腐女子とはだれか？——サブカルのジェンダー分析のための覚え書き」『ユリイカ』39-7:30-6。

Willis, Paul〔1977〕(〔=1985〕熊沢誠・山田潤訳『ハマータウンの野郎ども』筑摩書房)。

横川寿美子〔2003〕「少女の読み物はどう変わったか——1980年代の集英社『コバルト文庫』をめぐって」日本児童文学会編『メディアと児童文学』東京書籍:231-59。

米沢嘉博〔2007〕『戦後少女マンガ史』筑摩書房。

第Ⅱ章　コスプレイヤーの学び

文化的実践としてのコスプレはいかに達成されるか

岡部大介

Ⅰ　はじめに

筆者が初めてコスプレの文化に触れたのは、二〇〇三年の夏であった。当時所属していた大学の学生が、コスプレを卒業論文の研究テーマにすると言い出したのがそのきっかけである。水先案内人となってくれた彼女もまた、コスプレイヤーであった。コスプレ・イベント会場に足を踏み入れた私は、『ナルト』や『機動戦士ガンダム』等々の多種多様な作品のキャラクターを極めて忠実に再現した人々の姿に魅了された。特に、ひとつの作品のキャラクターが一堂に会する「あわせ」の光景には興奮すら覚えた（「あわせ」の例は図11‐1参照）。また、コスプレイヤーに話を聞くと、コスチュームの素材は手芸用品・生地専門店で入手し、自分で製作する人も多いというから驚いた。アニメやゲームのキャラクターの特異なコスチュームとなると、そもそも自作せざるを得ないし、なるべく低コストで布地を買い求めて製作することも重要なことのようである。とはいえ、キャラクターを再現するために設えられたカツラ（ウイッグ）から小物まで、アマチュアの趣味とは思えないほど凝っていた。

本章で取り扱うコスプレとは、コスチューム・プレイ（costume play）の略称である。コスプレということばは、もともと衣装や扮装が重要となる時代物の演劇や映画、またその衣装や扮装を身につけて行なう舞台や稽古を意味する。日本においては、七〇年代より主にアニメ、マンガ、ゲームなどのキャラクターに扮することを示す語として一般化してきた。

日本のコスプレイヤーの大半は女性で、大学生や二〇代の社会人など、他に本業を持っている普通の人々である。コスプレはあくまで趣味で、それだけに時間を割いているわけではない。しかし、コスプレ・イベント前には寝食を忘れてコスチュームの製作に没頭したりもする。しかも特異な衣装の場合、作り方のお手本やマニュアル、洋裁に不可欠な型紙もない中で自作する。コスチュームを自作するということは、コスプレ・コミュニティにおける一つの重要な実践である。そのためコスプレ・イベント会場は、コスプレイヤーにとってコスチューム製作に関する情報共有の場であり学習の場となる。それは、他のコスプレイヤーからコスチュームやコスプレの出来映えを評価される場でもある。その一方で、単に目立つためだけになされているコスプレは批判の対象となる場合もある。このように、コスプレというフィールドには、特有の意味と価値を帯びた具体的な文化的実践(＊1)がちりばめられているように見える。ファンどうしの協調的な実践もあれば、コミュニティ内／間の葛藤や対立もある。こうして、コスプレイヤーの集合は無秩序な雑踏とは異なるコミュニティとなる。コスプレの文化的実践は、コスプレ・コミュニティにおいて（のみ）意味のあるものであり、その文化的実践を共有することでコミュニティは成立するのである。

本章では、インタビューや同行調査を通して得られた女性のコスプレイヤーの発話から、コスプレ・コミュニティにみられる学びに焦点をあてる。コスプレを一つの文化として捉え、文化的な実践としてのコスプレがいかにして達成されるかについて詳述していきたい。

インタビュー場面でのコスプレイヤーの発話とは、単にそのコスプレイヤー個人の意思や感情の吐露ではない。それは、コスプレの歴史を知る熟練コスプレイヤーの語りの模倣であったり、マスメディアが描くオタク／コスプレイヤー像への反駁、または、コスプレ対象となるキャラクターや人物の「業界」との関係(*2)といった、コミュニティの歴史やコミュニティ外との関係を含んだ表れであると考える。このように本章では、個々のコスプレイヤーの語りや実践を、そのコスプレイヤーを取り巻くコミュニティ内外の諸関係と不可分であると捉える。

図11-1　コスプレ写真の例
（『銀魂』のあわせ：世界コスプレサミット会場にてプレス登録の上、筆者が撮影）

右記のような視座のもと、本章ではファン・コミュニティを協調や対立を孕んだ交渉の場と見なし、コスプレイヤーの文化的実践を通して形成されるコスプレ・コミュニティの特徴を記述する。はじめにコスプレ・コミュニティというフィールドと日本におけるコスプレの歴史的変遷について概観した上で、理論的背景と方法について触れた後、コスプレ・コミュニティに特徴的に見られる「DIY（Do it yourself）カルチャー」「ピア・レビュー（peer review: 仲間どうしの評価）」「互恵的学習（reciprocal learning）」という三点について具体的に言及していきたい。

2 コスプレというフィールド

日本で開催されるアマチュアのコスプレ・イベントは様々ある。コミックマーケット（詳しくは第7章参照）やジャンルを限定した「オンリーイベント」などの同人誌即売会、またはガレージキットの展示即売会のワンダーフェスティバルなどのイベントでもコスプレが可能である。本研究の調査対象者もまた、全員が同人誌を執筆したり消費したりしつつコスプレを行っていた。ヤオイ同人誌を愛好する女性は、自らを「腐女子」と呼び表す（第10章、または岡部 2008参照）。本研究の調査対象者らは、自らを「腐女子」または「オタク」と称することもあれば、「レイヤー」（コスプレイヤーのこと）という腐女子の下位カテゴリで自分たちを括る場合もある。

一方で、コスプレのみを目的としたイベントも数多い。TFT（東京ファッションタウン）のような展示会場、またはとしまえんのような遊園地もコスプレ・イベントの会場として利用されることが多い。それ以外にも、商店街をコスプレイヤーがパレードする世界コスプレサミットのような大規模なイベントから、クラブなどを会場にしたダンスパーティ形式の比較的小規模なイベント（アニメソングにあわせて踊ることが中心となる）まで多様に存在する。

コスプレ・イベントは、コスプレイヤー自身が中心となって形成されるコスプレ・イベントサークルによって運営されることが多い。これらコスプレ・イベントは、無料で参加可能なものから、参加費または更衣室利用料として数百円から数千円徴収されるものまである。上記以外にも、少人数で企画する自主的な撮影会もあり、日本においては毎週どこかで必ずコスプレ・イベントが開催されている。なお、日本最大の同人誌即売会であるコミックマーケットの公式発表をみると、二〇〇六年八月のコミックマーケット70の場合、総入場者数が三日間で約四三万人、そのうちコスプレイヤーは女性が一万二八〇人、男性が二一七〇人であった。この人数はコミックマーケット準備委員会が設置した更衣室を利用した数であり、実際の参加者はこれより多いと考えられる。

コスプレ・イベントに関する情報はｗｅｂサイトやフライヤーを通じて発信される。コスプレイヤーの大半が自分のコスプレ写真をｗｅｂ上に公開している。コスプレイヤー個人が自分のサイトを立ち上げている場合もあれば、コスプレコミュニティサイトの〝Cure〟や、〝COSPLAYERS ARCHIVE〟でアカウントを取得して写真を掲載している場合もある。なお、オタクとメディアとの親和性は高いといわれるが、それは女性のコスプレイヤーもまた同様であり、デジタル一眼レフを持ち歩き、photoshopやillustratorで写真を加工したり、htmlを勉強して自らのｗｅｂサイトを組む者など、新しいメディアやテクノロジーを日常生活に取り入れる者が少なくない。紙媒体でもコスプレ専門の雑誌（『COSMODE』など）や、テレビなどでタレントがコスプレを披露する機会もあり、現在は様々なメディアでコスプレに触れることが可能である。(＊3)

3　日本におけるコスプレの歴史的変遷

日本におけるコスプレの歴史は約三〇年である。コスプレイヤーは長きにわたり文化を継承、洗練させてきた。ここでは、篠宮（1998）の詳細なまとめに従って、コスプレの歴史を俯瞰しておきたい。同人誌即売会会場やＳＦ大会でのコスプレが一般化したのは一九七五年頃である。アメリカでのファンイベント「ＳＦコンベンション」で行われている「マスカレード（仮装舞踏会）」が日本に紹介されはじめたことがひとつの契機となった。マスカレードとはアニメやマンガのキャラクターに扮して、原作の一場面などを寸劇で再現することを指す。その後、一九七九年のヒットアニメ『機動戦士ガンダム』や一九八〇年代の『うる星やつら』という人気を博したアニメとともにコスプレ人口が急増した。この頃までは特に肌の露出やコスプレ可能なエリアに関する明確な制度はなかった。しかし、『うる星やつら』の人気キャラクターのように露出の高いコスプレに対して、イベント会場近隣から苦情が寄せられるようになる。その結果、例えば一九八三年春のコミックマーケットにおいては、イベントスペース以外でのコスプレが禁止されるようになる。これは警察からの要請があったためでもあるが、コスプレ文化を守るためのメンバーによる自己規制の側面も大きい。さらに一九八四年には、サッカーチームを題材にした『キャプテン翼』が人気となり、サッカーユニフォームがコスチュームという手軽さから、多くのコスプレイヤーを取り込むようになる。

また小泉（2003）や牛山（2005）によれば、九〇年代になると、アニメ、マンガ、ゲームのキャラクター以外をコスプレの対象とするコスプレイヤーも増えてくる。それはヴィジュアル系バンドのメンバーのコスプレであったり、男性アイドルのコスプレを楽しむ人々である。ヴィジュアル系バンドのコスプレは、九〇年代前半は主にロックバンドファンの少女たち＝wanna-bes（Fiske 1989=1998）の表現手段であったが、九〇年代後半となるとコスプレファンがヴィジュアル系バンドのコスプレに越境してくるようになった。

こうしてコスプレイヤーの裾野は広がっていき、メディアにも多く取り上げられるようになる。それと同時に、コミックマーケットのような同人誌即売会などにおいて、マナーの問題が顕在化してくる。先の篠宮（1998）によれば、コスプレイヤーのマナーの問題が生じた時期は、コスプレにおける「冬の時代」であった。コミックマーケットでは「長もの」と呼ばれる手作りの刀剣によるトラブルが生じたことから、その持ち込みが禁止されたり、一九九一年の美少女系同人誌に対する摘発の影響で、コスプレによる過度の露出も禁止されるようになるなど、規制が続くようになる。同人誌愛好者からの苦情もあった。同人誌関係者とコスプレイヤーは必ずしも相反するコミュニティではなく、同人誌も描き、コスプレもするという人は少なくない。しかし九〇年代以降、同人誌関係者からコスプレイヤーの会場でのマナーについて批判がではじめるようになる。このような歴史的変遷を経て、今日の「コスプレをする際の注意」や個々のコスプレイヤーマナーに対する意識が形作られてきた。表11-1に、二〇〇六年に開催されたコスプレ・イベントにおいて配布された「コスプレをする際の注意」について、簡略化した抜粋を示す。こういったコミュニティ特有のルールやマナーを纏うことも、文化的実践の一員となっていくことの具体例のひとつと考えられる。この点については後に考察する。

表11-1

コスプレをする際の注意（一部抜粋） ◯コスチュームでの来場・帰宅の禁止 会場へのコスチュームのままでの来場、または帰宅を厳禁しています。コスプレをする参加者の義務として、必ず更衣室を利用して下さい。 ◯コスプレ撮影は決められた場所で （…）通路他の公共スペースでは、集まることも写真撮影もできません。移動中など撮影を求められることもあるかと思いますが、キチンと断って下さい。撮影可能地域でしたら、気持ちよく撮影ができます。規則が多くて残念ですが、違反が目に余りますと、「コスプレの禁止」を行います。最悪の結果にならないよう、協力をお願いします。

4　理論的背景

Jenkins（1992）やConstance（1997=1998）によれば、ファンとは商業的なコンテンツをただ消費するだけの存在ではなく、そのコンテンツに彼ら特有の意味を付与する存在である。Jenkins（1992, 2006）はこのようなファンの文化を「参加型メディア文化（participatory media culture）」と呼び、能動的・主体的に意味を生産していくオーディエンスとしてファンを記述している。コスプレイヤーもまた、アニメやマンガなどのキャラクターを消費し、そのキャラクターをコスプレという特有のやり方で積極的に再生産する存在であると言えよう。

ただし、コスプレイヤーによる意味の生成は、誰かの孤独な独創ではない。誰かの孤独な独創は日々生まれては消えていくが、複数の人々の参加や実践が継続することで、それは文化的実践となっていく。コスプレイヤーは一人でコスプレ・イベントに参加することは稀であり、多くは仲間とコスプレの対象を決め、仲間とともに参加する。コスプレとは極めて協働的な実践であり、必然的に他者との相互行為が伴う社会的なものである（松浦・岡部 2014）。このような社会的な事柄としてある実践を記述するための理論的枠組みとしては、Lave and Wenger（1991=1993）が展開してきた状況的学習論や、(*4) Wills（1977=1985）や Eckert（1990）などに見られるカルチュラル・スタディーズに依拠したサブカルチャー研究が興味深い。これらに通底する視点は、コミュニティのメンバーの価値観やアイデンティティが、単なる個人の主観的な事柄ではなく、「実践コミュニティ」（Wenger 1998）における参加者どうしの社会的関係を通して形成されるというものである。

と同時に、コミュニティのメンバーの特性や実践は、コミュニティどうしの相互的関係によって構築されていく（上野 1999, Wieder 1974, Dreier 1999）。つまり、あるコミュニティにおける個人の特性とは、別のコミュニティとの対立関係や差異化のもとで構成される。わたしたちは、ある集団のメンバーシップを表明するときに、一方で対立する他の集団への不参加を表明する。もしくは、あるコミュニティの価値観を否定することで、自分の所属する集団の特徴を可視化しようとする。例えば先の Eckert（1990）は、高校におけるエスノグラフィを通して、学校外で仲間と共有しながら知識を伝播する「Burnouts（劣等生）」グループと、教師から教わった科学や数学の知識習得を志向する「Jocks（優等生）」グループ双方について、知識の差異と自己形成の関係に着目している。彼らは所属する集団特有の知識を場面にあわせてもしくは状況にあわせて用いることで、自己を表示する。彼らは相互に排斥しあうのだが、双方はそのような知識の交渉の産物として形成・維持される関係にある。

このように、コスプレイヤーの特性や実践に目を向ける際には、集団と集団の多層的な関係を考えていくことが必要である。冒頭で示したように、日常、コスプレイヤーは大学生や社会人など、コスプレ・コミュニティ以外のコミュニティに所属している。そのため、コスプレ・コミュニティがマスメディアや「一般の人々」からどのような眼差しを向けられているかも知っており、その眼差しを参照しながらコスプレイヤーの実践を語ることになる。しかも、コスプレ・コミュニティも一枚岩ではなく、多様な意味の交渉の場となる。このような観点のもと、本章では、コスプレイヤー個人の特性や実践を、コミュニティ内／間の対立関係や差異化を孕んで定義されるものとして捉えていく。

5 コスプレ・コミュニティにダイブ

以下で紹介するデータは、観察、同行調査とインタビューを組み合わせたエスノグラフィックな方法論のもとで得られた。インタビューに協力してもらった調査対象者は一〇名で、すべて女性である。日本のコスプレイヤーの大半は女性であるため、本章では女性のコスプレイヤーを対象とする。調査対象者の概要は表11-2の通りである。なお、好きなコスプレジャンルの記述は、調査対象者のｗｅｂページ、インタビュー中の発話などから筆者がまとめたものである。

調査期間は二〇〇六年八月から二〇〇七年一二月である。調査対象者一〇名の中には、社会人も学生も含まれている。年齢が二〇代のみに限定された理由は、この層が最もコスプレの実践コミュニティに多いからである。[（＊5）] 調査対象者は、Banriを始点としたスノーボールサンプリング（先に選ばれた調査協力者に、次の調査対象者を紹介してもらう方法）により選定された。インタビューの初期段階では、可能な限りBanriにもインタビュー時の同席を依頼した。調査対象者どうしの出会いのきっかけは多様である。もともと声優学校で同級生だった者、同人誌のアシスタントどうしで仲良くなった者、好きなキャラク

表11－2　インタビュー調査の調査対象者の属性一覧（コスネームは仮名のもの）

コスネーム	年齢	性別	属性	コスプレ歴	好きなジャンルやコスプレスタイル
Banri	23歳	女性	大学院生	4年	『ジャンプ』・ヒロインズ
Tsubasa	22歳	女性	大学生	3年	女性ウケする薄幸キャラ。半生（変身ヒーローもの）系
Ren	26歳	女性	社会人	不明	『鋼の錬金術師』
Ricky	26歳	女性	社会人	10年	肉体派男性キャラ
Haru	21歳	女性	社会人	6年	布を沢山使うきらびやかな完コス派
Reina	28歳	女性	社会人	数カ月	男性タレント・ライブ用コスプレ
Anna	20代	女性	学生	数カ月	男性タレント・ライブ用コスプレ
Mami	28歳	女性	社会人	6年	『戦国BAARA』『戦国無双』等の格ゲー
Nachi	28歳	女性	社会人	9年	『セーラージュピター』『サイバーフォーミュラ』などのボディコンシャスもの
Nana	21歳	女性	大学生	3年	「武器持ち男」と「ポニテの男」

ターのコスプレをしている時に声をかけた者と様々で、必ずしもコスプレを通して知り合ったということではない（図11-2参照）。同じアニメやマンガなどのキャラクターのコスプレを連続して行うこともそれほど多くはないので、好きなコスプレ対象が共通していたことを通して出会ったとしても、そのことだけで繋がりが保たれるわけではない。

なお、本章の調査対象者一〇名のうち五名が、付き合っている「彼氏」がいると回答した。調査対象者らは日常の洋服にも気を配っており、これらは女性のオタクが「非モテ」であるというステレオタイプな解釈とは異なる印象を与える。ただし、八名の調査対象者がコスプレイヤーであることを学校の友達や同僚に積極的に明かしてはいなかった。彼女らは、コスプレイヤーはオタクもしくは腐女子

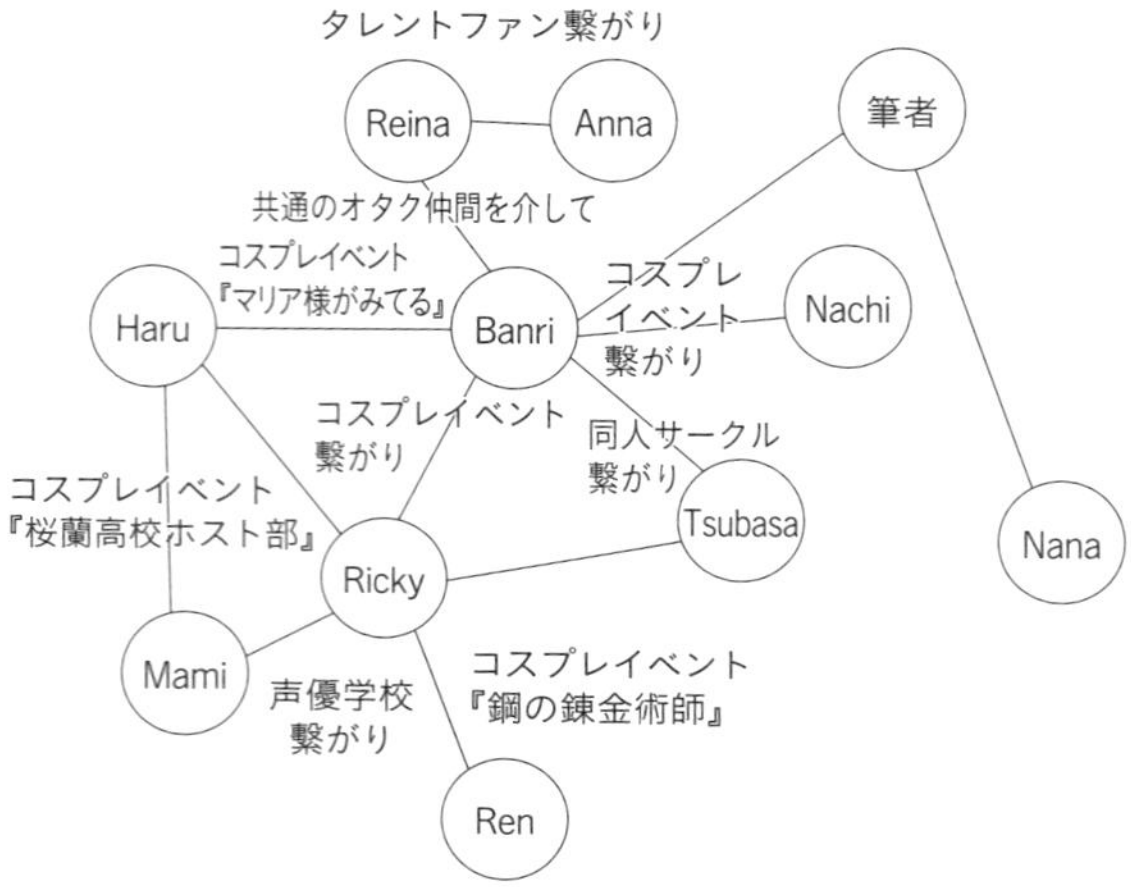

図II-2　調査対象者どうしの関係

の持つ負のイメージ（第10章参照）と結びつけられ、スティグマ（汚名や汚点）を貼られる可能性があると述べる。岡部（2008）は、同人誌を愛好する腐女子が「腐女子であること」、すなわちアイデンティティの「隠蔽」を「腐女子としての実践」として描いているが、コスプレイヤーも同様にアイデンティティの不可視化実践を行っている。それは同人誌愛好家同様、腐女子に対する「一般の人々」から受けるスティグマへの対抗策としてみることができる。

観察の際は、コスプレ・イベントが開催される日の流れを、デジタルカメラ、ビデオカメラ、ICレコーダ、フィールドノートなどを用いて記録した。ただし、コスプレ・イベント会場内ではビデオカメラによる撮影ができない場合が多い。イベント後に「アフター」（居酒屋などでの飲み会）が行われることも多く、可能な場合は「アフター」での会話内容も記録した。なお、多くのコスプレイヤーが以前にイベントで知り合った仲間や、オンライン上で知り合ったコスプレイヤーどうしでイベントに参加していたため、インタビューも一対一ではなく、複数人のコスプレイヤーに対して同時に行うことが多かった。

本章で取り扱うインタビューデータは、コスプレ・コミュニティに参与し始めたときから、インタビュー時に至るまでの履歴や変化に関するものである。以下のような共通の質問項目を設定し、話題が逸脱したり戻ったりした場合にも特に修正は行わず、調査対象者が話しやすいように留意した。インタビューにおける質問項目の代表例を以下に挙げる。

- コスプレをはじめたきっかけや、はじめてコスプレ・イベントに参加した時のエピソードについて。
- コスプレの経験が増えていく中で、初心者の頃と現在とではどのように自分自身が変わったと思われるか。
- コスチュームを製作、入手する際は、どのように行っているか。また、そのための情報はどのように収集しているか。
- コスプレ・イベントでやってはいけないこと、マナー違反だと思うことはどのようなことか。
- コスプレ・コミュニティにおいて、人気のあるコスプレイヤーはどのような人か。

6　コスプレ・コミュニティの諸相

以下では、インタビューや同行調査で得られたコスプレイヤーの語りから、コスプレ・コミュニティに見られる「ＤＩＹカルチャー」「ピア・レビュー」「互恵的学習」という三点について具体的に見ていきたい。

DIYカルチャー——自作コスチューム

人気のあるアニメ・キャラクターのコスチュームは、コスプレ用の衣装を取り扱う店舗で購入することができる。オンライン上での販売やオークションサイトでの売買も少なくない。ただし、コスプレの対象となるキャラクターのコスチュームが全て流通しているわけではないし、むしろ既製品を購入できるキャラクターの方が圧倒的に少ない。コスプレ対象のキャラクターと自分の身体のサイズを伝えることで、衣装の製作を請け負う会社や個人もいるが、それでは金銭的な負担が大きくなる。このような理由もあって、コスプレイヤーの多くはコスチュームを自分で作る。コスプレ・コミュニティにおいてコスチュームを自作する意義について、調査対象者は以下のように述べている。

お金をかければいいものができるのは当たり前で、いかにコストパフォーマンスよく、いい感じのものを仕上げるかが重要なんです。(Banri)

どう考えても既製品じゃ売ってないものとかのキャラクターをやりたいって思ったら、作るしかなかった。全然お手本とかなくて、手探り。手芸屋さんとか行って、大きい店はこの辺だとここだよって教えてもらった。(Nachi)

このような発話を見ると、コスプレイヤーの実践とは、コスチュームを着てカメラの前でポーズをとることだけではないようだ。いかにコスチュームを製作するかということもまた、コスプレの重要な実践の一部分となっている。「コスチュームの自作」などから読み取れる、このいわばＤＩＹの精神は、コスプレ・コミュニティにおけるひとつの規範となっている。だから、この規範に背くことは、コミュニティの一員であること、またはコスプレイヤーであることの自己否定につながる。この自己否定を忌避するために、既製品のコスチュームでイベントに臨んだあるコスプレイヤーは、他のコスプレイヤーに対して、以下のように「お詫び」を含んだ発話をなす。

ごめんなさい、今回はヤフオク（Yahoo! オークション）で買っちゃいました。制服系は作ってもミスる可能性あるから、買った方がいいやーって思ってて。（Mami）

この発話は、Mami を含む数人のコスプレイヤーが、学園アニメのコスプレをした時に得られたものである。コスチュームへの着替えを終えて数人で雑談している際、一人のコスプレイヤーが Mami に対して質問したこと（「制服のコスチュームを作ったのかどうか」）への回答である。Mami はコスプレ歴５年以上で、コミュニティ内でも熟練者とみなすことができる。その熟練者がオークションサイトで既製品を購入したことを「ごめんなさい」と詫び、その後明確にその理由も述べている。これは、謝罪や弁明を表示するしかるべき理由があったためと考えられる。それはすなわち、前述したコスプレ・コミュニティにおけるＤＩＹの規範からの逸脱である。Mami の釈明を含む発話は、単に謝罪を示すためだけになされたわけではない。むしろ、Mami がコスプレ・コミュニティにおけるＤＩＹの規範を知っていることと、このことを表明するための発話と考えることができるだろう。たしかに、調査対象者の熟練コスプレイヤーの中には、裁縫が不得手で既製品のコスチュームのみを着用するか、友達に製作を依頼する者もいた。ただし、コスチュームを自作することは、「コスプレイヤーであること」を示すための基本的な文化的実践として共有されているようである。Mamiは、既製品のコスチュームでイベントに参加したのであるが、その行為に簡単な謝罪を添えることで、DIYというコスプレ・コミュニティの文化的実践を表示している。

DIYカルチャー――マナーやルールの共有

コスプレイヤーが自作するのはコスチュームだけではない。コスプレイヤーの間には共有されたマナーやルールがあり、それはコスプレイヤー自身の実践を通して形成され、維持されている。(*6)その意味で、コミュニティにおけるルールやマナーといった事柄も、DIYの対象となっていると見ることができる。以下に具体例を見ていきたい。

先にコスプレ文化の歴史的変遷で述べたように、コスプレ・コミュニティにおいては、参与者であるコスプレイヤーやイベント組織自身が作り上げてきた遵守されるべきマナーやルールが存在する。例えば、コスプレをしたままイベント会場の外にでることは厳しく規制され、他者に迷惑のかかる行為は明確に禁止される。調査対象者からも、マナーに関する事柄を頻繁に耳にした。それは例えば以下のようなコスプレ・コミュニティ以外からの否定的なラベリングを回避しようとする発話に現れている。これらのコスプレイヤーの発話は、コスプレの三〇年の歴史を経て形成されたコスプレ文化を「専有(appropriation)」(Wertsch 1998)した結果とみることができる。Cole(1996＝2002)が述べるように、コミュニティの参加者の価値形成とは、コミュニティに固有の歴史性とも不可分なものなのである。

誰でもコスプレができるようになって、マナーの悪い若いやつが増えてきて、そういうのは問題ですね。いきなり来て撮って行ったり、普通に街中をコスプレして歩いたりとか。そういうのはほんとやめて欲しい。（Ren）

（東京）都知事はオタクが嫌いなんですよ。[*7]なので、ちゃんとマナーを守ってコスプレしないと、次の年から会場（東京ビッグサイト）が借りられなくなるんですよ。（Banri）

図11-3　コスプレイヤーの名刺の例

イベント会場でのコスプレイヤーの言動は極めて丁寧に見える。お互いの「コスネーム」（コスプレイヤー個々人が持っているコスプレ用の名前）に「さん」を付けて呼び合う場合が多く、既知の間柄ではないコスプレイヤーどうしでも同様である。また例えば、一緒に写真撮影をしたコスプレイヤーどうしは、互いの名刺（図11-3参照）を交換し、写真掲載の可否などを確認する。とはいえ、よそよそしさがあるわけではなく、むしろ同じジャンルのコスプレをしている人々は、コスチュームという道具を通して対人関係のネットワークを拡張していく。なお、図11-3にあるように「コスネーム」や管理しているWebサイトのURLやSNSのIDやメールアドレスが記載されている。

サブカルチャーはこのようなDIYによる文化形成と切り離せない。例えば、初期のヒップホップのリミックスはDIY文化とみることができる。またパンクロックも、メインストリームの音楽文化の外側でマーケットを独自に形成し、流通されていった最初のジャンルと言われる（Hebdige 1979=1986）。既存の価値観に依存せずオルタナティブな生活様式を提示し、伝統的な消費やコピーライトに抵抗するパンク文化は、メンバー自身の手によって形成されてきたのである。コスプレもまた、コスチュームの製作はもとより、コミュニティにおける知識・価値・秩序の生産まで、メンバーによる実践を通して達成されてきた。このコスプレ・コミュニティの生産体系は、メンバーが水平的に、かつボトムアップに再編できるような設計となっている。この意味の再編が不断に続く背景には、コミュニティに特有のDIY文化があると考える。

ピア・レビュー――男装と徹底したコスプレ

あるコミュニティの一員となっていくということは、そのコミュニティの文化的実践を描くことができるようになることである。文化的実践には、コミュニティ特有の規範――振舞いや語り方、そしてコミュニティのメンバーが何を評価し、何に価値を置き、何を嫌がるかということ――が含まれている（有元・岡部 2013）。コスプレイヤーは、コミュニティに特有の評価や価値の中に生きている。パンクロックであれサッカークラブであれ心理学の研究であれ、そこには同質性を帯びたメンバーの間でのみ流通する特有の評価方略がある。コスプレの善し悪しもまた、コスプレ・コミュニティの仲間どうしの評価（ピア・レビュー）抜きには語れない。ひとりよがりに自分のコスプレを評価することは無意味である。とはいえ、コスプレイヤーのピア・レビューは、一般の人々が共有できるようなものでもないだろう。むしろ、「一般の人々」の観点から評価を得るようなコスプレよりも、より少数の同質性の高いメンバーから評判を得ることの方がコミュニティのメンバーとしては重要なこととなる。このことは、女子高校生の「ナード（nerd）」コミュニティにおけるエスノグラフィなどにも見られる（Bucholtz 1999）。ナードとは「優等生」やいわゆる「がり勉」を指すことばで、スポーツや流行といったものよりも知的で難解な事柄や遊びを好む人々のことである。ナードもまた、ナードのコミュニティにおいて（のみ）価値を持つ科学的な知識を有していることがグループ内の評価につながり、知識を表示しあう語りを楽しむ。

コスプレイヤーにとっては、コミュニティ外の眼差しに基づいて評価されることよりも、むしろ、コスプレ文化を理解したコミュニティ内のいわば「質の高い人々」に評価されることの方が重要である。では、どのようなコスプレが評価の対象となるのか。例えば、自分に似合うキャラクターを、精巧なコスチュームで再現するコスプレイヤーは評判が高い。これは観察者である私の目にも分かりやすい。加えてインタビューや同行調査でしばしば耳にしたのは、見た目に美しい男装のコスプレの表現や、キャラクターを徹底的に再現したコスプレへの高い評価である。

評判の高いコスプレの事例として、女性が男装をすること、このことの意味から見ていこう。男性キャラクターのコスプレをする女性コスプレイヤーは少なくない。むしろ、女性コスプレイヤーの間でも人気が高い『週刊少年ジャンプ』などの少年誌に登場するキャラクターの多くは男性である。そのため本研究の調査対象者を含め、多くのコスプレイヤーは男装を経験したことがあるようだ。男装の似合うコスプレイヤーは、コミュニティにおいて高い評判を得る。ただしそれは、現実世界の男性性を女性が再現することとは異なる。以下のBanriやTsubasaの発話にもあるように、男性キャラクターを表現しながらも、あくまで「美形」で、「奇麗な方々」であることが求められる。

男装なさってて、〃成歩堂〃君（ゲーム『逆転裁判』の男性キャラクター）のコスプレをしてて、恐ろしいくらい奇麗な方々が並んでて。コスプレ始めて目が肥えてきて、いっぱい見たけどこんなにすてきな人たちはいないっていう状態で無限に興奮してしまって。（Banri）

男装はしたことないですし、似合わない。（…）だってやっぱりね、○○さんとかがいるから無理だよ。あんな美形がいるところで、ちょっと頑張って少年系の男装やってみたけど、サラシで乳を絞って肋骨疲労骨折しそうだったし。男装は奥が深い。（Tsubasa）

女性のコスプレイヤーによる男装が表現すべきは、虚構もしくはパロディとしての男性性であり、社会通念として共有された男性性ではない。すなわちコスプレイヤーが模倣する男性性とは、Butler（1990=2004）、名藤（2007）の指摘を模倣すれば、オリジナルなきコピーとも言える。男装コスプレイヤーがモデルとする男性は現実には存在しない。むしろ彼女らは、コスプレ・コミュニティにおいて形成されてきた「あるべき男装」を参照しながら、コスプレイヤーにとっての理想的な男性性を表現するのである。そして他の女性コスプレイヤーもまた、コスプレ・コミュニティにおける価値のある男装をなすコスプレイヤーに萌えるし、敬意を表する。

先のBanriの発話にもあるように、「男装なさってて」と敬語を使うのも特徴的だ。インタビューでは「自分の好きな男性キャラが二次じゃなく目の前に出てくることは本来ありえないこと」(Banri) であり、価値あるものであるからこそ敬語を用いているとも述べている。コスプレイヤーが丁寧な言動をとることは先に述べたが、「美しい男装」がこのような過剰ともとれる敬意とともに語られる対象になるということは、コミュニティの外の人々にとっては理解が難しいだろう。

Banri の発話のように、あるコスプレイヤーが他のコスプレイヤーを（敬語の利用とともに）上位におくことで、コスプレ・コミュニティにおけるヒエラルキーを自ら示すことになる。日常生活においても、例えば年上の者が敬意の対象となるのは、年下の者が敬意を払うからとしか言いようがない。なぜ敬意を払わなければならないかというと、私たちがただそういう「生活様式（way of life）」に生きているからとしか言いようがないのである。私たちはこの生活様式を維持することで、年上の者が尊敬の対象となることが達成されている。コスプレイヤーにもコスプレイヤーの生活様式があり、「男装なさって」に含まれる敬語はその生活様式を維持する実践そのものである。こうしてコスプレ・コミュニティにおいては、美しい男装をするコスプレイヤーが高い評価を得るコスプレ・ヒエラルキーが再生産されている。

一方で、評判のよい徹底したコスプレとは、コスチュームの出来映えだけにとどまらず、キャラクターの身体的特徴に自身を近づけることや、撮影場所の選定や小物の製作などにも注力してキャラクターを再現することなどが含まれる。

『鋼の錬金術師』の〝ハボック〟（男性キャラクター）のコスプレをしたら、それがすごい人気になっちゃって、私を撮るために一時間半、人が並んだっていう状況になっちゃって。（…）ハボックと言えば上腕二頭筋なので、一ヵ月間腕立てしました。ここまでちゃんと表現したのは、世界広しといえども私だけなので。（Ricky）

Banriが『デスノート』の〝ミサ〟とかやってて、私、後にも先にも拘束（『デスノート』原作中に〝ミサ〟が拘束される場面がある）のやつやってるのはBanriしかしらない。最初見たときはびっくりした。（Haru）

Rickyは、〝ハボック〟という筋肉質な男性キャラクターを表現するために、一ヵ月間腕立て伏せをして上腕二頭筋を鍛えたと述べる。また、荒廃した街が舞台となるアニメのキャラクターを再現するために、それに相応しい撮影場所を探したり、ある特定のポーズを撮るためだけに、汎用性のないコスチュームを製作したりもする（例えば、図11‐4にある拘束場面のようなものである）。中には、エジプトを舞台とした歴史ロマン・マンガのコスプレをするために、大学の卒業旅行でエジプトに向かうコスプレイヤーもいた。例えば図11‐4のようなコスプレは、『デスノート』というマンガ内の拘束場面の再現であるが、Banriによれば、このコスプレはHaruのような他のコスプレイヤーよって評価されることに価値があり、コスプレイヤー以外の「一般の人々」からの評判はそれほど重要なことではない。このことについて、以下に見ていきたい。

ピア・レビュー――商業／一般向けのコスプレに対する評価

先に見たRickyやHaruの発話は、コスプレイヤーとしての「武勇伝」に近い物語である。Rickyと親しいコスプレイヤーの間では、Rickyのコスプレは武勇伝のように語られるだろうし、他にも類似の武勇伝的な物語を持っているコスプレイヤーがいるだろう。コスプレイヤーを評価するのはあくまでコスプレイヤーであり、この物語はコスプレ・コミュニティに共通の知識表象として流通し、交換され、利用される。その一方で、コスプレ・コミュニティ外の「一般の人々」から評判を得るとみなされるコスプレは、その価値を下げる。本研究の調査対象者らは、商業的、もしくは一般の男性やマスメディアに受けのいいコスプレに好意的ではなかった。一方で、商業的にではなくアマチュアとして他のコスプレイヤー仲間からの評判を得ることを重要視していた。

> とられた（「撮られたがり屋」を示すことば）はダメですね。とにかく注目を浴びたくって、そういう格好をする人がいるんですけど。（Tsubasa）

> 露出すればカメコ（「カメラ小僧（コスプレイヤーの撮影を目的にイベントに参加する人々を示すことば。主に男性）」のこと）が集まるのは当たり前なので。（…）テレビは分かりやすいのしか撮らないですからね。無駄に露出が激しいのとか。で、コスプレはエロと結びつけられちゃうし。（Nachi）

図II-4　漫画『デスノート』のキャラクターが拘束される場面の再現

何人かの調査対象者は、露出の多い衣装をまとうコスプレイヤーや、カメコに人気のコスプレイヤーを「とられた」として差別化していた。同じ露出の多い衣装でも、キャラクターを深く理解した上で着用することが重要であり、それは「とられた」にはあたらない。一方で、単に男性の観衆やマスメディアなどに注目してもらうためのコスプレをしているとみなされる場合、それは「とられた」として蔑視される。マスメディアが付与するコスプレイヤーの価値は、かわいらしさや女性としてのセクシュアリティといった通念的なものでしかなく、コスプレ・コミュニティの価値とは異なる。

同行調査の際、調査対象者が筆者に示した「とられた」コスプレイヤーの周囲は、カメコが取り囲んでいた。そのコスプレイヤーが果たして目立ちたい欲求を持っていたかどうかを推し量ることはできないし、彼女が「とられた」なのかは分からない。むしろ重要なことは、実際に「とられた」が存在するかどうかを問題にすることではなく、「とられた」を対立するグループとして設定していることである。彼女らは、「とられた」という対象を設定することを通して、自分たちのコスプレのあり方を指し示していると考えられる。

Banri や Tsubasa や Ricky などは、インタビュー時に「かわいい子にはコスプレをさせてみたい」「正直ブサイクな子にはコスプレして欲しくない」などと述べている。「かわいい女の子」がコスプレを行うことは歓迎されることであるようだ。しかしそれはキャラクターの理解が前提となってのことである。先のインタビューにもあるように、単に「かわいい子」が注目を浴びたいがために、または「無駄に激しい露出」で目立ちたい欲求を満たすためのコスプレは、コスプレ・コミュニティの価値体系とは齟齬を来す。このように、コスプレイヤーが差異化する「とられた」とは、コスプレ・コミュニティ外の価値観を表象しており、同時に、自分たちはそれとは異なる価値体系に則ったピア・レビューを実践していることを示している。コミュニティ内においてのみ流通する価値定義を重視する姿勢は、コスプレのような趣味的集団のひとつの特徴であると言えよう。濱野（2008）は、コミュニティの内部では普遍的で客観的であるかのように成立している基準が、外側からは理解不可能であるということを「限定客観性」という用語で説明しており、価値の多元化が進んだ情報社会における特徴のひとつとして記述している。何がよいコスプレとなるのか。これもまた、コミュニティ外の人々にとっては分からない。コスプレ・コミュニティにおいて実践し続ける者にしか理解できないのである。彼女らは、商業的なコスプレを嫌悪するアマチュア集団であり続けることを望みながらも、コミュニティ内部では高い専門性を持った人どうしのピア・レビューに晒されていると見ることができるだろう。

互恵的学習——コスプレ知識・情報の共有

これまで見てきたように、コスプレイヤーの価値や評価は、コスプレ・コミュニティという文脈の中でのみ意味を持つ。それと同時に、彼女らが男装や武勇伝的なコスプレについて語ることを通してコスプレ・コミュニティは洗練され、また例えば先述したような「一般の人々」や「マスメディア」といったコスプレ・コミュニティ外との関係を語ることを通して、コミュニティの境界や輪郭が見えてくる。コスプレのようなファン・コミュニティを記述すると、コミュニティの洗練化や境界の可視化を行っているのが、他ならぬコミュニティの参与者である点が見えやすい。すなわち、コスプレ・コミュニティはトップダウンではなくボトムアップに維持され、または再編されていく。

コスプレ・コミュニティにおける学習環境には、指南書やトップダウンの教授行為があるわけではない。また、明確なヒエラルキーや上下関係があるわけでもない。コスプレ・コミュニティに参与するには、特に明文化された資格審査を経なければならないわけではないし、メンバーシップを示す会員証のようなものがあるわけでもない。先生と生徒の明確な役割関係が見られる教室や、親方のいるプロフェッショナルな集団における学習構造とは異なり、(*8)参与者どうしの互恵的な関係が見えやすいのである。以下にその特徴を示していきたい。

コスプレイヤーが一人でコスプレ・イベントに参加することは少ない。大半のコスプレイヤーが、コスプレ仲間や、コスプレ会場で声をかけた(調査対象者の何人かは「ナンパ」と表現した)人などと一緒に参加している。コスプレイヤーとともにイベントに参加すると、そこが仲間どうしの情報交換の場となっていることが分かる。布や衣装、小物の入手経路、価格、工夫や失敗といったコスチューム製作に関する情報や、以前に参加したコスプレ・イベント、今後のイベント参加予定やコスプレ対象となるキャラクターなど、多様な情報が共有される。イベント後の「アフター」では、キャラクターが描かれた書籍を複数で見ながらキャラクターの再現方法について談義し合う姿も見られた。例えばそれは以下の発話にみられるような「キャラクターの特殊な髪型を再現する方法」であったり、「コスチュームの裏地について」といったものである。こういった知識群は、コスプレイヤーどうしの会話を通して共有されていき、コスプレ・コミュニティの知識として蓄積されていく。また、コスプレに関する課題や疑問も会話の中でその状況に応じて設定され、仲間どうしの互恵的な関係の中で協働的に解決されていく。

(キャラクターの)このドリルみたいな髪とかもね、どうやって作んだ? 木工用ボンドだよね、多分。何か、型に巻き付けて、円錐つくって。もしくはカチューシャにくくりつけて。(Haru)

とにかく写真に収まる時に、外側だけ見映えが良ければよくって、着やすさなんてものは気にしなくていいので。普通の洋服みたいな裏地はつけないし。（Anna と Banri の会話における Banri の発話）

このような互恵的学習の場は、新参者と熟練者の会話にも見て取れた。インタビュー時、経験の浅い Anna は、コスプレを四年続けている Banri にコスチューム製作に関する質問を投げかけた。Anna のコスプレ対象は男性アイドルであり、もっぱらアニメやゲームのキャラクターのコスプレを行う Banri とはジャンルが異なる。二人はコスプレ対象の写真をたよりに、どのような布や型紙を用いるか、またコストをできる限りおさえて作成する方法などについて、Banri が先導しつつも協働的に談義していた。コスチューム製作に関する知識は極めてニッチな知識・情報であるが、ニッチな知識・情報であるからこそ、参与者の多くが知識提供者となる可能性を有している。あるコスチュームを製作すれば、次に類似のコスチュームを製作する仲間がその知識・情報を参照することができる。知識や情報はどこか一カ所に集約されているわけではない。それはコミュニティのメンバーに分散して蓄積されている。こうして、コスプレ・コミュニティの参加者はお互いに学習の対象となっている。この水平的で互恵的な関係も、ファン・コミュニティの特徴のひとつとして挙げることができる。

互恵的学習――学習の場における他者

コスプレ・コミュニティには、学校のカリキュラムのような、必要な知識や技法を一から体系的に学べる学習キットが用意されているわけではない。コスプレ初心者は、雑誌やｗｅｂなどのメディアを参照すると同時に、コミュニティの先達から導かれながらコスプレ・コミュニティ特有のやり方を学ぶ。

調査対象者によれば、新参者単独ではコスプレ・コミュニティへの参加は困難である。しかしそれも適切な仲間の存在があれば実現される。

> コスプレはやりたかった。でも、どうすればいいか分からなかった。それを○○さんに言ったら、「●●というキャラクターと××というキャラクターのどっちが好き?」って言われて、「××の方」と返答すると、「じゃあとにかく(会場に)来い」と言われた。で、当日行くと、「これ着て、はい、着たら写真撮るよ」ってなって、とにかく写真を撮った。(Banri)

この発話においてBanriが「当日行くと、『これ着て』と言われて、とにかく写真を撮った」と述べるように、コスプレ初心者は見よう見まねでカメラに向かってポーズをとることになる。このような事例から、コスプレ・コミュニティの特徴として、コスプレの文化的実践へのアクセスをサポートするような学習構造を挙げることができるだろう。外的な強制のもと強いられる参加では学習が形骸化してしまう可能性があるが、コスプレ・コミュニティにおいては、興味に基づいて新参者がコミュニティにアクセスしてくる学習の形態、またそれを受け入れるコミュニティ内の他者の存在が観察される。

新参者だからと言ってコスプレイヤーとしての実践の範囲が制限されてしまうわけではない。コミュニティの中の誰かが、制限や制約をかける立場にあるわけではない。初心者は、熟達者からの「導かれた参加(guided participation)」(Rogoff 2003=2006)を通して、ファン・コミュニティとしてのコスプレ・コミュニティの様態を知る。さらには、参与者の誰もが知識提供者となり得るような、特有の学習構造のもと形成されるコミュニティであることを学習するようになる。それはとりもなおさず、自分自身もまたコスプレ・コミュニティの文化的実践に対して何らかの貢献をしていくことを予測させる。そして、コスプレ・コミュニティの文化的実践を引き継いでいく存在になることに繋がる。何らかの貢献ができる存在であることがコスプレイヤーとしてコミュニティに参加する上では重要であり、そうでない人はコスプレ・コミュニティをはじめとするファン・コミュニティのメンバーとは呼べないのかもしれない。(*9)

7　結語――オタクの学習

コスプレのようなファン・コミュニティ、またはオタク・コミュニティのメンバーは、個々人の趣味や興味に駆り立てられて実践に参与した人々である。ただし、その実践は奇妙な精神によるでたらめな個人的趣味ではなく、共有された秩序があり、具体的な様式を持つ。

コスプレイヤーはコスプレ・コミュニティでの実践にエネルギーを注ぎ、仲間どうしの互恵的な学習を続ける。コスプレイヤーをこれほどまでにコミュニティに傾倒させる誘因は何なのだろうか。どうして、これほどまでにコミュニティに参加し続けるのだろうか。これについては様々な観点から考察が可能であろうが、ここではコスプレ・コミュニティの知識や情報のあり方に注目したい。サブカルチャーであるコスプレ・コミュニティでは、メインカルチャーの人々がおおよそ理解できないであろうもの・ことが価値や評価の対象となる。コスプレ・コミュニティの中で価値を帯びる知識や情報は、メインカルチャーから眺めると極めてエソテリック（esoteric:「難解な」、「奥義の」という意）なものに見える。コスプレ・コミュニティのようなファン・コミュニティにおいては、コミュニティの知識はメンバーにオープンであり、メンバーはコミュニティへの参加を通してそれらにアクセスできるようになる。ファン、またはオタクは、コミュニティ外の人には分からないエソテリックな知識・情報を用いて対話を楽しみ、実践を方向付ける。誰もが知り得て、誰でもがアクセスできるような知識・情報だけでは彼らには意味がない。むしろ、コミュニティに足を踏み入れてはじめて理解可能であり、限られた人のみがアクセス可能なものであることに意義がある。そしてまた、自分もその知識の構築に与することができる存在であることが分かること、ここに彼らの快楽があると考える。ニッチな人々からの評判、ニッチな人々を志向した知識、ニッチな人々との互恵的関係こそが、コスプレイヤーをはじめとするオタクの衝動を突き動かしていると考えられる。

このことは、コスプレのようなファン・カルチャーを研究対象とすることの意味にもつながる。なぜコスプレ・コミュニティに向かうのか。それは彼らのＤＩＹベースでの互恵的な実践全てが奇異に見えるからである。これは極めて重要な点である。学校のような学びの場においても、ピア・ベースの学習を促進するよう学習環境をデザインする実践が展開されている。それは仲間どうしの対等で互恵的な関係の中で、互いに貢献しあい学びあう新しい学習環境のデザインである。このようなピア・ベースの学習環境のデザインは、これまでの学校的な「主従関係にある学習の場（superb-subordinate setting）」が当たり前であるからこそ新規性を持つ。ピア・ベースの学習環境のデザインでは、この「主従関係にある学習の場」を瓦解させることを目指すことになる。一方でコスプレ・コミュニティは、ピア・ベースの互恵的な学習がベースになっており、自分たちで自分たちのコミュニティのマナーやルールも形成していく。教育者‐学習者という関係を前提とした学校的学習の構図こそが日常化してしまい、趣味や興味に駆り立てられた学習（Interest driven learning）の場が不可視化されてきてしまっている（Ito, et al 2013)。それゆえ、コスプレイヤーをはじめとするオタクがかえって奇異に見えさえもするのかもしれない。

ひょっとしたら、協働的に学び合う学習環境をデザインする人々にとっては、この「新しい学びの場」の構造を先んじて実践するオタク・コミュニティの諸特徴が、そのヒントになるのかもしれない。

【注】

＊1 「文化」や「文化的実践」に関わる定義は多々あるが、ここでは佐伯（1983）による定義を示す。佐伯は、人間を自分たちの生活を「よりよくしたい」と願うものとして前提する。そして、そのために、以下のような四つの活動を行っているとする。

・「よい」とは本来どういうことなのかをさぐる（価値の発見）

・「よい」とする価値を共有しようとする（価値の共有）

・「よい」とされるものごとをつくり出す（価値の生産）

・「よい」とされるものごとを多く残したり広めたりする技術を開発する（価値の普及）

佐伯は、このような人間の営みによって生み出されるものごとを「文化」とよび、これら四つの人間の活動を「文化的実践」と呼んでいる。

＊2 ある調査対象者によれば、例えば人気アイドルなどのコスプレをすることは、そのアイドルの所属事務所やコスプレイヤー以外のファンから批判の対象となるとのことである。

＊3 メイド喫茶やコスプレ衣装専門店、中古マンガ取扱店などにおいて、コスプレをして金銭がもらえる仕事もある。インフォマントの中にもメイド喫茶でアルバイトの面接を受けている者がいた。しかし、多くのコスプレイヤーはあくまで趣味としてコスプレを行いたいと考えているようである。コスプレイヤーが自分の楽しみのためではなく、仕事

としてコスプレをする場合には、その意味が決定的に異なるのである。

＊4　Lave and Wenger（1991=1993）は、リベリアの仕立屋、アメリカ海軍の操舵手といった、わざわざ制度的な学習の場（学校など）から文化的に離れた学習者を取り上げながら、学習を見直そうとする。リベリアの仕立屋の事例では、新参者は、周辺的な被服のボタン付けや袖口の絎《く》け縫いを任される。中心的な仕事は熟練した職人が行うのだが、新参者は、その一連の仕立ての工程を目にすることができる。さらに、一見枝葉末節とも思える作業も、仕立てという正統性を持った実践の中の一部であることを見て取る。このように、周辺的ではあるが正統性を持って仕立ての実践に参加していることが新参者の文化的学習＝アイデンティティの形成を考えていく上で重要であるとする。

＊5　Banri や Tsubasa などによれば、「コスプレを行うのは三〇歳までと決めている人が多い」とのことであった。

＊6　Fukuyama（1999）は、「集団を構成するメンバー間で共有されるインフォーマルな価値あるいは規範の集合」を「ソーシャル・キャピタル」と言い表し、それによってメンバーの間で協力が可能になるとしている。また Putnam（2000）も、協調的行動を容易にするソーシャル・キャピタルに基づく社会組織では、人々の頻繁な相互作用の中で「一般化された互酬関係」（generalized reciprocity）という規範が生じるとする。

＊7　都知事のオタク嫌いの真偽はどうでもよいことだが、重要なことは、コスプレイヤーたちが、スティグマ回避のための文化的実践に埋め込まれていることである。

＊8　McDermott（1998）や Ueno（2001）に従えば、学校や職場のような場は一見トップダウンに見えるが、生徒や弟子もまた、不可避にコミュニティの維持または再編に関与することになる。

＊9　英語のスラングでは、貢献しないメンバーのことを「leech（ヒル）」と示す。（第9章参照）。

【参考文献】

有元典文・岡部大介〔2013〕『デザインド・リアリティ［増補版］―集合的達成の心理学』北樹出版。

Bucholtz, Mary, 1999, “Why be normal?”: Language and identity practices in a community of nerd girls. Language in Society, 28 (2), 203-24.

Butler, Judith〔1990〕(〔=2004〕竹村和子訳『触発する言葉』岩波書店)。
Cole, Michael〔1996〕(〔=2002〕天野清訳『文化心理学——発達・認知・活動への文化・歴史的アプローチ』新曜社)。
Constance, Penry〔1997〕(〔=1998〕上野直子訳『NASA/トレック——女が宇宙を書きかえる』工作舎)。
Eckert, Penelope, 1990, Adolescent social categories, information and science learning, M. Gardner, J. Greeno, F. Reif and A. Schoenfeld, eds., Toward a scientific practice of science education, Hillsdale, N.J. : L. Erlbaum Association: 203-17.
Fiske, John, 1989=1998, 山本雄二訳『抵抗の快楽——ポピュラーカルチャーの記号論』世界思想社。
濱野智史〔2008〕『アーキテクチャの生態系』ＮＴＴ出版。
Hebdige, Dick〔1979〕(〔=1986〕山口淑子訳『サブカルチャー——スタイルの意味するもの』未来社)。
Ito, Mizuko. et al〔2013〕Connected Learning : An Agenda for Reseach and Design. California : Digital Media and Learning Reseach Hub.
Jenkins, Henry, 1992, Textual Poachers: Television Fans and participatory Culture, New York: Routledge.
——2006, Convergence Culture,New York: NYU Press.
小泉恭子〔2003〕「異性を装う少女たち——ヴィジュアル・ロックバンドのコスプレファン」井上貴子・森川卓夫・室田尚子・小泉恭子『ヴィジュアル系の時代——ロック・化粧・ジェンダー』青弓社:208-45。
Lave, Jean and Wenger, Etienne〔1991〕(〔=1993〕佐伯胖訳『状況に埋め込まれた学習』産業図書)。
松浦李恵・岡部大介〔2014〕「モノをつくることを通した主体の可視化：コスプレファンダムのフィールドワークを通して」『認知科学』21-1:1-14。
名藤多香子〔2007〕「『二次創作』活動とそのネットワークについて」玉川博章・名藤多香子・小林義寛・岡井崇之・東園子・辻泉『それぞれのファン研究——I am a fan』風塵社:53-70。
岡部大介〔2008〕「腐女子のアイデンティティ・ゲーム——アイデンティティの可視／不可視をめぐって」『認知科学』15-4:671-81。
Rogoff, Barbara〔2003〕(〔=2006〕當眞千賀子訳『文化的営みとしての発達——個人、世代、コミュニティ』新曜社)。

篠宮亜紀〔1998〕「二十分でわかる！コスプレの超常識」『私をコミケにつれてって　巨大コミック同人誌マーケットのすべて』別冊宝島358、宝島社。
上野直樹〔1999〕『仕事の中での学習』東京大学出版会。
牛山美穂〔2005〕「少女のサブカルチャーにみるジェンダー・パロディの実践——コスプレ少女の事例から」『文化人類学研究』146-62。
Willis, Paul〔1977〕(〔＝1985〕熊沢誠・山田潤訳『ハマータウンの野郎ども』筑摩書房)。
Wenger, Etienne, 1998, Communities of Practice: Learning, Meaning and Identity, Cambridge: Cambridge University Press.
Wertsch, James, 1998, Mind as action, New York: Oxford University Press.
Wieder, D. Lawrence, 1974, "Telling the Code", Roy Turner,Roy,ed., Ethnomethodology, Harmondsworth: Penguin Education: 144-72.

第12章　格闘ゲームのオタク・コミュニティ
彼らは何を「競って」いるのか

木島由晶

1　街で闘うオタクたち

「犬も歩けば棒に当たる」といわれるように、今日の私たちが街を歩くとまず「当たる」もののひとつに、ゲームセンターがある。興味がなければ気にとめないかもしれないが、都心の繁華街や地域の商店街、郊外のショッピングモールといった場所には、いまではたいていゲームセンターがふくまれていて、カップルや親子連れが遊ぶその奥（ビルであればその上）で、今日もたくさんのプレイヤーが対戦ゲームにしのぎを削っている。

もっとも、一口に「対戦」といってもその射程は広い。今日ではとくに、格闘ゲーム、リズムアクションゲーム（音楽ゲーム）、トレーディングカードゲームの三種で熱い対戦がくり広げられており、それらの多くが家庭用のゲーム機にも移植されている。ここではそのうち業務用の、つまりゲームセンターに置いてある格闘ゲームに焦点をしぼり、ゲームでつながるオタク・コミュニティについて検討していくことになる。

ただしその検討をおこなうためには、いくつかの段階をふんでおかねばならない。そもそも格闘ゲームに興じることはオタク的か。もしそうだとすれば、どういう意味でオタク的なのか。この問いを考えるために、まずは「ゲームオタク」のおおまかな特徴をつかむところからはじめよう。なお、念のために申し添えておくと、本章でいう「ゲーム」とはすべてビデオゲームのこと、つまり「ビジュアルを重視するコンピュータゲーム」をさすものと考えられたい。

「萌え」と「やり込み」

周知のとおり、今日のゲームはアニメと並びコンテンツ産業の重要な一翼を担っており、ゲーム機の表現技術の進化にともない、それは日本を代表する映像娯楽に成長している。したがって「ゲームオタク」の特徴をつかむためには、「アニメオタク」との共通点／相違点を探ってみるのが一番早い。

このうち、共通点は容易に理解されよう。アニメもゲームも、キャラクターが登場する映像作品という点では重なる部分が多く、ゲームにおいても、アニメと同じく作中キャラクターに深い愛情をそそぐ行為、つまり「キャラ萌え」はひんぱんにみられるからだ。なかでも「ギャルゲー」や「乙女ゲーム」と称される恋愛シミュレーションゲーム(*1)は、「萌え」を意識したゲーム作りが積極的になされているジャンルであり、この点で「アニメオタク」と「ゲームオタク」を区別するのはむずかしい。

しかしそうはいっても、アニメで言及されるほどには、ゲームで「萌え」が話題になることは多くない。そこには一因として、アニメとゲームのメディア特性上のちがいもかかわっているだろう。というのも、アニメはまずもって眺めるものだが、ゲームは同時に操るものでもあり、それゆえゲームにおいては、キャラクターに「萌える」ばかりでなく、それを使いこなすことにも重きがおかれるからである。

そしてこの、眺める／操るという点で、「アニメオタク」と「ゲームオタク」はぴったり重ならない。眺める喜びを示すキーワードが「萌え」だとすれば、操る喜びを示すキーワードは「やり込み」である。つまり「ゲームオタク」としての大きな特徴は、なにより時間をかけてゲームを楽しみ、攻略し尽くそうとする点にあると考えられよう。

ただし「やり込み」は、「ゲームオタク」の必要条件ではあっても、十分条件ではない。今日ではむしろ、作り手の側が率先して「やり込み要素」を盛りこんだゲームを発売しているし、ゲームのなかには（ロールプレイングゲームのように）時間をかければ誰でも解けるものもある。要はどんなゲームでも手軽にやり込めるようになっているから、それは一部のゲーマーに限られた行為というより、もはやゲームの文化を特徴づける一般的な傾向とみたほうがよい（木島 2007b: 191-5）。

とすれば、どういう「やり込み」がオタク的かという疑問が生じる。一口にいえば、プレイが自虐的であるほどそうみなしうる。すなわち、「ゲームオタク」を自認する人ほど、プレイに自分で「しばり」（制限）を設けて攻略を困難にしたり、あるいは簡単には解けないゲーム、つまり、高度な技や上手な戦略を要求されるゲームを好んだりする傾向にある。

魅せるオタクと創るオタク

類型化を続けよう。「やり込み」だけで「ゲームオタク」を特徴づけることがむずかしいように、「萌え」だけで「アニメオタク」を特徴づけることもまたむずかしい。それは二〇〇〇年代の半ばごろから急速にオーバーグラウンド化して、いまや日本の青年文化を象徴するひとつの消費傾向とみることもできる（木島 2008: 147-8）。現にそうした「汎オタク化」とでも呼びうる傾向をさして、「オタクは死んだ」と指摘する論者もいるほどだから（岡田 2008）、輪郭をいまひとつはっきりさせるためには、別の基準をつけ加えておくのがよいだろう。

さて、「萌え」が「アニメオタク」を特徴づける第一の基準だとすれば、第二の基準は、その愛着をコミュニティ（仲間集団）に向けて発信している点に求められる。ただしその発信の仕方にも、大きく分けて二つの方向性が考えられるだろう。すなわち、同じキャラクターに愛着をもっていても、一方の極には、それになりきることで観衆を魅せる「コスプレイヤー」がいて、他方の極には、別様の生（life）を描くことで物語を創る「同人作家」（二次創作者）がいる。[＊2]

では「ゲームオタク」の場合はどうか。まず、魅せる／創るという力点の比重に注目すると、「ゲームオタク」も大きく二つの方向に大別できる。すなわち、上手なプレイで観衆を魅せる「スーパープレイヤー」と、プログラムを解析してゲームを改変する「改造ゲーマー」とである。ただしここでも、両者は「アニメオタク」とぴったり重ならない。先にみた、眺める／操るという力点に引きつけていえば、前者はキャラクターを操ることに、後者はシステムを操ることに喜びをみいだすタイプといえる。共通するのは、いずれもゲームの仕組みに通暁している、またはこだわる点にあり、この点で「ゲームオタク」は「アニメオタク」からは遠ざかり、まさしく「コンピュータオタク」（geek）へと近づく。

格闘ゲームとオタク

以上をふまえると、格闘ゲームに興じるオタク（以下「格闘ゲーマー」）の特徴がつかめる。図12－1では、横軸に消費の仕方（眺める／操る）を、縦軸に愛着の示し方（魅せる／創る）をとって、映像娯楽に親しむオタクを類別している。この理念型（ideal type）でいえば、格闘ゲーマーは明確に「スーパープレイヤー」の側にいる。つまり「コスプレイヤー」と異なるのは、キャラクターになりきることよりも、操ることで魅せる点にある。他方、すでに完成している作品をやり込む点では、「同人作家」や「改造ゲーマー」と違って、創ることや作品それ自体をいじることへの関心はうすい。代わりに情熱の矛先は、プログラムの法則を調べつくし、マゾヒスティックに困難なプレイを探求する方向へと向けられる。要するに、①自虐的にゲームをやり込み、②ゲームの仕組みにこだわり、③操ることでプレイを魅せようとする点で、格闘ゲーマーはオタク的とみなしうるのである。

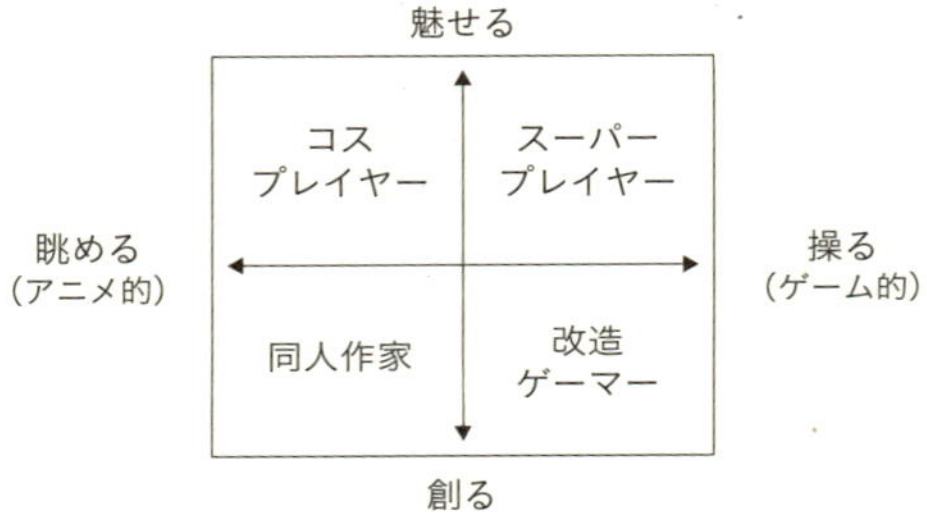

図12－1　映像娯楽に親しむオタクの類型

これらの特徴は――「闘い」を主題とするゲームを好む以外の点で――格闘ゲーマーのそれが「男性的な」オタク文化に位置することを示唆している。しかしそうはいっても、彼らは通俗的な男性オタクのイメージ、なかでも「家にこもって、社交下手」という人物像にはあてはまりにくい。むしろ逆で、ゲームセンターを中心に活動し、見知らぬ他者とも対戦プレイを重ねる点では「外に飛びだし、社交上手」ですらある。そしてそうであればこそ、オタク文化の諸相を読みとくうえで、格闘ゲーマーのような存在を抜きにすることはできない。

2 格闘ゲームの波

つぎの段階にすすもう。格闘ゲーマーがオタク的だとして、なお疑問は残る。一口に「ゲーム」といえども、今日ではソフトの種類も、それを動かすハードの機能にも、実にさまざまな形態がある（木島 2007a: 114-7）。にもかかわらず、どうしてここでは業務用の格闘ゲームに注目するのか。

このことを理解するには、格闘ゲームが興隆するまでにゲームセンターの花形だった、シューティングゲームからの流行を概観するとよい。(*3) この流れは、人びとのゲームを楽しむ力点が、「世界の探求」から「他者との交流」へと移り変わるひとつの道筋を象徴しているだろう。

宇宙から街路へ

ゲームの歴史をひもとけば、きまって語られる系譜がある。広大な宇宙空間を舞台に、戦闘機（や砲台）が敵艦（やエイリアン）を撃ちたおすシューティングゲーム（shooter）の系譜だ。「宇宙戦争」は、ゲームが街にやってくる以前から、つまりまだ大学の研究室で遊ばれていたころから定番のモチーフだった。実際、史上初のシューティングゲームとされる『スペースウォー』（六二年）、初の業務用ゲームとされる『コンピュータスペース』（七一年）、初の国民的ブームとなった『スペースインベーダー』（七八年）と、この手の作品は七〇年代までのゲーム史において燦然と輝いている。

ところがそれ以降になると、「宇宙」は少しずつ輝きを失っていく。画面の表示技術、とくに「スクロール」と呼ばれる技術の向上にともない、より身近で日常的な異世界が描かれるようになるのだ。このことは、八〇年代における業務用ゲームの流行、なかでも「スクロールシューティング」（八〇年代前半）と「ベルトスクロールアクション」（八〇年代後半）の隆盛によく表れている。

まず「スクロールシューティング」というのは、戦闘機が一定のスピードで飛ぶという想定のもと、画面が強制的に「右」や「上」へと流れていくゲームをさす。この種のゲームでは、異世界のなかに日常的な要素がしばしば混入する。たとえば、「新人類」文化の象徴ともいえる『ゼビウス』(*4)（八三年）では、スペースオペラ風の物語設定――高速戦闘機「ソルバルウ」や巨大要塞「アンドアジェネシス」が登場する――を下地とする一方、明るい陽の光が降りそそぎ、山や森が一面に広がる「地上」を舞台とする点に特徴があった。つまりそこでは、壮大な世界観――一万年におよぶ偽史はおろか、象形文字まで考案されていた――と、日常的な航空風景――南米ペルーのナスカの地上絵（ハミングバード）が描かれていた――とが、奇妙に融合していた。

同様のことは、八五年にコナミが発売した二つの対照的なシューティング、『グラディウス』と『ツインビー』において、いっそう顕著に表れている。前者は、当時としては抜群に美しいグラフィックと、今なお名高いBGMとによって、スペースオペラ風の世界観を「シリアスに」盛りたてる一方、口から輪を吐くモアイ像を宇宙空間に登場させてゲーマーの度肝を抜いた（図12‐2）。対して後者は、丸みをおびたキャラクターデザインやパステルカラーの風景描写によって、ＳＦ世界を「ポップに」パロディ化しており、ピーマンや包丁などの「台所にあるもの」を雲間から登場させてゲーマーのハートをつかんだ。

　一方、「ベルトスクロールアクション」になると、力点の比重が変わり、むしろ日常世界を下敷きにした異世界が描かれるようになる。『熱血硬派くにお君』（八六年）を始祖とし、『ファイナルファイト』（八九年）でひとつのピークを迎えるこのジャンルは、いわば「半径5kmの世界観」を特色とする。すなわち、架空の街を舞台に、そのなかでくり広げられるストリートファイトを主題としている。この種のゲームにおいて、プレイヤーは「正義の不良」や「元プロレスラーの市長」を操り、「悪人たち」をつぎつぎになぎ倒していく。背後の敵から羽交い締めにされたり、襟をつかんでヒザ蹴りしたりと、近接格闘の演出は多彩だ。さらには、拾った鉄パイプを振りまわしたり、必殺技を繰りだしたりもできる。そうして画面内の敵を全滅させると、画面が一段階スクロールして、新しい敵が登場する。つまり、あたかもベルトコンベアに乗っているかのようにスクロールするので「ベルトスクロール」と呼ばれるわけだ。

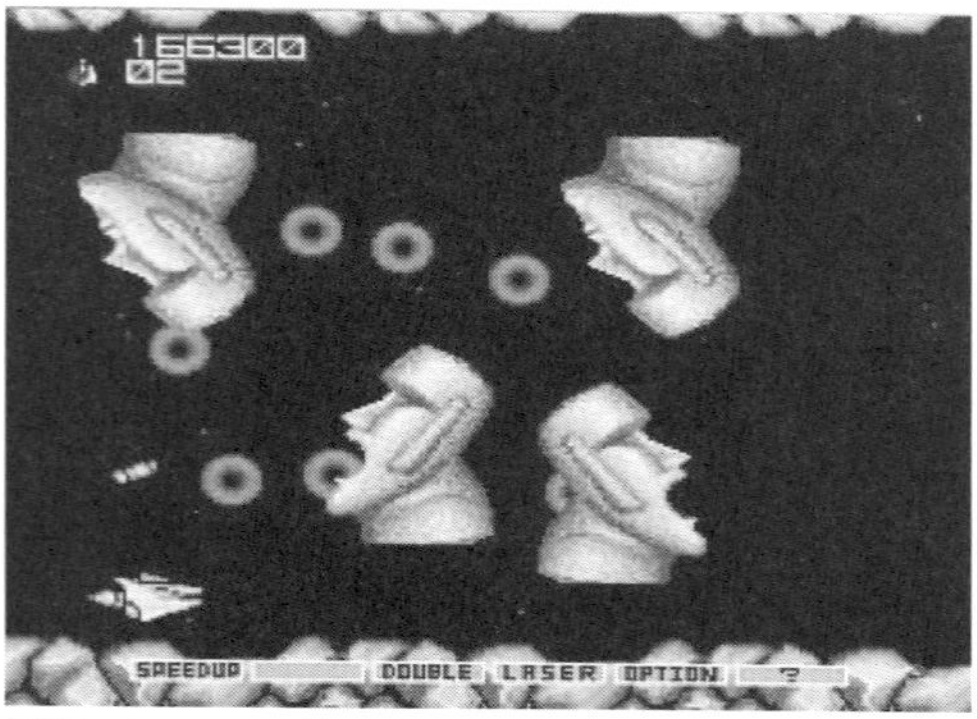

図12-2　口から輪を吐くモアイの群れ
（『グラディウス』©KONAMI）

　したがってこの種のゲームでは、スタート地点から少しずつ闘いの舞台が変化していく。駅のホームで闘った後は、当然、移動する電車のなかでも闘う。電車を降りると、隣町にはディスコや酒場、工場などがあって、そこでも順に闘いをつづける。夜の街に浮かびあがるネオンサインや、トイレの壁に書かれたスプレーの落書きなど、背景のグラフィックは細部まで描きこまれていて、少しなつかしめの情景が多い（図12 - 3）。こうしてプレイヤーは、なじみの街を散策しているような気分を味わいながら、最終目的地である「悪の本部」（暴力団の事務所など）を目指し、文字どおり「一歩ずつ」突きすすんでいくことになる。

観光から興行へ

図12 - 3　キャバレーの前でスケ番と闘うくにお
（『熱血硬派くにおくん』 ©テクノスジャパン）

このように、八〇年代の業務用ゲームにおける大きな特徴は、プレイヤーに「旅をしている」という実感をもたらした点にある。ブルボン小林(2005) が指摘するとおり、当時はゲームをプレイすることが「観光」に近い意味あいを帯びていた。つまりプレイヤーにとってその魅力は、結果（クリアやハイスコアの獲得）よりも過程（世界の移動や探索）にあり、なにより「道中を楽しむ」という喜びが感じられていればこそ、長時間プレイしつづけることも苦痛ではなかったのだといえる。

そもそも、昔からシューティングゲームは苦手だった。弾幕が薄かろうと、しょっちゅう死ぬ。苦手だったのに「がんばって」遊んでいた。ほかに苦手なもの（跳び箱とか微分積分とか貝料理とか）でがんばったことなんかない。シューティングを「がんばって」遊んだのは、とにかく「先が見たかったから」だ。［中略］ゲームはかつて観光だったのだ。『スカイキッド』『シティコネクション』に自由の女神が、『ボンジャック』にスフィンクスが描かれていたのは［引用者注：いずれも八〇年代半ばに発売された業務用ゲーム］、ゲームの観光性をいみじくも語っている。結末（エンディング）ではなく、道中を楽しむ。それがゲームだった（かつてゲームにエンディングなんてほとんどなかった）。（ブルボン小林 2005: 27）

しかしその一方で、「旅」のスケールは年代が下るごとに等身大に近づいていく。空を飛ぶことよりも街を歩くことに力点がシフトし、弾を吐くことよりも拳で殴ることに重きがおかれるようになる。そしてこうした流れの延長線上に、ついには「旅」を省いた肉弾戦のゲーム、つまり格闘ゲームが台頭してくるのである。(*5)

格闘ゲームというジャンルは、九一年に発売された『ストリートファイターⅡ』の商業的成功をもって確立する。この種のゲームでは、闘いの舞台は「四角いリング」（またはそれに準ずる数画面分のスペース）に固定されており、世界各国の名所・旧跡（万里の長城やエッフェル塔など）が描かれたりはするものの、それは芝居やコントの背後に描きこまれた書割（セット）に近く、「道中」を楽しむことはできない。一方、代わって前景化されるのがキャラクターだ。筋肉の形から服のしわ、風になびく髪の流れにいたるまで、大型化したキャラクターには細部まで描きこみがなされるようになり（図12‐4）、ボタンとレバーの組み合わせによって、蹴り技ひとつをとっても豊富なバリエーションが用意されるようになった。したがってそこにあるのは、キャラクターの挙動のすみずみに自分の意思をいきわたらせることのできる喜び、つまり操る喜びである。

加えて格闘ゲームは、ゲームセンターで対戦することが、そのままストリートファイトの隠喩になっている。すなわち、「敵」はゲームのなかにではなく、街のなかにいる。プレイヤーは間接的にスコアを競うのではなく、直接、目の前にいる相手をたおす。正確にいえば、キャラクターに設定された互いの「体力ゲージ」をうばいあう。こうしてプレイヤーは、総勢一〇名以上のキャラクターのなかから自分の操るキャラクターを選びとり、同じようにしてキャラクターを選んだ無数のプレイヤーたちと、ひたすら組み手を積み重ねていく。

図12-4　中華街で対峙するリュウと春麗
（『ストリートファイターII』©CAPCOM）

そしてこのように、楽しみの力点が「道中」にではなく、その場の駆け引きにおかれるようになると、必然的にプレイヤー（ゲームで遊んでいる人）とオーディエンス（眺めている人）の関係も変わってくる。ゲームが「観光」だったころは、プレイヤーにとっては、いかにして「先」の画面にたどり着くかが重要だった。したがってオーディエンスとの関係も、旅に連れて行く人と行かれる人との関係に、つまり添乗員（conductor）と乗客（passenger）の関係に近かった。だが格闘ゲームはそうでない。対戦プレイ自体がひとつの「見世物」ないし「興行」となり、このときオーディエンスとの関係は、文字どおり演者

（performer）と観客（gallery）のそれへと変わるのである。

ゲームでつながるコミュニティ

以上をふまえると、業務用の格闘ゲームに注目する理由がみえてくる。つまりそれは、直接ゲームで交流を拡げるプラットフォームになりえた点で、ゲームならではのコミュニティのあり方をいち早く先取りしていたと考えられる。

従来ゲームを介した交流は、間接的に拡がっていく傾向にあった。つまり、直接ゲームで盛りあがることよりも、ゲームの話題で盛りあがるものが多かった。もちろん今でも、スコアを自慢しあったり、攻略法を教えあったり、キャラクターのイラストを送りあったり……といった形で、そうした交流はさかんだ。ただしそれらは、「ゲームのコミュニティ」というよりも、正確には「（ゲーム）情報のコミュニティ」と呼ぶべきものであり、作品そのものは個人的に消費されるという点で、他の娯楽作品のコミュニティ（アニメ、小説、映画、マンガなど）とのちがいがみえにくい。

他方で、もともとゲームは直接的に交流を深めていくものでもあった。たとえば、世界初のコンピュータゲーム（はじめて民間人にも遊ばれたゲーム）として知られる『二人でテニスを』（五八年）も、『インベーダー』以前の業務用ゲームを牽引した『ポン』（七二年）も、うけたのは対戦プレイだったし、後に家庭用ゲーム機に移植されることになる『マリオブラザーズ』（八〇年）も、白熱したのは二人プレイの「殺しあい」だ。つまりゲームの文化は、その黎明期からコンピュータとの交流（interaction）以上に、むしろ人と人との交流で盛りあがってきたのである。

とはいえ、そうした交流の多くは、「コミュニティ」と呼びうるほどの拡がりをもつにはいたらなかった。というのも従来の対戦プレイは、すでに顔なじみの知人・友人どうしで小ぢんまりとおこなわれるのが常であり、とくに野球やサッカーなどのスポーツゲームは、家庭用のゲーム機が普及する八〇年代の半ばをこえると、ますます身近な人間関係を補強する役割を強めていくからだ。すなわち、だれかの家に集まり、チラシの裏に対戦表を書いたりして遊ばれることが多いので、それは「コミュニティ」というより「親密圏」と呼ぶにふさわしい。

もちろん今日では、見知らぬ他人と直接ゲームで交流を拡げていくことは容易である。各種のオンラインゲームもそうだが、近年のヒット作でこの傾向を象徴しているのは、「モンスターハンター」シリーズだろう。このゲームでは「ひと狩り行こうぜ！」を合言葉に、プレイヤーどうしが気軽に交流を楽しむ傾向にある。つまり携帯ゲーム機の通信機能を活かして、街のあちこち（ファーストフード店や大型家電店など）でプレイする（「狩り」に出かける）仲間が調達されている。ただしそれらは、出会いが容易であるぶん、「コミュニティ」と呼べるほどのまとまりや継続性を捉えにくい。むしろそれはゴッフマン（Goffman 1963=1980: 20）のいう「集まり」（gathering）に近く、一期一会の交流を活性化させている。

しかし業務用の格闘ゲームは、そうした通信技術の普及以前から交流の結節点となり、今日まで継続的でまとまりのある「ゲームのコミュニティ」を育んできた。つまり文化として定着しているからこそ、「ゲームオタク」の集団的な特徴をつかむ格好の対象となるのである。

3　格闘ゲーマーへの道

そこでようやく、第三段階にすすむことができる。格闘ゲーマーは、どのようなオタク・コミュニティを形成しているのか。本節では、筆者がおこなったフィールド調査の知見をもとに、格闘ゲーマーがおりなすコミュニティ（「格闘ゲーム界」と呼ばれる）の文化的特徴を、ゲーマー自身の認識や意味づけの側面から検討していく。

調査は二〇〇八年の八月から一一月にかけて、大阪府内にある三つのゲームセンターでおこなった。ここで筆者は、格闘ゲームのプレイ状況を観察するのと並行して、九〇分以上格闘ゲームで遊びつづけていた人一二名を対象に、その場で平均して四〇分程度の面接を試みている。内訳は、年齢が一五歳〜四一歳と幅広く、全員が男性である。なお、面接のデータを文中に引用するさいには、末尾に年齢と簡単な肩書き（自己申告による）を付すことにする。

面接は事前に用意した質問から自由に対話を展開していく半構造化インタビューの形をとり、集めたデータはマイルズとフーバーマン（Miles & Huberman 1994: 131）が推奨する「二つの確証と無矛盾」（two confirmations and no contradiction）、つまり少なくとも二名以上の対象者から一貫した内容が確認されることを条件にコード化した。分析のさいには格闘ゲームに詳しい有識者に内容を確認してもらうメンバー・チェッキングをおこない、記述の確からしさ（credibility）を高めるよう努めている。

弱肉強食の世界

「ここ、いいすか?」。それまで一人で遊んでいたゲーマー（〈メガネ〉）に、別のゲーマー（〈巻き毛〉）が声をかける。〈巻き毛〉は、返事もきかないうちから椅子に座り、財布のなかから早速一〇〇円玉を取りだしている。他方で〈メガネ〉も、返事をする気はさらさらないようで、口の端にうっすら笑みを浮かべたまま、指をパキパキ鳴らしている。こうして彼らは、互いに無愛想なままで、あっさりと対戦プレイに突入していった。

その様子を眺める男は三名。いずれも三メートルほど離れたところから、遠巻きに〈メガネ〉と〈巻き毛〉の熱戦を見守っている。一人は〈メガネ〉の友だちらしく、ときおり「ちがうっしょ!」などと声を発してちょっかいをかけている。しかし〈メガネ〉はいっさいそれに応じない。無言の背中で〝邪魔するな〟と語っているようにも見受けられる。

それから二七分。立て続けに対戦をくり返すあいだも、依然〈メガネ〉と〈巻き毛〉のあいだに対話はない。しかし独白は聞こえる。とくに〈巻き毛〉は奇声を発しながらプレイするタイプのようで、「マジでぇ!」「キエー!」「やられた〜」「それはない!」などと叫んでいる。一方、〈メガネ〉は「チッ」と舌打ちしたりはするものの、黙々とモニターに向きあい、レバーとボタンの操作に集中している。ただ一度だけ、接戦を制したさいに、〈メガネ〉の肩がぶるっと震えた。

さらに一二分後。プツッと糸が切れたように〈巻き毛〉が立ちあがり、空手の「押忍!」のポーズを決めて立ち去ろうとする。このとき、はじめて〈メガネ〉は「あっ」と小さく声を発し、〈巻き毛〉の方にうやうやしく右手を差しだした。この間五秒。そして、照れくさそうに〈メガネ〉が一人プレイに戻ろうとした瞬間、それまで後ろでじれったそうに眺めていた男の一人が、スッと歩いて対戦台に腰掛けた……。

以上の記述は、筆者が観察したゲームセンターでのやりとりから抜粋したものである。ここには、格闘ゲーマーのコミュニティを考えるうえで重要なヒントがかくされている。つまりそのコミュニティは、物理的な空間で区別されているというより、認知的な境界で識別されている。言葉を換えれば、それはゲームの価値を共有する人びとが互いを仲間（peer group）と認めるかぎりにおいて成立している、一種の「解釈共同体」（Fish 1980=1992）である。[*6] とすれば、彼らがどのような基準で仲間とそうでない相手を識別しているのかが、最初の疑問となろう。

この問いには、さしあたり簡単に答えられる。もっとも重要な判断基準は、相手に競り勝つことのできる能力、つまり技量（テクニック）にある、と。彼らは仲間を技量でかぎわける。なぜなら、格闘ゲームほど「勝てば天国、負ければ地獄」という言葉の意味を思い知らされるゲームもないからである。

格闘ゲームは「弱肉強食」の原理を純化することで成り立っている。この世界ではまず、ノックアウトやリングアウトといった形で、勝利と敗北、白と黒とがつねにきっぱり線引きされる。なにせ相手を打ち負かさない限りゲームは終わらないのだから、そこに半端なグレーゾーンは存在しない。しかもこの勝敗は、金銭的な「痛み」をともなう。格闘ゲームは一般に、三本勝負（二本先取）で勝ち抜き戦の形をとる。つまり、勝てばいつまでも遊んでいられるが、負ければものの数分で小銭をうしなう。むろんそれで勝者がもうかるわけではない。しかし勝者の攻撃によって決着がつくので、敗者はまるで小銭を巻きあげられたような気分になる。さらにその「痛み」は、視覚的にも強調される。負けたが最後、自分の操るキャラクターが床をなめるシーンを拝まされるという意味で、格闘ゲームは敗者の屈辱をきわめて「リアル」に再現している。

勝てばうれしい。負けるとくやしい。この点で格闘ゲームは明確に「競争の遊び」(Caillois 1958=1990)である。つまり、なるべく運や偶然が介入する要素をとりのぞき、実力だけがプレイヤーの優劣を決めるようデザインされている。とすれば、彼らにとって闘う相手は、けっして誰でもよいわけではない。たまたまゲームセンターに遊びに来たようなプレイヤーや、他のゲームに「浮気」するようなプレイヤーでは相手にならないし、できれば自分と同様に、格闘ゲームに「本気」でのめりこんでいる相手が望ましい。そうしてはじめて、彼は競争の醍醐味、勝利の美酒を存分に味わうことができる。

そのため格闘ゲーマーは、さまざまなシンボルに注目して、相手が「本気」かどうかを判断している。つまり、ボタンやレバーの捌き方、椅子に腰かける角度、キャラクターの間合いのとり方といったささいな所作から、注意深く相手の「格」を読みとり、「初心者」「中級者」「上級者」といった位階で区別している。言葉を換えれば、プレイヤー全体のなかで自と他の腕前を相対的に位置づけ、把握できるようになったとき、彼はいっぱしの格闘ゲーマーとして、そのコミュニティに「入門」したのだともいえる。

「特訓」と「研究」の日々

では、どうして彼らは相手の「格」を読みとることができるのか。このことは、彼らの日常的な実践に目を向けると理解しやすい。

すでにわかるように、格闘ゲームにのめりこむほど、ゲームセンターで対戦することは彼らの生活の一部に組みこまれていく。つまりゲームは「やるか、やらないか」ではなく、「やるのは当然で、後はどのくらいの時間をさけるか」（三五歳、銀行員）になる。このとき彼らは、ゲームに取りくむ姿勢に応じて、プレイをフォーマルなものとインフォーマルなものとに分ける。前者は「本気」で取りくむ対戦をさし、後者は勝ち負けにこだわらないという意味で「趣味のプレイ」などと呼ばれる。

重要なのは、そうしたインフォーマルなプレイが、一般に「遊び」や「気晴らし」とみなされるものよりずっと、「まじめ」で「ストイック」なものに位置づけられていることである。それはもっぱら「特訓」や「研究」に費やされている。

まず「特訓」というのは、ゲームの操作体系を習得することをさす。格闘ゲームは、レバーとボタンを駆使した複雑な操作を瞬時に要求される。だから「強くなる」には、あらかじめ同じ操作を一〇〇回でも二〇〇回でも反復しておき、意識しなくとも技が繰りだせるようになるまで、操作の仕方を徹底して身体に叩きこんでおかねばならない。

他方で「研究」というのは、新たな攻略法を模索したり、対戦時における試合の流れを組み立てたりすることをさす。試合の流れを考えることは、同時に相手がどう攻めてくるかを先読みすることでもある。当然ゲームセンターでは誰が相手になるかがわからないので、彼らは多彩な攻撃パタンを想定して対策を立てる。試行錯誤を積みかさね、「こうすれば、こうなる」という王道の型を導きだしたとき、それは「理論」と呼ばれる。しかし安定した「理論」はすぐに新たな「研究」の種になるから、結局のところ、彼らの「研究」には終わりがない。

こうした地道な研鑽は、こっそりおこなわれるという意味では「かくれた努力」であるが、(*7) 格闘ゲーマーならば誰もがおこなっているという意味では「公然の努力」でもある。そしてそうであるがゆえに、対戦プレイの局面においては、「特訓」や「研究」でえられた痕跡が垣間みえるかどうかが目ざとく察知され、相手の「格」を推しはかる有力な判断材料を提供するのである。

筆者：格のちがいって、そんなにスパっと見分けがつくものなんですか？
Ｔさん：わかりますよ。格闘ゲームって結局、思考のゲーム、読みあいのゲームなんです。技が出せるだけじゃ半人前、相手がどう出てくるかを読めるようになって、はじめて一人前って感じです。ですんでぼくらも、コンボ［連続技］を使いこなせてるかどうかで「あいつは中級」とか、こっちの動きを計算してあれこれ手を打ってくる奴とかみて「あいつは上級」って呼んだりします。（二六歳、ビール会社勤務）

格闘ゲーマーの「個性」

ならば、どうして彼らはそこまで熱心に努力するのか。「勝ちたいから」というのもそうだが、それとともに大きいのは「魅せたいから」である。

彼らはつねに「見る／見られる」関係を意識している。それは対戦相手にかぎらない。そこにはいつでも不特定多数のオーディエンスが訪れるし、そもそもプレイヤー（見られる側）とオーディエンス（見る側）の立場はたえずころころ入れ替わる。ためにプレイヤーの意識は、おのずと周囲にも向かわざるをえないし、むしろ周囲に自分のプレイを見せつけることが、格闘ゲーマーにとって大きな快楽の源泉となる。これはある意味で「個性」の表明といえる。

この意味で格闘ゲームは、明確に「模擬の遊び」（Caillois 1958=1990）の側面をもっている。なるほど、たしかに格闘ゲームに「強い」ことは、プレイヤーが実際の格闘技（またはケンカ）に強いかどうかとはいっさい関係がない。しかし他方でそれは、従来の「模擬の遊び」には収まりきらない側面もふくんでいる。すなわち、特撮ヒーローになりきって遊ぶ「ごっこ遊び」などとはいささか「模擬」の性質が異なる。格闘ゲームの「模擬」は、もっとずっと「本当の私」に近い。つまり、キャラクターの有する個性と、プレイヤーの発揮する個性とが、分かちがたく結びついている。

筆者：今、「自分自身がバトってる感覚」って言わはりましたね。

Yさん：はい。一心同体なんですよ。指先ひとつでキャラの生死が決まるって意味で。『ジョジョ』の「スタンド」みたいなもんですよね。[*8] だからマイキャラのある人って、たいがい自分で「〇〇（キャラクター名）使い」を名乗ります。（二四歳、板前）

格闘ゲームの特徴のひとつは、プレイヤーが個性的にふるまえる点にある。すなわち、操れるキャラクターの種類と、キャラクターにあてがわれた技の種類に豊富なバリエーションがある。この意味での個性は、主として「マイキャラ」[*9] や「プレイスタイル」の形で発揮される。「マイキャラ」とは、プレイヤーが日常的に用いるキャラクターのことで、「プレイスタイル」とは、いわば戦い方の癖のようなものだ。つまり格闘ゲーマーは、自分専用のキャラクターを定め、自己流の操作の仕方を磨きながら、それを対戦のさいに活かそうとする。[*10] なればこそ「「〇〇使い」を名乗る」ことが個性の呈示となる。

とはいえ、私らしさが呈示できるから「本物の私」に近い、というのではまだ不十分である。このとき、プレイしている「私」自身も、画面に表示されたキャラクターを眺めている「観客」の一人であることに注意しよう。すると、格闘ゲームをプレイする体験とは、私らしく操っているキャラクターの動きを、画面を通じて「私」自身が眺めている体験であることに気づくだろう。これはまさしく、鏡の前で演技をする俳優のような状況であり、この意味でも、プレイヤーとキャラクターの個性は切り離せない。ふたたびゴッフマン（Goffman 1974）の言葉を借りると、ビデオゲームというのは、人びとが通常あまり意識しないで看過している「現実経験の多層性」（multiple laminations of experience）を強く実感させられるメディアであり（安川 1993）、こと業務用の格闘ゲームは、「演じる「私」と、それを見る「私」とを二つながらに生きている」（大村 1985: 7）ことに自覚的たらざるをえないのである。

道場破りの文化

それでは、格闘ゲーマーのコミュニティは、どのような文化的特徴を有しているのか。これを知るには、彼らがそうして感じとっている「個性」を、いかに発揮し、確認しあおうとするかに注目するとよい。

格闘ゲームにとって「個性」を発揮する場のひとつが、よりフォーマルな闘いの舞台、つまりゲーム大会である。今日では連日のように格闘ゲームの大会がもよおされている。規模はもとより、主催（店舗やゲーム会社）や参加人数（個人戦やチーム戦）も多彩だ。なかでも「コミュニティ」の大きさが実感されるのは全国大会であり、これは公共の大ホールを貸しきっておこなわれ、数万人のゲーマーが一堂に会する一種の「お祭り」と化す。(*11)

全国大会の盛りあがりは、格闘ゲームが「男性的な」文化として水路づけられていることを示唆している。つまりそこでは「店舗→地域→全国」の順に、より上位の舞台が整えられており、彼らは格闘ゲーム界で最強の称号を獲得すべく、「てっぺん」を目指して技を競うよう動機づけられている。これはもちろん、少年マンガでお決まりの世界観（トーナメントバトル）とも共通するものだ。したがって、ゲーム業界がこの環境を仕掛けているというよりは、ゲーマー自身もまたそれをのぞんでおり、いわば両者の「共謀」のなかで形成されてきたとみるべきだろう。(*12)

大会はまた、ゲームの仕組みやキャラクターの設定とは関係しない次元においても、格闘ゲーマーの個性をきわ立たせている。それは、彼らが一種のリングネームや団体名をもち、地域を「背負って」活動する点に表れている。たとえば図12-5は、ある大会で用いられた団体名を、トーナメント表から抜粋したものだ。このうち「天下一品こってり三丁チーム」の場合は先鋒：ZAP、中堅：ブルンブルン丸、大将：大門ラウの三名が、「関東3位と愉快な猛GYU達」の場合は、先鋒：マン・ザ・サタンシャーク、中堅：葛西ラウ、大将：ブンブン丸の三名が参戦した。注意したいのは、団体名とともに、プレイヤーの行きつけのゲームセンターの名前が明記されており、また、「地名＋キャラクター名」の組み合わせでリングネームを名乗る傾向があることである。こうした特徴は、格闘ゲーマーのアイデンティティ形成に、店舗や地域のはたす役割の大きさを示していよう。

このことは同時に、ゲーマーどうしの連帯の特質、つまり、仲間意識がいかにして形成されるのかという疑問についても、一定の示唆を与えてくれる。彼らはゲーマーの位階があがるにしたがい、より強い対戦相手を求めて、なじみのゲームセンターから、地域のゲームセンター、全国のそれへと、同心円状に活動範囲を拡げていく傾向がある。そしてその途上において、「昨日の敵は今日の友」となり、同じ生活圏に属する他のゲーマーは、ともに「全国」をめざして共闘する仲間とみなされていく。このとき彼らにとって行きつけのゲームセンターは、あたかも自分の「所属ジム」として、その近隣のゲームセンターは、自分たちの「ホームグラウンド」としての意味あいを帯びることとなる。

したがって格闘ゲーマーのあいだには、一種の「道場破り」の文化がある。つまり名の知れた「強豪」のうわさを聞きつけては、仲間うちで連れだって対戦をいどみに行く習慣がある。[*13] なかでも人気があるのは、「スタープレイヤー」との対戦だ。スタープレイヤーとは、さまざまな格闘ゲームの大会で上位に入賞しつづける実力者のことをいう。彼らは格闘ゲーム界のなかでのみ絶大なカリスマをほこっているという意味で「ローカルな有名性」を獲得しており、したがって彼らの出没するゲームセンターには、地元はもとより、新幹線や夜行バスを乗りついで全国各地から対戦相手が集まってくる。というより、名のあるスタープレイヤー自身がそうした「道場破り」を歓迎している。「腕に自信のある奴はかかってこい！」といったあおり文句や、「ふだんはどこそこのゲームセンターに何時から何時までいるのでヨロシク♥」といった伝言を自身のブログやゲームセンターの掲示板に開示して、彼らもまた「強豪」との出会いを待ちわびているのである。

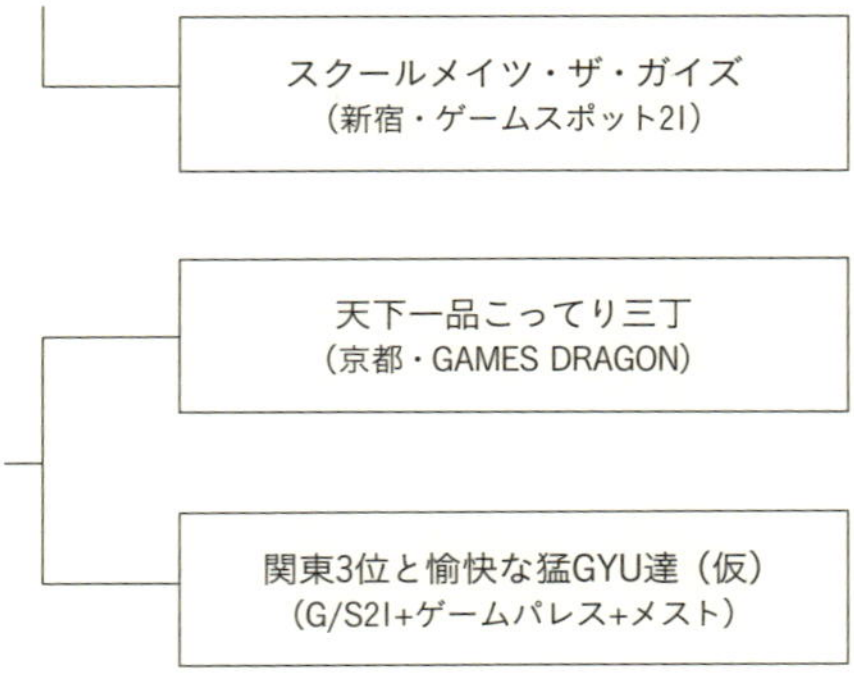

図12-5　ある大会のトーナメント表（一部）
（出典：『月刊アルカディア』編集部編2003）

以上の意味で、格闘ゲーム界にはどこか「バンカラ」な気風がただよっている。つまり、青年マンガで描かれるやくざどうしの「シマ争い」や、番長どうしの「地域制圧」とも一脈通ずるところがある。格闘ゲーマーは、手はじめに自分の学校（近くのゲームセンター）をシメ、つぎに別の学校（遠くのゲームセンター）に闘いを挑む……といった形で、自分たちの「勢力」を広げていく。そのような意味でも、格闘ゲーマーのコミュニティは「男性的な」文化として成立しているものと考えられよう。

4　ゲーム世界の再構造化

こうして私たちは、格闘ゲームで形成されるコミュニティと、実際の格闘技（または競技スポーツ）で形成されるコミュニティとのちがいが判らなくなる。(*14) 格闘ゲーマーは、全身を激しく動かしたり、滝のような汗を流したりはしないものの、それと同等の熱意をもってゲームに打ち込み、そうした経験を通じて別のゲーマーと親密な人間関係を築いている。つまりそこには、甲子園を目指す球児のような「スポ根」（スポーツ＋根性）精神があり、またその姿は『少年ジャンプ』の有名なスローガン「努力、友情、勝利」を体現している。

しかし他方で、それはやはりゲームであり、彼らのふるまいもやはりオタク的である。ならば一体、競技スポーツとは何が大きく異なるのか。以下では最後に、より具体的な事例に即して、格闘ゲーマーのコミュニティにみられるオタク的な側面を掘り下げたい。

格闘ゲームからの離脱

ここでは、二〇〇五年にセガから発売された格闘ゲーム『北斗の拳』をめぐる一連の動きをとりあげる。理由は大きく三つある。第一は、格闘ゲームとして売りだされているのに、別のゲームとして（も）親しまれていること、第二は、発売から約一〇年経った現在（二〇一四年二月）でも、一部のゲーマーから熱狂的な支持を集めつづけていること、第三は、その人気を継続させている原動力が、有志の啓蒙活動に拠っていることである。

順を追って検討しよう。まずこのゲームは、発売された当初は格闘ゲーマーのあいだで「クソゲー」（つまらないゲーム）とみなされていた。理由はいろいろ考えられるが、とくにキャラクターどうしの「強さ」のバランスに偏りがあった点が大きい。すなわち、他のキャラクターよりも突出して有利に闘えるキャラクターが混じっていたため、対戦時にそれが選ばれた瞬間に、どちらが勝つかも読めてしまうのである。

けれども皮肉なことに、作品としてはいささか粗の目立つ「クソゲー」だったことが、結果的に「神ゲー」（奇跡的に面白いゲーム）として再評価されるきっかけを作る。なぜなら、ゲーマーたちの「研究」がすすむにつれて、作り手側のバグ（プログラムの欠陥）を逆手にとった技が続々と開発されてきたからだ。つまり「バグ技」を駆使しさえすれば、勝負にならないはずの弱小キャラクターでも、意外と闘えることが判明してきた。

加えて、このゲームが荒唐無稽を売りにしていたことも、面白さの発見に寄与していたかもしれない。もともとこのゲームは、八〇年代に人気を博した少年マンガ『北斗の拳』を原作としており、作中に登場する特殊な拳法の使い手（キャラクター）を操ることで、現実にはありえない破天荒な技（石碑が降ったり、闘気《オーラ》が飛んだり）を使用できる点に魅力があった。しかし「バグ技」を使いこなせば、その荒唐無稽にさらなる拍車をかけることができる。たとえば、格闘ゲームにおいては、相手に反撃する隙をあたえず連続して技を繰りだすことを「コンボ」(連続技)と呼ぶが、「バグ技」の使用によって、際限なくコンボをつづける「永久コンボ」も可能となる。

こうしてこのゲームの愛好者たちは、対戦相手をうち負かすこと以外に、どれだけ長く、または上手にコンボを続けられるかといった競争にも駆り立てられていく。結果このゲームは、相手側のキャラクターを「ボール」に見立てて「ドリブル」を決める、一種のスポーツゲーム(「バスケ」や「世紀末スポーツアクション」と称される)としての意味あいを獲得していった。

面白さの布教

ただしむろん、どんなに面白さが発見されても、他のゲーマーに広まらなければ意味はない。この点でゲーマーどうしの邂逅に大きな影響を与えているのが、有志の手による地道な啓蒙活動である。

とりわけ影響力が大きいと推察されるのは、インターネット上の布教だ。『北斗の拳』の愛好者たちは、自分たちが発見したコンボの操作をまとめたメモ(「レシピ」と呼ばれる)をブログや電子掲示板に貼りつけたり、実際のプレイの模様を収めた動画を(ライブ配信という形で)共有サイトに投稿したりして、「バスケ」の遊び方をこのゲームの初心者に向けてやさしく指南している。

なかでも、こうした布教の震源地となっているのは、東京・中野にあるゲームセンター「東京ランキングファイターズ」[*15](以下「TRF」)である。TRFには、「スタープレイヤー」だけではなく、多彩な「スター」が集まっている。すなわち、対戦プレイを面白おかしく盛り立てる実況役、対戦結果を分析し勝敗の理由を説明する解説役、対戦の模様を動画に編集し配信する投稿役……といった人たち(兼任者も含む)も、「ローカルな有名性」を獲得している。実際、インターネット上の掲示板では、これらのゲーマーたちを「TRF勢」と呼んで、その功績を称えるむきがある。

こうしてTRFは、今日では「北斗の聖地」と目され、全国各地から多くの巡礼者を――ときに海外からも――呼び寄せている。しかもそこには他のゲームセンターとは少し異なる配慮がある。まずTRFでは、『北斗の拳』を楽しむプレイヤーの技量を、原作に登場するキャラクターの強さになぞらえ、「モヒカン」（初心者）、「修羅」（中級者）、「伝承者」（上級者）などと区別している。そして、いくつか設置されているゲーム機の一部を、初心者専用の「モヒカン台」として開放したり（ここで連勝すると「モヒカン」からの「卒業」が言い渡される）、「モヒカン」限定のゲーム大会を催したり、あるいはプレイ料金を安価に設定したりして（五〇円で三プレイなど）、たとえ初心者が一人で訪れても、無理なく楽しみ、上達できるよう努めている。

つまりこのゲームでは、オンライン（インターネット）とオフライン（対面での交流）とが、また、消費者（プレイヤー）と経営者（従業員）とが、連動した形でゲームの面白さを伝えている。そしてこうした動きが、草の根的にじわじわと愛好者の輪を拡げていき、ついには「クソゲー」だったはずのこのゲームを、独自のルール（「バグ技」もあり）で「闘劇」(＊16)（日本最大級の格闘ゲーム大会）の対戦種目に復活させるという「快挙」へと導くのである。

仮構の「世界」の創出

以上の事例は、格闘ゲーマーのオタク的な側面をよく表している。これについて多くの説明は不要だろう。すなわち、①社会的な価値をみいだしにくい対象に価値をみいだし、②その愛着を何らかの形で発信することにより、③既存の産業構造にも少なからぬ影響をおよぼしている点で、そのコミュニティはオタク的といえる。

加えてそこには、彼らの「ゲームオタク」としての特徴も表れている。ただしこれにはいくらかの説明が必要かもしれない。このことは、一度ビデオゲームから離れて、広義のゲーム一般を捉えるところから考察をすすめていくと理解しやすい。

そもそもゲームとはどういうものか。井上（1977）によると、あらゆるゲームに共通する包括的な特徴は、「一定のルールに従う競争の遊び」という点にある。それはたとえば、①「肉体的技能のゲーム」（各種のスポーツ）、②「戦略のゲーム」（囲碁や将棋）、③「偶然のゲーム」（ルーレットやダイス）といったちがい（Roberts & Bush 1959）にかかわりなく認められる。むろん格闘ゲームもこの特徴を共有している。

加えてゲーム一般には、もうひとつの大きな共通点がある。それは、ゲームのルールが別の「世界」を創出する点にある。

> 競争の遊びはルールの存在を前提とする。ルールなきゲームはありえない。だがゲームのルールは、決して単にゲームの進行をつかさどり、勝敗の基準を定めるだけのものではない。それはいわば「世界」を創造する。ゲームというひとつの世界の構造的枠組を決定し、その世界に固有の秩序を与えるものとしてルールがある。この世界は、日常的現実から区別された仮構の世界であり、多かれ少なかれ現実とはちがった仕方で構造化されている。そしてそこでは、すべてが構造的枠組との関連において意味づけられる。（井上 1977: 4）

井上によると、ゲーム世界は「多かれ少なかれ現実世界の競争や闘争を原型としている」が、他方でそれを「ある仕方で抽象化し、再構成し、また純粋化し」(井上 1977: 7-8) てもいる。したがってこの世界は、あいまいで複雑で矛盾をはらみやすい現実世界に比べると、はるかに明確で単純で一貫性を保っている。すなわち、ゲームに都合のよいように、特定の「脈絡」(コンテクスト) に沿って現実世界から意味をはぎとり、あるいは意味をつけ加えて構造化された「自足的な小宇宙」(Riezler 1941) がゲーム世界である。

これは具体的には、ケンカと格闘技 (肉体的技能のゲーム) のちがいで捉えることができる。たとえば、ある人が街でケンカをした場合、相手を殴りたおしても、殴った側が「勝ち」になるとはかぎらない。むしろ「負ける」ことの方が多い。よく新聞などに「ムシャクシャしたからやった」という罪人の供述が掲載されるが、「ムシャクシャした」からといって、「やってはいけない」のが現実世界のルール (社会規範) である。

一方、格闘技の世界は、それと異なるルールで構造化されている。リングのなかでは、人はさまざまな現実のしがらみから解き放たれて、対等な立場で殴りあうことができる。そこは思う存分「やってもよい」世界である。ただしケンカのように「なんでもあり」というわけにはいかず、急所を攻撃したりすれば、審判に「負け」を宣告される。すなわち、上手にポイントを稼いだりしながら、「安全に」殴りあうことが要求される。

「ゲームオタク」のルール

格闘技の世界は、こうした意味で、現実世界の競争が再構造化された世界とみなしうる。しかし容易に想像がつくように、格闘ゲームの世界は、それよりもさらにねじれた仕方で構造化されている。

まずこの世界は、基本的に格闘技の世界を踏襲しつつも、それとは別の構造的な枠組によって成り立っている。レバーとボタンの操作がいかに複雑といえども、人間の身体所作に比べればはるかに単純であるし、勝ち負けの判定もコンピュータによって機械的に判定される。つまりこの世界は、格闘ゲームに都合のよいように、格闘技の世界から意味を剝奪／付与して再構造化されている。

それは典型的には、大胆な省略と誇張に表れている。まず省略というのは、その世界が「楽しい部分」だけで構成されていることだ。この世界では、ゴングが鳴ってから決着が着くまでのシーンがくり返し表現され、それ以外は「余分なシーン」としてカットされる。そして誇張というのは、ケンカ以上に「なんでもあり」が許されることである。格闘行為をキャラクターに仮託することで、プレイヤーは物理的な痛みを感じることなく、現実にありえない格闘を楽しむことができる。すなわち、目からビームを発したりして、人間の身体能力をこえた力も発揮できるし、肉眼で見えるはずのない身体へのダメージも、この世界では可視化されて示される。

しかし、だからといって格闘技は「リアル」で、格闘ゲームは「フィクション」という風には捉えられない。先にみたとおり、プレイヤーはその体験を十分「リアル」に感じているのであり、大きなちがいがあるとすれば、それは闘いの仕方にあるとみた方がよい。つまり彼らは、全身を使ってこそ闘わないが、ボタンやレバーを操ることで闘っている。この世界では、素早くコマンドを入力することによって、パンチやキックを繰りだしたものとみなされる。この意味で格闘ゲームは、けっして「格闘技のフィクション」なのではない。いわば「指先の格闘技」なのである。

通常、格闘ゲームのプレイヤーは、そうして構造化された世界の枠組に沿って競争を楽しむ。つまりゲームのルールにしたがい、その枠のなかで真剣勝負をくり広げている。しかしみてきたとおり、『北斗の拳』の愛好者たちは、必ずしもそこに留まってはいない。彼らは格闘ゲームとしての「常識」をも裏切り、自分たちで独自のルールを築いている。そこでは、通常ならばけっして使用できないはずの「バグ技」が操られ、キャラクターは人間以外の「球」に見立てられ、本来の格闘とはまったく別のところに競争の価値がみいだされている。こうして彼らは、格闘技の世界を再構造化して創られた格闘ゲームの世界を、さらに再構造化している（図12‐6）。

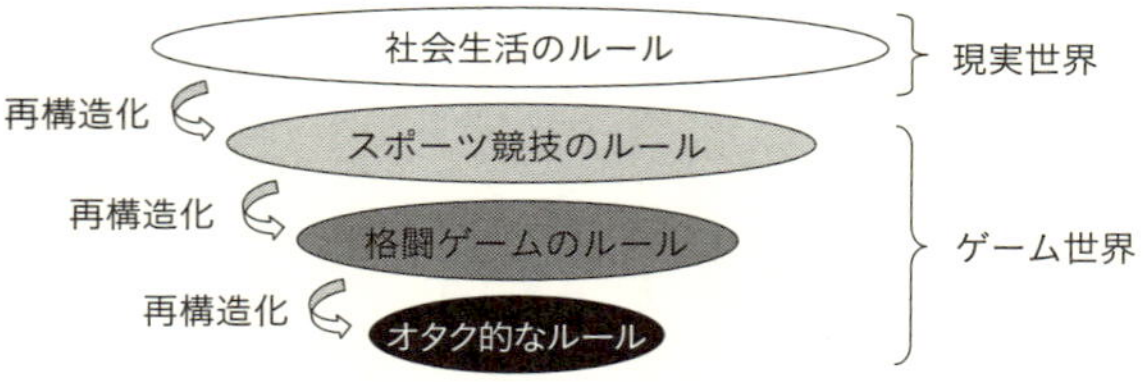

図12‐6　競争ルールの構造化と「世界」の構造

　ゲーマー自身の手による世界の再構造化——ひるがえってみれば、これは程度の差こそあれ、他の「ゲームオタク」にも認められるものだ。『北斗の拳』ほど極端ではないものの、たとえば「しばり」と呼ばれるプレイは、ゲーマー自身の意思で世界に制限を加えるものであるし、「改造ゲーマー」の場合も、プログラムの誤動作を誘う「チート行為」（英語では modify: MOD）などをおこなって、世界そのものを操作しようとする。つまりは、それがプログラムで創造されている世界だからこそ、その世界に手を加えることは容易く、また、手を加えることに深い醍醐味が感じられているのだといえる。

　さらにこの側面からみた場合、格闘ゲーマーの「ゲームオタク」としての側面は、一見すると異なるタイプに思える「アニメオタク」のそれとも、意外と近い部分があることに気づくだろう。『北斗の拳』の愛好者たちは、ゲームそのものを創造したりはしないものの、「同人作家」が原作をもとにした二次創作を楽しむように、そのゲームをもとにした二次的な世界を創造して楽しんでいる。また彼らは、対戦相手と「本気」で闘うばかりではなく、「コスプレイヤー」が仲間に華麗なコスチュームを魅せあうように、その遊びを共有する仲間に向けて、華麗な「ドリブル」を魅せあっている。このようにして「自分たちの遊び」を自在に深めてゆけるからこそ、格闘ゲーマーのコミュニティにおいては、ひとつのゲームで数年以上遊びつづけることも、けっして珍しくはないのである。

【謝辞】

本章の執筆にあたり、山内義彦氏から多くの情報提供をうけるとともに、記述の内容を確認していただいた。むろんすべての執筆の責任は筆者にあるが、記して深く感謝したい。

【注】

＊1　恋愛シミュレーションゲームとは、作中に登場するキャラクターとゲーム中で交際し、仮想の恋愛を体験するゲームをさす。男性主人公を操作して女性キャラクターとの恋愛を楽しむ作品が「ギャルゲー」、これの男女の性別を入れ替えたものが「乙女ゲーム」と呼ばれる。

＊2　もちろん、この魅せる／創るといった力点は、通常、密接に結びついているから、それほど簡単には切りはなせない。たとえば「コスプレイヤー」にしても、より本格的に魅せようと思えば、おのずと自前で納得のいくコスチュームを創ってしまうし、他方で「同人作家」の場合も、そもそも同じような嗜好を共有している人たちにウケたいからこそ、別様の物語を創っているだろう。ここではあくまでも、それらの力点の比重に注目して大別していることに留意されたい。

＊3　この点については、今はなき業務用ゲーム専門誌『月刊GAMEST』（新声社）がおこなった読者投票式のアンケート結果「ゲーメスト大賞」がひとつの参考になる（表12－1）。マニアックな専門誌の読者投票であるため、必ずしも一般的な人気を代表するものではないが、だからこそここには、熱心にゲームセンターに通う人びとの嗜好の変化がよく表れていよう。

年（回数）	ゲーム名（発売元）
1987年（第1回）	ダライアス（タイトー）
1988年（第2回）	グラディウスII（コナミ）
1989年（第3回）	テトリス（セガ）
1990年（第4回）	ファイナルファイト（カプコン）
1991年（第5回）	ストリートファイターII（カプコン）
1992年（第6回）	ストリートファイターIIダッシュ（カプコン）
1993年（第7回）	サムライスピリッツ（SNK）
1994年（第8回）	ザ・キング・オブ・ファイターズ'94（SNK）
1995年（第9回）	バーチャファイターII（セガ）
1996年（第10回）	ストリートファイターZERO2（カプコン）
1997年（第11回）	ヴァンパイアセイヴァー（カプコン）
1998年（第12回）	サイキックフォース2012（タイトー）

表12－1　ゲーメスト大賞 受賞作品一覧
（出典：『月刊GAMEST』3（2）、4（2）、5（2）、6（2）、7（2）、8（2）、9（3）、10（2）、11（3）、12（2）、13（3）、14（5）（No.17、29、41、54、68、84、107、136、162、188、212、248）より作成）

＊4　たとえば、このゲームの開発に中心的にたずさわった遠藤雅伸は、日本で初めて「ゲームデザイナー」を名乗ったことで有名で、彼の斬新な発想や発言は、既成の概念に囚われない若者を意味する「新人類の旗手」として大きな影響力をほこった。同様にして注目されたコピーライターの糸井重里や、テクノポップユニットYMOのリーダー・細野晴臣などとも親交を重ねたことが知られている。

＊5　とはいえむろん、以後のゲームから観光性がまったく失われてしまったわけでない。それはじっくり腰をすえて楽しむことのできる家庭用ゲーム機の分野で、とくにロールプレイングゲームのジャンルに引き継がれていっただろう（たとえば、初代『ドラゴンクエスト』の発売は八六年であり、「国民的RPG」へと化けた続編『III』の発売は八八年である）。

＊6　大まかにいって、格闘ゲーム（とそのコミュニティ）は「2D系」と「3D系」に大別できる。このちがいは、私たちが日常的に用いる「フィクション」と「リ

アル」の力点のちがいにほぼ対応している。「2D系」というのは、ゲームだからこそ現実にはできないさまざまな超能力バトル——アニメ『ドラゴンボール（Z）』で孫悟空が放つ「かめはめ派」のような——を楽しみたいという趣向をさし、逆に「3D系」というのは、ゲームだからこそリアルな動きのストリートバトルを楽しみたいという趣向をさす。前者を代表するのが『ストリートファイター』シリーズ、後者を代表するのが『バーチャファイター』シリーズである。なお、ここでいう「フィクション」と「リアル」はキャラクターのモーション（動き）の次元にかかわるもので、いかに「3D系」が「リアル」を追求するといっても、たとえば「髷を結った力士と忍者とテコンドーの専門家が一堂に会して闘う」といった次元などでは、きわめてフィクショナルな前提のうえに成り立っていることはいうまでもない。

＊7　なかにはゲームセンターの従業員に協力してもらって「練習用」のゲーム機を一台開けてもらい、ひとりで延々と「特訓」をくり返すゲーマーや、ゲーム機ごと買い取って自宅で「研究」するゲーマーもいる。

＊8　「スタンド」とは、マンガ『ジョジョの奇妙な冒険』に登場する超能力をさす。『ジョジョ』では、登場人物たちが自身の想像力を具現化した幽霊のようなキャラクターを自在に操って激闘をくり広げる。このマンガでは、基本的に「一人一体」というルールで「スタンド」を操るのだが、むろん格闘ゲームでは、一人で複数のキャラクターを操ることが可能で、複数の「マイキャラ」（後述）をもつ人も多い。

＊9　「マイキャラ」という言葉は、今日では格闘ゲーム以外のゲームにおいても一般に用いられている。その場合の「マイキャラ」とは、ここでの用法と少しニュアンスが異なり、アクセサリーや髪型などを自在にカスタマイズして、自分専用のキャラクター＝「アバター」（分身）をゼロから作りあげることをさすことが多い。

＊10　近年では、ICカードを挿入して遊ぶゲームが定着したこともあり、ゲーマーが個々のキャラクターにいだく「個性」はさらに強まった。すなわち、過去の自分の対戦履歴などが記録されるようになって、「同じキャラクターでも、自分が操るキャラクターと、他人が操るキャラクターはちがう」（二七歳、理髪師）といった実感がえられるようになった。なかには、キャラクターのコスチュームを自己流に着せ替えられるゲームもある。

＊11　そこでは、「本戦」への出場をかけて、店舗予選、地区予選をくぐりぬけてきた凄腕ゲーマーたちが雌雄を決する。

演出も洗練されており、試合の前後には司会者が選手に勝負への意気ごみや感想などをたずね、試合中にはきちんと実況中継もつく。スポットライトやスモークもふんだんに用いられ、試合の一部始終が巨大スクリーンで会場全体に公開される。

＊12　とはいえむろん、すべての格闘ゲーマーが大会で目立とうとするわけでない。大会に出場しても「No Name」で通す人もいるし、大会を目指さずに街で対戦をつづける「在野」のゲーマーもいて、彼らは彼らで、自分のポリシーを大切に守ってプレイしている。

＊13　もっとも、「遠征」の習慣そのものは、格闘ゲームにかぎった話ではなく、ゲームセンターの文化とともに古くからあった。ただし格闘ゲームが登場しはじめたころから、その習慣が本格的に花開いたこともまた事実である。このことは、格闘ゲームが対戦中心のゲームであるという理由以外に、大きく二つの条件に依存している。ひとつは、パソコン通信からインターネットへの移行にともない、ゲーマーどうしの「情報縁」が緊密になったこと、もうひとつは、各種の大会が乱立して「スタープレイヤー」が制度的に認定されるようになったことである。なお、格闘ゲームが「遠征」向きのゲームであることは、ジャンルを拓いた『ストリートファイターII』の宣伝用キャッチコピー「俺より強い奴に会いに行く」が端的に示しているだろう。

＊14　「ちがいが判らない」というのは、当の格闘ゲーマー自身がよく口にすることである。たとえば彼らは、自身のゲームに打ち込む態度や、ゲームで築いた友情について、しばしば「ゲームの枠を超えている」と表現する。以下に引用するのは、筆者がこの言葉に疑問を投げかけたさいに、あるゲーマーが応答したものである。

筆者：枠を、超えてる？

Uさん：うん。音楽やスポーツと変わんないと思う。学校をあがっても、部活に入んなくても、練習したり熱中できるでしょ。人とのつながりもあるし、楽しい以外のとこで深く通えあえてるでしょ。そんな出会いを作ってくれるから、人生とまではよう言わんけど、一番大切な趣味ってことはガチで言えます。（二二歳、専門学校生）

＊15　東京におけるオタク文化の「東の聖地」が秋葉原なら、「西の聖地」が中野である。そしてその中枢にある雑居ビル、中野ブロードウェイ（通称「オタクビル」）内のゲームセンターがTRFである。

＊16 「闘劇」については、たとえば次の記述が参考になろう。

入場チケットは、前売り券と当日券があります。指定席券はS席とA席の2種があり、どちらも基本は指定日1日の指定席＋他日程2日間の自由席券となっています。そのほかにお得な3日間通しの指定席券も販売しましたが、すでにS席は全席完売しています。（月刊アルカディア編集部編 2008: 6）

この記事からもうかがえるとおり、「スタープレイヤー」どうしの対戦は、すでに立派な興行イベントとして成立している。たとえば、「S席」のチケット（前売二三〇〇円）は即座に完売するし、会場には記念Tシャツなどの物販も豊富に用意されている。大会の模様は、雑誌やテレビ、ネット配信などの形で各種の媒体に届けられ、「名勝負」を収めた販売用DVDは数十本におよんでいる。

【参考文献】


ブルボン小林〔2005〕『ジュ・ゲーム・モアノン・プリュ』太田出版。

Caillois, Roger〔1958〕（〔=1990〕多田道太郎訳『遊びと人間』講談社）。

Fish, Stanley〔1980〕（〔=1992〕小林昌夫訳『このクラスにテクストはありますか――解釈共同体の権威』みすず書房）。

月刊アルカディア編集部編〔2003〕『バーチャファイター10年の軌跡』エンターブレイン。

――2008『闘劇魂 vol.10』エンターブレイン。

Goffman, Erving〔1961〕（〔=1985〕佐藤毅・折橋徹彦訳「ゲームの面白さ」『出会い――相互行為の社会学』誠信書房、1-81）。

――〔1963〕（〔=1980〕丸木恵祐・本名信行訳『集まりの構造――新しい日常行動論を求めて』誠信書房）。

――〔1967〕（〔=1986〕広瀬英彦・安江孝司訳『儀礼としての相互行為』法政大学出版局）。

――〔1974〕Frame Analysis: An Essay on the Organization of Experience, New York: Harper & Row.

井上俊〔1977〕「ゲームの世界」『遊びの社会学』世界思想社、3-32。

木島由晶〔2007a〕「ビデオゲームの現在――ゲームがもたらす遊びの功罪」富田英典・南田勝也・辻泉編『デジタルメディア・トレーニング――情報化時代の社会学的思考法』有斐閣、113-134。

——〔2007b〕「ビデオゲームの誕生——遊び方の再発見」富田英典・南田勝也・辻泉編『デジタルメディア・トレーニング——情報化時代の社会学的思考法』有斐閣、181-201。
——〔2008〕「なぜキャラクターに『萌える』のか？——ポストモダンの文化社会学」南田勝也・辻泉編『文化社会学の視座——のめりこむメディア文化とそこにある日常の文化』ミネルヴァ書房、147-168。
Miles, Matthew B, and Huberman, A Michael, 1994, Qualitative Data Analysis: An Expanded Sourcebook, Thousand Oaks: Sage Publications.
岡田斗司夫〔2008〕『オタクはすでに死んでいる』新潮社。
大村英昭〔1985〕「ゴッフマンにおける〈ダブル・ライフ〉のテーマ——演技＝儀礼論の意義」『現代社会学19　特集＝アーヴィン・ゴッフマン』アカデミア出版会：5-29。
Riezler, Kurt, 1941, "Play and Seriousness," Journal of Philosophy, 38 (19) : 505-517.
Roberts, J. M., Arth, M. J. and Bush, R. R., 1959, "Games in culture", American Anthropologist, 59: 579-605.
安川一〔1993〕「ビデオゲーム経験の構造——インタラクションという現実構成」佐藤毅編『現代のエスプリ312　情報化と大衆文化——ビデオゲームとカラオケ』至文堂、25-43。

第13章　アニメミュージックビデオを創作するピア・コミュニティ

伊藤瑞子

米国のファンコンベンションは、ファンやオタクの間で人気がある日本のアニメの上映、彼ら自作の「ファンアート」やコスプレなどのプログラム、「アニメミュージックビデオ（AMV）」のコンテストで構成されている。

米国で開催されるどのファンコンベンションにおいても、AMVのコンテストはほぼ必ず開催される。AMVは、アニメの映像クリップを編集して、それに自ら選曲した楽曲をのせて新たなストーリーを「リミックス」して創りあげられる。サウンドトラックには欧米のポピュラー音楽が用いられることが多い。中には、映画の予告編、TVのワイドショーのやりとりをリミックスの素材にしたりするものもあれば、ファン自身がオリジナルの脚本を手がける場合もある。大きなコンベンションになると、AMVの会場には長蛇の列ができるほどの盛況ぶりである。AMVのコンペ会場では投票用紙が配布され、観客の投票によって大賞作品が決められる。AMVのコンペは、「アクション」「ドラマ」「パロディ」「テクニカル」(＊1)という四部門からなり、AMV制作者はコンベンションに新作をぶつけてくる。リミックスされた映像の内容としては、アニメキャラクターをドラマチックに描くものから、戦闘やアクションもの、ファンダムの活動を自嘲的に面白可笑しく描写するものまで幅広い。大規模コンベンションで放映される映像ともなると、一次審査をくぐり抜け、どれが最優秀賞となってもおかしくないような、何百人何千人ものファンの前で上映されるにふさわしい優秀な作品がずらりとそろう。勝ち抜いた高度な編集技術を持つ映像は、プロの手によるミュージックビデオに比肩し、場合によってはそれを凌駕する。

ここ一〇年の間に、AMVは海外のアニメファンダムの中心的活動としてその地位を確立してきた。主たるコンベンションにおいて受賞することこそが、AMVの制作者にとって最高の到達点とみなされるようになった。受賞者はAMV界における評判を得ると同時に、アニメファンダム全体においても有名になる。このようにしてコミュニティで認められた作品を手がけた人は、規模が拡大しつつあるAMVの中心的な存在としてその名が知れ渡っていく。AMV制作者は「エディタ（editor）」と表記されるが、受賞するような「エリートエディタ」は、新参者のAMVエディタが彼らの作品を改良していく際のインスピレーションを与え、コンペに出展する欲求を刺激する。コンベンションで開催されるAMVコンペとは、AMV界が取り入れてきた互恵的なフィードバックや情報交換、評判システムといった様々なメカニズムの一つである。そこでは、意欲的な新人エディタを招き入れるだけでなく、熟達したエディタの作品を讃える、一つの生態系が生成されていると言えよう。この非商業的でアマチュアベースの実践を見ていくことは、こうした品質の作品が、商業的で、よりフォーマルで、専門化した制作とは大きく異なる社会文化的なロジックにいかに支えられているかを描くことにつながる。

ＡＭＶの生成・流通・視聴を分析することは、今日的なデジタル化／ネットワーク化されたトランスナショナルな（国境をまたいだ）文化の様相を見るためのケーススタディとなるだろう。まず第一に、ＡＭＶとは、米国のファンが自国の音源と日本のヴィジュアルメディアを組み合わせたもので、トランスナショナルな文化的流れを具体的に表現したものである点で興味深い。また、動画制作やネット配信のためのツール、ピア（仲間）ベースのオンラインの学習環境などへのアクセスが容易になった現在、ＡＭＶ界を調査することは、誰もがクリエイティブな作品を手がけられるようになった世界を記述することであると言える。ＡＭＶ界のソーシャルネットワークとヒエラルキーは、ニッチなデジタルメディア系のサブカルチャーと密接につながっている。アマチュアのポピュラーカルチャーを中心に、ＡＭＶ界は極めてアクセスしやすくなってきているのである。新参者に対してもオープンであり、みな、互恵精神やボランティアの倫理によって動いている。一方で、コミュニティにおける「ステイタス（地位）の差異を示す」様々な実践も行っている。つまり、部外者や新参者にとってはわかりにくい「内輪向けの知識」を洗練させていく。このように記すと、新参者と熟練者という二つの層が噛み合っていないようにもみえる。しかし、この二つの層は実際には相互構成的な一体化したコミュニティである。サブカルチャーを他の文化とは異なるニッチなものとして存続させるために差異化の実践を行うことは、アマチュアによるデジタルメディア制作においてよく見られる特徴である。その一方で、コミュニティの核となるエリートエディタらの存在は、より広い一般視聴者や新しいＡＭＶ制作者が流入してくることによって維持されていると言える。

本章では、ＡＭＶエディタ、サポーター、視聴者が、いかに創造的なコミュニティにおいて中心的な存在であるか、または周辺的な存在であるかを表すステイタスと評判を可視化しながらコミュニティを構成するプロセスについて記述していく。歴史的に見て、アマチュアコミュニティやファンコミュニティといった趣味のコミュニティは、プロに比べて開放的でどんな人でも受け入れる。これらのコミュニティのメンバーがデジタル世代に移行してからは、意欲的なクリエイターの参入がさらに増え、その結果、市井の人々にも注目されるようになってきた。AMVは、オンラインメディア特有のオープンな環境とアクセスのしやすさをうまく活用した社会規範やメカニズムを構築してきたアマチュアのクリエイティブコミュニティの一例と言えるだろう。以前のような技術的・経済的な障壁はなくなってきた代わりに、最近では、AMV界のエリートや通な人と、一般の人たちとの社会的な障壁がみられるようになってきた。以下では、まず分析の枠組みと調査手法について言及し、AMVの歴史的背景について概観する。その後、エスノグラフィックなフィールドワークから描かれたAMV界を以下の三つの観点から記述する。(*2) それらは、(1)アマチュアのエートス(倫理)を支えるアクセスと共有のオープン性について、(2)作品に対する鑑識眼(目利き)と差異化のプロセスについて、(3)AMVの中心的存在であるエリートエディタのステイタスと評判の形成過程について、の三点である。

デジタル世代のファン制作

ジョナサン・グレイ(Jonathan Gray)、コーネル・サンドヴォス(Cornel Sandvoss)、C・リー・ハリントン(C. Lee Harrington 2007b)によれば、ファン研究には三つの波がある。第一に八〇年代。この頃のファン研究の基本スタンスは、「ファンダムは美しい"fandom is beautiful"」というものである。この時代は、メインストリームから紋切り型の批判や酷評を受けているサブカルチャーの利点が議論されてきた。その後ファン研究が成熟してくると、支配的な文化の外側に位置し、それに抵抗するファンコミュニティという見方ではなく、むしろ、今日の社会構造やヒエラルキーに埋め込まれているものとしてファンコミュニティを分析することに力点がおかれるようになった。サラ・ソーントンの「サブカルチャー資本」(Sarah Thornton 1996) に関する著作によって指摘されたこの視点は、先のグレイ、サンドヴォス、ハリントンによって「第二の波」として定義づけられ、それ以降、「ファンカルチャーと社会ヒエラルキー」に焦点が当てられるようになった。なお彼らは、ファン研究の第三の波を「ファンダムと近代化」と捉えている。

現代のコミュニケーションと消費において、ファンの消費というものが当たり前になってきたからこそ、批判的な分析や研究が必要となってくる。(Gray, Sandvoss and Harrington 2007: 9)

同じような文脈で、グレイ、サンドヴォス、ハリントンの著書の中で、ヘンリー・ジェンキンス (Jenkins 2007) は、マニアックな消費が一般化してきていることがデジタル世代の特徴だと指摘している。ここ数十年の間に登場した、プロシューマー (prosumers)、コネクター (connectors)、創造的消費者 (inspirational consumers)、マルチプライヤー (multipliers)、リードユーザ (lead users) といった、今日的なネットワーク文化を反映したバズワードはファンの歴史を指し示すとも考えられる。今日においては、ファン活動の重要性や正統性を議論する必要はない。ジェンキンスを援用すれば、むしろ「ファンダムは未来である (“fandom is the future”)」。かつてはマニアックにみられた行動は、メインストリームの消費者にとっても日常化してきているということが次第に認められつつあるということだ。

　ファンの作品がメインストリームになってきて、一般の人の目にも触れるようになると、リミックス動画はファンカルチャーにおいて独特なポジションを占めるようになってきた。以前から、ファンフィクション（同人小説のようなもの）やファンアート（同人イラストのようなもの）は、アマチュアにとって、手の出しやすいものだった。しかし動画となると、かなりハードルが高い。ローレンス・レッシグ（Lawrence Lessig 2008）も著書『リミックス』で述べているように、動画を用いたリミックスについては、現在も、共通の慣習（shared conventions）が発達しつつある黎明期のさなかにある。「テキストで表現することは誰しもが教育を受けてきたけれども、映像制作となると、これまでプロの仕事でしかなかった」（Lessig 2008, 54）。特に、動画のリミックスに関する法的な側面、政策的な側面に関しては、未だ議論中である。ここ一〇年の間に、アマチュアによるリミックス動画は、小規模なファンコミュニティのクリエイターのみが行う限定的で周辺的な実践から、市井の人びとも楽しむようなコンテンツとなった。今日、『ハリーポッター』や『スタートレック』のリミックス動画は、YouTubeなどで広く共有されるようになり、共通言語のようなものとなっている。

　人気のあるリミックス動画はYouTubeで数百万ビューを獲得する。しかしその一方で、排他的でマニアックなファン動画のやりとりをしているニッチなサブカルチャーも存在し続けている。ファンが作るリミックス動画は、未だに「メインストリーム」な作品や消費の感覚とは異なる文化、そしてファンコミュニティならではのインフラと深く関わっている。筆者は、第三の波のファン文化研究が優れていることを認めつつも、ソーントン（Thornton 1996）のクラブ文化に関する研究と第二の波に関する研究が重要であると考える。ソーントンの視座に則れば、単に、メインストリームの商業的な音楽文化に抵抗するディスコースとしてクラブ文化を分析するだけでは物足りない。むしろクラブ文化のようなサブカルチャーは、メインストリームとは異なる独自の文化資本や評判システム、差異化といったものを有しており、それらはメディア制作・流通・取込（uptake）を通して定義されたオルタナティブな価値制度によって構築されていると考える。ファンダムも同様に、特有の評判システムやヒエラルキー、文化資本を持つ。ファンダムに見られる熱狂的なメディア制作者は、メインストリームの商業的な側面とも日常的なメディア利用や消費とも異なる、彼ら自身の文化的世界を形成するメカニズムの中に生きているのである（第11章参照）。

ファンが手がけたリミックス、マッシュアップ、二次創作を多くの人々が目にするようになってきているが、ファンのリミックス動画がメインストリームになってきているとか、商業的な流通を目指していると考えるのは早急にすぎる。二次創作にみられる非商業的な作品は、ホームビデオのような日常的で私的なメディア制作と、商業的なメディア制作との中間に位置する。ＡＭＶの制作や流通、視聴が、商業的なメディアや日常的なメディア生成のいずれとも異なる理由は、ＡＭＶ界特有の会話様式や規範に見出すことができる。そこから考えられるのは、非商業的なアマチュア倫理に立脚しているということだ。ヨハイ・ベンクラー（Benkler 2006）も述べるように、ボランティア精神や共有、非商業的な文化的制作物の経済は昔からの社会的・文化的背景の中にある。プロの制作物の陰にひっそりと隠れていたこれらの非商業的な作品は、新しいネットワーク・メディア、デジタルメディアの隆盛とともに顕在化してきた。これらの非商業的なメディアは、商業的なメディアと区別する特有の社会規範や文化的な指標を保持していることがその特徴である。

事実、デジタル世代にとって、「メインストリーム」の文化や「大衆」文化といった概念は弱まってきている。国をまたいで広く共通に知られているコンテンツがあるが、このようなメディアソースが取り上げられ再構成される方法は極めて多様である。人気コンテンツの消費を通してファンどうしがつながっていくのだが、彼らはこれらの素材を自分たちなりに専有していくことによって、特有のニッチなメディア作品を制作していく。ジェンキンス（Jenkins 2006）は、商業的なメディア文化と、ファンのメディア文化との関係を記述しながら、これら商業的な活動／ファン活動両者の相互構成について言及している。アマチュアのメディア制作は、商業的なメディアにとって代わって生じたわけではない。むしろ、ばらばらだった両者がひとつに合わさっていくような、輻輳的なメディアの生態系を形成してきていると考えられる。かつては、アメリカ文化が様々な国に押し拡げていくという「グローバリゼーション」の時代があった。しかしネットワーク化されたメディアは、グローバルな一体化した文化よりも、文化的にニッチなものの生成をサポートしてきている。

参加型のデジタルメディアにあふれる今日、ニッチな「サブカルチャー的感覚」がどのように維持されているかを記述することが本章の目的である。ソーントン（Thornton 1996）の行ったクラブ文化を対象にした研究を見ると、サブカルチャーは、人気が出てくるとサブカルを捨ててメインストリームに移行してしまったり、お金のためにアイデンティティを「売っちゃう」ことに抵抗しなければならなかったりという様が描かれている。同様に、ＡＭＶにおいてもメインストリームのチャンネルを通してアニメシリーズによりアクセスしやすくなってきたし、著名なリミックス動画なども広く視聴されるようになってきた。そのためＡＭＶは、目利き的な「通」なアニメファンやインサイダーになる水準をあげるよう努めてきた。デジタルネットワークメディアによって、それまで参加を阻害していた技術的・経済的障壁は急速に崩壊してきた。歴史背景の部分で記述するように、ＡＭＶはメインストリームにも注目されるようになり、新しいクリエイターの流入に反応し、インサイダーのステイタスを示すメカニズムを発展させてきた。このようにしてＡＭＶは、一般に向けては包括的な特徴を保持しつつ、そのアニメ消費がしやすくなる状況とは真逆のサブカルチャー・アイデンティティも維持してきた。

本章において、ＡＭＶ界を記述していくことを通して、デジタル世代におけるメディアとファンカルチャーの重要なダイナミクスの理解が開けてくるだろう。こういった研究は、例えば知的財産権（Lessig 2004）、商業文化 commercial culture（Benkler 2006）やイノベーションプロセス（Hippel 2005; Lakhani and Panetta 2007）、組織形態 organizational forms（Shirky 2008）といった社会文化的構造に、どのようにアマチュアメディア文化が挑んでいるかを示すだろう。しかし初期のデジタル文化研究では、新しいネットワーク文化を「フリーカルチャー」として位置づける傾向にもあった。または、彼ら特有の規範や構造からなる文化的形態としてではなく、むしろ、商業文化・商標文化による支配への挑戦といった位置づけで語られることが多かった。アマチュアの非商業的なデジタル文化に特有のインフラや社会的構造、文化的規範を調査する詳細なエスノグラフィックな仕事は、メディアとコミュニケーションのトレンドのこれらの議論の具体的な基盤を提供する。このような視点によって、ファン研究における今日的な議論が明確化する。ＡＭＶに関する筆者の分析の観点は、ファンカルチャーへのアクセス可能性がいかに増すかと同時に、いかに排他的なものになっていくかを記述するところにある。また、いかにこれらの二つのダイナミクスがお互いに依存しあっているかについて記述する点にある。

AMVの誕生と歴史

今日、AMVは海外のアニメファンダムの中心的存在となってきている。しかしその歴史は浅い。AMVは、比較的最近になってファンの実践に加わってきたのである。デジタル動画の編集ツールが入手しやすくなったのは、九〇年代後半になってからのことである。それ以前は、アナログなやり方で編集する他なく、根気が必要な作業であった。AMV界の古参者によれば、八〇年代初頭から米国のファンはAMVの源流となる映像を制作しており、八〇年代後半から九〇年代初期には、AMVクリエイターによるコミュニティが登場していた。日本においては、MADムービーとして、七〇年代後半からアニメファンによるビデオ制作が行われてきた。七〇年代後半といえば、アメリカのテレビファンがリミックス動画の「vids」を作り始めていた（Coppa 2008; Jenkins 1992）（訳者注：vidsとはファンビデオの省略形で、七〇年代からアメリカのテレビ番組を中心にスラッシュ［BL（ボーイズラブ）］系のリミックス動画が制作されてきた）。AMVの制作は、vids、MADなど他のファンビデオとは全く違う道をたどりながら進化してきた。ブラッド・ポナート（Pohnert 2005）によれば、黎明期は「AMVは小人数の「通」が集まるカルト的なメディアであり、AMVのコンテストはすごく狭い部屋で実施されていた」。九〇年代後半になると、クリエイター集団の規模は小さいものの、アニメファンのコンベンションなどでAMVを目にするようになってきた。九〇年代後半からAMVを制作しているEKは、「当時、アメリカのAMVエディタたちはみんな顔見知りだった」と一九九八―一九九九年あたりの様子を述懐している。彼女は郵便でVHSビデオを交換していた。そのネットワークは「当時のファンサブのやりとりと重なる」と述べている。

九〇年代後半になると、エディタたちもデジタルツールを利用しはじめた。そして二〇〇〇年にAnimeMusicVideos.orgがスタートする（ファンは親しみを込めて“the org”と呼んでいる）。サイトの設立前は、ＡＭＶエディタは個々に自前のサイトに動画をアップしていた。the orgは、たちまちＡＭＶエディタたちの中心的な場となり、動画がアップロードされ続け、メンバーどうし、そして視聴者とのコミュニケーションの場となった（LantisEscudo 2008; Pohnert 2005; Springall 2004）。デジタル文化への転換により動画の編集と配信が容易になったことは、ＡＭＶにとっても影響が大きい。デジタルな映像を制作し配信することが日常的になったことで、ファンサブが増えていくとともに、海外のアニメ人口も急上昇していった（Springall 2004）。かつては、ＡＭＶに深く関わっていた大人のファンのみが制作していたが、今日ではより若いエディタも増えて一般化してきている。二〇〇六年に実施したオンライン調査では、映像制作者の大半が一〇代の頃からＡＭＶの制作をはじめていると回答している。リミックス動画は、ファンアート、ファンフィクション、コスプレのような他のファンの創造的な実践の仲間入りを果たしたと言えるだろう。ただし質問紙への回答をみると、編集に関わる技術的資本、参加のためのサブカルチャー的資本などの「障壁」が存在するようである。質問紙回答者のうち、the orgへの積極的な参加者のうち男性は六二%で、女性は三八%である。また回答者の八一%が白人で圧倒的に高い割合を占め、高学歴の家庭の出身であったことも興味深い。(＊3) エディタは、一般的にみて高い技術力を持っており、回答者の九一%が、一三歳までに自分専用のコンピュータを所持している。ＡＭＶの視聴者層は、エディタよりも多様な分布となっている傾向にあるが、エディタコミュニティのコアメンバーは、テクノロジーギークのコミュニティとも重なっており、こちらも多くは高学歴の白人男性で構成されている。

今日、AMVは様々なオンラインサイトに配信され、アニメファンコンベンションのネットワークによってサポートされている。AMVの中心は北アメリカと英国の英語圏のファンダムとコンベンションであるが、ラテンアメリカのような他の地域や、ヨーロッパの他の国々にも文化的に拡散してきている。AMVエディタにとってのオンラインの中心的な場は the org である。一方でAMV視聴者は、より手軽に YouTube や Vimeo でAMVを視聴するようになってきている。このことはAMV界における論争の種でもあり、エディタたちはアニメファンダム以外のひとたちがこういった映像を簡単に目にしてしまうことに憂慮している。the org にアップロードされる動画の数は二〇〇〇年から着々と増加し、二〇〇三年から二〇〇四年にかけて劇的に増加した。しかし YouTube がサービスを始めた二〇〇五年以降、the org への年間アップロード数は徐々に減少し、AMV界の分散化傾向が指摘されてきている。[*4]この創造的な実践に参与する上で高い障壁があり、視聴者も限定的で境界がはっきりしていた頃とは異なり、今日のAMVはより拡散・分散して、アクセスしやすく多様化しているということができる。

ネットワーク化された、オープンな配信の生態系が広がってきたために、アニメファンだけではなく一般の人々にもAMVの視聴が拡がった。それとともに日常的なメディアの生成過程としてリミックス動画が流行ってきたことが、今日のAMVの背景となっている。ここからは、今日的なAMV業界の社会構造について詳述していきたい。オープンで参加型のメディア文化におけるアマチュア倫理の記述からはじめて、その環境のなかで、どのようにメディア通としてのステイタスを作り上げるか、そのプロセスについて概観する。その上で、「エリート」のコアエディタがいかに維持され、認知されるのかについて検討する。

エバンジェリズムとボランタリズム

最近まで、米国において、メインストリームの商業的な流通ルートではアニメを入手することはできなかった。第5章の米国のオタクの歴史でも述べられているように、オンラインでの配信が始まる前、またはケーブルテレビでアニメ視聴ができるようになる前は、アニメクラブや個人的なファンどうしのつながりの中でVHSテープを貸し借りして楽しんでいた。海外のアニメが広がっていくことは、ファン活動に大きく貢献した。そしてファンたちは、自分たちを海外アニメのエバンジェリスト（伝道師）としてみなすようになってきた（第8章参照）。今日でも、海外のファンにアニメを翻訳・配信する活気のあるローカライゼーション企業が存在していながら、ファンの多くは、いまでもある程度アニメにアクセスするために仲間内のファンネットワークに頼っている（第9章参照）。国内のテレビ番組に群がるファンダムとは違って、アニメファンはメディアコンテンツにアクセスして入手する能力それ自体がコミットメントの証であり、「サブカルチャー資本」とみなしている。

AMVクリエイターは、入手しにくいカルトメディアのエバンジェリストであり翻訳者とみなされている。彼らはアニメのインサイダーの知識を持つことで「サブカルチャー資本」を得ており、オリジナルな日本のソースに忠実であろうとするオタク的な倫理を具体的に実践しようとする。同時に彼らは、カルトメディアの翻訳という創造的な作業によって、このインサイダー的な知識を紹介し、より多くの人たちをファンダムへとアクセスしやすくした。AMVクリエイターとの議論において、彼らは自分たちの作品をそのアニメの原作の「広告」だと述べる。例えばイナーシャ（Inertia）は、AnimeMusicVideos.orgに『ワンピース』のAMVとしてアップされている「Sail On」という作品について次のように述べている（このとき、彼は海外ではまだ『ワンピース』は十分認知されていないと考えていた）。

『ワンピース』は長大作のアニメで、斬新な作品だけれども、こちらではまだまだ知られていない。ここ一、二年でやっと米国でも耳にするようになってきた程度……だから、自分のAMVで皆がわかるようにしている;)。拳銃が水鉄砲コルク銃に変えられたり、タバコや血がカットされている米国で市販されているバージョンとは違うオリジナルな映像でね。

「Sail On」というタイトルのAMVは、『ワンピース』をファンサブしているグループにとりあげられて、そのグループの三周年記念の一つとして彼らのサイトでプロモートされた。リミックス動画は、批判的で政治的な作品からマニアックなものまで広範囲に及ぶけれども、一般的なAMVは祝祭的なムードの中で制作されている。エディタたちは、AMVのこの特徴について、なぜオリジナルのクリエイターがAMVの発展を許すべきなのかについてしばしば指摘してきた。AMVエディタのキャロライナ（Carolina）によれば「ファン動画とファンフィクションは最終的に、オリジナルの作品を広く世の中に知れわたらせる、お金のかからない広告みたいなものになりそう。人々はファンの作品のために用いるオリジナルな作品を愛する傾向にあるので、露出させることには好意的です」。このスタンスは私が話したクリエイターすべてが異口同音に述べることだった。

ファンたちは、アマチュアで非商業的なモードにおいて「借用」と「共有」をしていることは、商業的な企業との相乗効果があると認識しているが、その規範と価値とは反対に定義されることもある。多くのＡＭＶ制作者は、彼らがＡＭＶとＡＭＶ界に価値をおくという事実に言及する。アマチュアで、参加型の倫理に埋め込まれているため、いかなる経済的動機もひんしゅくを買うのが明らかであるからだ。ＡＭＶ制作者でコンベンションのオーガナイザーであるダリアス（Darius）は、ＡＭＶは、いかに創造的な実践に関与し始めたり、ピア（仲間うち）を基本とした創造的なコミュニティに入っていくメカニズムとなっているかを次のように述べている。

創造性や技術を教育していくのは、一つの道筋である（…）基本的には、お互いに楽しんで、何か利益を得ようとは考えていない。みんなＡＭＶを売ろうなんて思っていないし。そういうことをする人はいない。基本的にそれは提供して楽しんで見るだけのもの。コミュニティ的な村意識のようなもの。

インタビューしたクリエイターの中には、メディア教育、ゲームデザイン、アニメなどを手がけるローカライゼーション企業のような、関係する職業についているエディターもいたが、皆、ＡＭＶは非商業的なコミュニティであり、プロとしての自身の商業的な活動における成長とは別と考えていた。

このようなボランティア精神は、ＡＭＶ界のインフラ（the org、ＡＭＶの大会、コンベンションでのＡＭＶコーナーなど）を支えるファンの間で最もよく分かる。アニメ大会でのＡＭＶの大会企画者の話を聞くと、オーガナイザーがイベントにつぎ込む時間・努力・経済的資源の量に驚かされる。イベント企画中は仕事以外の時間の全てをイベントの運営にあてているし、イベント中もアクティビティの調整に追われている。企画者は無料のホテルの部屋と食事ぐらいしか与えられない。例えば、スコットアニメ（ScottAnime）は、アニメ大会を組織していたピークの年は、アニメ大会の運営やＡＭＶの大会の企画を年に八、九個やっていたとのことである。ＡＭＶの大会を運営する最初のコンピュータベースのシステムを開発するために貢献したクー（Quu）は、ビデオとコンピュータなどの物理的装置を整備するのと、ＡＭＶの大会と試写会に適したシステムを開発するのに、どれだけの金銭と自身のプログラミング能力を提供したか、そしてそれがＡＭＶ界の新しい標準となったことについて述べている。

the org もボランティアな努力とメンバーの貢献によって支えられている。このサイトはサイト管理者によってプログラムされた多くのモジュールを含んでいる。メンバーは高画質な映像をアップロード／ダウンロードすることができて、映像をランキングすることもコメントを残すこともできる。さらに、ブログに記事を書くこともできれば、大会に関する情報を集めることもできる。加えてこのサイトは、新参者と古参者両方を満足させる、メンバーが生成するコンテンツを提供する。フォーラムが、ＡＭＶとアニメに関するインサイダーの議論や意見の場である一方で、意欲的なエディタをターゲットにして、ＡＭＶをどのように作ったり評価するかの分厚いガイドがあるのも the org の特徴である。エディタにインタビューをすると、大半はＡＭＶ製作に最初に乗り出すときに、いかにガイドが参考になったかについて話してくれた。またエディタは、ＡＭＶに関する質問があるときに、いかに the org のフォーラムを参考にするかについて述べるし、エキスパートが回答してくれるのを当てにしている。経験のあるエディタが自分の専門的知識をオープンな状況で自由に共有することで蓄積されるリソースは、ＡＭＶ制作者の人数の拡張のもととなってきている。

プロの手による映像に対する彼らの接し方とは対照的に、ＡＭＶはとっかかりやすくて自分も作れる気になるメディアだとファンはみている。ファンによるアニメとＡＭＶの評価は、創作の誘発と完全に結びついている。ある熱心なエディタであるスターファイア2258（Starfire2258）は、「（はじめて大会で

AMVをみた後に）すぐに心を動かされて、（1）どうやったら他のすばらしい作品を視ることができるのか（…）（2）AMVで用いられていたクールなアニメを視聴して、（3）自分自身で作るにはどうしたらいいかを調べることにした」と述べている。通常、プロの作った原作アニメを見ると、メディア消費者としての距離を感じてしまうのだが、AMVの視聴者は、はじめてAMVを目にしたとき、「これは自分でも創れるんじゃないか」と思う。例えば、ジペット（Gepetto）はAMVを初めてみたとき、「自分のようなファンによって」作られたと思ったという。

今ではそれほど考えないけれども、当時の私は、すごく短いけどきれいなビデオクリップが自分のようなファンによって作られたという考えに驚いた（…）私は何回か続けざまにそれを視聴した。（…）私は数本のAMVを、コンピュータを夜中つけっぱなしにてダウンロードした。ダウンロードしたAMVは全て大好きで、「私が本当に見たい映像とはどんなものだろうか？」と考え始めた。他にどうやってAMVを手に入れるかもわからなかったので「自分で作ってみよう」と思い至った。

インタビューしたどのエディタも、アニメファンダムに参加する中でAMVの制作をはじめて、自分自身のAMVを作りたいがために映像編集の技術を身につけたと語っている。AMV界に、新参者と古株の職人の洗練された映像が含まれているということは、全体の生態系の重要な構成要素となっている。初心者や才能のないクリエイターを排除するプロの世界と違って、アマチュアの世界は多様な質と才能が多いからこそ活性化する。初心者エディタは、人気のあるジャンルやマッシュアップの模倣からはじめる。AMVの世界にさらにのめり込んだエディタは、より経験のあるエディタの作品をモデルにして、もっと個性的な作品を作ったり、AMVの大会で放映されるような作品を作りたいと強く思うようになる。例えば、エレンディル（Earendil）はAMVを2作品製作していて、大会は意識していたけれども参加していなかった。彼はAMV界で他のエディタとの個人的な関係をもっていなかったが、自分が目標としているビデオのリストを作っていた。

インターネット上の利用案内をダウンロードして、フォーラムへの質問をポストして、試行錯誤の末、エディタは、自主的な学習過程を経てAMVを製作する方法を学習していく。ここ一〇年の間に、AMVやAMVの制作に関する情報が入手しやすくなって、映像編集ツールも身近になってきて、AMVを作る能力はアニメファンダムの広い層に浸透していった。ジェイボーン（Jbone）はデジタル技術がいかにAMV界に「幸福でもあり災いでもある」ものだったかを述べている。「デジタル技術のおかげで、AMVを理解している人がもっと簡単に作業できるようになってきたけど、理解のない人も簡単にAMVを作れるようになった」。筆者がインタビューした人たちのうち、AMV制作の民主化の価値について述べる人もいたが、熟練エディタの中には、いかにこの風潮の中で質の高い仕事を維持し、それを認めるコミュニティの能力を保つかについて悩んでいる人もいた。エクスタイラス（XStylus）は以下のように述べる。

AnimeMusicVideos.orgが登場した頃、参加の障壁は取り除かれはじめた。DVDのリッピング（DVDビデオソフトや音楽CDなどのデジタルデータをパソコンに取り込むこと）ができるようになって、複雑なビデオ装置が必要なくなったし、コンピュータに基本的な動画編集ソフトが標準インストールされた。プレミアの海賊版を手にすると、AMVの一作目を作りはじめる。その多くはリンキンパークの音楽と『ドラゴンボールZ』の映像の組み合わせだった。こうしてAMV界の質の低下が始まったのだと思う。質より量が中心となってしまった。(…)今日、実際には誰もが作品を作ることができて、みんながAMVを作るようになった。無名のエディタの場合、いい作品を作っても、コミュニティに見てもらって認められるのはものすごく難しくなった。

開放性とアクセスしやすいコミュニティの思考と、サブカルチャー資本との間の緊張関係がここで見られる。エクスタイラスは熟達したエディタに共通する決まり文句で、一〇代の少年の間で人気の二つのコンテンツ(『ドラゴンボールZ』とリンキンパーク)を結びつけた、AMVの供給過剰があると述べている。他の熟練エディタのローンウルフ(Lone Wolf)は、数多くのAMV作品を視聴して、「リンキンパークZじゃなきゃ許せるかな」と述べている。リンキンパークZの映像は、メインストリームのケーブルテレビ番組を通してすぐに入手可能なアニメと、より若い層を呼び込むためにAMVエディタの数が拡張したことに伴って起きた質の低下を示す代名詞となっている。初期のAMV界は、比較的年長者のエディター(二〇代)によって特徴づけられていた。平等で、ピア・ベースであり、軽いのりのクリエイターが入りにくい技術的・経済的な障壁があった。今日では、AMV界は、軽いのりのファンには手の届かないところにあるサブカルチャー資本を維持しつつ、新参者も受け入れるようになってきて、内部の区別によって特徴づけられている。

こだわりとサブカルチャー資本

ＡＭＶは新しいアニメを視聴者の目に触れるようにしただけではなく、元の素材を新しい方法や予想外の方法で説明する。ＡＭＶの楽しみのひとつは、他の視聴者が個々のアニメシリーズの経験とどのようにつながっているか、もしくは個別のキャラクターとどのようにつながっているかをみることにある。驚くほど多様なメディア作品を制作することによって、通なこだわりと業界的な批評活動をしながら、ＡＭＶはファンフィクションやファンアートのように、発見された素材を評価し、捉え直す。たくさんのケースで、二次創作を制作するファンは、過小評価された主観性と観点に発言権を与え、大衆的なコンテンツの異なる解釈を提示した。『スタートレック』のファンダムの例でいうと、フランチェスカ・コッパ（Coppa 2008）は、女性のファンは「女性キャラクターの周辺化（疎外化）や置き換え、断片化によって生成された傷をいやすために」メディアテキストの異なる表現を提示すべくfanvids（ファンが作ったビデオ）を用いてきたことを論じている。ＡＭＶは、fanvidコミュニティの大半で明白に批判的なフェミニストによって支配されているわけではないが、日本のメディアをローカルなそれに再構成する海外のファンのユニークな観点と解釈を具体化している。J-popと他の日本の音源を用いたＡＭＶも中にはあるけれども、ほとんどのＡＭＶは欧米の音源と、海外にいる日本のメディアファンの経験や解釈にもとづく文化的マッシュアップで編集されている。

プロのミュージックビデオと同様、視聴者とクリエイターは編集・エフェクト・タイミング・画質において高いクオリティのものを求めている。同時に、アマチュアの非商業的で派生的な作品の場合、人々がAMVの中に求めているものは、プロの作品にてらした基準とは根本的に違う。コッパ（Coppa 2008）がviddingの事例で論じているように、AMVは基本的にはアニメ素材の解釈の形態として作られており、ポップミュージックの世界を説明するためではない。AMVはアニメファンダムから生じた作品であり、音楽のファンダムから出てきたものではないのである。さらに、プロの作品とは異なり、AMVの創作は、ファンコミュニティのコミュニケーションと社会生活の一部となっている。AMVの創作活動の目的の多くは、このファン世界への参加であり、エディタの社会文化的コンテクストから離れてそれ自身のためにメディア作品を作っているのではない。（特に新参者の）クリエイターの多くは、AMV制作のプロセス自体が目的だとみなしているし、作った作品をごく親しい少数の友人で共有しているだろう。AnimeMusicVideos.orgにアップされたAMV作品や、コンベンションで上映されたりするAMVの作品でさえも、不特定のオーディエンスに広めるという意味でのメディア作品であるというよりも、似たようなサブカルチャー的な興味を有している仲間うちのコミュニティの間で共有されるようデザインされている。古くからのアニメファンは、八〇年代から九〇年代初期の米国のアニメファンダムの頃を懐かしむ。その頃はコンテンツも乏しく、ファンダムも小規模だった。

ここ一〇年くらいの間にアニメもAMVもすごく身近になったのだけれども、それでもなお、AMVはアニメファンに、まだそんなに人気を博していない新しいアニメ作品を紹介する重要な役割を担い続けている。AMVのコミュニティ内の広告としての役割は、いかにそれが大衆的なものとサブカルチャー的なステイタスとの間の緊張関係に沿った進路をとっているかを価値付けて評価する点にある。常に人気のある素材を用いて制作されるAMVは、ファンベースで配信されるだろうが、人気のないアニメ素材を利用したAMVは、新しいオーディエンスを導く役割をとると強く主張する。エディタの中でも特にＡＭＶ界のコアとなるような人たちは、米国のテレビ放送網で既に取り上げられているようなアニメではなく、まだ一般には知られていない、奥が深いアニメを重視している。ＡＭＶ界の古株であるダリアスは、八〇年代や九〇年代初頭の古典的なアニメで作られているＡＭＶを専門にしている。彼は、コンベンションで目にする今日の大半のＡＭＶは、今日の一般的なアニメから作られていると嘆く。「もっといろいろなアニメがあるのに（…）そのときに一番はやっているものだけをＡＭＶにするべきではないと思う。昔のアニメをみんなにみてもらいたいと思っているし、価値を伝えたい」

熟練エディタは、ありふれたテーマ設定を明らかに避けるだろうし、あまりに一般向けのアニメ素材や音楽でＡＭＶを構成する新参者のエディタを非難するだろう。例えば、マーシー・キリングズ（Mercy Killings）は、彼がインターネット上で視たＡＭＶの多くが低クオリティだったので、それが編集をはじめる動機となったと言う。「目にしたＡＭＶはくずだったし、しかもどれも似たようなものばかりで苛々した。全てが『ナルト』を基にした作品だったり、『ドラゴンボールＺ』だったり、みんながリンキンパークを使っていたり」。インタビューに応じたエディタの一人は、彼が『ドラゴンボールＺ』の映像でＡＭＶを作り始めたとき、すぐに他のエディタからそんな一般的なアニメを使うなとお灸を据えられたと述べている。

一度試そうと思って、『ドラゴンボールＺ』にして、音楽をつけて編集してみてアップしてみたんだ。そしたらすぐにひとりの人が、いいね、すごい編集だと思うし、好きだけど、でも『ドラゴンボールＺ』なんだねって言うんだ。一体なんで『ドラゴンボール』にしたの？　好きな人いないよ。クリエイティブじゃないよ。彼らは、アニメがあまりに人気のものだと、クリエイティブじゃないって言われて。こういうことはしょっちゅうおこるんだ。まだ人気のでていないアニメを探しているような人だからね。彼らはそういったマニアックな話題に詳しいし。彼らはアニメについて英語で語ろうとしないしね。でも、アニメのコンベンションでは、みんなが愛情にあふれて、そういう細かいことは言わない。ただみんなアニメを愛しているんだよ。（マニオンのインタビューによる）

「ただみんなアニメを愛しているんだよ」という他のファンにも通ずる集合的な熱狂と、内部情報に詳しかったり、他の人があまり知らないアニメや日本語の知識といったサブカルチャー資本を追いかけたりといった目利きの「エリート」との、コミュニティにおける緊張関係について彼は述べている。コミュニティで定評のあるエディタでさえ、一般的なアニメ素材を用いるとその人気を急激に失う。イナーシャは、みんな自分の映像に批判的だったのは、一般向けのアニメシリーズを使ってＡＭＶを作ったからだろうと述べている。『ナルト』の映像と、映画『マトリックス』の予告編の音声をあわせた彼のＡＭＶ作品は、世界各国で再生され、いくつかの著名な賞を受賞もしている。同時に、「the Narutrix（『ナルト』＋『マトリックス』）」は、すごく人気がでたけれども、コアな人々からは厳しい反発がでた。大衆的な評判に迎合する人に向けるような批判であった」。同様に、大きなアニメコンベンションであるアニメエキスポ（Anime Expo）２００７のＡＭＶ会場で、『ナルト』の映像を用いた作品について、企画者はダニエル（Daniel（エディタ））の作品を讃え、「普段はNarutard（ナルタード）のＡＭＶは見ないんだけど、このビデオは釘付けになる」（スワンタナポンチエドのフィールドノートより）と述べている。(*5)

目利きとしての実践を特徴づける管理人とＡＭＶエディタのこの傾向は、他のファンダムに参加した人々にも見出せるものである。ＡＭＶの制作にちょっと手をだした程度でＡＭＶ制作者との付き合いのないコウジロウ（Kohjiroh）は、「ほとんどみんなくそ野郎だ」と考えている。彼はファンダムへの参加の仕方で細分化される「アニメコンベンションコミュニティの中でのヒエラルキー」について述べている。「コスプレイヤーはセレブのような扱いを受けて、ＡＭＶクリエイターは博士とみなされ、コンベンションに行くだけの人は一般人とみなされる」。言い換えれば、ＡＭＶ制作者は、エリートで通なファンとして知られていて、彼らが作る映像は一般にも知られている。この専門家のステイタスは、中心から外れたエリート主義者とみなされうるが、視聴者とのめりこむエディタをくっつけるものとして機能するサブカルチャー資本とステイタスの基となりうる。有名なエディタのアブソリュート・デスティニィ（Absolute Destiny）は、「あるコミュニティがリアルなコミュニティになるときのポイントは、そのコミュニティのセレクションがエリート主義的であることが非難されるときだ」と述べている。

承認とステイタス

ソーントン（Thornton 1996）がクラブ文化について記述しているように、サブカルチャー資本とステイタスを維持することは、差異化のプロセスを経る。サブカルチャーの参与者は、自分たちの実践をメインストリームから区別しなければならないし、サブカルチャー界の中でのヒエラルキーを獲得しなければならない。アニメファンが取引するサブカルチャー資本は、ソーントンが記述したようなクラブ文化とは大きく異なるけれども、差異化のプロセスは類似している。アニメファンダムの中で、ＡＭＶエディタのコミュニティは通好みの制作者であり、目利きとしてのポジションを得てきた。さらに、ＡＭＶエディタそれぞれのコミュニティの中で、地位・評判・差異を生成する多様なフォーマル／インフォーマルなメカニズムがそこには存在する。これらのメカニズムはAMVがより一般化して身近な実践になった際に急速に増大する。組織化された評価水準と選択プロセスがあるプロの世界と違って、アマチュアの創造的なコミュニティは、評判と地位を作りあげるために分散的なメカニズムに頼る必要がある。

AMVの評価やランキングといったフォーマルなメカニズムは、コンベンションやインターネット上の公式のコンテストとともに、オンラインサイトにおける様々なフィードバックやランキングのメカニズムを含んでいる。AnimeMusicVideos.org は、二〇〇〇年に立ち上げられてすぐに、互いに映像を集めて共有し、コメントしあうためのAMV界のメンバーの中心的なサイトになった。このサイトが発展すると、サイト管理者は動画にコメントしたり、動画をランク付けすることができるようになり、知名度を競えるようになった。例えば、視聴者がサイトから動画をダウンロードした際、自動的に、その動画を5段階で評価するよう求められる。視聴者は動画に対するより詳細なコメントを書くこともできるし、お気に入りに加えることもできるようになった。こういった指標によって、様々な「人気の動画」がひとまとまりになり、サイトで目につきやすい場所におかれるようになった。このサイトは、相互のやりとりの中で誰かの動画にコメントがつくというフィードバックの交換の場となった。さらに年に一度オンライン上のAMVのコンテストを主催したり、主要なコンベンションのコンテストの受賞作品のリストも集めたりしている。AMV界の裾野が広がるにつれ、この種のランキングシステムはより重要なものとなってきた。ジェイボーンいわく、「低俗な嗜好はいつも存在しているけど、どうやらみんな、パブリックビューのために臆することなく大衆にうける作品を送るようになってきているようだ」。多くの優秀なクリエイターは、彼らのエディターネットワークやAMVのコンペを通して自分が観るビデオを選択している。

ＡＭＶのランキングや評価は、ＡＭＶ界の構造とヒエラルキーにも埋め込まれている。ＡＭＶコミュニティでは、評判を得るために、様々なインフォーマルでピアベースの活動をする。アブソリュート・デスティニィは、編集者が新参レベルからＡＭＶ業界でのより中心的な役割を担うようになるまでの軌跡を描いている。エリート編集者になることは、業界における社会的接点が増えることと、質の高い仕事をすること、その両方を意味している。

何かを創っては友達数人に見せてという状況から脱する必要がある。オンラインで仲間ができるようになったら、the org にアップロードしてみたりする。もしくは、コンペに参加することができるようになる。次のレベルは、大きなコンベンションに参加して他のＡＭＶ制作者と交流をもつ決心をすること。大きなＡＭＶのコンベンションは互いの映像について語る場であるので、映像作品は、実はＡＭＶ制作者の間での会話によって成り立っているということを理解し始めるだろう。ただ映像をダウンロードしているだけだと、その理解まではいかない。そして、コンベンションでの私的な交流やインスタント・メッセンジャーでのエディタどうしの会話を反映して、新しい映像が結実する。

彼は、初めてオンラインの活動に参加したときに『Shameless Rock Video』でどう評判を得たかについて述べている。まずはオンラインに参加して他のエディタに知られるようになってからアッと言わせるような作品をリリースし、やがてＡＭＶのコンペで受賞するに至るまでの道のりについて言及している。彼は、他のエディタとの社会的なつながりがあることが、最初に動画を見てもらうきっかけになると言う。

たとえ、それが君の動画のためではなく、コミュニティにおける参加のためだとしても、知名度を得ていることはあなたの存在感を高めてくれるだろう（…）多くの動画が制作されてきているので、みんなに知られるようになるのは信じられないほど難しくなってきてるんだ。

コンベンション界の一員、またはコアなエリート集団のメンバーになっていかないようにするエディタもいるが、彼らはオンラインの参加や貢献を通して評判を得ている。

内輪集団のエディタは、社会的なつながりを共有し、協力する。彼らは、公的なＡＭＶフォーラムやthe org や Yahoo! チャンネルやＩＲＣ（Internet relay chat）ではないプライベートなコミュニケーションでのフィードバックや批判を仲間内でかわしている。例えばドキドキ（dokidoki）は、彼がつくったビデオについて、他のエディタから貴重なフィードバックを得たと述べている。このコミュニケーションは、インスタントメッセンジャーやメールでなされている。エディタの内輪集団のメンバーたちにとって、コミュニティは九〇年代後半のＡＭＶ界と似たようなやり方で維持されている。エディタたちは、個人的に知り合いで、頻繁にコンタクトをとり、フィードバックやコメントをしあい、彼らの作品をよりよくするのを手助けしている。よいエディタたちの多くは、ＡＭＶのコンペやイベント、評価の組織に関与していて、新参者と中心的な人々それぞれの議論において、ＡＭＶ界の評判を得ている人とみなされる。ＡＭＶ界への社会的貢献のため、そして彼らの仕事が認められるようになることによって、エリートエディタはステイタスを得ることができる。名声を得るにはいろいろあるが、制作した動画がコンベンションの受賞作品か否か、ＡＭＶ界にいる期間、コンベンションやオンラインフォーラムで社会的に活動しているか否か、といったことが重要な要因となる。大規模で協同的なエディティングのプロジェクト『AMV Hell』の調整役のひとりであるアラン・クロンズ（Alan Clontz）は、いかに「コミュニティが自分の好きなものであるか」について述べている。「他の人たちが僕の動画を見ているということよりも、他のクリエイターと話すことが楽しいんだ」。彼は、特に他のクリエイターたちとの集合体として自身のコミュニティをみていて、彼のAMV作品の広いオーディエンスはそこには含まれていない。AMV界でもエリートの地位になると、彼らはファンダムよりもエディタどうしのよりコアな社会的コミュニティとの関係に向かう傾向にある。

AMVエディタの制作にはインスピレーション・創造性・労働量も必要だが、ほとんどのエディタは、クリエイティブなコミュニティの中でのソーシャルサポートの重要性を認めている。オリジナルでクリエイティブな仕事をつくりあげているものは、AMVの映像についての様々な解釈の中にのみ理解することができる。AMV界での経験が乏しい新しいエディタが、『Linkin Park Z』の映像を新鮮だと考える一方で、より洗練されたエディタたちは、技術や解釈のスキルをほとんど必要としない、よくある焼き直しの映像として受け止めるだろう。高評価を得る映像の多くは、見慣れない映像対象に独特の解釈をまぜあわせてくる。たとえば、E-Koの『Tainted Donuts』は、二つの異なるアニメシリーズからキャラクターやシーンを違和感なくつなげてストーリーをつくった最初の作品として人気である。新しい技術や新しいジャンルを発展させるイノベーションとなったとして評価されている映像もある。例えば、ケヴィン・コードウェル（Kevin Caldwell）の『Engel』は、吹き替えとタイミングの水準を引き上げたとされるし、スコーピオン・アンリミティッド（Scorpion Unlimited）の『Whisper of the Beast』は、AMVのデジタル効果の利用における新しい標準を形成したとされる。最も高く評価される映像は、AM

Vコミュニティそれ自体に関する内輪的視点が多いもの、コミュニティの「メタ」な解釈、またクリエイティブな編集プロセスによるものも多い。ドキドキの『Right Now』は、今なお多くのファンの間で人気があるが、それはファンダムで共有された多くのことがらを含んでいるからである。ＥＫの『Failed Experiments』は、ＡＭＶエディタとしての彼女自身の経験をパロディ化した作品であり、ＡＭＶ界での古典のひとつに数えられる。同様に、エクスタイラスの『A Total Waste of 6 min 35 sec』は、ＡＭＶエディタがやってしまうよくあるミスを笑いに変換した作品であり、アニメエキスポ２００２で上映されたときには拍手喝采を浴びた。

ＡＭＶ界が成熟するのに伴って、エリートエディタやＡＭＶ受賞者と新参エディタとの距離が拡大しつつある。そのような優劣の差異が増してくるとともに、クオリティと技術の発達も進んでいる。いまだに中心となるコアなエディタどうしの関係は近く、ピアベースのコミュニティ特有の分かち合いと互恵性に溢れているが、その仲間に入っていない人たちは距離感を覚えることもある。プロ並みの作品を手がけるエディタは、コンベンションなどにおいてセレブのような存在である。そのようなエディタにはファンがついており、この状況はアマチュアと趣味文化にみられる平等主義的な価値観との間に少し緊張状態を生むことになる。ファンセレブとファンもみな同等であるということに違和感を覚える人もいるだろう。例えばジェイボーンは、エディタ仲間が、前述したように若いファンの間でもてはやされていることについて、以下のように述べている。「僕の場合はファンセレブじゃないから、そういうキャーキャー言う女子高生がまとわりついていないことはいいことだと思う。でも、そういう人もいるよね。キャーキャー言われている仲間もいるよ」。彼は、以前参加したコンベンションでの「きもオタ(creepy fanboy)」とのぎくしゃくしたやりとりについても話し続けた。

すごい作品をつくったエディタにコンベンションで初めて会うと、最初はミーハーな気持ちで接してしまうファンもいるけど、でも五分後には普通の関係になる。五分過ぎても「お前はすごい」「お前はすごい」と言われ続けるようだと、少しきもい。ぼくらは同じファンどうしじゃんって気持ちにならないといけない。

有名エディタは、一般的なエディタと単なる視聴者よりはステイタスが高い。しかし、ファンダムの全体を取り巻く雰囲気としては、みんな平等にみえるような文化となっている。エリートエディタやステイタスは明確に存在するのだが、全体的には、新しい人でも誰でも歓迎する雰囲気があり、エリートファンであっても声をかけられたら返事をするという互恵的な関係が期待されている。このように、オープンで非商業的な価値観を楽しみながら、クオリティの高い作品が産出され、それがステイタスや評価を得ていくということは、デジタルネットワークの時代にうまく乗り移れたアマチュアのクリエイティブコミュニティの事例として重要である。

結語

今日のAMV界は、ネットワークメディアによるオープンな環境を利用しつつ、AMV界のコアなリーダーシップが明確になるようなステイタスと評判の構築システムも用いているからこそ、多様性と凝集性の両立が可能となっている。AMV界が実はエリート主義的であるとか、排他的なコミュニティであると述べるために、ヒエラルキーや評判／ステイタスの構築の多様な形態を記述してきたわけではない。そうではなく、オープンで民主的な参加方式とメディア制作の質を保つために、アマチュアのクリエイティブコミュニティは、新参者と優れたエディタとを区別しながらも質の高い創造的な作品を評価するピアベースのプロセスを用いる必要があるということが議論のポイントとなる。ＡＭＶ界は、たくさんの若いクリエイターをビデオエディティングの実践に招いて、愉しく、参与しやすい文化をつくってきた。これはクリエイティブコミュニティの成功例であると言えるだろう。と同時にこのコミュニティは、高いスキルで傑作を生むべく努力する人たちにハイライトをあて、彼らに敬意を払うやり方もつくってきた。本稿では、「一般」の参加者と「エリート」の間にある程度の緊張関係は生じるけれども、この両者は互いに協力的な関係で成り立っているということを議論してきた。この多様性とヒエラルキーを保ちながら、アマチュアで非商業的で、ネットワーク化された創造的実践としてのＡＭＶ界は健全に発展してきた。

ＡＭＶ界には、新しい参加者のための多様な参加のレベルがあり、ほんの少数がエリート集団にたどり着く仕組みになっている。この参加と創造がうまく機能している他のオンラインのプラットフォームを見ても、同様の構成がみられる。最初は新参者が入りやすいように敷居を低くし、様々な参加のモチベーションに報いる仕組みにする必要がある（Lakhani 2008; Lakhani and Panetta 2007）。新しい参加者は経験のあるエディタから学べるし、優れたエディタは、評価される。成員のすべてがこのソーシャルなインタラクションから利を得て、楽しみながら創造している。このバランスを保つことによって、ＡＭＶ界はクオリティが高い作品を生み続け、ビデオエディティングのイノベーションも実現できている。

より多くのクリエイティブで趣味的なコミュニティがデジタルネットワーク化されるにつれ、オープンで大衆的な傾向とサブカルチャー的な差別化のプロセスの間の緊張関係は、文化的な場面における永続的な特徴となっていくだろう。ＡＭＶ界の、非商業的な、アマチュアでピアベースの制作活動は、オープンな参加やアクセスを促すモデルによって活性化されるが、上述した評判やステイタスの向上、リーダーシップの評価、多様な参加のプロセス、こういったこともＡＭＶ界には重要である。コアなエリート・競争・評価といったシステムを維持していくことは、よりコミットするクリエイターのためには、高いレベルと創造性に向かわせる重要なメカニズムである。プロの場合は、報奨金やフォーマルな制度的構造に動かされるが、アニメコンベンションの場合には、これらとは異なる動機と報酬が認められる。運営者とサイト管理者、エディタが、ＡＭＶをサポートするために、金銭的な利益とは異なって自分の時間とお金をかけて、趣味としてＡＭＶを支えている。そして参加によって得られる価値もまた多様で、コミュニティ参加、評価、創造の楽しみと通な楽しみ方、これらが複雑に混ざり合って形成されているのである。

【謝辞】

まず何よりも、筆者とリサーチチームのインタビューにご協力くださった全てのＡＭＶエディタに感謝いたします。中でも筆者がＡＭＶ界にのめり込むきっかけとなった最初のビデオフェスタでのジョナサン・カリナイン（Jonathan Cullinane（Intertia））の作品とキュレーションには、感謝しています。ＡＭＶコミュニティの氷山の一角に過ぎない筆者は、ティム・パーク（Tim Park（dokidoki））の辛抱強いガイド、上手なユーモア、豊富な知識なくして、どこにも行き着くことはできなかったと思います。この研究は、マッカーサー基金（John D. and Catherine T. MacArthur Foundation）と南カリフォルニア大学のアネンバーグ・コミュニケーションセンター（the Annenberg Center for Communication）からの研究基金を得て実現しました。レイチェル・コーディー（Rachel Cody）、レネイ・サイトウ（Renee Saito）、アニー・マニオン（Annie Manion）、ブレンダン・カラム（Brendan Callum）、ジュディ・スワタナポンチェド（Judy Suwatanapongched）には、研究アシスタントとして仕事をしていただきました。彼らがいなければ、筆者のアニメファンダムの知識は貧困なままであったでしょうし、コンベンションも楽しむことができなかったと思います。また、ベッキー・ヘルスティーブンスン（Becky Herr-Stephenson）には、AMVクリエイターたちから得たデータの整理を補助してもらいました。ジェニファー・アーバン（Jennifer Urban）とのコラボレーションや対話を通して、この論考が深まりました。

【注】

＊1　テクニカルとは、映像効果や編集技術がふんだんに盛り込まれた作品群のことである。

＊2　本章は二〇〇六年と二〇〇七年のAMV界におけるエスノグラフィックなフィールドワークに基づいている。インタビュー、オンラインの観察、ロサンゼルス、サンノゼ、アトランタのコンベンションにおける観察からなる。この章は主に二三人のAMVエディタへのインタビューに基づいている。筆者は、大学院生と学部生からなる調査チームのリーダーで、メンバーにはレイチェル・コーディー（Rachel Cody）、アニー・マニオン（Annie Manion）、レネイ・サイトウ（Renee Saito）、ブレンダン・カラム（Brendan Callum）、ジュディ・スワタナポンチェド（Judy Suwatanapongched）がいる。本研究の共同研究者ジェニファー・アーバン（Jennifer Urban）もフィールドワークに参加している。筆者以外がインタビューに臨んだ場合は、その調査者の名前が記されている。本稿は海外のアニメファンの広範囲にわたる調査に基づいており、エディタへのインタビューに加えて、カジュアルにコンベンションに参加するだけの人からファンフィクションライター、コンベンションのオーガナイザー、ファンサバー、コスプレイヤー、ファンアーティストなどといった、アニメファン界になんらかの形で関わる四二人のファンたちにもインタビュ

ーしている。これらの広範囲のファンインタビューは、より焦点化されたAMV制作者のケーススタディを文脈化してくれた。また筆者らは、二〇〇六年秋にAMVエディタ向けのオンライン質問紙を実施している。そこでは、基本的な背景情報や属性と、どのようにAMVを制作しているか、またコンベンションやオンラインのAMV界にどのように参加しているかについての詳細を聞いている。質問紙は、AnimeMusicVideos.org 上で依頼しており、有効回答数は二七七である。

＊3 母親の学歴については、四三%が大卒程度で、二二%が大学院卒程度である。父親は、三七%が大卒程度で、二六%が大学院卒程度である。

＊4 この数値は、the org のサイト管理者であるティム・パーク（Tim Park）との私信によるものであり、二〇〇〇年から二〇〇八年までの各年、the org の「プレミア」カテゴリの動画数である。

＊5 オンラインの Urban Dictionary には次のように記載されている。「Narutard はアニメ作品『ナルト』のオタクファンを蔑視する用語である。それは naruto と retard（知的障害）をあわせた言葉である。この用語は、アメリカにおいてアニメがポピュラーになりはじめた二〇〇四年初頭にあらわれたが、（カルト的熱心さに近いほど）盲目的に作品に捧げるナルトファンの行動を特徴づけている。彼らの行動はかなりばかげていて、知的障害があるのではないかと思うほどである」

【参考文献】

Benkler, Yochai, 2006, The Wealth of Networks: How Social Production Transforms Markets and Freedom, New Haven, CT: Yale University Press.

Coppa, Francesca. 2008. Women, Star Trek, and the early development of fannish vidding. Transformative Works and Cultures 1, (retrieved August 14, 2010, http:// journal .transformativeworks . org/ index .php/ twc/ article/ view/ 44/ 64).

Gray, Jonathan, Cornel Sandvoss, and C. Lee Harrington, eds., 2007a, Fandom: Identities and Communities in a Mediated World,

New York: NYU Press.

Hippel, E. V., 2005, Democratizing innovation, Cambridge, MA: MIT Press.

Jenkins, Henry,1992, Textual Poachers: Television Fans and Participatory Culture, New York: Routledge.

———, 2006, Convergence Culture: Where Old and New Media Collide, New York: New York University Press.

———, 2007, The Future of Fandom, In Fandom: Identities and Communities in a Mediated World, J. Gray, C. Sandvoss, and C.L. Harrington, eds.,357-364, New York: NYU Press.

Lakhani, Karim R. 2008. InnoCentive.com. Harvard Bussiness School Case 608-016. Cambridge, MA: Harvard Bussiness.

Lakhani, Karim R., and Jill A. Panetta, 2007, The principles of distributed innovation, Innovations: Technology, Governance, Globalization 2（3）: 97-112.

LantisEscudo, 2008, "The History of the org." animemusicvideos.org,（retrieved August 14, 2010, http://www.animemusicvideos.org/forum/viewtopic.php?f=2&t=91946&start=8）.

Lessig, Lawrence, 2004, Free Culture: How Big Media Uses Technology and the Law to Lock Down Culture and Control Creativity, New York: Penguin Press.

———, 2008, Remix: Making Art and Commerce Thrive in the Hybrid Economy, New York: Penguin Press.

Manion, Annie. 2005. Discovering Japan: Anime and learning Japanese culture. Master's thesis, University of Southen California, Los Angeles, CA.（retrieved June 9, 2010, http://www.chanpon.org/archive/manionthesis.pdf）.

Pohnert, Vlad G., 2005, "History of AMV", animemusicvideos.org,（Retrieved August 14, 2010, http://www.animemusicvideos.org/forum/viewtopic.php?f=2&t=44607&start=14）.

Shirky, Clay, 2008, Here Comes Everybody: The Power of Organizing Without Organizations, New York: Penguin Press.

Springall, Dana, 2004, Popular Music Meets Japanese Cartoons: A History of the Evolution of Anime Music Videos, Undergraduate thesis, Samford University, Birmingham, AL,（Retrieved August 14, 2010, http://www. doki.ca/tmp/AMVThesis.doc）.

Thornton, Sarah, 1996, Club Cultures: Music Media and Subcultural Capital, Middletown, CT: Wesleyan Press.

Urban Dictionary,2005, "Narutard." (retrieved July 7, 2009, http://narutard.urbanup.com/1281292).

最終章　オタクの「出現」から三〇年で理解は進んだか？

宮台真司

――オタク・コンテンツの多様化・一般化が進むなかで、オタク自体も、以前ほど特別視されなくなってきました。市場規模も拡大し、これに目をつけた経産省が「クール・ジャパン」なる産業政策を実施し、種々の事業展開がなされています。しかし、そこでの支援策はどこか表層的で、じつはオタクの本質が理解できていないのではないか、という疑念が拭えません。

そもそも、オタクに対するオリエンタリズムな眼差しが、いまだ乗り越えられていないのかもしれない。そこでお尋ねしたいのですが、日本国内におけるそうした眼差しと、日本に対する米国のそうした眼差しそれぞれについて、その超克が可能かどうか、お聞かせいただけないでしょうか。

宮台　結論から言えば、オタクの理解が進んでいるとは思えません。他方、オタクに対するオリエンタリズムな眼差しは、少なくとも国内については越えられています。国外についても時間の問題でしょう。

まず、読者の便宜のために、言葉の確認から始めてみます。

マニアとオタクとどこが違うか。これは「キリスト教やイスラム教のような既成宗教とオウム真理教のようなカルトはどこが違うか」という宗教社会学的問題の応用です。答えは同じです。市民社会との両立可能性が疑われるものが、オタクであり、カルトなのです。

次に、オタク誕生の社会的文脈を確認します。オタクの誕生は、日本のサブカルで繰り返されてきた、いわゆる〈埋め合わせ〉として理解できます。ここでの〈埋め合わせ〉とは、ヨアヒム・リッターの〈埋め合わせ〉でなく、ジークムント・フロイトのそれです。

リッターの〈埋め合わせ〉とは、直前の時代に日常だったものが自明でなくなり、新たな日常に全てが覆われた段階で、その日常の破れ目として——非日常として——前時代に日常だったものが、肯定的に表象されることです。「風景」や「自然」がそれに当たります。

フロイトの〈埋め合わせ〉は「補償」とも訳される神経症のメカニズムで、抑圧された欲動が別の意外な形をとって表れることです。ここではフロイトの心理学的な〈埋め合わせ〉概念が重要ですが、リッターの文化的〈埋め合わせ〉概念とも無関係ではありません。

オタク誕生前夜

戦間期にもフロイト的〈埋め合わせ〉を見出せますが、敗戦後に限れば、まず一九六〇年代末が注目されます。それに先立つ一九五五年に「大人から理解できない存在」としての〈若者〉概念が登場します。当初は無軌道・暴走・反抗等で表象される〈否定的若者〉でした。

それが、一九六四年の東京五輪や一九六五年のビートルズ来日を境に〈肯定的若者〉に変じます。

［音楽やアートの好み＝ポップカルチャー］［良き社会の理念＝反戦平和］［良き性愛の理念＝フリーセックス］等、大人とは異なるオルタナティブな価値を体現するのです。

ところが、問題は性愛でした。加納典明ら写真家が「奔放な性」を主題にし、若松孝二らが従来のドカタならざる予備校生や大学生を対象とした「ピンク映画」を撮り、「フリーセックス」「同棲」などの言葉が流行ったのが、一九六八年から六九年にかけてのことです。

実態とは別に、メディアが性に席巻された格好です。一九七〇年代に入ると女性メディアに波及し、性を前面に掲げた『微笑』が一九七〇年に創刊、ティーン向けGS&ファッション誌『セブンティーン』（一九六八年創刊）が一九七一年から「高校生妊娠モノ」の連載を始めます。

そこで、マートンの言う「機会のアノミー」に陥ったのが、小学校高学年から高校生までの女の子たち。彼女たちが飛びついたのが一九七三年から始まった「おとめちっくマンガ」でした。陸奥A子、田渕由美子、太刀掛秀子等が、『りぼん』誌上で作り出した流れです。

友人たちは男の子たちとデート。でも私はドジだし可愛くない。だから大好きな男の子もきっと振り向いてくれない。そんな私が好きなのは、〝白いお城と花咲く野原〟。「今日はいい天気だから、バスケットにサンドイッチをいれて、お花畑にピクニック」みたいな。

実際にはピクニックに出かけない。〈性的にダメな私〉が、ヨーロピアンでロマンチックな〈繭〉に籠もるだけです。抽象的に言えば〈虚構の充実による、現実の不全の埋め合わせ〉。実はこれが一〇年後に顕在化することになるオタク的な〈世界解釈〉の萌芽でした。

ちなみにオタク系の〈世界解釈〉の特徴は、〈虚構の現実化（異世界化）〉という形式です。これは、ナンパ系の特徴が〈現実の虚構化（演出化）〉の形式であるのと対照的です。性的現実から自分を切り離して〈繭〉に籠もる「おとめちっく」は、実はオタク的です。

でも「おとめちっく」は直接オタク系コンテンツのルーツにならず、別方向に進化します。ヨーロピアンでロマンチックな〈繭〉から、アメリカンでキュートな〈プロトコル〉へ。一九七七年に丸文字が〈交換日記からラブホテル落書帳へ〉と変化したのが象徴的でした。

ナンパ系とオタク系への分岐——性と舞台装置の時代

実際「おとめちっく」は四年しか続かず、七七年からは「〈私としての私〉が剝き出しにならないよう〈可愛いツール＝プロトコル〉で武装しつつ性愛に乗り出すモード」が拡大します。それに男子側も対応して、七七年秋に『ポパイ』がデートマニュアル化しました。

七七年は〈性と舞台装置の時代〉の始まりです。女子の〈ロマンチックからキュートへ〉。男子の〈カタログからマニュアルへ〉。カタログというのは、植草甚一編集『宝島』のような、「これを手に街を歩けばワンダーランドに早変わり」という拡張現実（AR）ツールのこと。

これも後から振り返ると〈現実の虚構化（演出化）〉ツールで、後のナンパ系的な作法の萌芽だったと言えます。でも、こうしたカタログ誌（七〇年半ばには『宝島』や初期『ポパイ』はこう呼ばれていた）も、直接ナンパ系的作法のルーツになったわけではありません。

ルーツになったのは「おとめちっく」です。元々は現実を忘れる〈虚構の現実化〉ツールだったのが、〈ロマンチックからキュートへ〉の流れで、現実に乗り出す〈現実の虚構化〉ツールに変じた。〈虚構の現実化〉と〈現実の虚構化〉が「カワイイ」という同じツールを使えたということです。

さて、ナンパ系関連アイテムを列挙すると、湘南サーファーブーム、ディスコブーム、テニスブーム、カーステレオブーム、渋谷公園通りブーム、原宿ホコ天ブーム、ペンションブーム。なお八一年からは女子専門学生や女子大生が働くニュー風俗もブームになります。

七七年から現実とメディアを席巻した〈性と舞台装置の時代〉。いつの時代も性愛ブームの席巻による〈排除〉が問題化します。〈性と舞台装置の時代〉モードから〈排除〉された人々が集ったのが、劇場版『宇宙戦艦ヤマト』ブームと、それに伴う一連の雑誌でした。

奇しくも『ヤマト』ブームが七七年。以降『ＯＵＴ』『アニメージュ』『ファンロード』が立て続けに創刊。七九年からは、その二年前に始まったコミックマーケットが高橋留美子人気を支えにブームになります。そして八三年に中森明夫の雑誌連載での「おたく」の命名……。

つまり、八〇年代初頭には既に、〈性と舞台装置の時代〉に乗れるナンパ系と、乗れないオタク系という対立が一部で顕在化していました。ただし『サブカルチャー神話解体』に述べた通り、僕の世代が高校生だった七六年まで、原オタク系と原ナンパ系が実は同一集団だったのです。

『サブカル神話』ではこの〈原オタク系＝原ナンパ系〉がナンパ系とオタク系に分化するプロセスを〈ＳＦ同好会からアニメ同好会へ〉というエピソードに書き留めました。七四年高校進学世代の僕ら世代と、七五年高校進学世代との間に、大きな分水嶺があったのです。

ナンパ系は〈現実の虚構化（演出化）〉に勤しみデートスポットに集う。オタク系は〈虚構の現実化（異世界化）〉に勤しみ漫画書店に集う。中森明夫の差別的記述が示すように、オタク系の〈虚構の充実による、現実の不全の埋め合わせ〉は、少くとも僕の周囲では明確に意識されていました。

オタク的コミュニケーションによる地位上昇

ところで、八三年に中森が記事に描いた「高田馬場フリースペース（書店）での銀縁眼鏡のツルがこめかみに食い込んだ汗臭いデブ」の会話が、「おたく〜って知ってる？」だったことが象徴するように、オタク的コミュニケーションは当初〈ウンチク競争〉でした。

これが示すのは、オタク的コミュニケーションが、ナンパ系ゲームでの地位上昇を代替する〈もう一つの地位上昇〉を目指していたことです。宗教社会学では、宗教の重要な機能を〈地位代替機能〉に求めます。俗世の地位上昇不全を、教団内での地位上昇で埋め合わせるわけです。

オタク系は、ナンパ系になれない連中のフロイト的〈埋め合わせ〉でした。ところが、よく見るとリッター的〈埋め合わせ〉――旧日常ゲームから新日常ゲームにシフトした後に旧日常ゲームのアイテムが不可能性ゆえに非日常的な崇高さとして表象されること――も見出せます。

『サブカル神話』に記した通り、六〇年代後半の対抗文化の中でピンク映画やヤクザ映画が反復した〈孤独な（疎外された）男〉〈母なる（子宮回帰的な）女〉の意味論を、七〇年代後半に松本零士アニメが、大宇宙を舞台にしたサブライム（崇高性）として、短絡的に反復します。

そこで述べた通り、六〇年代までは〈孤独な男〉を癒やす〈母なる女〉の意味論が、古典的な〈聖なる娼婦〉の表象を通して「あり得ること」として描かれましたが、七〇年代後半にはもはや「あり得ない」がゆえに、SF的舞台設定を背景に描かれる他なかったのです。

かつてSF作家のJ・G・バラードが語ったように、今日では「あり得ない」一七〜一八世紀的西部劇の心象風景が、エドガー・ライス・バローズの『火星のプリンセス』がそうであるように、SF的な大宇宙を背景に「あり得る」かの如く描かれるのは、よくあること。

その後は、（1）『ヤマト』的〈サブライム系〉が、（2）「あり得ない」妄想への反発から高橋留美子らの〈小世界系〉を産み、（3）それが更に〈小世界インフレ系〉（男子はロリコン、女子はヤオイ）に短絡し、（4）これら総体の動きが〈大世界の中の小世界系〉を産みました。

『サブカル神話』で示したように、（1）から（2）への動きが〈反発化〉、（2）から（3）への動きが〈短絡化〉、これら総体を観察した上での（1）から（4）への動きが〈再帰化〉です。この三種類の遷移は、一九世紀のフランス恋愛文学の展開にも見られる一般的パターンなのです。

フラット化したナンパ系とオタク系

話を戻すと、フロイト的〈埋め合わせ〉の別の例が、僕が火をつけた九〇年代半ばの援助交際ブームに並行して盛り上がった「不思議ちゃんブーム」です。「街で遊びたいけど、性は苦手」という女の子たちのオルタナティヴ・チョイス＝代替的地位獲得ツールでした。

類似の事例が歴史的に反復していますが、少なくとも一九九六年までのオタク的なものは、代替的地位獲得ツールという〈埋め合わせ〉でした。それが目に見えたので差別されました。この可視性が、コミケや漫画書店の風景だけでなく、コンテンツそのものにも刻印されました。

例えば一九八二年の『超時空要塞マクロス』。「大好きな女の子と、偶然密室に閉じ込められた結果、愛が生まれる」の如き、反吐が出そうな妄想が溢れていました。しかもそれが大人気ときている。これに続いたオタク的コンテンツの大半はクソだらけだったと断言できます。

ところが一九九六年、ナンパ系では、援助交際の失速を機に、性愛ゲームが〈イケてるゲームから、痛いゲームへ〉と失墜。他方オタク系が、〈蘊蓄競争から、コミュニカティヴな戯れへ〉と転じます。かくて、ナンパ系とオタク系の価値的な優劣がフラット化しました。

こうした〈等価化〉を背景に、一見ナンパ系に見えて、相手に話が通じそうだと見るやオタク系モードにシフトする〈隠れオタク系〉や、その逆の〈隠れナンパ系〉のような〈掛け持ち系〉が——オタク系とナンパ系の間のみならず各系内部でも——目立つようになります。

僕はこうしたフラット化を、価値優劣のない横並び化という意味で〈総オタク化〉と呼びましたが、これを背景に、ナンパ系とオタク系の差異だった［現実の虚構化／虚構の現実化］が、ナンパ系と無関連なオタク系内部の差異へと、コピーされるようになりました。

ナンパ系と無関連なオタク系内部の差異へとコピーされた［現実の虚構化／虚構の現実化］が、宇野常寛氏が言う［バトルロワイヤル系／セカイ系］という差異です。宇野氏はコンテンツにだけ注目しているので、バトルロワイヤル系の登場を二一世紀だとしています。

でも、コンテンツに限らずコミュニケーション一般に注目するなら、両者の分岐は九七年です。九六年はエヴァ・ブームですが、九七年は「新しい歴史教科書をつくる会」結成年。それが、二〇〇〇年初頭の「嫌韓ブーム」と、二〇〇五年以降の「電凸ブーム」へと繋がりました。

エヴァはセカイ系＝〈虚構の現実化（異世界化）〉で、電凸はバトルロワイヤル系＝〈現実の虚構化（ゲーム化）〉です。実は、僕のゼミに電凸カリスマがいました。彼によれば、電凸は、仕掛人が「点火」や「燃料投下」の実績を競う、非イデオロギー的なゲームなのです。

全国で一〇人前後いた仕掛人たちは、数ヶ月に一度のオフ会で、実績の競い合いをしていたそうです。釣られる側にはむろん思考停止の馬鹿が目立ちますが、「分かってやってるんだよ」的な「アイロニカルな没入」系（大澤真幸）も含まれていたことが、重要です。

オタク・コンテンツの機能――社会的文脈の無関連化

〈総オタク化〉と〈掛け持ち化〉という世紀末からのオタクの国内的位置づけの変化と並行して、特にフランスとアメリカ西海岸で、国内的変化に大きく寄与したインターネット化を背景にして、日本のオタク的コンテンツを享受する人々が、大規模に出現しました。

少なくとも表面上は、代替的地位獲得の如き〈埋め合わせ〉のネガティブ・イメージはなく、逆にスノッブ的なハイブロウ自慢でした。その点、かつての日本のオタクと同じ〈薀蓄競争〉がありはしたものの、「性愛から見放されたデブ」ゲームと方向性が違いました。

例えばこのスノッブ的〈薀蓄競争〉は、人種や国籍や階級や性別の壁を問わないという意味で開かれたものでした。因みにこれは最近のきゃりーぱみゅぱみゅのブームでも顕著です。それを僕は日本のオタク的コンテンツの〈社会的文脈の無関連化機能〉と呼びます。

この機能は、四年前に米国のアジア研究学会や各大学での講演で繰返し語ったように、カルチュラル・スタディーズの想定を超えます。カルスタとは、コンテンツを、人種や国籍や階級や性別を背景とした覇権闘争として分析しようとする〈大英帝国の自己反省ツール〉です。

日本のオタク的コンテンツを米国で紹介する「窓口」になっている日本人研究者の大半がカルスタに属します。だから「彼らは事実上フィッシングサイト（間違った場所に連れていくウェブページ）と同じだから、騙されるな」と米国で申し上げたところ、大変にウケました。

印象的だったのが、日本人のカルチュラル・スタディーズ研究者と違い、米国人のジャパノロジストや文学研究者の大半が、日本のオタク的コンテンツに特徴的な〈社会的文脈の無関連化機能〉について、「宮台の指摘に完全に同意する」と語ってくれたことでした。

繰り返すと、日本のオタク的コンテンツが、国外で大きな力を持つようになった理由を、カルスタの概念ツールでは扱いきれません。〈大英帝国的な反省ツール〉を、「横のものを縦にする」かの如く日本のオタク的コンテンツに当てはめても、所詮は何も見えないのです。

日本のオタク的コンテンツが国外で広く受容されたのは、専ら〈社会的文脈の無関連化機能〉の御蔭です。フランスで『ドラえもん』が享受されるのも、畳や障子の如き日本の文物が出て来るからこそ、フランスの社会的文脈とは相対的に無関連になれるからです。

ただし当然ながら、社会的文脈と完全に無関連ではありません。九〇年代半ばの高円寺にジョン・ゾーンが住んでいました。フリージャズのミュージシャンで、ピンク映画のポスターとドーナツ盤レコードの収集家としても有名です。彼が語っていたことが印象的です。

七〇～八〇年代に日本の映画や漫画に興味を持つといえば、専らイジメられっ子だったそうです。その意味で「社会的文脈を忘れたい子が享受する」という社会的文脈がありました。思考停止的なカルスタ援用とは別に、ここまで入り込めば、社会的文脈が重要になります。

オタク・コンテンツは模倣できるか

先日中国の研究者らと討議して思ったことがあります。中国人は日本のコンテンツを今はまだ真似できません。彼らは器用で、青銅器時代以来日本を凌ぐ精巧な細工を誇ってきたにもかかわらず、彼らの作るコンテンツからは誰もが知る「あの匂い」が全くしないのです。

斎藤環が「東浩紀にはオタク魂があるが、村上隆にはない」と述べたことに擬えると、「韓国人にはオタク魂があるが、中国人にはない」。日本人や韓国人が追求できるのに、あの中国人が追求できない洗練の方向性が、現在のところ間違いなくあるのです。研究すべき問題が、ここにあります。

ただし僕が見るところ、オタク魂が日本や韓国の外に拡がるのは、時間の問題だと思います。というのは、先に述べた通り、オタク的コンテンツの本質――オタク魂――は〈社会的文脈の無関連化機能〉であって、飽くまで機能的な問題だからです。であれば、摸倣は可能です。

〈社会的文脈の無関連化〉機能をもたらすか否かについて様々なアピアランス（意匠）やモード（様式）を試行錯誤すれば、育種学的な〈変異・選択・安定化〉メカニズムを通じ、いずれ日本のオタク的コンテンツと機能的等価なものが生み出されるようになります。

米国連続講演でも話したことですが、〈社会的文脈の無関連化機能〉において等価なコンテンツが生み出されれば、文字通りには「日本の」コンテンツでなくても、機能的な意味で〈日本的な Japanese way of〉コンテンツであると言い切ることができるはずです。

クール・ジャパンの「クール」の本質は、〈社会的文脈の無関連化機能〉によるバリアフリーな浸透性です。この特質は当初は日本発コンテンツのユニークさでしたが、韓国のコンテンツに見るように、今や特許切れ、つまり「ライセンス公開」された状態になりつつあります。

「オタク的コンテンツによって社会的文脈を忘れられる」と云う命題は、「スパイク・リーの映画を白人が黒人のようには見られないし、スピルバーグの映画を黒人が白人のようには見られないが、こうしたバリアがないことを意味する」と言えば、米国人に通じます。

『サブカル神話』上梓の前に一九八九年『中央公論』で書いた通り、「ブルーカラーだ」「地方出身者だ」といった自己像と無関連なコミュニケーションの一般化――その意味での〈総中流化〉――が、七〇年代末から拡がる［ナンパ系／オタク系］という〈人格分類〉の出発点でした。

この〈人格分類〉に沿う形で、日本のコンテンツは［性愛系／異世界系］に分岐しました。むろん一部ストリート音楽などを除けば、漫画やアニメや映画のコンテンツが、圧倒的に〈異世界系〉に引き寄せられた歴史があり、そのことが更に重要な意味を持ちました。

〈異世界系〉は［ナンパ系／オタク系］という〈人格分類〉を背景とした劣等感を社会的文脈とし、その劣等感をもたらす社会的文脈を忘れさせる機能ゆえに隆盛になったのです。だからオタク的コンテンツが〈社会的文脈の無関連化機能〉を持つのは当然なのです。

オタクを巡る社会的文脈の変化――脱差別化・脱神話化

日本で「オタク」の存在が目立ち始めるのは七〇年代末からで、名前が付いたのは一九八三年。ロリコン誌『漫画ブリッコ』で「東京おとなクラブジュニア」を連載していた中森明夫の命名です。この命名事件が示す通り、オタクの認知は差別的な意識と結びついていました。

「相手の目が見られず」「キーキーと高い声で」「おたくさあと呼びかける」「銀縁の眼鏡の蔓が米噛に食い込んだ」「汗臭いデブ」といった表現が示すのは、先に述べたコミュニケーション不全を埋め合わせる〈代替的地位獲得機能〉に注目した、蔑視の意識です。

平たく言えば、〞〈世直しの営み〉に代わって〈性愛の営み〉が輝く世の現実の中、しかし現実と渡り合えず現実の重さにも耐えきれないヘタレが、漫画やアニメの蘊蓄競争如きで辛うじて肯定的自己像を維持してるぜ、何てこった〟というのが中森の言いたかったこと。

九二年連載の『サブカル神話』で七七年からの〈SF同好会からアニメ同好会へ〉の変化を揶揄したのと同じで、中森も僕も、〈秩序〉や〈未来〉の是非に端的な関心を寄せずに〈自己のホメオスタシス〉（自己防衛）の観点から〈世界〉を見る作法を、軽蔑していました。

僕や中森が前提としていたのが「現実の方が虚構よりも重い」「現実の方が虚構よりも価値がある」という命題です。それゆえ「現実から虚構へと逃げるヘタレ」という蔑視が成り立ちました。ところが「現実の方が虚構よりも重い」の自明性が九〇年代に崩れました。

第1章で示した通り、最初のエポックは九二年の〈アウラの喪失〉です。カラオケBOX化、エロの絵モノ化、AVの企画化&セル化、売春の援交化が一挙に同時期に生じました。共通性は「目に見えるモノの背後に不可視の物語がある」という深さ（アウラ）の消失です。

音楽享受であれ、音楽表現であれ、AV出演であれ、売春であれ、「やむにやまれぬ思い」や「どうしようもない事情」が消えて、〈表層の戯れ〉になります。ただしポイントは「事情や思い」が真に消えたか否かでなく、「意味論から削除された」という事実です。

加えて、「意味論の変化」を超えた「リテラシーの変化」も極めて重大です。エロの字モノから絵モノへの変化は、グラビアやイラストの背後に実在や物語の存在を想定して興奮する作法から、グラビアやイラスト自体に興奮する作法（萌え）への変化を示しています。

〈アウラの喪失〉は、「事情や思い」の無関連化や、「実在の想定」の無関連化という意味で、〈表層の戯れ〉です。それゆえに、ますます〈社会的文脈の無関連化機能〉をブーストする事態に繋がりました。

こうしてオタク的コンテンツが今日的形式に近づきました。

こうした〈アウラの喪失＝表層の戯れ〉があれば、「現実が虚構より重い」「現実が虚構より価値がある」が自明でなくなって当たり前です。以降、〈自己のホメオスタシス〉に資する限りで、現実であれ、虚構であれ、「等価に」利用するスタンスが、専らになりました。

僕はこの〈現実と虚構の等価化〉を〈総オタク化〉と呼んだ訳ですが、〈等価化〉を背景に、生身の現実や特定の虚構への過剰な執着がイタイと評価されるようになり、それゆえ前述の〈隠れオタク系〉〈隠れナンパ系〉〈掛け持ち系〉という在り方が拡がりました。

また、本来［オタク系／ナンパ系］の差異だった［虚構の現実化（異世界化）／現実の虚構化（演劇化）］の区別が、もはやナンパ系など存在せぬかの如く〈総オタク化〉した塊の内部にコピーされ、［セカイ系／バトルロワイヤル系］の差異になったと述べました。

ただし、一五年前の酒鬼薔薇事件の際に繰り返したように、現実と虚構の区別がつかないのではありません。馬鹿ではないので、当然区別はつくのですが、「虚構よりも現実の方が取り立てて重要だと感じるべき謂われはない」とする意味論が、拡がるということです。

こうした感受性は、漫画家ねこぢるが九六年の自殺直前に上梓した『ぢるぢるインド旅行記ネパール編』で、死ぬことと生きることとの大差なさとして描かれ、それを追いかけるように二〇〇〇年頃から話題になった練炭集団自殺――オンラインで仲間を募ってオフラインで集い自殺――にも見出されます。

練炭自殺では、皆が集っても大抵は自殺しません。決行場所を探してドライブし、皆で食事をするうちに死ぬ気が失せるのです。重要なのは、その事実が広く知られていたこと。その意味で、練炭集団自殺はロシアン・ルーレットなのです。凶悪犯罪の杜撰化の背景も同じだと思います。

この十年間、とりわけ女の子たちの間に〈隠れオタク系〉〈隠れナンパ系〉〈掛け持ち系〉――総じて〈人を見て法を説く系〉――が増えました。昔の基準では性愛系でもありオタク系でもある存在ですが、日常生活ではオタク的コミュニケーションに幸せを見出します。

なぜ日本と韓国が総本山なのか？

——そう遠くないうちに、社会が変化することでオタク・オリエンタリズムは乗り越えられ、社会的な文脈を無関連化するオタク・コンテンツを受容し、それを楽しむというコミュニケーションが広まっていく、それは時代の必然であるという見立てですね。

宮台　そうです。専ら日本や韓国の作家によるコンテンツだけが今後も〈社会的文脈の無関連化機能〉を果たすのであるなら、日本や韓国だけが、オタク的コンテンツに宿るオタク魂の「総本山」としての権威を担い、特権化された場所であり続けることでしょう。

でも僕は、そういうことはなく、すべては時間の問題だろうと思います。各国が〈社会的文脈の無関連化〉において等価な機能を果たすコンテンツを生み出せるようになる程度に応じて、「総本山」神話が薄れることになります。ただ、今のところは、まだ偏差があるというのが事実です。

——日本と韓国にしか作れないというのは大事なポイントだと思います。これは負け組の社会だから、と言えるのかどうか。例えば日本であれば、敗戦のルサンチマンがあるとか、そうした歴史的背景や記憶がまだまだ使えるということがいえるのでしょうか。

宮台　そこは研究ネタの宝庫です。僕の考えでは歴史的背景はずっと古く遡ります。日本と韓国は、どちらが演歌のオリジンかという論争を長くやってきました。在日も帰化人も多数います。むろん同じウラル・アルタイ語族で、言葉の分岐もそう古くありません。

百済や新羅の国の頃まで——高句麗が覇権を握るまで——は通訳を介さずに大和朝廷の役人が半島の

役人と会話ができました。そういう具合に相当古い「秘密」に遡れます。一九～二〇世紀的近代化における後発国という話より、ずっと古い「秘密」に遡れるでしょう。

僕は祭りが好きなので、日本各地のお祭りや、韓国や中国のお祭りを見てきたのですが、郷土的な祭儀や祝祭の分析がヒントになる気がします。今でこそ日本は非血縁主義で、琉球や韓国は血縁主義という違いがありますが、後者の血縁主義は漢民族の影響によります。

ユダヤ系が強力な母系血縁制、中国系は強力な父系的血縁制ですが、エマニュエル・トッド的な言い方をすれば、ユダヤはバビロン捕囚以来ディアスポラであり続け、中国は殷王朝以来ジェノサイドの歴史を経験し続けたからこそ、場所性に関係ない絆による相互扶助という社会的装置を発明したのです。

琉球にも半島にもこれ程の歴史はない。だから、郷土の祝祭や祭儀は専ら、土地にへばりついて生きてきた農耕民のもので、それゆえアニミズム的要素に満ちています。例えば、自然物のみならず人工物にも魂が宿り、人格神はパンテオン（神々集団）を作るのです。中国の支配層では抑圧されてきました。

フルアニメーションならざるリミテッドアニメに前提を提供している、漫画絵自体の洗練を見るにつけても、アニミズムとパンテオンの共通感覚に遡る必要があると感じます。日本的アニメのルーツを絵巻物に遡る人や、掛け軸に遡る人がいるけど、溯及が不十分です。

オタク的コンテンツが育まれる条件

――以前、宮台さんがおっしゃっていたのは、宮崎駿にせよ押井守にせよ、近代化少年であって、生来のメカマニアみたいなところがあって、それがオタクの原点だということでしたが。

宮台 〈人工物に魂が宿る〉という共通感覚がポイントです。どの先進国にも多数いるメカマニアとは違います。典型が、押井守アニメに特徴的な〈人よりも物（メカ）が輝く〉という感覚です。押井も僕も人形コレクターですが、〈人よりも人形が輝く〉のも同じです。

押井は映画版『パトレイバー』で昭和三〇年代的風景を描き、同じく劇場版『攻殻機動隊』で中国返還前の香港的風景を描きました。とてもノスタルジックです。でも、そのノスタルジーは「昔は人が温かかった」といった類の脳天気な「思い出の捏造」からは自由です。

昭和三〇年代は人が温かかった時代ではありません。凶悪犯罪は現在の五～七倍発生していたし、尊属殺に至っては現在の三〇倍も起こっていた。人が温かかったのではなく、愛憎ともに激烈だった時代でした。その意味では、身体距離が近かった時代、共同身体性が存在した時代だと言えます。

昭和ノスタルジーの本質は、〈人が温かかった時代〉ならざる〈物が輝いた時代〉です。昭和三〇年代の３Ｓ（炊飯器・掃除機・洗濯機）から昭和四〇年代の３Ｃ（カー・クーラー・カラーテレビ）への流れもそう。僕が育った家にも、車購入記念日やクーラー購入記念日がありました。

〈物が輝いた時代〉の小中学生男子は、例外なく乗り物好きでした。汽車や電車、車、飛行機、ロケット。国電に乗れば運転席の後ろには子供たちが鈴なりで、窓を背にした一列ベンチシートには子供が窓側を向いて膝立ち状態で、母親に靴を脱げと叱られていたものです。

〈人工物に魂が宿る〉という感覚は戦間期前期（一九二〇年代）に遡ります。フリッツ・ラング『メトロポリス』（ドイツ・一九二七年）が典型ですが、とりわけ後発近代の旧枢軸国では、人工物に魂が宿るという共通感覚が、小説や映画などの多くの表現に刻印されています。

日本なら江戸川乱歩の「怪人20面相」的世界。乱歩が活躍した一九二〇年代と言えば関東大震災を挟んだ大正ロマンと昭和モダンの「モダニズムの時代」です。この時代、日露戦争後の重工業化がもたらした都市化を背景に、クレシェンドとデクレシェンドが交差します。

モダンな一二階の下に盛り場。盛り場の周囲に芝居街。芝居街の周囲に色街が拡がった浅草の風景。都市化によって消え行くものと、都市化によって浮かび上がるものが、交差して綾を為すのがモダニズム。浅草を愛した乱歩も川端康成も、一九三〇年代的な銀座のモダンを嫌悪しました。

一九五五（昭和三〇）年から一五年間の昭和全盛期も同じです。ただし、モチーフは都市化から郊外化（団地化）に変じました。つまり、郊外化によって消え行くものと、郊外化によって浮かび上がるものが、交差して綾を為し、いっとき一九二〇年代的なものが反復したのです。

この反復を象徴する映画が鈴木清順『殺しの烙印』（一九六七年）です。ビルヂング、アドバルーン、エレベータ、トヨペット、炊飯器、ネオン、キャバレーといった〈物の輝き〉が――〈物の輝き〉に比べて「人の輝き」が劣ることが――圧倒的な説得力で描かれていました。

そう。〈物が輝く〉ということと、都市や郊外に〈仄暗いもの〉〈得体の知れないもの〉が存在するということが、完全に同義でした。僕は、沢木耕太郎『深夜特急』（一九八六年）の時代にバックパッカーとして東南アジア旅行をし、そのことを完全に確信しました。

〈仄暗い〉と言いました。消えゆくものが「闇」。浮かび上がるものが「光」。そして「闇」と「光」が眩暈を彩なす時空が〈仄暗い〉のであり、そこにはエログロナンセンスが溢れます。そのことの集合的記憶がオタク魂の種を育んだのではないかと睨んでいます。

一九二〇年代の〈仄暗い〉時空は浅草でした。六〇年代の反復における〈仄暗い〉時空は「街全体」としてより、非常階段・屋上・松葉杖・包袋ぐるぐる巻きの人といった「徴候」として現れるようになります。ちなみに僕はそれらを〈片輪的オブジェ〉と呼んできました。

映画批評を長くしていて分かるのですが、日本の六〇年代（正確には五〇年代後半から七〇年まで）と、韓国の九〇年代（正確には八〇年代後半から二〇〇〇年にかけて）は〈片輪的オブジェ〉を含む映画的シンボリズムが日韓で酷似します。これがオタク魂の共通の土壌です。

そして二〇〇〇年からは中国が日本と韓国を追いかけていると見えます。実際どうなのか。賈樟柯《ジャ・ジャンクー》という監督と話したことがあります。彼が三峡ダムを取材したドキュメンタリーをベースに『長江哀歌』という劇映画を撮ったのが、二〇〇七年でした。

そこでの風景が昭和三〇～四〇年代の日本と実に似ています。賈樟柯にそのことを尋ねたら、彼は「似ている面と全く違う面が貼り合わさっている」と答えました。いわく、中国では急速な都市化と郊外化が同時に襲い、貧困化と格差化が激烈に展開している真っ最中だ。

ところが貧困化した失業層ほど携帯電話にすがる。携帯を通じて職を探し移動するからだ。そしてその携帯を通じてグローバル化した世界の同時性に繋がる。その意味でかつての日本と似て非なるものが混じる。今の中国を過去のどこかの国に擬えるのは無理だ、と。

ちなみに、中国は文化大革命によって地縁的な共同性が壊滅させられた結果、日本や韓国と違って、地域共同体の祝祭があまり残っていません。家族親族ネットワークの中で旧正月を祝うといった形が専らです。僕のゼミの多数の中国人留学生らもそう証言しています。

僕たちは自明なので意識しませんが、八百万のカミ的なアニミズムと結びついた本当に古くからの地域の祭りを行い続けているという点で、日本と韓国は本当に珍しい先進社会だと思います。それが〈人工物に魂が宿る〉という共通感覚と結びついていると感じます。

でも、〈人工物に魂が宿る〉という共通感覚は、オタク魂の必要条件の一つに過ぎません。そう思うから、ドイツなどの後発近代化国の戦間期を事例に挙げました。この共通感覚を、洗練された表現に練り上げるセンスは、アニミズムとパンテオンをさらに要求するでしょう。

オタク的コンテンツのもう一つの精髄

——本書の英語版（『Fandom Unbound: Otaku Culture in a Connected World』）を刊行した時に、アメリカで面白い反応がありました。アニメを扱った章は人気があるのですが、鉄道を扱った章には反応が全くない。「物の輝き」が全然伝わらないんです。私は衝撃を受けました。なぜ伝わらないのか？　これについて、どう思われますか？

宮台　浄瑠璃を中心とする古い表現を辿ると〈人工物に魂が宿る〉という共通感覚とは別に〈周辺的な存在に、真実と力が宿る〉という共通感覚を見出せます。それもまた日本のオタク的コンテンツの精髄だとして、米国の講演では〈オフビート感覚〉と名づけました。『サブカル神話』で述べ、最近でも円谷プロ『怪奇大作戦』シリーズDVD‐BOX下巻の解説でも詳述した通り、「怪獣は悪くない、悪いのは人間だ」「罪人は悪くない、悪いのは社会だ」という発想が、手塚治虫SF三部作以降、日本の漫画とアニメに浮上しました。

これを一口で言えば、〈周辺的存在にこそ、真実が宿る〉というモチーフです。これとは別に、『サイボーグ009』の石森章太郎作品に見られるように、〈周辺的存在にこそ、力が宿る〉というモチーフもあります。この〈オフビート感覚〉は米国には基本的にありません。

似たモチーフはありまくす。「ポカホンタス伝説」です。「原住民を痛めつける悪い白人の中に一人の英雄がいて、原住民の酋長の娘を娶った上、原住民のために白人と戦って命を落とす」という内容です。

テレンス・マリック監督の『シン・レッド・ライン』（一九九八年）が典型です。

しかしこれは、「悪いと批判される我々の中にも、正しい者がいる」という、「オフ」ならざる「オン」ビート感覚であって、「我々が戦う敵（怪獣や罪人）こそが正しく、我々（人類や市民）が間違っている」という〈オフビート感覚〉では、まったくありません。

『ジャングル大帝』が典型ですが、六〇年代日本の子供向けコンテンツの多くが「人類は間違っている、人間社会は間違っている、以上」で終わります。小学生の僕らは「え？」と呆気にとられました。日本のコンテンツを激しく好む米国人の多くが、実は、そこに反応するのです。

「番組を左翼が作っていたから」とか「自虐史観のなせるワザ」と頓珍漢なことをほざく輩もいるけど、米国にも左翼はいるし、敗戦国は日本だけではない。頭が悪すぎます。仮に自虐史観なるものがあるとすれば、それこそが伝統的〈オフビート感覚〉の帰結だと言えるでしょう。

という具合に、僕は米国講演でも主張し、「罪人こそ正しい」的な表現をグラムシの階級的覇権闘争の観点から解釈しがちな日本のカルスタを、「日本の戦後にありがちな輸入業者に過ぎない」と断じたところ、反論の集中砲火を予想したのに、何と拍手喝采の渦になりました。

今の質問は、欧米では〈人工物に魂が宿る〉的な共通感覚は理解されにくく、〈周辺的存在に力が降りる〉的な共通感覚は理解され易いのではないか、と言い換えられます。答えはイエス。後者は現に摸倣されています。でもオタク魂の核は、摸倣しにくい前者です。

周辺的存在に降り注ぐ光とは？

――鉄オタが感じ取っている「物の輝き」はなかなか理解できないけれども、社会的文脈を無関連化する振る舞いは理解できるということでしょうか。

宮台　〈人工物に魂が宿る〉という感覚よりも〈周辺的存在に力が降りる〉という感覚の方が米国人に理解されやすいのは経験的事実です。米国人の場合には、〈周辺的存在に力が宿る〉に似た「ポカホンタス伝説」が、〈周辺的存在に力が宿る〉への通路になります。

ヒューマニティ（人らしさ）を称揚する人はどの国にもいます。ヒューマニティを表現する際、「ヒューマニズム（人間中心主義）の肯定を通じてヒューマニティを肯定する形」と「ヒューマニズムの批判を通じて真のヒューマニティを表現する形」の二つがあります。

「ポカホンタス伝説――排除される側に立って戦う我らが英雄の話」は、「ヒューマニズムの批判を通じて真のヒューマニティを表現する形」のバリエーションです。このように抽象化すると、〈周辺的存在に力が降りる〉もまたバリエーションの一つだと分かります。

浄瑠璃の世話物（心中物）、例えば近松門左衛門「新版歌祭文野《しんぱんうたざいもんの》崎村乃《ざきむらの》段《だん》」を振り返りましょう。「障害を乗り越える愛」に挫折した二人が最後に心中を決意するのですが、その瞬間に二人に光が降り注ぐ、という形式です。

無論スポットライトがあたる訳でなく――元々自然光や篝火《かがりび》の舞台ですから――そう感じられるということです。「排除される側に立って戦う我ら世間側の英雄」は登場しません。我ら世間が二人を闇へと追いやると、二人に光が降りる。それを我ら世間が目撃するのです。

先に述べた通り「光」と「闇」が綾を為す時空は「仄暗い」。つまり「得体の知れぬもの」です。そこでは自明な世間が、非自明性の広大な海に浮かぶ小島の如きものとして観念されています。米国人は、そうした観念こそがヒューマン（人間らしい）と読む訳です。

「ポカホンタス伝説」は一般にハッピーエンドですが、テレンス・マリック的「ポカホンタス伝説」では「排除される側に立って戦う我らが英雄」はそれゆえ滅ぶバッドエンドです。この「バッドエンド版ポカホンタス」は〈周辺的存在に力が降りる〉にますます近接します。

――アメリカは通常は逆ですね。最後はハッピーエンドになります。

宮台　そう。例えばリドリー・スコット監督『ブレードランナー』。劇場（プロデューサーズカット）版は米国人好みの「ハッピーエンド版ポカホンタス」ですが、ディレクターズカット版は「バッドエンド版ポカホンタス」。興行サイドは一般に前者推しになります。

日本は相対的にこうした興行事情がありません。小学生のとき、僕は白土三平原作のテレビアニメ『忍者サスケ』『カムイ外伝』を見ました。アニメ版『サスケ』は漫画全一四巻の八巻分だけで、話が暗くなる直前で最終回になりました。ところが『カムイ外伝』は全く違いました。

迫害に次ぐ迫害を受けた被差別民カムイが、最後に美しい村娘とその家族と知り合って安住の地を見つけたと思ったところが、最終回、娘と家族も全員毒殺されて、カムイが一人寂しく荒野に消えるシーンで終わる。小学生の僕は腰を抜かしました。こうした表現は、米国ではあり得ない。

同時期アニメ版『サイボーグ009』が放映されます。アニメ版脚本は、SF作家辻真先が最終回を書きましたが、この最終回の絶望のカオスとも近い。ちなみに原作『サイボーグ009』も暗い話。後の「仮面ライダー」と同様、あの九人は最終破壊兵器です。まさに周辺的存在そのものです。

アニメ版を含めたテレビ版には微妙な所がありますが、石森章太郎の原作漫画には〈周辺的存在に力が降りる〉（闇に光が煌く）というモチーフと、そうした逆説に満ちた世界の〈仄暗さ〉とが、見事に描き込まれています。古典劇の概念で言えば〈翻身〉譚ですね。

世話物の話をしたけど、心中を決意した瞬間に光が降りるのが〈翻身（オルタレーション）〉。スーパーマンの如く「変身」は元に戻れますが、〈翻身〉は戻れません。『仮面ライダー』でも『サイボーグ009』でも、「変身」は〈翻身〉した主人公らの処世術に過ぎません。

一九六八年『ウルトラセブン』シリーズ終了後に放映された『怪奇大作戦』では、「社会から虐げられた者が犯罪を以て復讐する」形式が反復されます。実相寺昭雄監督の回の全てがそうですが、復讐の瞬間、復讐者には心中者と同じ「光」＝〈闇の力〉が降りています。

天皇と古代ギリシアを貫く普遍的な古層

これは相当古い形式です。例えば、能でワキ（旅の僧）を訪れるシテ（あやかし、亡霊、精霊、カミ）は、土地にゆかりの者として現れた後、消える寸前にその正体を現しますが、これぞまさしく〈周辺的存在に力が降りる〉の典型です。この形式を完成させた世阿弥は一四世紀の人です。

折口信夫の『死霊の書』も〈周辺的存在に力が降りる〉モチーフを反復しますが、その主人公でもある天皇は、失われたほかひゞとの痕跡です。ほかひゞとのルーツは、安藤礼二氏によれば、内部に於ける「絶対平等」と外部に対する「絶対戦争」を原理とする移動集団です。

戦争常態化を前提として〈変性意識状態〉を常態化した存在で、二十年前に飯田譲治が脚本を書いた深夜ドラマ『NIGHT HEAD』のオープニングに描かれた如きイメージです。社会の始源たる集合的沸騰状態（デュケーム）を生きる存在が、折口の云うほかひゞとです。

原初的社会というと、一般にハレとケの交代がある部族社会段階を考えます。この場合［ケ（日常）⇓ケガレ（日常の頽落）⇓ハレ（非日常の呼込）⇓ケ（日常）］というサイクルが想定されています。そこでのほかひゞとは、ハレの日の祝《ほか》ひゞとに変性しています。

つまり、社会的始源と違い、原初的社会では既に、始源的な湧き上がる力や得体の知れない力——謂わば〈黒光りした戦闘状態〉——は、常態化してはならない〈カオス〉ないし〈変性意識状態〉として、〈秩序〉ないし〈通常意識状態〉から区別され囲い込まれています。

折口によれば、天皇は、我々が平時から疎外したそうした力を、新嘗祭と大嘗祭を通じて定期的に取戻す役割を帯びます。それを帯びうるのは天皇が〈周辺的存在〉だからで、各地の祭に登場する、ほかひゞとの力を降臨させる翁（まれびと）が、天皇の元型なのです。

先に〈周辺的存在に降りる力〉と言いましたが、折口によると、最古層においては〈周辺的存在〉がまれびと、〈降りる力〉がほかひゞとの時空です。安藤氏によれば、折口は台湾先住民（高砂族）に関する『蕃族調査報告書』の精読からこの図式を編み出しました。

実はこの図式は、三千年以上前からのギリシア史に詳しい者にとって馴染みのものです。カスピ沿岸から最初に移住したアカイア人と後続ドーリア人との血みどろの闘争（暗黒の四百年）の末、漸く平時（ケ）と戦時（ハレ）を交代する都市国家の集合になったのです。

その意味で「社会的始源から原初的社会へのシフト」や、原初的社会における「社会的始源における湧き上がる力の囲い込み」は、日本独自というより、普遍的な古層です。相当近代化したのにこうした古層を各地の祝祭や天皇概念として保存していることが珍しいのです。

オタク魂の次世代への継承

——日本におけるオタク魂の世代間継承ですが、どこまで希望が持てるでしょうか？

宮台　僕は『サブカルチャー神話解体』を上梓した一九九二年から昭和コンテンツの歴史についての講義を二〇年続けていますが、この五年間の食いつきが最も良いのです。学生たちの言によれば「平成に希望が持てないので、相対的に昭和が輝いて見える」ということです。

押井守の劇場版『パトレーバー』における昭和回帰化や、アーケードゲーム（ゲームセンター用ゲーム）のローテク復古化に鑑みれば、昭和ノスタルジーの出発点は一九九〇年前後です。それに引き続き、援助交際も含めた一九九〇年代半ばのストリートブームの爆発がありました。

こうした前後関係を踏まえれば、ノスタルジーブームは、ストリートブームと機能的等価な、祝祭代替物ではないかとの仮説が立ちます。そして、かかる祝祭代替物への要求を支える前提が、共通前提の不在（ゆえの祝祭の困難）という共通前提なのだと思われます。

祭りは、〈我々意識〉を支える共通前提――とりわけ共同身体性――がない所では不可能です。そして、かかる共通前提を支えとした祭りによって、〈我々意識〉が更に強化されるという循環があります。この循環が回らなくなると、やがて、祭りは必ず廃れます。

食いつきが良いと言いましたが、具体的には〈オフビート感覚〉を代表する一九六〇年代後半の作品――TV『怪奇大作戦』シリーズや若松孝二監督『理由なき暴行』など――を見せた際に、昨今の若い人は容易に〈変性意識状態〉に入ります。そのことは、時間感覚の変容によって観察できます。

俗に言う「ウラシマ効果」です。『怪奇大作戦』シリーズの名作「呪いの壺」「京都買います」などを見せた後に尺を尋ねると、正味二四分なのに五〇分以上を回答する者が半数近く。学生たちの言によれば、こうしたトリップ感覚をテレビで体験したのは初めてだと言います。

明滅するネオン。どこかから聞こえるシュプレヒコール。リアルな街頭音。非日常的なクローズアップ。極度のアップテンポと極度のダウンテンポの混在。現在と過去の急激な往復。〈変性意識状態〉を惹起する映像表現技術に満ちています。今日ではあり得ません。

これまた学生たちの言によれば、視聴者や観客が共有する社会的共通感覚を最大限に当てにしていることが、作品から伝わるのも衝撃だとのこと。例えば「呪いの壺」「京都買います」で言えば、「急な高度成長が同時代にもたらした急性アノミー感覚」を標的にします。

実際、敗戦の忘却、弱者の排除、公害、日米安保、原爆後遺症、環境破壊、動機不可解な犯罪や自殺など、当時のマスコミを賑わせた様々な社会的事件が、作品に焼き付けられます。単に社会派というのでなく、人々の社会的共通感覚を当てにしたドラマツルギーなのです。

同じ感想は一九六〇年代末から二〇年間の歌謡曲を聴かせた際にも出ました。歌謡曲とはジャズやロックのような曲のジャンルでなく、「お茶の間のテレビを家族が皆で見ることを前提した歌番組に登場する歌」だという知識は伝えてありますが、彼らはこの前提を、曲自体からも感じると言うのです。

実際、当時「国民的歌謡」「国民的番組」「国民的ヒット」という言葉が使われました。当時のコンテンツは、今では想像できないほど広大な範囲を収容する〈我々意識〉を前提にしていました。そして、この五年間で、実はこの〈我々意識〉に対する敏感さが上昇しているのです。

それ以前は、単に作品が良いか悪いか、気に入ったか気に入らないか、という直接的評価でした。それが最近五年間は、かつての映画やテレビドラマや歌謡曲がどんな社会的状況の下で享受されていたのかということに、注意や敏感さが集中するようになってきました。

一言で云えば、「時空間の共有が大事だ」という感受性が上昇してきたのです。まず、作品の直接的評価とは別に、作品の受容文脈への観察を含めた再帰的評価がなされるようになった結果、自分たちのコンテンツ享受が孤独だという事実が問題化するようになりました。

次に、特定コンテンツにコミットする連中同士のインターネット上での連帯がどれだけ進んでも、かつてのお茶の間に集まった家族全員の享受の如き〈身体的近接性に満ちた連帯〉とは程遠いという事実が認識され、〈我々意識〉の中身が問題視されるようになりました。

僕にとって先輩格の友人だった米沢嘉博が主催していたコミックマーケットも、「あそこに行けば時空間の共有ができる」という具合に、身体的近接性の想定を可能にしたからこそ、二次創作への豊かな動機づけをもたらすことに、成功したのではないかと、僕は睨んでいます。

無論、かつての昭和的文脈すなわち「生活の場を共有する誰もが享受できる」ということと「そこ（コミケ等）に行けば場を共有する誰もが享受できる」ということとの間には距離があります。前者が再び可能になる日は、平時としては永久にやって来ないでしょう。

オタクの受容をめぐるアメリカ的な文脈

――なるほど、ネット時代の今日においても、特定のジャンルの人だけで集まって、時空間を（疑似的にではあれ）共有し、濃密な体験を持とうとする現象が見られますが、それとも関連がありそうですね。例えばPixivのように絵師が集ってインターネット上で疑似的に時空間を共有したり、コスプレ専用のSNSで盛り上がったりするのが、それに近い現象かと思います。

ところで、先ほど宮台さんは、今のところ日本と韓国だけがオタク魂の総本山であるという話をされましたが、「あそこ（コミケ等）に行けば時空間の共有ができる」という、ここでの話と合わせて考えますと、やはり日本と韓国は当分の間、オタク魂の総本山であり続けるように思われます。この点、いかがでしょうか？

宮台　〈人工物にこそ魂が宿る〉と〈周辺的存在にこそ力が降りる〉の双方で優位だという意味で日本と韓国にはオタク魂の優位性がありますが、それは単なる一過性のものです。機能主義的に思考すれば、この優位性が永久に続くと考えるべき理由は、見つかりません。

先ほどは確かに〈人工物に魂が宿る〉と〈周辺的存在に力が降りる〉という共通感覚が、どんな経緯で進化的に獲得されたかを話しましたが、そのような進化的ルートを通じてしかそうした共通感覚が育ち上がらないなどと考えるべき理由は、そもそもあり得ないです。

――大変納得できるお話ですが、さらにお聞きしたいことがあります。この本の英語版を刊行するに際して、編者の伊藤瑞子さんは、あえてアメリカのＷＡＳＰのファンカルチャー研究にオタク論を接続しようとしたのです。現地の文脈に接続しないと、議論として受け入れられにくくなってしまうからです。しかしながら、『スタートレック』のコスプレをしてパーティに参加するカルチャーと、我々のオタク研究をつなごうとしても、うまく行きませんでした。アジア系に対する根強い差別が残っていて、超えられない壁があったのです

ところが宮台さんは今、オタク魂における日韓の優位性はいずれなくなってゆき、他の国々でも、そうした感覚が育っていく可能性について話をされました。そのことと、米国におけるアジア系に対する根強い差別とがどう関わってくるのか、お聞かせいただけないでしょうか。

宮台　最初に言うと、米国でも理解され易い〈周辺的存在に力が降りる〉の意味論ですが、米国でもとりわけ自分を周辺的存在だと自認する者たちに専ら受け入れやすいと推定できます。先のジョン・ゾーンの発言通り、いじめられっ子が日本のコンテンツにハマります。

また、オタク的コンテンツに特徴的な〈社会的文脈の無関連化機能〉についても、それを要求するのは専ら、自分の社会的文脈を忘却したい者たちだと思われます。つまり、これら二つの機能からして、米国社会で誰の前でも自信満々の人はオタク的コンテンツにハマりません。

これらを前提にすれば、オタク文化とアメリカのファンカルチャーは元々繋がりません。「敢えて」繋げようとしたとはいえ、元々見込みのない企てでしょう。それは米国「4ちゃんねる」の米国籍利用人口が日本「2ちゃんねる」の人口比六分の一以下である事実に関連します。

米国講演旅行の際も各地で議論になりましたが、匿名で語るというだけで、性格的に気が弱いとか、正体を晒せない弱みがあるなど、足元を見られてしまうのが米国的文脈です。「足元を見られたくないならツラを晒して物を言うのが当然」とするのが米国の市民社会モードです。

だから、匿名掲示板に集わないか、集う場合も足元を見られないコミュニケーションを心掛けるか、になります。その結果、米国「4ちゃんねる」は日本「2ちゃんねる」とは異なる様子になるのです。

逆に言えば、日本にはそうした市民社会モードが存在しません。

ただし、一九八〇年代当初から一部で始まり、一九八九年の連続幼女殺害事件を機に一般化し、一九九六年以降次第に緩和したオタク差別に注目すると、背後にあったのは市民社会モードの機能的等価物である性愛モードでした。オタクというだけで対人能力上の弱みを見通されてしまった訳です。

「2ちゃんねる」が最も盛り上がったのが二〇〇五年頃ですが、既に述べた通りこの頃までにはそうしたオタク差別が事実上なくなりました。僕自身はオタク差別の原型的認識を今でも持つので、「2ちゃんねる」は醜悪だとの意識が強く、米国人が言う通りだと感じます。

米国西海岸やフランスに輸入されてからしばらくの間は、オタク的文物にコミットすることはスノビッシュだと理解されましたが、日本の場合に見られた性的劣等感の強烈さとは異なる意味で、宗教社会学的〈代替機地位回復機能〉の要求と関係していたと睨みます。

オタク的コンテンツと〈ダメ意識〉

——宮台さんのかつてのオウム真理教研究にも似ていますね。アジア系でイエール大に行くとか、失敗こそしていないものの鬱屈したエリートのような、学歴の高いアジア系の人がオタク・コンテンツにはまるようです。学歴には自信があるものの、アジア系であるなどスティグマのある人が、アメリカでオタクを支えているというのは分かる気がします。

宮台　米国育ちの森川嘉一郎氏が言う通り、元々「自分はダメ」という意識とオタク的コンテンツは親和的です。たとえ東大生や慶大生であれ、オタク的コンテンツの享受可能性は、かつての「おとめちっく」少女漫画と同じく、主観的な〈ダメ意識〉を必須の文脈としました。

そこには社会的評価と社会的アイデンティティ〈社会的眼差しへの本人の自認〉との乖離という論点も絡みます。森川氏は親和性の由来を語りませんが、オタク的コンテンツは、〈社会的文脈の無関連化機能〉のゆえにこそ、主観的〈ダメ意識〉と親和的だったのです。

今後については、グローバル化＝資本移動自由化により、先進国で中間層が崩壊し、中国の如き新興国でも〈こんなはずじゃなかった感〉を抱く都市民が急増して、ますます主観的〈ダメ意識〉が量産されるので、オタク的コンテンツにとって追い風が続きます。

——現代社会において、ルサンチマンを抱えながらオタク・コンテンツにはまる楽しさ、換言すれば、文脈を無関連化するコンテンツを享受する快適さと、スマホやFacebookを使い回して、現実をそこそこ生きて行くという、ネット社会におけるフラット化の快適さとはどこか相容れないところがあるように思えるのですが、いかがでしょうか？

宮台　それは、日本でのオタク的コンテンツの享受が九六年以降〈ダメ意識〉を前提にしなくなってきた事実に関係します。かかる〈ルサンチマンなきオタク的戯れ〉の一般化を背景に二〇〇〇年に「ワンフェス休止」という一大エポックを迎えたことを、岡田斗司夫氏を引いて各所で論じてきました。

そこでも述べてきた通り、〈ルサンチマンなきオタク的戯れ〉の一般化は［surpress → depress → express → impress］という動機づけ回路を働かなくさせるので、オタク的コンテンツの享受者は増えるものの、コンテンツ提供者は減少化するか、低レベル化することになります。

岡田斗司夫氏が言うように現にそうなってきた一方で、先に紹介した通り［オタク系／ナンパ系］の差異化形式が、もはやナンパ系など存在しないかのようにオタク系内部にコピーされ、宇野常寛氏の言う［セカイ系／バトルロワイヤル系］の区分が生まれました。

繰り返すと、バトル系が二〇〇〇年以降に生まれたとする宇野氏の認識とは違い、この区分は九七年に顕在化しています。復習すると、オタク系＝〈虚構の現実化（異世界化）〉、ナンパ系＝〈虚構の現実化（演出化）〉という差異化形式が、セカイ系とバトル系の区分に持ち込まれたのです。

興味深いことに、宇野氏の自認が示すような「バトル系＝〈現実の虚構化（ゲーム化）〉の方が、セカイ系＝〈虚構の現実化（異世界化）〉よりも偉い」とする意識もまた、かつての「ナンパ系の方が、オタク系よりも偉い」とする意識からコピーされてきた事実があるのです。

これを判断材料にすれば、以下の仮説が成り立ちます。九六年以降「ナンパ系は過剰ゆえにイタい」とする意味論が拡がり、［ゲーム化〉異世界化］とする差別化意識がナンパ系を依代にできなくなった結果、同一の差異化形式がオタク系内部にコピーされたのだ、と。

実際、バトル系には〈ダメ意識〉どころか「優越意識」が蔓延しました。むろんそこに、冒頭に紹介したフロイト的な〈埋め合わせ〉を深読みできますが、かつてのオタクと違って、バトル系の当事者には、多くの場合〈埋め合わせ〉をしているという自己認識がありません。

いずれにせよ、あなたが《ルサンチマンを抱えてオタク・コンテンツにはまる楽しさと、スマホやFacebookを使い回して現実をそこそこに生きていく、というあり方はぶつかる》と仰ったことが、「セカイ系／バトルロワイヤル系」の対立として具現するに到りました。

――現実の虚構化は、今風の言い方をすればゲーミフィケーションですね。しかし、その典型例として想起されるのは、企業の販売促進のためにそれをゲーム化しネット上で展開するといったもので、とても、しょぼい。一方、虚構の現実化はと言うと、コスプレをしてリアルな空間を生きるといったものがその典型例で、こちらの方が広がりが感じられて、面白そうです。

宮台　バトルロワイヤル系の行き着いた先は、企業の販促イベントというより、新大久保のヘイトスピーチ・デモです。ニコ生やUstreamのサイマル動画を見るとヘイトスピーカーの大半が「キモいオヤジとオバハン」でしょう。彼らの主観的「優越意識」はもはやギャグです。

そのことが象徴する通り、「セカイ系／バトルロワイヤル系」の対立はとっくにナンセンス化しています。〈虚構の現実化（異世界化）〉・対・〈現実の虚構化（ゲーム化）〉という差異化形式は今後もコピーされるでしょうが、電凸方向や在特会方向には向かわない筈です。

〈社会的文脈の無関連化機能〉は永久に需要される

――オタクはこれからどうなるでしょうか。あるいは、ポスト・オタクなる主体が登場してくるのでしょうか。

宮台　既に述べた通り、最も抽象的には、オタク的コンテンツの要諦は〈社会的文脈の無関連化機能〉であり、オタクという存在の要諦は〈社会的文脈の無関連化機能を要求する人々〉です。この抽象度でなら、オタクもオタク的コンテンツも永久に存続するでしょう。

同時に「虚構の現実化（異世界化）／現実の虚構化（演出化・ゲーム化）」という差異化形式も永続的に反復するでしょう。無論、〈虚構の現実化〉と云う場合の虚構の内容や、〈現実の虚構化〉と云う場合の現実の内容は、時代や社会とともに、シフトしていきます。

僕は転校だらけで六つの小学校に通いました。転校で学んだのは、全国ネットで放映されるアニメ――当時はテレビ漫画――を知っているか否かが転校先での受け入れ可能性を左右するという事実でした。翻ってみれば、それこそ〈社会的文脈の無関連化機能〉のなせるワザです。

その意味で、一連の仮説は僕個人のディープな経験と結びついています。それもあって、僕は昔のコンテンツについて、中森明夫氏に言わせれば「過記憶」です。若松孝二監督『ゆけゆけ二度目の処女』（一九六九年）の挿入歌もソラで唱えて、一五年前に初対面した監督を驚かせました。

「過記憶」を振り返って思うのは、小学四年以降の僕は、各学校で学級委員を歴任したり、リレーの選手に選ばれたり、女の子にチヤホヤされたりしたけど、見掛けと違って、精神的にはヘタレだったので大変だったということです。それゆえに〈社会的文脈の無関連化機能〉に縋った訳です。

——現時点でも、宮台さんご自身は文脈無関連化のコンテンツを必要とされていますか。

宮台　抽象的にはイエス。若い頃から僕は、周囲の人たちに「うまくやりやがって」と思われる一方、実はヘタレゆえに〈社会的文脈の無関連化ツール〉に馴染んできたという、「うまくやる男／うまくやれない男」の二重性を、生きてきました。

ナンパ講座——僕自身は〈男女素敵化講座〉と呼びますが——を実践してきて最近思うのは、性愛について僕が追求するものと、若い男女が追求するものが、全く違うという事実です。皆が追求するのは現実との向き合いですが、僕が追求するのは〈眩暈による現実の抹消〉です。

——今のヘタレな若者が求める、ハグしあうことでの「自己存在の承認のごときもの」とは違うわけですね。

宮台　全く違います。僕がテレクラに耽溺していた頃に様々な職業を騙っていた事実が象徴的だし、性愛自体に深い〈変性意識状態〉を求めてきた事実も象徴的ですが、僕はまさに〈社会的文脈の無関連化機能〉を、今ここに具現するために、性愛に関わってきました。

前者については、風俗の姉さんたちが昔から言う「社長もヒラも裸になればタダの男」という言葉が関連します。後者については、沖縄の海に潜ったり、朝から晩までゲーセンに耽溺したり、スピードを追求したり、といった、僕の「眩暈系の実存」が関係します。

僕は、一時間経ったと思ったら三時間だったといった「ウラシマ効果」に象徴される〈変性意識状態〉にしか、元々関心がないのです。各所で「自分は社会に関心がない」と言い続けてきたのも、それに関係します。僕を好いてくれた女の子も、誰もがそうした存在でした。

だからもちろん、コンテンツについても、映画であれ音楽であれ漫画であれ、意識がトリップするようなものだけを好みます。例えば、漫画については、朝から晩まで漫画喫茶に入り浸ってコミック全巻を読むことで意識が飛んじゃうような作品ばかりを、好みます。

〈虚構の現実化〉と〈現実の虚構化〉の機能的等価性

――異世界系のコンテンツと性愛的なふるまいとが、宮台さんの中では機能的に等価ということですか。

宮台　まさにそうです。僕が小学校時代に鉄道模型や天体観測に耽溺したのも、中学に入ってSFや若松映画や新左翼に耽溺したのも、大学に入って性愛に耽溺したのも、四〇歳以降に沖縄の海に耽溺したのも、全てが例外なく、〈社会的文脈の無関連化機能〉に関係します。

お前は社会思想や社会的現実に関心を寄せているではないかと仰るかもしれない。簡単に弁明できます。〈世界〉はいつも〈本当なら別のものでありえたのに、目の前にあるものでしかない〉というふうに現れます。哲学の世界では〈受苦的疎外〉と言います。

人間は〈受苦的疎外〉を被った〈受苦的存在〉です。ハイデガーが、人間には理性があるので、どんな〈ここ〉に対しても〈ここではないどこか〉を想像してしまう、というふうに捉えたことを別角度で捉え直したものです。この想像こそが〈エクスタシス＝脱自〉です。

万年転校生であった僕は〈ここ＝この社会〉にうまく適応できないので〈ここではないどこか＝あり得たかもしれない社会〉を夢想しがちなのですね。コンテンツに即して言えば、『ウルトラQ』から『怪奇大作戦』にかけての制作スタッフの面々に、ヒントがあります。

これらの円谷作品は、上原正三と金城哲夫の沖縄コンビと、佐々木守と石堂淑朗らの新左翼コンビに、多くを負います。先に挙げた『怪奇大作戦』の「呪いの壺」は石堂脚本、「京都買います」は佐々木脚本ですが、共に〈本来の日本〉を追求する右翼的な作品です。

右翼的だというのは［本来性／非本来性］というハイデガー的二項図式を使うからです。哲学者の廣松渉によれば、革命によって本来性を引き寄せることは出来ません。革命で〈ここではないどこか〉を〈ここ〉に引き寄せた途端、理性が必ず新たな〈ここではないどこか〉を夢想させるからです。

思想史的源流を初期ギリシアに辿れば、「理想社会を実現すれば人は幸せになる」とする主知主義の立場が左翼であり、「どんな理想社会を実現しても人は幸せにならない」とする主意主義の立場が右翼です。その意味で右翼は〈不可能な本来性〉を意志するのです。

二〇年以上前から述べてきたように、「社会が良くなれば人は幸せになる」とする旧左翼に対し、「社会を良くしても人は幸せにならない」とする実存主義的マルクス主義（マル存主義）が新左翼です。その意味で、新左翼は、戦前的尺度から言えば、右翼なのです。

教養なき人は、なぜ新左翼の石堂と佐々木が、京都保全を主張する「京都シリーズ」を書いたのかと訝ります。理由は簡単。京都保全がもはや不可能だからです。僕はこれらの作品を何十回も観ているから、作品を通底する不可能性の認識を、完璧に理解しています。

ハイデガーに従えば、現実に可能な目標を掲げるのは、非本来性を本来性と見紛う〈頽落〉です。不可能な本来性を目標に抱げて永久に前に進むのが、理性を持った人間の本来の姿なのです。実は同じことを最近上梓した『「絶望の時代」の希望の恋愛学』で言いました。

「理想を追求したところで、現実の女も男も所詮は」といった態度は間違っています。それを言うなら、「所詮は死ぬのだから、全ては無意味」であって、今すぐ死んだ方が良い。つまり、性愛においても、右翼的に〈不可能な本来性〉を意思するのが正しい生き方です。

そうした生き方に即して言えば、「現実の社会的文脈がどうたらこうたら」といった事実も、知らぬよりは知る方がいろんな意味で良いでしょうが、実存的には大したことがありません。そうした構えで〈社会的文脈の無関連化〉を日日実践する姿が正しいのです。

性愛においても政治においても「〈ここ〉はいつもクソだ」と永久に〈ここではないどこか〉を思う人間たちの結びつきほど濃密なものはありません。「この社会、なかなかいいじゃないか」などとほざいている連中はダメです。〈本当の幸い〉から見放されるからです。

〈クソ意識〉から出発する知恵

——「この社会はクソだ」って、重要な認識ですが、まだ小さいお子さんの前でも公言されてますか。

宮台　今も公言しているし、今後も公言します。長女が四歳になる前に『風の谷のナウシカ』を通して何度も見せましたが、先日次女か四歳になる前に『魔法少女まどかマギカ』全一二話を見せました。オタク的コンテンツの英才教育で〈クソ意識〉は伝わっている筈です。

コンテンツだけでなく、パフォーマンスを通じても伝えています。僕は幼稚園でも小学校でも「変なオジサン」。ヨソの子の前でも、つかみっぺをやったり、通学路の電柱にウンコを描いています。幼稚園でも小学校でも僕が行くと「変なオジサンが来た」と子供達は大喜び。

僕の対人的作法は一見して〈現実の虚構化（演出化・ゲーム化）〉ですが、それはコンテンツのディープな享受がもたらす〈虚構の現実化（異世界化）〉と同じく、機能的には〈社会的文脈の無関連化〉において等価です。そのことを子供や若者に伝えたいと思う。

授業参観に行くと、休み時間には男子も女子も、ラグビーのスクラム崩しのように僕に飛びかかってきて、のし掛かります。そう、楽しいと言えば楽しい。周囲からもそう見えているでしょう。でも、頭が氷のようにクリアでないと、こうしたことは出来ないのです。

『サブカルチャー神話解体』で述べたことを思い出して下さい。僕ら一九五〇年代後半生まれは、これからという時に学園闘争が終わったので、クソな現実の付加価値化という観点から、ナンパ系とオタク系を同時に掛け持ちした〈原新人類＝原オタク世代〉になったのです。

ところが、これまた『サブカル神話』に書いたように、僕らの下世代から対人能力に沿ってナンパ系とオタク系が分化しました。その結果、オタク的コンテンツは〈ダメ意識〉と親和的になりました。その後の議論もコンテンツ自体もこの方向に引っ張られています。

そこで僕は、一九九六年以降のナンパ系の失墜とオタク系の浮上による〈総オタク化〉を奇貨として、オタク的コンテンツに関わる〈ダメ意識〉を、〈原新人類＝原オタク世代〉が抱いていた〈クソ意識〉へと引き戻したいのです。これも〈男女素敵化講座〉の一環です。

――アメリカの主流の社会学者は、「この社会はクソだ」とはあまり言わないような気がします。それに対して日本や韓国の社会学者はそこからスタートする、あるいはしなければならない、ということでしょうか……。日本が「クソ社会」であるとして、今後も米国は「クソ社会」と無縁であり続けるのでしょうか。

宮台　心配ありません。米国もこれからますますクソになります。各所で述べてきた通り、日本は〈ウソ社会〉ならざる〈クソ社会〉において先進国なのです。一例を挙げましょう。丸山眞男は、トクヴィルの図式を用いて、英米に比べた日本の近代後進性を摘抉しました。

〈民主制の健全な作動〉は〈自立的な個人〉を前提とし、〈自立的な個人〉は〈自立的な共同体〉を前提とするというもの。丸山はこれを踏まえ、日本は〈依存的な共同体〉が〈依存的な個人〉を帰結し、〈依存的な個人〉が〈民主制の誤作動〉を帰結するとします。

これを丸山は日本的後進性だと見做しました。ところが一九九〇年代に入ってグローバル化＝資本移動自由化が先進国にもらたした中間層分解によって〈自立的な共同体〉がスポイルされると、不安化&鬱屈化した〈依存的な個人〉を標的としたポピュリズムが跋扈します。

その結果、不安化&鬱屈化した個人を実存的にスッキリさせるかわりに、流動化&複雑化した社会の混迷を深めさせるような、愚昧な政策群が採用されるようになります。そのことに関する自覚も急速に拡がり、〈クソ社会〉意識が日本を追うように高まっています。

丸山眞男は日本が〈クソ社会〉だから後進的だと見ましたが、僕の考えでは日本が古くから〈クソ社会〉だからこそ、オタク的コンテンツにおいて先進したのです。例えば〈クソ社会〉をもたらす実存と社会の混同が、逆に〈クソ社会〉からのシェルターに役立つのです。

これらは僕が昔から述べてきたことですが、ほどなく誰の目にも明らかになるでしょう。その意味で、これから先の「欧米先進社会」の顚末が本当に見物《みもの》です。繰り返すと、〈課題先進国〉に住まう僕ら日本人は〈クソ社会〉を生きることにかけては間違いなく一日の長があります。

最近の僕は、毎日のように過去のコンテンツ群を見て、自分がここに到る経路を辿り直す作業を、何度もしています。その結果、日本社会全体として、オタク的コンテンツ享受のルーツが、〈ダメ意識〉よりも〈クソ意識〉に発するものであることを、様々な手掛かりから確認しています。

〈ダメ意識〉より〈クソ意識〉に発するものだったからこそ、性愛にはまるナンパ系と、コンテンツにはまるオタク系とが同じ連中だったのです。こうした〈原新人類＝原オタク世代〉の代表例が泉麻人・みうらじゅん・中森明夫・いとうせいこう・僕自身になります。

――後期近代社会という、この時代を生き抜く上で、「社会の底は抜けている、たかが知れている」ということは知っておいたほうがいい……。

宮台　この世は〈クソ社会〉。俺もクソ。お前もクソ。男もクソ。女もクソ。だからこそ僕らは〈ここ〉に〈ここではないどこか〉を重ね焼きにし、〈世界〉を実部 real number と虚部 imaginary number の貼り合わせからなる複素数空間として生きるしかありません。

若い世代の悩みを聞くにつけ、承認問題に苦しむとか、男が現実の女にビビるとか、「中二病」が過ぎて呆れます。社会はクソ。俺もクソ。お前もクソ。だからこそクソな現実を、あり得たかもしれない〈絶対にあり得ない〉想像的世界と併せて、拡張現実的に享受する他ないのです。

〈ダメ意識〉から〈クソ意識〉へ

――あえてお言葉を返すようですが、「社会はクソだ」という合意ができるかどうかに関しては、私はいささか悲観的です。ハッキリ言ってしまえば、仮にこの社会の構成員自体がクソだとしたならば、そのクソな人々が「社会はクソだ」と分かってくれるかどうか、悲観的な展望しか持てないのではないでしょうか。

宮台　グローバル化を背景に、これからの社会はますます〈クソ社会〉の様相を強めます。〈クソ社会〉での承認やポジション取りを目標にしても意味がありません。ならば、現実をベタに生きても仕方ない。ところが、若い世代についての最近のデータが問題なのです。

厚生労働省の研究班が、二〇〇二年以来二年に一度実施してきた「男女の生活と意識に関する調査」

によると、今年発表されたデータでは、性に関心がないか嫌悪感を抱く一六～一九歳の若者は、男子三六％（前回より一八ポイント増）、女子五九％（一二ポイント増）に及びます。

また、国立社会保障・人口問題研究所が長年実施してきた出生動向基本調査（第一四回、二〇一三年公表）によれば、一八～三四歳の未婚者のうち、交際相手がいないと答えた割合が、男性六一％（七年前より九・二ポイント増）、女性が五〇％（一・八ポイント増）にも及びました。

また、二〇一二年に実施されたライフネット生命の調査によれば、二〇歳代の未婚者のうち、「一生結婚できない・しないと思う」と答えた男性が七割超に及び、そのうち六割超が「金銭的問題」を理由に挙げ、四割が「モテないこと」を理由に挙げました。

こうしたデータには若い世代の共通の匂いが漂います。所詮セックスは、所詮男は、所詮女は、所詮自分は、という具合に、社会でこれが現実だとされるものに準拠するばかりで、自分自身に現に生じる体験や、生じ得る体験に準拠できないという、実存的な貧しさです。

少子化を憂えているのではなく、飽くまで実存的な貧しさを問題にしています。確かに、実存的な貧しさを克服できれば、少子化対策に必要な家族形成の障害は克服できます。でも僕にとってはオタク的コンテンツの潜在的可能性を利用し尽くしていないことの方が大きな問題です。

社会はクソ。俺もクソ。お前もクソ。当たり前。互いがそれを弁えた上で、「クソな〈ここ〉のままでは詮ない、永久に到達できない〈ここではないどこか〉を重ね焼きにして生きよう」と合意できれば、あとは性愛関係だろうが友人関係だろうが自動的に転がります。

そうした重ね焼きの作法こそ、オタク的コンテンツ享受のルーツだったと申し上げているのです。前述の通り〈ダメ意識〉よりも〈クソ意識〉の産物で、その点、オタク的コンテンツ享受での〈虚構の現実化〉は、性愛的コミュニケーションでの〈現実の虚構化〉と機能的に等価だったのです。

ナンパ系とオタク系が分化した八〇年頃以後にオタク的コンテンツ享受につきものになった〈(自分は)ダメ意識〉を、ナンパ系とオタク系が分化する七〇年代半ばの〈(社会は)クソ意識〉に引き戻すには、激しい社会実践が必要です。悲観していても始まりません。

先に述べたように、僕の社会実践は〈男女素敵化計画〉と、その一部としての〈男女素敵化講座〉で、具体的な実践記録を書籍化したものが、最近上梓した『「絶望の時代」の希望の恋愛学』なのです。

自分には証言義務がある

――先生のオタク研究を継承していく若者も必要ですね。


宮台　何から何が生まれたのかという歴史的継起を弁えることが大切です。僕ら〈原新人類=原オタク世代〉は一九六〇年代末以降のアングラやアヴァンギャルドを知っています。だからそれらが参照する戦間期とりわけ一九二〇年代のエログロナンセンスに強い興味を持ちます。すると、先に紹介したような浅草周辺の成り立ちを通じて、江戸の芝居街や色街に興味を抱き、更には門付芝居や奉納芝居の古層に遡ることになります。僕が今回述べたような興味を抱くのは、その意味で自然です。というより、そうした興味を抱く使命があります。

僕よりも若い世代の研究者は、僕ら先行世代の歴史的問題設定を批判的に継承すべきです。ところが、現在の状況を見ると、僕たち世代であれば二週間で完了するような薄っぺらい調査研究を大勢で一年も二年もかけてやる状況で、歴史的問題設定の欠如が目に余ります。

オタク的コンテンツの消費と生産に最初に携わった〈原新人類=原オタク世代〉が、どんな屈折を抱えていたのかを後続世代は理解すべきです。例えば僕の出発点は、七三年まで続いた中学高校紛争の「祭り」と、「祭りの後」の〈こんなはずじゃなかった感〉でした。

全てが終ってしまった〈クソ社会〉での「クソな毎日」をどう生きるのかが至上命題でした。それが〈終わりなき日常を生きろ〉という規範命題に繋がります。この規範命題から、〈現実の虚構化（ゲーム化）〉と〈虚構の現実化（異世界化）〉の営みが生まれたのです。

かかる規範命題を生きた僕らから見ると、同世代のオウム真理教教団幹部らの失敗が、この規範命題への対処の失敗――もっと言えば〈現実の虚構化〉と〈虚構の現実化〉の意味の取違え――に見えたので、オウム事件直後『終わりなき日常を生きろ』を上梓したのです。

こうしたことを敢えて言わなくても、『サブカルチャー神話解体』（九三年）、『制服少女たちの選択』（九四年）、『終わりなき日常を生きろ』（九五年）という三部作的な流れが指し示すものを、後続世代が理解するものと想定していましたが、全く当てが外れてしまいました。

だから、今回このような発言の機会を与えて下さったことに感謝します。僕が麻布学園で中高生時代を生きた七〇年代半ばは、振り返ると毎日が相当に苦しい時代でした。実際、自殺したりドロップアウトしたりする友人たちもいました。僕には証言するべき義務があるのです。

――オタクおよびオタク・コンテンツについては、まだまだ研究すべきことがありそうです。最後の質問になりますが、どのような展望をお持ちでしょうか。

宮台　今回は、一九八九年の『権力の予期理論』以来一見すると拡散して見える僕の各分野の著作を、僕自らが一本の棒で串刺しにしてみせるという形を取りつつ、オタク的コンテンツ論やオタク的コミュニケーション論が踏まえるべき歴史的問題設定を、確認しました。

これはまだ出発点です。言い換えれば現在のオタク研究は出発点にさえ立っていません。僕は今回紹介したような問題設定を、博士論文の『権力の予期理論』を上梓後、四年程で荒書きして、『サブカル神話』『制服少女』『終わりなき』の三部作にまとめたのでした。

それから二〇年が経ちます。皆さんに問いかけたいのですが、オタク的コンテンツ論にせよオタク的コミュニケーション論にせよあまりに停滞していないでしょうか。今後〈社会的文脈の無関連化機能〉への要求がますます高まる以上、研究を加速させねばなりません。

石田喜美（いしだ・きみ）〔第10章〕

1980年生まれ。常磐大学人間科学部専任講師。博士（教育学）。リテラシー教育を専攻。主論文に「相互行為場面における「読むこと」の意味の交渉」（『読書科学』第50巻1号）、「リテラシー実践による「わたしたちの場所」の確保」（『読書科学』第52巻3号）などがある。

木島由晶（きじま・よしまさ）〔第12章〕

1975年生まれ。桃山学院大学社会学部准教授。博士（人間科学）。文化社会学、メディア文化論を専攻。著書に『無印都市の社会学――どこにでもある日常空間をフィールドワークする』（共著、法律文化社）、『デジタルメディアの社会学――問題を発見し、可能性を探る』（共著、北樹出版）などがある。

東浩紀（あずま・ひろき）〔第3章〕

1971年生まれ。作家、思想家。ゲンロン代表。ゲンロンカフェオーナー。博士（学術）。著書に『存在論的、郵便的——ジャック・デリダについて』（新潮社）、『動物化するポストモダン——オタクから見た日本社会』（講談社現代新書）、『クォンタム・ファミリーズ』（河出文庫）ほか多数。

北田暁大（きただ・あきひろ）〔第4章〕

1971年生まれ。東京大学大学院情報学環准教授。博士（社会情報学）。理論社会学、メディア史を専攻。著書に『嗤う日本の「ナショナリズム」』（NHKブックス）、『責任と正義——リベラリズムの居場所』（勁草書房）、『増補 広告都市・東京——その誕生と死 』（ちくま学芸文庫）などがある。

ローレンス・エング（Lawrence Eng）〔第5章、第8章〕

1976年生まれ。ServiceNow勤務。博士（科学技術社会学）。科学技術社会学を専攻。主著に『Fandom Unbound: Otaku Culture in a Connected World』（共著、Yale University Press）、主論文に「Otaku Engagements: Subcultural Appropriations of Science and Technology 」（Doctoral dissertation, Rensselaer Polytechnic Institute）などがある。

森川嘉一郎（もりかわ・かいちろう）〔第6章〕

1971年生まれ。明治大学国際日本学部准教授。専門は意匠論。著書に『趣都の誕生　萌える都市アキハバラ　増補版』（単著、幻冬舎文庫）、『20世紀建築研究』（共著、INAX出版）などがある。

玉川博章（たまがわ・ひあろき）〔第7章〕

1978年生まれ。日本大学非常勤講師。メディア論、文化研究を専攻。著書に『雑誌メディアの文化史——変貌する戦後パラダイム』（共著、森話社）、主論文に「サブカルチャーにおける量的および質的調査方法の検討——コミックマーケットにおける調査を事例に」（『コンテンツ文化史研究』5号）などがある。

執筆者紹介

宮台真司（みやだい・しんじ）〔監修者、第1章、最終章〕

1959年生まれ。首都大学東京都市教養学部教授。博士（社会学）。社会システム理論を専攻。著書に『権力の予期理論』（勁草書房）、『増補 サブカルチャー神話解体——少女・音楽・マンガ・性の変容と現在』（共著、ちくま文庫）などが、最新刊に『私たちはどこから来て、どこへ行くのか』（幻冬舎）がある。

辻 泉（つじ・いずみ）〔編者、序、第2章〕

1976年生まれ。中央大学文学部教授。博士（社会学）。文化社会学、メディア論を専攻。主著に『「男らしさ」の快楽——ポピュラー文化からみたその実態』（共編著、勁草書房）、『Pop Culture and the Everyday in Japan: Sociological Perspectives』（共編著、Trans Pacific Press）などがある。

岡部大介（おかべ・だいすけ）〔編者、序、第10章、第11章〕

1973年生まれ。東京都市大学メディア情報学部准教授。博士（学術）。認知科学を専攻。主著に『デザインド・リアリティ——集合的達成の心理学』（共著、北樹出版）、主論文に「モノをつくることを通した主体の可視化：コスプレファンダムのフィールドワークを通して」（共著、『認知科学』21号1巻）などがある。

伊藤瑞子（いとう・みずこ）〔編者、第9章、第13章〕

1968年生まれ。カリフォルニア大学アーバイン校教授。博士（教育学、文化人類学）。文化人類学を専攻。主著に『Hanging Out, Messing Around, and Geeking Out: Kids Living and Learning with New Media』（共著、The MIT Press）、『Engineering Play: A Cultural History of Children's Software』（The MIT Press）などがある。

オタク的《てき》想像力《そうぞうりょく》のリミット
——〈歴史《れきし》・空間《くうかん》・交流《こうりゅう》〉から問《と》う

2014年3月25日　初版第1刷発行

監修者　宮台《みやだい》真司《しんじ》
編　者　辻《つじ》 泉《いずみ》／岡部《おかべ》大介《だいすけ》／伊藤《いとう》瑞子《みずこ》
装　丁　戸塚泰雄（nu）
発行者　熊沢敏之
発行所　株式会社筑摩書房
東京都台東区蔵前2-5-3
郵便番号　111-8755
振　替　00160-8-4123
印刷・製本　三松堂印刷株式会社

ISBN 978-4-480-86724-7 C0036

乱丁・落丁本の場合は、お手数ですが下記へご送付下さい。送料小社負担にてお取り替えいたします。ご注文・お問い合わせも下記にお願いいたします。

筑摩書房サービスセンター
郵便番号 331-8507　さいたま市北区櫛引町2-604
電話番号　048-651-0053